本著作获教育部人文社会科学研究项目基金
（10YJA810011）资助

MIDDLE CLASS

AND

SOCIAL DEVELOPMENT:

THE PROBLEMS

AND CHALLENGES IN

CHINA

何平立

孔凡河　陈道银

杨小辉

著

中产阶层
与社会发展

中国模式下的问题与挑战

社会科学文献出版社

SOCIAL SCIENCES ACADEMIC PRESS (CHINA)

目录
CONTENTS

序

1990 年代末，美国社会媒体评估认为，20 世纪美国最重要的事件是 50 年代白领数量的比例已超过蓝领，这标志着中产阶级的崛起。彼时，中产阶级的"美国梦"成为媒体津津乐道的话题，风行一时的中产阶级和中产阶级社会遂成为后工业社会的世界性话语。如贝尔所指出的："后工业社会第一个、最简单的特点，就是大多数劳动力不再从事农业或制造业，而是从事服务业如贸易、金融、运输、保健、娱乐、研究、教育和管理。"总之，后工业社会的特征就是服务性经济的创立、专业技术人员人数的增加和优势地位的确立，以及社会是围绕知识组织起来进行管理和革新的，后工业社会的中坚力量是中产阶级。

2011 年底，福布斯中文网发表了《当代最大的历史性事件：中国中产的崛起》一文，指出中国中产阶层的人数规模已超过了美国人口，并认为我们这个时代最重要的历史性事件并不是"占领华尔街"，也不是意大利面临的债务违约危机，而是中产阶级的崛起对全球未来的深远影响。美中关系全国委员会主任李成（Cheng Li）在《中国中产阶级崛起的全球意义》中认为："在影响中国发展的多股力量中，有理由认为，从长远来讲，没有一股力量会比中国中产阶级的迅速崛起和急速增长更有意义的了。"而美国奥巴马总统中国顾问团顾问李侃如（Kenneth G. Lieberthal）则指出："中国中产阶级的成长对于中国的内部前景，对于世界经济，甚至对于世界遏制气候变化的能力，都具有潜在的巨大影响。"①

从全球化社会发展考量，中产阶层不仅具有市场能力、知识技能和消费水平，是推动经济文化发展的社会主体力量，而且其形成及成长是影响社会分层形态演变趋势和社会政治转型发展走向的关键因素。当前中国转型社会的一个重要特征就是中产阶层的兴起和公民权利的觉醒。基于中产阶层的发展对社会经济、文化、生活等领域具有推动作用这一社会客观事实，以及中产阶层话语的意识形态与政治文化深层蕴涵所构成的背景，20世纪90年代起社会理论界兴起了中产阶层研究热，尤其对中产阶层的社会功能即对经济社会发展和民主政治的推动作用给予了积极肯定。因此，国内社会各界多认为只有当中产阶层日益壮大成为社会主流时，才是一种良性趋势；中产阶层占人口多数的"橄榄型"或"纺锤型"社会，体现了社会结构的合理分布和社会利益结构的均衡性；中产阶层是社会秩序的"稳定器""安全阀""平衡轮"等。

然而，无论是在美国还是在中国，中产阶层的兴起都不可能是一帆风顺、一路高歌的。如2009年经历了金融危机的美国中产"房奴"，因还不起贷款，有创纪录的280万套房产被拍卖，中产的亮丽生活图景也化为乌有。据统计，2005～2009年，美国平均家庭财富从96894美元下降到70000美元，降幅为28%，至少有20%的美国家庭处于零资产或负资产的境地。为此美国政要为凝聚民心纷纷"打响了中产阶级保卫战"。2009年奥巴马总统上台时就颁布了"拯救中产阶级"的一系列措施，并于2010年9月美国劳工节上再次祭出"为中产阶级而战"的旗帜，重申拯救"社会脊梁"的承诺，实施延长减税期限、增加就业的经济政策。可是，数年来美国

---

① 李成：《"中产"中国》，上海译文出版社，2013，第1～2页。

中产境遇未见起色。这促使福山撰写《历史的未来——自由民主制度能够在中产阶级衰落时幸存下来吗》一文，表达了其关于自由民主制度与中产关系的困惑。2008 年诺贝尔经济学奖得主，美国学者克鲁格曼曾在《中产阶级美国的终结》中认为，收入与财富越来越集中到少数权力精英手中，来自社会底层的人几乎难有机会爬到社会中层，更不用说顶层，而极少数富豪插手政治、左右局势，使政治体制严重扭曲。在此情境下艰难生存的中产阶层只能呈现出无奈与尴尬的社会经济特征。2011～2012 年，美国爆发了由中产阶层与社会底层群体发起的"占领华尔街"社会运动。汽车工人联合会、全国轮机工程师福利会、教师工会等，以及全美国 75 所高校参与组织、支持了这一抗议运动。他们高呼"我们在社会中占 99%，不愿再忍受那 1% 的人的贪婪和腐败"，高举"现在就革命""资本主义要垮了，社会主义是选择"等标语，抗议银行金融富豪贪婪，反对"全球 1% 的人控制其余 99%"，展开美国版的"颜色革命"。这一抗议运动不仅波及美国 1400 个城市，并已影响英、法、意、澳、韩等欧亚地区 82 个国家的 951 个城市，形成全球性抗议运动。占领运动反映了以下方面的动态：一是中产阶级对不平等社会的愤怒，对自己因危机而"下流化"①的不满。他们通过互联网相互联系，扬言要把华尔街变成埃及的解放广场，要以民众运动的形式反对美国政治中的权钱交易、两党党争以及社会不公。二是"占领华尔街"运动，虽受到美国主流媒体的封杀，自身没有良好的组织结构和运动纲领，也很难形成更强有力的政治浪潮，但在全国范围内实现了口号与行动上的一致性，同时这一运动所蔓延的范围和延续的时间揭示着美国社会深刻的社会危机。三是美国学者克鲁格曼认为占领运动提出"我们是 99%"，明确地将问题界定为

---

① 三浦展：《下流社会》，陆求实、戴铮译，文汇出版社，2007。

中产阶层是与精英对立，而非是与穷人作对，正反映了中产阶层对美国社会不平等的表现之一"美国式的寡头政治"十分不满。四是占领运动亦可让精英集团进行反思，不要以为自己可以单独创造和赋予社会生活以价值和意义，经济危机、社会危机的现实就是一个证明，没有他人的、其他阶层的自由和解放，任何人、任何单个阶层的自由和解放都是不可能的。五是占领运动实际上反映了在不平等加剧、经济增长模式走到尽头的背景下，阶级斗争思想在西方的回归。2011 年底《牛津英语大词典》公布最热门的年度词语是"squeezed middle"（受挤压的中产阶级）。英美两国评委一致认为，该词之所以中选，正是因为切实反映了当前严峻的经济前景，以及人们的普遍感觉。近年来的欧美新社会运动反映了中产阶级后现代主义思潮的文化张力，对现有体制、政策和权威构成了挑战。2011年 8 月 14 日，托马斯·弗里德曼在《纽约时报》发表专栏文章《为何全球中产阶级都愤怒了?》，即为此起彼伏的中产阶层社会运动做出了上述相同的解读与诠解。

2012 年 3 月，美国皮尤研究中心最新调查结果显示：69% 的美国人认为，阶级之间的冲突是社会中最大的紧张来源，这一比例比2009 年高出 19 个百分点。因此占领运动提出的"99% 对抗 1%"，虽然不仅是中产阶层的抗议，但抗议"可能变成无产阶级的威胁"。2013 年美国左翼杂志《每月评论》第 3 期刊登了美国佛蒙特大学名誉教授弗雷德·玛格多夫、俄勒冈大学社会学教授约翰·福斯特合写的《美国阶级战争蓄势待发》一文，分析了美国工人阶级和中产阶层每况愈下的社会状况。文中指出，中产阶层家庭过去 10 年的收入一直在下降，从 2000 年的 54841 美元减少至 2011 年的50054 美元。这次"大衰退"带来的金融冲击给许多人造成灾难性影响，数以百万计的人宣布破产，失去房贷抵押赎回权，变得资不抵债。中产阶层从数量到收入大幅缩水，美国的阶级鸿沟越来越深，社会矛盾日益突出。全球金融危机导致美国经济长期低迷，出现所谓的"大衰退"，进一步拉大了阶级间的差距，"阶级战争"（class war）在美国成了时髦语。2014年韦恩·艾林如特在其著作《中产阶级谋杀者》（*The Murder of the Middle Class：How to Save Your Family from the Criminal Conspiracy of the Century*）中认为：伟大的美国中产阶级正在消亡，而这并非源于自然原因。从奥巴马的行政机构，到大企业、大媒体和大的工会组织，都对此负有责任。美国中产阶层不再是世界上最富裕的群体，这是美国近代史上的第一次。事实上，美国家庭的资产净值已经下降了40%，典型的美国家庭已经迎来了通货膨胀，调整后收益的下降持续了五年之久。而没有任何理由可以乐观地认为，事情会变得越来越好。现在接受救济的美国人比有整年全职工作的人还要多，将近50%的美国人甚至没有500美元的储蓄。而未来，美国作为世界经济领袖的地位将很快被中国所取代，美国人将越来越依赖政府，临时工将变得越来越多。面对这一切，此书作者不仅指出谁应为此负责，还大胆提出了拯救美国资本主义、中产阶层和美国共和党的方法，为读者提供了反击的武器。

从自诩为西方典型的中产阶层社会的美国和中产阶层的状况来看，中产阶层不仅是一个动态发展的历史构成，而且也是一定社会生活和制度文化因素作用的产物。在中产阶层语境中一些预设的理论和愿景，是必须有一定的制度文化、社会生态作为前提条件支撑的。2013年6月17日《人民日报》报道，我国中等收入群体比例为23%～25%，规模为3亿人。相比之下，日本在20世纪70年代中后期人均GDP为5000美元时，60%的日本人就认为自己是中产阶层了。2014年9月23日《21世纪经济报道》刊登的联合国的相关研究数据显示，截至2013年底中国以930万的移民数量，成为全球排名第四的移民输出国，而中产阶层则是移民主体。有关媒体已刊文指出"移民潮拷问中产生态"。此外，北京大学中国社会科学调查中心发布的《中国民生发展报告2014》指出，中国的财产不平等程度在迅速升高，顶端1%的家庭占有全国1/3的财产（这与美国财产状况类似），底端25%的家庭拥有的财产总量在1%左右。这些数据显然提示我们，中国中产阶层的发展注定艰难。正如学者沈瑞英在著作《转型期中国中产阶层与社会秩序问题研究》、学者张伟在著作《冲突与变数：中国社会中间阶层政治分析》中均认为的：现代化发展过程中，中产阶层不仅在现实社会中的群体意识与行为取向是一个复杂的变量，而且其对社会秩序稳定和发展的关系也是一个重要的变量。中产阶层给社会管理带来的机遇与挑战并存。

当前在社会矛盾与冲突凸显、个体权利意识觉醒与正统理想信念"祛魅"之间，在市场经济逻辑演绎与意识形态主张不平衡之间，在中产社会张力与传统政治生态之间，中产阶层不仅是社会冲突舞台上的主角，是一种变量与变数，而且其利益主体多元化、利益诉求多样化导致的价值多元，进而形成的社会思想意识，应该引起有关层面的必要警觉、审思和严肃关注。尤其是在当前存在制度性、体制性和结构性问题的政治生态背景下，中国的新兴中产阶层成长发育出现了一些"亚健康"状况（可称为"中产病"），而这同时也正是社会道德和市场诚信大面积滑坡、政府公信力下降、权力腐败泛滥、社会组织异化、社会矛盾凸显与各种冲突增长、人们心理承受力下降等构成社会"亚稳定"的主要症结。而"倒丁字型"社会、阶层的固化、贫富差距扩大和社会结构紧张等问题，不仅使"社会主义最大的优越性就是共同富裕"的价值目标渐行渐远，而且使中产阶层发育、发展出现"南橘北枳"和"被异化"现象。2010年据人民论坛问卷调查显示，认为自己是弱势群体的公司白领受访者达57.8%、知识分子受访者达55.4%。2011年初，零点研究咨询集团公布的《2010年中国居民生活质量指数调查报告》显示，当前"穷困"价值观盛行，约1/4受访者认为自己比周围人穷；同时人们更倾向于将"穷困"原因归咎于社会大环境因素，而较少认为是个人层面的原因。2011年报端披露，我国每年签订约40亿份合同，履约率只有50%，33.3%的企业预计这种情况将"永不会改善"；我国企业每年信用缺失导致的损失达6000亿元。2014年8月《中国青年报》的一项调查显示，83.1%的受访者认为"保险都是骗人的"。又如法律是守护社会公正的底线，但同年中国法学网对业内人士进行的网上调查显示，认为我国法律实施状况很差的占60%，较差的占20%。如果80%的法律界业内人士认为法律实施状况差，那么社会秩序还能稳定吗?! 因此，当前中国社会语境下，中产阶层由于各种压力而缺乏安全感、稳定感已成为一种社会心态。卫生部2011年公布的抽样调查数据显示，中国约51%的专业人士有抑郁征兆，这正是中产阶层负面情绪的一个脚注。同时，有学者指出，"种种悖论性事实揭示了，在捍卫个体权利面前，中产阶级不仅面临内部的分化、孤立，更大的阻力来自制度的剥夺、限制、排斥及维权困境"。

戴维·伊斯顿曾指出：公共政策是对全社会的价值进行权威性的分配。政治学家马克·沃伦在《民主与信任》中指出："制度'代表'和体现着某种价值观，而且为这些价值观的忠诚和向这些价值观的靠拢提供了激励和合理性证明。"经济学家诺斯在《经济史中的结构与变迁》中认为："制度是一系列被制定出来的规则、守法程序和行为的道德伦理规范，它旨在约束追求主体福利或效用最大化的个人利益行为。"研究表明，后发型国家的中产阶层发育、成长并非一个自发、自然的过程，其发展壮大依赖经济发展和健康的市场社会环境，是制度公正和分配正义的安排与保障下的产物。当前中国社会转型进入了一个利益分化和利益格局重构的时代，而社会利益关系协调程度的价值判断和取向就是社会公正。同样，社会公正取决于制度公正，制度公正不仅是公民社会的道德基础，而且是和谐社会的首要价值取向。良好的制度安排既构成中产阶层发展的重要环境，也是实现人的全面发展的现实途径。因此，当前为了培育与推动中产阶层健康发展，避免中产阶层落入"中等收入陷阱""塔西陀陷阱""拉美陷阱"和"劣质民主陷阱"，避免中产阶层发展的扭曲与异化，我们就必须健全与完善制度与法律，创造公正的制度生态环境和法治环境，必须以制度创新推进国家治理体系和治理能力现代化。

当前，我们的思想意识形态正以极大热情通过解读"中国模式"来构建一个令人信服的中国话语体系。这有助于我们增强文化自觉和文化自信，进一步坚定道路自信、理论自信和制度自信。然而，任何社会制度的与时俱进都不可缺乏"问题意识"和"问题导向"，如2014年9月公布全国共查出体制内"吃空额"人员达11万多名。又如党的十八大以来，就有50名以上在职省部级官员因腐败落马，而2014年9月27日《京华时报》披露："全国查出八万红顶商人（党政干部在企业兼职），领导一手掌权一手抓钱。"同月的第一期《时代周报》公布，仅在2013年被查处的党政干部就达18.2万人，2014年上半年则有8.4万人；有超过1/3的贪腐案件涉及煤炭、石油等与国家经济命脉息息相关的能源产业，涉案总金额可高达数千亿元。该文章意味深长地指出：反腐"指向的是整个政治结构的重整，因为一个被腐败侵蚀的政治结构已无法承担新的历史重任"。再如，1979年至2011年共有58次中纪委全会、110余项法律法规及政策涉及防止干部亲属官商利益关联的内容，其中1985年颁发的《关于禁止领导干部的子女、配偶经商的决定》、2001年颁发的《关于省、地两级党委、政府主要领导干部配偶、子女个人经商办企业的具体规定》、2010年颁布的《中国共产党党员领导干部廉洁从政若干准则》等文件，专门对干部亲属子女经商办企业的问题做出规范，然而多年来腐败大案中，牵涉干部亲属子女官商勾结、权贵牟利的事件屡屡不绝。2014 年中央巡视组第一轮巡视（14 个省区和中央所属单位）整改情况通报显示，有半数单位存在干部亲属子女违规经商、家庭成员"权为商开路，商为权巩固"的"亲缘腐败"现象。第二轮巡视的 13 个省区和中央所属单位揭示的突出问题仍然是普遍存在的"官商勾结"。因此，如何监督与制约权力，如何制定权力清单，如何分清权力与市场的边界等，是当前中国模式中的问题和挑战。为此，本书不惜笔墨在第九章中以马克思主义利益观来阐论利益与价值观内在的有机联系和辩证统一，目的也在于此。故我们的社会主义核心价值观不能仅成为意识形态的空中楼阁、镜花水月，而必须"接地气"，实质且具体地落实到能有效维护、保障以及践行公民权益的制度中。最后还是离不开邓小平的这句话："制度问题更带有根本性、全局性、稳定性和长期性"，"我们所有的改革最终能不能成功，还是决定于政治制度的改革"。

何平立

于佘山北麓野马浜

2014 年 11 月

第一章　绪论

第一节　问题的提出

1978 年中共十一届三中全会以来，中国以改革开放为名已经进行了三十多年的经济与社会大变革。中国社会呈现出的以引入市场机制为主轴的改革与加入全球分工系统的对外开放，是相互促进和互动成长的统一过程，因而可以在整体上把这个过程理解为中国经济社会的伟大转型（the great transformation）与"中国模式"的逐渐形成。[1]

无论是从纵向还是横向比较，中国经济社会的伟大转型与"中国模式"的逐渐形成，其成就都是举世瞩目的。中国从计划经济向市场经济的平稳转型，不仅带来了中国经济三十多年的高速增长，也从根本上改变了世界经济和地缘政治的基本格局，因此被世人誉为"增长奇迹"。具体来说，中国经济增长奇迹至少表现在三个方面。[2]

首先是国内生产总值（GDP）长时间的高速增长。从经济增速来说，第二次世界大战以来，除中国之外，目前还没有其他大国能

---

① 韦森：《中国大转型·序言》，中信出版社，2012。
② 周黎安：《转型中的地方政府：官员激励与治理》，格致出版社、上海人民出版社，2008，第 1 页。

在三十多年里保持 GDP 年均近 10% 的增长速度。按照中国国家统计局的数字，在过去三十多年间，中国的国内生产总值增加了 31 倍（按照可比价格计算，国内生产总值实际增长了大约 16.6 倍）。

其次是经济国际竞争力的大幅提高。当下中国已经从一个基本处于封闭状态的经济体发展成为高度开放、极具竞争力的经济体。国际货币基金组织（IMF）的数据显示：2007 年，中国的国内生产总值超过德国位列世界第三，2011 年超过日本，成为世界第二。世界贸易组织（WTO）的数据则显示：2007 年中国外贸总量首次超过亚洲排名第二、第三位的日本与韩国的外贸总量之和。2009 年中国超越德国成为全球最大的商品出口国。2014 年 4 月，世界银行在美国发布的国际比较项目（ICP）研究报告显示，按购买力平价法计算，中国将在 2014 年底超过美国成为世界第一大经济体。① 另据彭博社报道，根据美国贸易部和中国海关总署的消息，2012 年中国以 3.87 万亿美元的外贸总额超过美国的 3.82 万亿美元成为世界最大贸易国。② 2006 年中国外汇储备超过日本成为世界第一。中国人民银行 2013 年 2 月 10 日发布的数据显示，截至 2012 年底，中国国家外汇储备余额为 3.31 万亿美元，傲视全球。此外，中国钢铁、水泥、煤炭、汽车以及诸如彩电、冰箱、空调、洗衣机等家用电器的产量，早已跻身世界第一。而且 2010 年中国制造业的增加值占世界总量的 19.8%，已经超过了美国的 19.4%，打破了美国自 1890 年以来保持了 120 多年的"世界第一工业大国"地位的

---

① 凤凰财经频道：《世界银行报告称中国将在年底成为第一大经济体》，http://finance.ifeng.com/a/20140505/12256359_0.shtml，最后访问时间：2014 年 8 月 8 日。

② 施晓慧：《中国超过美国成为 2012 年世界最大贸易国》，http://news.xinhuanet.com/yzyd/world/20130211/c_114668765.htm，最后访问日期：2013 年 2 月 18 日。

纪录。[1]

最后是改革开放以来，中国的经济增长使得 6 亿多人口摆脱了贫困，减少绝对贫困人口的规模不仅在历史上最大，而且在同期的世界各国中规模也是最大，对世界减贫事业做出了重大贡献，为实现联合国千年发展目标奠定了重要基础。[2]与此同时，中国的人均国内生产总值也从 1978 年的 151 美元增加到 2012 年的 6094 美元，按照世界银行标准，已进入"上中等收入国家"行列；此外中国的人类发展指数（HDI）亦同步从 1975 年的 0.521 发展到 2013 年的 0.699，跻身"中等人类发展水平"国家之列。

中国的发展不仅深刻地改变了占全球近 1/4 人口的中国人的生活状态和生活方式，极大地提高了人们的生活水平，而且在改革发展过程中也逐渐形成了自成一体的变革方式。中国增长奇迹与发展模式的"神秘"之处在于其"非常规"的性质：一方面，中国经济发展没有落入经济增长周期理论所断言的现代经济发展必然周期性经历的"繁荣—萧条—危机—复苏"的循环；另一方面，中国经济所蕴含的发展潜力正逐步释放和彰显出来，远远无法归入现代规范经济学理论刻画的理想类型，中国经济形态似乎正以自身独特的

---

[1]　刘华新、李锋、吴乐珺：《中国贡献，和平发展正能量》，《人民日报》2012 年 11 月 6 日。

[2]　刘华新、李锋、吴乐珺：《中国贡献，和平发展正能量》，《人民日报》2012 年 11 月 6 日；张楚晗：《从贫困大国到小康社会：中国如何消除四类贫困——中科院—清华大学国情研究中心主任胡鞍钢谈 21 世纪多维贫困》，《中国老区建设》2008 年第 12 期。胡鞍钢提交给 2008 年北京大学中国与世界研究中心举办的"人民共和国六十年与中国模式"研讨会的论文《中国减贫之路：从贫困大国到小康社会（1949～2020）》显示：按照世界银行提供的数据，1981 年中国的绝对贫困人口约为 7.3 亿，2005 年减少至 1.06 亿，净减少 6.24 亿，而同期世界发展中国家贫困人口总共才减少了 6.56 亿，中国减贫贡献率达到 95.1%（载潘维主编《中国模式：解读人民共和国 60 年》，中央编译出版社，2009，第 237～277 页）。

方式凸显一种新的经济—社会形式。①而传统经济增长理论所强调的若干增长条件，如自然禀赋、物质和人力资本积累以及技术创新能力等方面，中国与其他国家相比并无独特之处，在人均资源禀赋、国民教育的普及和企业技术创新方面甚至处于较低水平。按照这些理论的预言，中国不应该有经济奇迹发生。②不过，正如经济学家张五常教授所论，"至少中国搞对了什么，才会有这样快的增长"。③因此，无论人们对中国发展抱以怎样一种态度，起码需要对中国改革开放以来所取得的巨大成就进行深入分析。"也许断定中国发展形成了具有普适意义的发展模式还为时尚早，但描述、分析独具特点的中国模式则成为受到鼓励的学术选择。"④进入 21 世纪之后，研究、归纳、总结中国社会政治发展模式，破解中国增长奇迹之谜，便顺理成章地日益成为海内外各大媒体、研究机构、智库的重要研究课题。本书的主要目的正是基于上述问题意识，探讨和厘清以下这样一组相互交织的问题。

　　中国模式是怎样演化过来的？它的主要来源是什么？它的基本特征有哪些？这个相当独特的"中国模式"又付出了怎样的代价？面对已经变化的和极有可能继续加速变化的国内和国际局势，既有的"中国模式"受到什么样的冲击，又面临哪些挑战？它的哪些组成部分难以延续？一个更新换代的"中国发展模式"的动力来自何方？它对中国社会的结构性关系的影响会是怎样的？它对中国的治理体系会提出哪些不同于过去的挑战？为了积极应对这些挑战，中国的政治精英需要从中国本土和国际社会挑选哪些观念要素和制度

---

①　任剑涛：《矫正型国家哲学与中国模式》，《天涯》2010 年第 3 期。
②　周黎安：《转型中的地方政府：官员激励与治理》，格致出版社、上海人民出版社，2008，第 1 页。
③　张五常：《中国的经济制度》，中信出版社，2009。
④　任剑涛：《矫正型国家哲学与中国模式》，《天涯》2010 年第 3 期。

要素，以作为创新的配置？①而在这一进程之中，日益崛起的中国中产阶层又将扮演怎样的角色，是顺理成章地发展壮大为"中国模式"与"协商民主"的支柱，还是由于深陷"亚健康"状态而不可自拔地与"中国模式"一同落入"中等收入陷阱"？归根到底一句话，中产阶层的发展发育问题是否会对中国模式的演变以及中国"协商民主"的发展构成决定性的影响？

有鉴于此，本书力图在前人研究的基础上，从转型政治学的角度深入分析如何构建"协商民主"的制度平台，实现"自上而下的统治"与"自下而上的参与"之间的动态平衡，以有效回应各方面对中国模式的挑战。我们认为所有这一切的社会基础便是形成一个由能够主导社会发展进程的、理性健康的中产阶层所构成的"公民社会"。如果说正在形成中的"中国模式"的最大症结就在于"强国家—弱社会"的话，那么大力推进"协商民主"，发展以"中产阶层"为主体的现代"公民社会"则是通往"强国家—强社会"大国之路的正途。因为真正的"中国模式"不可能长期依赖"强国家""自上而下"的驱动，只有补足"强社会""自下而上"的动力，方是长久之策。

第二节　文献综述

在具体剖析"中国模式"及其所面临的诸种挑战之前，我们有必要先梳理一下与"中国模式"这个概念有密切联系的另外两个流行的提法——"华盛顿共识"（Washington Consensus）和"北京共识"（Beijing Consensus），以及围绕这两个提法，国际和国内学术界、政策研究界、传媒界曾经有过的、可能今后还会持续争论一段

---

① 丁学良：《辩论中国模式》，社会科学文献出版社，2011。

时间的问题。

一　"北京共识" VS "华盛顿共识"

2004 年 5 月 7 日，乔舒亚·库伯·雷默（John Cooper Ramo）在英国《金融时报》上用"北京共识"来指称中国独特的发展道路，并将之与"华盛顿共识"区别开来。随后，雷默在一篇题为《北京共识：论中国实力的新物理学》的报告中更加详细阐述了自己的观点。这在中国、欧洲以及其他国家和地区的学者与决策者当中引发了一场大规模的争论。中国的经济奇迹及其背后的"中国模式"一时成为世界焦点。

不过仔细观察，我们便会发现，就像许多类似的提法一样，"北京共识"主要不是针对国际观念市场而是针对中国国内的观念市场炮制出来的。也就是说，这类提法起初在国际上得到关注和认可的程度，要远远小于其在中国国内得到的关注和认可，而且在节奏上也要慢半拍。[①]明显的例子便是，"北京共识"的概念提出一年左右之后的 2005 年 8 月，中国社会科学院和清华大学中国国情研究中心便结集出版了《中国与全球化：华盛顿共识还是北京共识》一书，专门就"华盛顿共识"和"北京共识"展开讨论，这是中国国内第一本集中探讨北京共识及中国模式的著作。此外该书还在附录中登载了《北京共识》全文，这也是国内出版物第一次公开刊载该文。同年 8 月，中共中央编译局比较政治与经济研究中心、中国社会科学院国际合作局、社会科学文献出版社和天津师范大学政治与行政学院又在天津联合主办了"中国发展道路国际学术研讨会"。这是"北京共识"提出之后，国内第一次举办的有关中国模式的国际研讨会。名为《中国模式与"北京共识"：超越"华盛顿

---

① 丁学良：《辩论中国模式》，社会科学文献出版社，2011，第 2 页。

共识"》的会议论文集于次年 6 月由社会科学文献出版社公开出版。此外，2005 年中国人民大学"三个代表"重要思想研究中心还在《思想理论教育导刊》上发表了《"中国模式"问题研究报告》一文。

然而同一时间段内，国际学术界极少组织过类似的会议，也没有出版过相关著作，海外关注和认可"北京共识"的多半为非学术中人，主要是传媒界和与中国有业务往来的工商界人士。①一直到 2008 年 5 月，美国学术界才在科罗拉多州丹佛举办了主题为"'华盛顿共识'与'北京共识'：中国发展模式的可持续性"的研讨会。其实，就雷默撰写的这篇文章本身来看，文章完全没有达到准确概括中国改革开放伟大进程的理论高度。与其说此文作者是在高屋建瓴地进行理论建构，不如说他是想归纳出中国高速发展的一些基本经验。因此，他所谓的"北京共识"的核心内容，无论是中国追求发展，强调创新、"人民性"取向，还是捍卫主权、注重调整等，均不过是对中国发展特点的总结罢了。正如任剑涛等明确指出的：这样的概括与"华盛顿共识"的理论水准并不在同一水平线上。"但雷默将中国改革开放的国家哲学建构问题摆上了中国国家哲学建构的台面，则是不争的事实。"②尽管美国学者斯科特·肯尼迪（Scott Kennedy）对雷默所提出的"北京共识"持尖锐批评的态度，但他也同样认为："关于这一观点的讨论将使得我们有机会得以澄清中国改革道路的逻辑，将其置于一个更加广阔的背景中加以

---

① 原国务院新闻办公室主任赵启正在与约翰·奈斯比特夫妇的对话中表示："对中国的观察，西方的企业家往往比政治家更客观。"（赵启正、约翰·奈斯比特、多丽丝·奈斯比特：《对话中国模式》，新世界出版社，2010，第 6~7 页）赵启正的这一判断与西方世界对"北京共识"的反应放在一起映成趣。

② 任剑涛：《矫正型国家哲学与中国模式》，《天涯》2010 年第 3 期。

比较，并且评估其对其他国家的发展前景和对国际关系的意义。"①
换句话说，"北京共识"命题的提出，使人们得以从更宽广的视野
来研究中国模式问题，即从与"华盛顿共识"相对应的角度来研究
中国模式，进而探讨人类社会的发展模式问题。②

　　那究竟什么是所谓的"北京共识"，它又有着怎样的内涵与外
延？作为这一概念的提出者，雷默认为，中国模式是一种适合中国
国情和社会需要、寻求公正和高质量增长的发展途径。他把这种发
展途径称为"北京共识"，并把它定义为：艰苦努力、主动创新和
大胆试验（如社会主义国家推行市场经济的改革开放）；坚决捍卫
国家主权和利益（以民族政策、外交手段、谈判、民间外交方式处
理包括台湾、南海、钓鱼岛、新疆、西藏等问题）；循序渐进（在
经济、社会、政治变革中采取渐变式改良，促使变革成功）。③雷默
认为，中国的崛起正在通过向世界展示新的发展和力量原理以重塑
国际秩序，中国发生的事情正在改变国际经济、社会以及政治的整
个图景④。以下摘要便是雷默于 2004 年 5 月 11 日在英国著名思想
库"伦敦外交政策中心"网站全文发表的《北京共识》报告中对
这一概念最为正式的解说。

　　　"北京共识"（要义）⑤

　　中国目前正在发生的情况，不只是中国的模式，而且已经

---

① 斯科特·肯尼迪：《"北京共识"的神话》，王雪译，《国外理论动态》2010 年
　　第 4 期。
② 刘为民：《中国模式研究》，人民日报出版社，2012，第 5 页。
③ 雷默：《北京共识》研究报告，新华社《参考资料》编辑部翻译，清华大学教
　　授崔之元校对。
④ 徐崇温：《国际社会关于中国改革和中国模式的讨论述要》，《新华文摘》2010
　　年第 2 期。
⑤ 雷默：《北京共识》研究报告，新华社《参考资料》编辑部翻译，清华大学教
　　授崔之元校对。

开始在经济、社会以及政治方面改变整个国际发展格局。……中国的新思想在国外产生了重大影响。中国正在指引世界其他一些国家在有一个强大重心的世界上保护自己的生活方式和政治选择。这些国家不仅在设法弄清如何发展自己的国家，而且还想知道如何与国际秩序接轨，同时使它们能够真正实现独立。我把这种新的动力和发展物理学称为"北京共识"。它取代了广受怀疑的华盛顿共识。华盛顿共识是一种经济理论，它认为华盛顿最清楚如何告诉别国管理自己，这种理论曾在20世纪90年代风靡一时。华盛顿共识是一种傲慢的历史终结的标志。它使全球各地的经济受到一系列的破坏，使人们产生反感。

中国的新发展方针是由取得平等、和平的高质量增长的愿望推动的。严格地讲，它推翻了私有化和自由贸易这样的传统思想。它有足够的灵活性，它几乎不能成为一种理论。它不相信对每一个问题都采取统一的解决办法。它的定义是锐意创新和试验，积极地捍卫国家边界和利益，越来越深思熟虑地积累不对称投放力量的手段。它既讲求实际，又是意识形态，它反映了几乎不区别理论与实践的中国古代哲学观。北京共识从结构上说无疑是邓小平之后的思想，但是它与他的务实思想密切相关，即实现现代化的最佳途径是"摸着石头过河"，而不是试图采取休克疗法，实现大跃进。……

北京共识既涉及经济变化，也涉及社会变化。它是利用经济学和统治权改善社会，这是在由华盛顿共识推动的20世纪90年代未能达到的原先的发展经济学的目标。当然，中国的发展和富强道路不能由任何其他国家照搬。它仍然充满矛盾、紧张和陷阱。然而中国崛起的许多因素引起了发展中世界的兴趣。其中一些的根源是中国的商业影响日益扩大，但是，另一些表明新的中国物理学的精神有吸引力。这有两个重要的影响。首先，不管中国的改革成功与否，北京共识都已经引出一系列的新思想，这些思想与来自华盛顿的思想截然不同。第二，适用于发展的北京共识的出现标志着中国的一大变化，一个易受外部因素影响的不成熟改革进程已经转变成一个自我实现的改革进程，它像连锁反应一样进行，更多地由内部动力决定，而不是靠外国因素推动，例如加入世贸组织、核不扩散规则，甚至大规模的病毒性流行病。中国现在正总结自己的经验，开始写自己的书。这些经验把中国的思维与从其他地方的全球化文化失败中吸取的教训融合在一起。世界其他国家开始读这本书。

北京共识与此前的华盛顿共识一样，含有许多不涉及经济学的思想。这些思想涉及政治、生活质量和全球力量对比。这个模式必定使中国及其追随者与现有的发展思想和强权需要形成对立。

从上面的摘要，我们可以看出，"北京共识"这一术语的发明者雷默有这样几层或明或隐的意思。第一，"北京共识"这个概念是作为"华盛顿共识"的对立面提出来的。所以，从逻辑上我们应该把"北京共识"视为一个否定性概念，而不是一个肯定性概念。也就是说，在"华盛顿共识"说"是"的地方，"北京共识"就说"不"。第二，因为这个原因，我们无法孤立地理解"北京共识"本身的含义，除非将之与"华盛顿共识"放在一起。第三，令人困惑的是，"北京共识"并没有什么确定的内涵，概念的发明者雷默承认，"它有足够的灵活性，它几乎不能成为一种理论"，因为它随着中国的政策实践的变化而变化。第四，如果非要作者列出"北京共识"的几条主要内容，那么雷默也可以这么概括：①不推行全面的私有化；②不进行快速的金融自由化；③不进行（国际）贸易自由化；④不听从以美国为首的西方国家的建议，坚持走自己的政治经济发展道路。[①]

在后来发表的英文介绍文章中，雷默又补充了一些内容，除了与上述四条基本重合的以外，另外还有：⑤发展中国家有创新的强烈意愿，借此崭露头角；⑥把提升民众生活质量当作与经济增长同等重要的目标，实现公正的财富分配，从而使利益实现广泛分享；⑦坚持不懈地创新和从事试验性的改革；⑧拒绝把人均 GDP 的增长作为进步的唯一指标，把可持续发展和平等权益作为同样重要的指标；⑨发展中国家要保护本国的金融体系完整，抵抗发达国家在财经事务领域的强权行为。[②]所有这些内容我们可以简单制作成表1-1。

表1-1　"北京共识"基本要义 [③]

1	基于创新的发展
2	不是以人均国内生产总值（GDP）为唯一目标的增长
3	中国和其他国家相对于美国的自主性 ——反对"华盛顿共识" ——根据自己的主张参与全球化 ——依靠榜样的效力而不是以武力建立起的中国影响力 ——发展不对称能力，以与美国保持平衡

仔细审视这九条，我们可以客观地说，从第 1 条到第 4 条都是否定性的定义，即雷默对自己所理解的"华盛顿共识"一路说"不"。至于中国实际上是怎么做的，他并没有给出清晰明确的解释。其中的第 3 条与中国改革开放的实际情形完全背道而驰。须知

---

① 丁学良，《辩论中国模式》，社会科学文献出版社，2011，第 4 页。
② 丁学良，《辩论中国模式》，社会科学文献出版社，2011，第 5 页。
③ 雷默：《北京共识》研究报告，新华社《参考资料》编辑部翻译，清华大学教授崔之元校对。

改革开放以来，中国一直深受国际资本的青睐，2012 年上半年中国外商直接投资（FDI）总额为 591 亿美元，一举超过美国成为全球吸引外资最多的国家。①另外，中国的外贸依存度始终居高不下，尽管 2008 年金融危机以来这一指标有所下降，但 2012 年仍然达到 47%，远高于美国、日本、巴西、印度等国的 30% 左右的水平。②可以说，过去三十多年里，中国在国际贸易自由化方面是全球步伐走得最快的国家之一。现如今，在发达国家纷纷抵制自由贸易的时候，反倒是中国成为国际社会自由贸易的积极倡导者和旗手。其中的第 6 条和第 8 条，是任何一个稍微认真观察过中国实际状况的人都不会说也不敢说的，因为大量公开发表的国际国内研究报告和数据库资料皆指明，过去三十多年里，中国在高速发展经济的同时，导致了经济收入的严重不平等和社会矛盾冲突的加剧。而所有这些例子最终说明雷默对中国模式特殊性的广泛概括所模糊掉的东西要远远多于其所澄清的东西。③

正如香港科技大学教授丁学良所评论的：雷默推广的"北京共识"里比较实在的核心要素就一条，即中国政府始终坚持独立自主，对国际上有关中国的改革路径和发展政策的各种建议、方案乃至压力，并不照单全收，而是挑挑剔剔、取取舍舍、凑凑合合，最终自成一体。④为了更清楚地理解这一点，我们有必要梳理一下先于"北京共识"出台的"华盛顿共识"的基本内容。

---

① 《中国前六个月外商直接投资达 591 亿美元超美国》，http://www.chinadaily.com.cn/hqcj/zgjj/2012 – 10 – 26/content_7346155.html（最后访问时间：2013 年 2 月 21 日）。

② 王希：《2012 年中国外贸依存度降至 47% 仍处于较高水平》，http://jjckb.xinhuanet.com/2013 – 02/07/content_428398.html（最后访问时间：2013 年 2 月 18 日）。

③ 丁学良：《辩论中国模式》，社会科学文献出版社，2011，第 5~6 页；〔美〕斯科特·肯尼迪：《"北京共识"的神话》，王雪译，《国外理论动态》2010 年第 4 期。

④ 丁学良：《辩论中国模式》，社会科学文献出版社，2011，第 4~6 页。

　　"华盛顿共识"是美国著名经济学家约翰·威廉姆森（John Williamson）首创的。1989 年，他主持召开了一次以拉丁美洲经济改革为主题的研讨会，这次会议力图找出拉美国家还需要进一步改革的领域。威廉姆森在会议论文中列出了一个包含十项政策的表格，他"认为华盛顿的每个人或多或少都会同意，拉丁美洲的每个地方或多或少都会需要这十项政策"。这一观点从此被命名为"华盛顿共识"。该列表（见表1-2）既不是对拉丁美洲的批评，也不是一种试图进行说教或施加压力的举动。他相信这些改革已经被广泛认可为正确的，以至于他将其视为"十全十美的"。①

表 1 - 2　华盛顿共识（1989 年）②

要　点	后经修改或增加条件的
1. 强化财政纪律（fiscal discipline），压缩财政赤字，降低通货膨胀率，稳定宏观经济形势	
2. 对公共支出的优先权进行重新排序，从无效益津贴转向公共产品（比如医疗和教育）	
3. 进行公平的税制改革，扩大税基，降低边际税率	*
4. 利率市场化	*
5. 采用一种具有竞争力的汇率制度	*
6. 实施贸易自由化，降低关税，消除非关税壁垒	*
7. 放松对外资的限制，让外资企业和本土企业公平竞争	*
8. 对国有企业实施私有化	*
9. 放松政府管制，消除市场准入和退出的障碍	*
10. 保护私人财产权	*

　　如果我们把"华盛顿共识"和"北京共识"对照一下，就不难发现，前者是相当完整的一整套改革和发展的宏观经济政策建

---

① 斯科特·肯尼迪：《"北京共识"的神话》，王雪译，《国外理论动态》2010 年第 4 期。

② 斯科特·肯尼迪：《"北京共识"的神话》，王雪译，《国外理论动态》2010 年第 4 期。

议。而如果我们更仔细地回顾一下中国过去三十多年改革开放进程，也能够看到"华盛顿共识"中有几条——不是全部要素——确实在中国呈现，虽然其"地道"的程度有别。[①]这也不难理解，因为"华盛顿共识"的倡导者当初在拟定其内容的时候，东亚包括中国改革开放实践在内的发展经验，是威廉姆森非常希望拉丁美洲国家能够认真参考、适当学习的。因此，雷默发明的"北京共识"把迄今中国的改革发展当作与"华盛顿共识"全然相反、南辕北辙、"对着干"的一条道路，确实是过度随意和非常扭曲的解读。[②]不过综合来看，与"华盛顿共识"比较，"北京共识"还是有其自身的三个基本点，它们分别是：第一，集体、国家的利益高于一切。也就是说，为了整体利益可以损害甚至牺牲个人权利，所谓"主权高于人权"就是这个道理。第二，在这个理念上的社会主义市场经济使得个人在很大程度上有经济的自由，但国家有垄断经营的权力。第三，由此建立起来的社会政治制度是一党领导。[③]

在大众媒体以及通俗读物里，人们所读到的言论通常是两极化的"北京共识"和"华盛顿共识"。两者的分水岭被认定是，前者主张"政府在经济生活中的作用越强大越好"，后者主张"政府在经济生活中的作用越弱小越好"。"华盛顿共识"被解读为新自由主义的一种经济发展框架，或者说一种经济发展的意识形态指导原则。这个新自由主义强调的就是，政府这只"闲不住的手"，对经济发展和社会发展的影响，尤其是对经济增长的影响，乏善可陈。越是一个规模较小、管制较少的政府，对国民经济和民间社会的发展越是有

---

① 经济学家姚洋甚至认为：中国的改革历程就是向着"华盛顿共识"靠拢的过程，"华盛顿共识"十条内容中，除了利率自由化，中国的经济改革基本上已经实现了其他九条内容或正朝着它们所指示的方向发展。姚洋：《中国道路的世界意义》，北京大学出版社，2011，第8～10页。

② 丁学良：《辩论中国模式》，社会科学文献出版社，2011，第4～6页。

③ 叶蕴：《"中国模式"的未来——专访黄靖教授》，《南风窗》2009年第20期。

23

利、综合效果越好。因此，"华盛顿共识"在政策层面上提出的一揽子建议，就被简化成"最小化的国家政权"（The Minimum State），值得注意的是，这不仅仅是指"有限的"，而是指"最小的"政府。与此对应的是"最大化的市场"（The Maximum Market），政府对经济活动的介入越小越好，包括：政府不要去干涉价格，不要对价格的涨落有任何影响；政府不要对其他重要的生产要素有什么控制，控制得越少越好。综合而言，这就是"去管制"（deregulation）。[①]

大众媒体的这种两极化解读，以及人们经常将"华盛顿共识"和新自由主义经济学观点混为一谈，让威廉姆森感到困扰和沮丧。威廉姆森认为自己和诺贝尔经济学奖获得者约瑟夫·斯蒂格利茨（Joseph Stiglitz）在关于良好经济政策实质内容方面的意见其实是一致的，但斯蒂格利茨却有意无意地将"华盛顿共识"解读成国际货币基金组织和新自由主义观点的政策。威廉姆森后来对"华盛顿共识"最有益的补充是"华盛顿共识"中的政策在一个强有力的政治制度背景下获得成功的机会最大。通常被称为"第二代"的"华盛顿共识"的改革内容包括：拥有强有力的司法机构、高效率的公共服务、有效而审慎的金融监管、独立的中央银行、反腐败的机构和社会安全网络。尽管威廉姆森和他的伙伴们尽了最大的努力去挽救"华盛顿共识"，但是毫无疑问，"华盛顿共识"的"名声"已经陷入毁灭性的批评之中。对"华盛顿共识"的误解、修订和挑战为我们理解"北京共识"观念的来龙去脉提供了一个批评性的背景。[②]

自雷默提出"北京共识"之后，在中国国内引起了强烈的反响。一些中国评论家尤其是左派学者发现了"北京共识"的可资利

---

① 丁学良：《辩论中国模式》，社会科学文献出版社，2011，第 7~8 页。
② 斯科特·肯尼迪：《"北京共识"的神话》，王雪译，《国外理论动态》2010 年第 4 期。

用之处。最重要的是，他们喜欢其对"华盛顿共识"、新自由主义，以及东欧与苏联采用的"休克疗法"的批评态度。对"华盛顿共识"的批评为那种符合各国国情的发展路径的正当性进行了辩护。其他人认可"北京共识"则是因为它承认中国具有历史意义的经济成功。一些中国学者相信，关于"北京共识"的讨论最低限度上也将带来更多的对中国的研究。其实，随着时间的推移，中国绝大多数评论家对"北京共识"是持批评态度的。一些人认为，它不够准确，或者是有些夸大其词，而其他人则认为，它忽视了中国经济改革中最重要的因素。许多专家学者撰文指出，"北京共识"是在宣布一种并不存在的共识。还有其他人则强调说，"北京共识"低估了中国经济战略所导致的问题的严重性，也低估了那些仍然需要去克服的问题的严重性。最后，大量观察家坚持认为，中国的经济改革战略依赖"华盛顿共识"的一些构成要素，比如自由价格、竞争、限制通货膨胀和加入世界贸易组织。①因此，中国那些独有的要素不过是对"华盛顿共识"的补充，而不是挑战。②

综合言之，中国国内学者一般认为，雷默于 2004 年提出的"北京共识"是国际社会对中国发展经验的一种概括，其探讨范围不限于中国的改革开放进程或市场经济转型之路，而是扩展至对中国发展模式的归纳以及它对世界其他国家尤其是发展中国家的适用性问题。虽然该文章在国际媒体上反响很大，也提出了一些富有启发性的问题，但这篇文章不仅在理论构建层面，而且在理论逻辑和论证方面，都存在相当大的缺陷。③因此，"越来越多的人倾向于使

---

① 这以主流的中国经济学家最为明显，从吴敬琏、陈志武到姚洋、黄亚生均持这样一种观点。

② 斯科特·肯尼迪：《"北京共识"的神话》，王雪译，《国外理论动态》2010 年第 4 期。

③ 毛德儒：《中国模式兴起的逻辑》，中共中央党校博士学位论文，2011 年 4 月。

用'中国模式'一词而不用'北京共识'来描述中国的发展道路"。①

二 中国模式

尽管"中国模式"直到雷默提出与"华盛顿共识"相对的"北京共识"之后，才逐渐成为国际社会和学术界讨论的热点问题。但"中国模式"的提法并不是这个时候才出现的。其实中国改革开放的总设计师邓小平同志就曾多次提到"中国模式"问题。比如《邓小平文选》第 2 卷第 318 页《处理兄弟党关系的一条重要原则》一文即指出："中国革命就没有按照俄国十月革命的模式去进行，而是从中国的实际情况出发，农村包围城市，武装夺取政权。既然中国革命胜利靠的是马列主义普遍原理同本国具体实践相结合，我们就不应该要求其他发展中国家都按照中国的模式去进行革命，更不应该要求发达的资本主义国家也采取中国的模式。当然，也不能要求这些国家都采取俄国的模式。"②又如《邓小平文选》第 3 卷《解放思想，独立思考》也写道："坦率地说，我们过去照搬苏联搞社会主义的模式，带来很多问题。我们很早就发现了，但没有解决好。我们现在要解决好这个问题，我们要建设的是具有中国自己特色的社会主义。……世界上的问题不可能都用一个模式解决。中国有中国自己的模式，……"③另外，对于国内学术界来说，这个概念其实也不新鲜，有学者在邓小平 1992 年南方视察之后就开始讨论"中国模式"问题了。例如，1994 年，王沪宁曾在文章中写道："邓小平在'文革'之后选择了新的路线和发展战

---

① 赵穗生：《中国模式探索：能否取代西方的现代化模式》，载潘维主编《中国模式：解读人民共和国的 60 年》，中央编译出版社，2009，第 285 页。

② 邓小平：《邓小平文选》第 2 卷，人民出版社，2001，第 318 页。

③ 邓小平：《邓小平文选》第 3 卷，人民出版社，2001，第 261 页。

略，……这也是一种发展模式，或者说找到了中国发展比较适当的模式。"①应该说，无论是政治家还是学者，他们都是在"社会中成型而普遍存在、被公认或共同遵守的行为及制度"这一含义上来使用"中国模式"一词的。

不过，从以上表述看来，"中国模式"这一概念被应用时，很大程度上等同于"有中国特色的社会主义道路"，而且不像雷默那样以"北京共识"为主题来集中讨论中国的发展模式。因此直到雷默提出"北京共识"这一概念，"中国模式"问题才逐渐成为一个世界关注的热点问题，进而被赋予了一种新的含义和生命。

2004 年 4 月 20 日，郑永年在新加坡《联合早报》发表的《"中国模式"概念的崛起》一文中写道：近来，国际社会对中国改革开放的经验似乎有了新的认知和比较确定的看法，一个新的概念正在各国政治人物和决策者中间流行起来。这个概念就是"中国模式"。不少国内外媒体和学者不断讨论"中国模式（或称北京共识）"的内涵，以及它与中国自改革开放以来的经济成就、社会相对稳定的关系。②美国右翼智库企业研究所在 2007 年底出版的双月刊《美国人》上发表署名文章，对"中国模式"做了细致的分析。他们认为中国模式有两个组成部分，"第一部分是效仿自由经济政策的成功要素……第二部分就是允许执政党对政府、法院、军队、国内安全机构以及信息自由流动的牢牢控制"。他们认为，描述这一模式较为简洁的方式是：经济自由加上政治压制。③与之对应，中国学者则认为："中国道路和'中国模式'的独特之处就在于：中国的现代化是在全球化背景下，在既定世界政治经济秩序下进行的。中国既没有像依附理论那样，完全和世界政治经济秩序脱钩，

---

① 王沪宁：《政治的人生》，上海人民出版社，1995，第 194 页。
② 郑永年：《"中国模式"概念的崛起》，《新加坡联合早报》2004 年 4 月 20 日。
③ 转引自刘为民《中国模式研究》，人民日报出版社，2012，第 5 页。

闭关自守地进行现代化，也没有像现代化理论和'华盛顿共识'那样，采取私有制、全盘西化和激进性变革的方式进行，而是根据中国改革所能承受的限度和改革的需要，在保证国家经济政治安全的前提下，逐渐扩大开放的领域，在改革和开放中增强国民经济抵御风险的能力和参与世界经济竞争的能力。"①

2008 年是中国改革开放 30 周年，中国共产党举行了隆重的纪念活动。以此为契机，国内理论界纷纷聚焦于中国模式问题，并就此展开热烈的讨论。例如 2008 年人民日报社主管主办的《人民论坛》第 24 期便刊发了 16 篇讨论"中国模式"的专题文章②。这是国内有影响力的理论刊物第一次对"中国模式"问题进行如此集中的讨论，而且由各个领域的资深专家所撰写的这一组文章几乎触及了除经济模式之外的中国模式的方方面面。其中田春生的文章专门阐述"中国模式"的制度"内生性"问题。作者认为在向市场经济过渡过程中，中国的市场经济制度不是依靠从西方"引进的"政策和规则，而是根据自己国家的国情和改革进程中形成的政策、规则、路径和方式，逐步来实现国家新的制度安排的。"制度内生性不仅体现出'中国模式'的基本特点，也是'中国模式'的创新

---

① 沈云锁、陈先奎主编《中国模式论》，人民出版社，2007，第 413 ~ 414 页。

② 分别是张立文撰写的《中国文化模式的五大特色》，胡鞍钢撰写的《中国特色的廉政建设模式》，俞可平撰写的《中国特色社会主义的世界历史意义》，严书翰撰写的《中国改革开放成功"奥秘"何在》，陈忠升撰写的《自然有之，不必求之——也谈对"中国模式"的一点思考》，汪玉凯撰写的《中国政治模式体现了自身优势》，陶文昭撰写的《中国模式凸显社会主义的政治特点》，郑杭生撰写的《"中国模式"的社会学解读》，庄俊举撰写的《中国模式研究的回顾》，田春生撰写的《"北京共识"与中国模式》、《解读"中国模式"的制度内生性》，赵曜撰写的《"中国模式"影响深远》，马振岗撰写的《西方渲染"中国模式"之背后》，郭苏建撰写的《一位海外华裔学者眼中的"中国模式"》，许晓平撰写的《74.55%民众认可"中国模式"——民众如何看待"中国模式"调查》，常修泽撰写的《中国经济发展模式的支点》。

之所在。"①而汪玉凯则认为：从政治视角观察，经过改革与发展，中国实际上已经形成了较为独特的政治模式。"如果把这一模式高度抽象，似乎可以归纳为'执政党主导的国家治理模式'。其内涵主要有三：一是基于市场经济、体现党政一体化的公共治理模式；二是基于现代法治、体现人民当家做主的民主政治模式；三是基于多党合作、体现共产党执政的协商政治模式。"②2008 年 12 月北京大学中国与世界研究中心主办的"人民共和国 60 年与中国模式"学术研讨会上，北京大学中国与世界研究中心主任潘维教授构建了一个融合社会、经济、政治三个子模式的"中国模式"。具体来说，首先是"社稷"社会模式。它包括四个支柱：第一是以分散流动的家庭为单元构成的社区和工作单位；第二是社区和单位与行政条块交织而成的有弹性的、开放的立体网络；第三是家庭伦理主导的社会组织和行政逻辑；第四是官民彼此嵌入所形成的相互依存的"社稷"。其次是"民本"政治模式，它也有四个要点：第一是现代民本主义的民主理念；第二是一个先进、无私、团结的执政集团，什么时候不先进、不无私、不团结了，这个执政集团就垮掉了；第三是以功过考评为主的官员遴选机制；第四是独特的分工制衡纠错机制。最后是"国民"经济模式，它也包括四个支柱：国家对土地的控制权（和民间有限的土地使用权）；国家拥有的金融和大型企业及事业机构；（以家庭和社区中小企业为主体的）自由竞争的劳动力市场；自由竞争（和对外开放）的商品—资本市场。潘维最后总结道，"中国模式"由社会—政治—经济三个子模式里的这十二个支柱所组成，这十二个支柱也正是中国成功的原因所在。三个子模式的基本关系是：社稷体系塑造民本政治，民本政治塑造国民经

---

① 田春生：《解读"中国模式"的制度内生性》，《人民论坛》2008 年第 24 期。
② 汪玉凯：《中国政治模式体现了自身优势》，《人民论坛》2008 年第 24 期。

济，也保障社稷体系。具体来说便是，政治模式制造了精致的首脑，社会模式构筑了伟岸的躯干，经济模式生成两条粗壮的腿和两只巨大的翅膀。但中国模式的弱点也极为明显，具体表现就是执政集团趋于退化，法治尚未健全。①此外，潘维还在文章中提供了5张有助于理解其理论构建的图表（见图1-1至图1-5）。

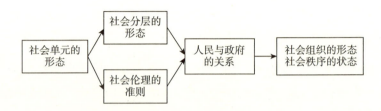

图1-1　社会模式

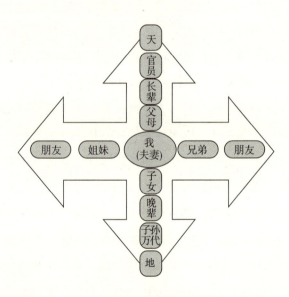

图1-2　中国人的精神十字架

---

① 潘维：《当代中华体制——中国模式的经济、政治、社会解析》，潘维主编《中国模式：解读人民共和国60年》，中央编译出版社，2009，第1~85页；支振锋、臧勖：《"中国模式"与"中国学派"——"人民共和国60年与中国模式"学术研讨会综述》，《开放时代》2009年第4期。

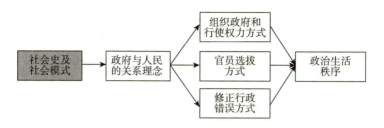

图 1 – 3　政治模式

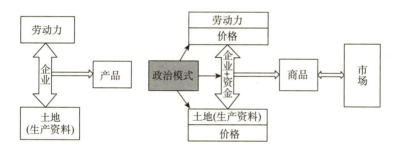

图 1 – 4　经济模式

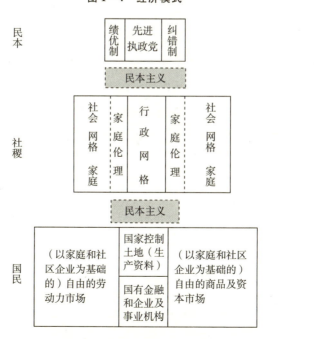

图 1 – 5　"三位一体"的中国模式

2009 年是中华人民共和国成立 60 周年，以此为契机，关于"中国模式"的讨论达到了一个高潮，国内大量研究成果相继问世。例如《中国社会科学》2009 年第 5 期便集中刊发了 5 篇国内外著名学者关于中国模式和中国道路的研究论文，①此外《科学社会主义》第 4 期也集中登载了 5 篇国内知名学者的论文。②这些文章中既有关于中国政治、经济等具体模式的研究，也有中国模式与世界主要发展模式的比较研究，还有国外中国模式研究的述评。

2009 年，另一值得注意的成果便是著名的未来学家约翰·奈斯比特及其夫人以中文和德文同时出版的《中国大趋势》一书。在这本书中，奈斯比特夫妇指出，中国在 60 年的发展中尤其是改革开放 30 年中，由于具备了八大新社会支柱，因此牢牢支撑起了中国新政治社会经济体制的基础，从而获得了显著的发展。二人在书中还特别指出：中国在政治领域的进步不仅被低估了，而且未得到国际社会公正的认可。③奈斯比特夫妇所总结出来的中国社会的八大支柱分别是："解放思想""纵向民主""规划'森林'，让'树木'自由生长""摸着石头过河""艺术与学术的萌动""融入世界""自由与公平"和"从模仿转向创新"。

奈斯比特夫妇认为，中国"文化大革命"最具毁灭性的地方在于它对人们思想的禁锢。要实现政治社会的变革，首先就要允许人

---

① 分别是王绍光撰写的《坚守方向、探索道路：中国社会主义实践六十年》，郑永年撰写的《国际发展格局中的中国模式》，季塔连科撰写的《前进中的中国——纪念新中国成立 60 周年及展望 21 世纪中国发展前景》，周弘撰写的《全球化背景下"中国道路"的世界意义》，吴晓明撰写的《论中国的和平主义发展道路及其世界历史意义》。

② 分别是赵宏撰写的《中国模式与世界主要发展模式比较研究》，叶庆丰撰写的《中国发展道路和模式的成功经验》，梁波撰写的《中国经济发展模式的基本特征》，王中汝撰写的《民主政治发展的中国道路与模式》，朱可辛撰写的《国外学者对"中国模式"的研究》。

③ 约翰·奈斯比特、多丽丝·奈斯比特：《中国大趋势——新社会的八大支柱》，吉林出版集团、中华工商联合出版社，2009。

们重新进行自主思考，解除思想上的桎梏。解放思想是中国社会变革中第一个也是最重要的一个支柱。1978 年 5 月，邓小平向全中国发出"解放思想，实事求是"的号召，由此在引领中国走向现代化和市场经济的道路上迈出了关键的第一步。所谓中国特色的"纵向民主"，在奈斯比特夫妇看来就是"中国政府自上而下的指令与中国人民自下而上的参与"正在形成的"一种新的政治模式"，支撑中国新社会长治久安的最重要、最微妙也是最关键的因素就是自上而下与自下而上力量的平衡。这是中国稳定的关键，也是理解中国独特的政治理念的关键。在中国这样一个权力高度分散的社会中，领导层要吸纳自下而上的意见和需求制定一个整体的纲要。这些上下互动得到了鼓励，并允许根据情况和环境的不同灵活变化，只要符合领导层所制定的总体目标即可。这样便创造了一个纵向结构，新思想和经验可以源源不断地沿着这个纵向轴交流。中国正处于创建符合自己历史与思维的民主模式的初级阶段。虽然这种纵向模式也有自己的缺点，但是它的主要优点就在于能够使政治家从"一切为了选举"的短期思维中解放出来，以便制定长期的战略计划。尽管中国的领导权始终掌握在中国共产党手中，但是其执政理念与方式在过去三十多年中已经发生了巨大变化，它已经成功转型为能够吸纳民众自下而上参与的执政党。在这个纵向民主社会中，人民群众自下而上地进行参政议政，政府决策和执政的透明度也在逐步提高。而且无论"人民"如何定义，都是中国政治体系的中心。"规划'森林'，让'树木'自由生长"是中国新社会体制的第三根支柱。奈斯比特夫妇所谓的"森林"就是中国发展的长远目标，而所谓的"树木"就是政策的具体实施。这也就是说在中国所谓的"纵向民主"体系中，国家的长远目标是通过自上而下与自下而上的程序形成的。政府制定政策和优先发展重点，而人民各尽其责，在保持和谐与秩序的同时允许多样性的存在。进一步而言就是，上层领导制定目标，其依据则是基层的心声。"森林"规划好以后就是基层结合自身特点具体实施，在目标的实施过程中仍然存在一定的自主空间。奈斯比特夫妇认为，正是由于中国政治社会改革在具体过程中允许"树木"的自由生长，才得以实现中国改革样本的多样化和改革模式的可选择化。基层自主空间的存在为改革试错提供了实践基础，而试错过程又为中国改革"摸着石头过河"提供了可贵的实践经验。这就是中国社会经济改革取得令世人瞩目成就的重要原因。

新加坡国立大学的郑永年则认为"中国模式需要从宏观的角度来看"，"尽管中国模式表现在方方面面，但其核心是中国特有的政治经济模式，这两个方面互相关联、互相强化。中国的成就是因为这个模式，而这个模式中的很多因素如果失去平衡，就可能导致模式的危机和衰落"。①香港科技大学的丁学良教授在《辩论"中国模式"》一书中，从对"华盛顿共识"和所谓"北京共识"的讨论开始，试图超越这两个具体的政策层面，进而在政治经济学层面构建一个"中国模式"，考察政府与经济、官僚界与工商界、国家政权与民间社会之间互动的关系。丁学良这本书最有价值的地方就在于构建起了评价中国模式绩效的模型和框架，而且其中的指标基本上都能够观察和测量。具体来说，《辩论"中国模式"》一书将上述指标分为物质性和非物质性这两大类，同时每类又包含两种评价指标，一共四种指标。它们分别是对相对弱势群体、相对弱势地区和相对弱势领域持续不断的相对剥夺乃至掠夺的程度；生态环境的破坏程度；体制性腐败程度；公共政策的透明度。②

---

① 郑永年：《中国模式的核心是什么》，原载新加坡《联合早报》2010 年 5 月 11日，转引自《参考消息》2010 年 5 月 13 日。
② 丁学良：《辩论中国模式》，社会科学文献出版社，2011；李华芳：《中国模式的争议》，《启真·2》，浙江大学出版社，2012。

　　与之相对应，理论界还有另外一种不同的声音。中共中央党校主办的《学习时报》在 2009 年 12 月 7 日刊登的 4 篇探讨"中国模式"的文章便是其中的代表。原中央党校副校长李君如在《慎提"中国模式"》这篇文章中指出，从科学研究的角度讲，他并不赞成"中国模式"这个提法，而主张"中国特色"。"邓小平曾经希望我们到 2020 年，中国各方面体制能够定型。但中国改革开放到今天，我们的体制还没有完全定型，还在继续探索。讲'模式'有定型之嫌。这既不符合事实，也很危险。"原国务院新闻办公室主任赵启正在《中国无意输出"模式"》一文中则认为："模式"一词含有示范、样本的含义，但是中国并无此示范之意。"所以，我们用'中国模式'这个词就得十分小心，我更倾向于以'中国案例'替代'中国模式'。"政治学者施雪华也认为：提"中国模式"为时尚早，就目前的情况看，关于中国特色发展经验和道路，简称"中国经验"或"中国道路"比提"中国模式"更加科学、合理，也给未来"中国经验""中国道路"有可能上升为"中国模式"留下余地和空间。①另一位学者邱耕田则认为当务之急是注重科学发展，并强调：中国的发展是一种高代价的发展，如果这种发展的高代价性被"中国模式"所包括，则在很大程度上说明了"中国模式"的不成熟和不完善，而这种有待成熟和完善的模式应当是不具有示范和推广价值的；如果不被包括则又说明了所谓"中国模式"的片面性和不符合实际性。2010 年 12 月 23 日《中国教育报》第 5 版发表了中国社会科学院副院长李慎明和中宣部理论局何成、宋维

---

① 当然也有不少学者认为"中国道路"与"中国模式"本质上是一个东西。"中国道路"是中国特色社会主义道路的缩写，而"中国特色社会主义道路"的成功经验构成了"中国模式"的主要内容。如果说"中国特色社会主义道路"的概念主要着眼于政治和意识形态，则"中国模式"的概念更多地着眼于学术研究。参见潘德斌等《中国模式：理想形态及改革路径》，广东人民出版社，2012。

强的文章《"中国道路"的六个内涵》。三位作者一致认为："'北京共识'是西方学术界话语体系中的提法，本质上并不存在。'中国模式'的提法，一是给人有完成式和不再发展的凝固之感；二是有加强、推广和扩张之嫌；三是我国经济已高速发展 30 余年，但仍有 1.2 亿贫困人口，其发展方式亟待转变，也很难说已经形成一种固定的发展模式，并且这一发展模式是从我国国情出发而采取的举措，其他发展中国家可以借鉴，但很难'复制'。因此，我们认为提'中国道路'为宜。"

更加难能可贵的是，还有部分学者认真地提出了当前中国模式所面临的挑战。比如萧功秦教授便尖锐地指出："强国家—弱社会"的中国模式面临五大"困境"，它们分别是"腐败困境""国富民穷困境""国有病困境""两极分化困境"和"社会创新能力弱化的困境"。①何平立与沈瑞英教授也认为：中国模式面临着严重的问题与艰巨的挑战，其关键在于如何使纵向民主与现代社会中坚力量——中产阶层的发育发展相互适应、相辅相成。而当下中国中产阶层的发展已出现"亚健康"状况，高校问题丛生、中介组织腐败日益严重、"体制内阶层"腐败泛滥等，已成为社会秩序"亚稳定"的动因。同时，中产阶层作为社会舞台中矛盾与冲突的主角，如果没有执政党与政府正确的引导、扶持与培育，没有健全的制度生态环境，其社会功能将呈现负面作用。为此，执政党与政府必须采用"制度优先"模式，推动民主政治建设；积极扶持社会团体与组织，发挥其作用；建设制度化渠道，促进中产阶层政治参与以及构建"一元主导，多元共生"的社会价值观体系。②

不过，总的来说，与"北京共识"一样，"中国模式"也面临

---

① 萧功秦：《中国模式面临五大困境》，《人民论坛》2010 年第 11 期。
② 何平立、沈瑞英：《对中国模式的挑战："纵向民主"与中产阶层发育问题》，《社会科学研究》2010 年第 4 期。

着类似的困境，即它需要证明中国的发展政策和路径从分析的角度看是独特的。这一任务由于缺乏对什么是"中国模式"的一致意见，而变得更为困难。但"中国模式"与"北京共识"有一个明确的不同，那就是人们对它的定义并没有任何共识。一些人认为，它仅仅是对威权资本主义的一种隐喻，而其他人则将其视为中国从国家社会主义向市场经济的渐进主义转型的同义词，在中国更普遍的说法是"有中国特色的社会主义"。接受这一观点的中国学者对关于"中国模式"的看法提供了相当数量的详细描述。还有其他一些专家则认为，"中国模式"是东亚发展主义国家的延伸。但不管选择哪个版本的"中国模式"，它的特殊性都难以被认定，这限制了它在分析上的作用。此外，尽管"中国模式"的观念没有明确附带着中国人之间存在某种共识这样的假设，但宣称是一种"模式"就仍然暗示了一种连贯性和与现实并不相符的指导计划。①借用美国学者博登海默的比喻，"中国模式"研究的这种状况正如我们在一个带有许多大厅、房间、凹角、拐角的大厦，在同一时间里想用一盏探照灯照亮每一处房间、凹角和拐角是极为困难的，尤其是技术知识和经验受到局限的情况下，照明系统不适当或至少不完备时情况就更是如此了。②

　　需要说明的是，本书所聚焦的"中国模式"的概念，虽然和前面所概略回顾的"北京共识"与"华盛顿共识"在国内引发的争论密切相关，但却有着明显的差别。关于"北京共识"与"华盛顿共识"在国内的争论，大多数参与者发表的言论，还是比较着重从经济发展的政策层面、发展战略或策略选择的角度分析，以及改

---

① 斯科特·肯尼迪：《"北京共识"的神话》，王雪译，《国外理论动态》2010 年第 4 期。

② 支振锋、臧励：《"中国模式"与"中国学派"——"人民共和国 60 年与中国模式"学术研讨会综述》，《开放时代》2009 年第 4 期。

革和发展的政策工具的组合方式上进行阐述，而很少涉及中国的政治发展领域，特别是民主模式的问题。相反，在这个问题上，国内外还存在两种值得玩味的观点：一种认为，改革开放后中国的经济发展取得了举世瞩目的成就，但政治发展严重滞后；另一种则声称，中国如果要发展民主政治，就必然改变一党执政的局面，坚持共产党领导与民主发展不可兼容。①因此，本章之后的分析中将重点讨论那些遮蔽在"北京共识"对抗"华盛顿共识"和类似的争论下更具基础性和结构性的东西，尤其突出政治层面的以协商民主、纵向民主为主要内容的复合式民主实践及其所面临的挑战。因此在逻辑次序上和具体经济过程的分隔意义上，本书使用的"中国模式"概念，要高于"北京共识"和"华盛顿共识"。②

确如丁学良所说：如果用社会科学学科划界的规范提法，最恰当的提法是把中国模式定义在政治经济学的领域，在"国家政权、国民经济、民间社会"三大块连接界面上。"在这个层面上所讨论的问题，是政治与经济的关系，政界与工商界的互动，国家政权与社会民众之间的作用和反作用。"③因此，本书中"中国模式"所描述的对象，是指在过去的改革开放的三十多年中，逐步形成的客观轨迹。这个客观的轨迹，其中一部分是中国改革的决策者和参与者很明白并在意图上欲做的事情，是他们所要达到的目标和产生的效果。但是中国模式中还有相当一部分指的是，在非常复杂的主观和客观环境（包括中国国内和国际的客观环境）之间持续的互动中，那些非预期的后果。它们不是行动者主动设计、故意制造的，而是最后在客观上演变出来的，甚至是"歪打正着"的。换言之，这个

---

① 胡伟：《民主政治发展的中国道路：党内民主模式的选择》，《科学社会主义》2010年第1期。
② 丁学良：《辩论中国模式》，社会科学文献出版社，2011，第10页。
③ 丁学良：《辩论中国模式》，社会科学文献出版社，2011，第10~11页。

中国模式不是一个事先设计完毕，继而按照这个设计打造成型、固定不变的结构，而是一个持续演变的过程，一个动力学的过程。[①]因此我们的任务是，力图在始终演变着的表象之中和之下，辨认在长时段里奠定中国模式的那些基本参数，以及它所面临的各种挑战，尤其是"协商民主"与中产阶层的发育问题。

三　纵向民主、协商民主与复合民主

自从改革开放启动中国社会的伟大转型以来，无论采取何种价值判断和分析方法，中国社会的发展模式与民主的建设路径都是密不可分、紧紧联系在一起的重大问题。因此，学术界有关中国民主政治发展的各种主张和流派层出不穷，但令人颇为遗憾的是，人们往往各执一词，缺乏相应的共识。细数下来，先后出现且有较大影响的至少有自治民主（重点是推进村民自治和基层自治）、党内民主（重点是以党内民主为突破口带动国家民主）、宪政民主（重点是夯实和加强人民代表大会的权力）、经济民主（重点是实现劳动者参与生产决策并分享经济成果）、行政民主（重点是通过行政民主化推进政治民主化）、法治民主（重点是先推行法治再实行民主）、社团民主（重点是发展公民社会作为民主的基础）、网络民主（重点是通过互联网的政治参与来推动民主政治）、预算民主（重点是实现政府预算公开透明）、协商民主（重点是发展以政治协商为主的多层次协商平台）、纵向民主（重点是国家自上而下的领导与民众自下而上的参与相统一）和复合民主（重点是经由人民当家做主和党的领导这两大实践路径来发展民主）等不同的主张。正如胡伟所评论的，"上述各种主张涉及中国民主政治发展的逻辑起点、战略路径和实质内涵等不同层面的内容，它们之间不是完全

---

① 丁学良：《辩论中国模式》，社会科学文献出版社，2011，第11～12页。

排斥的，但其实质内容和路径选择显然各不相同，有的更倾向于直接民主，有的更倾向于代议民主；有的更侧重民主的主体，有的更侧重民主的方式；有的涉及民主化的社会条件，有的涉及民主化的政治后果；有的关系到民主政治的基本制度，有的则是民主制度的补充完善"。①对此一一进行梳理和评析既非研究者个人能力所及，亦与本书的主题有较大距离。因此，我们主要从对中国模式的挑战出发，着眼于纵向民主、协商民主和复合民主这三种理论主张的优缺点及其与中产阶层发育的关系进行必要的评述。

从理论源头来说，著名政治思想家乔万·萨托利所著的《民主新论》较早地论述了横向民主（Horizontal Democracy）和纵向民主（Vertical Democracy）的问题。萨托利认为，横向民主就是指民主政治的横向结构，它的实施与普及主要围绕公众舆论、选举式民主、参与式民主、公民表决式民主而展开②；而纵向民主则是指民主政治的纵向结构，研究支配、服从与协调——质言之，研究群体中的等级结构。③关于两者的关系，萨托利认为是不可分割的，就"纵向政治和横向政治的区分而言，……如果说选举式民主典型地概括了民主的横向结构，那么民主的纵向随动装置或纵向形变就是代议制民主。然而，民主的纵向结构提出的问题，无法以代议制理论来解决。尖锐的问题是：多数原则与少数统治究竟是如何结合在一起的？"④从上面的分析我们可以看出，萨托利从未把横向民主和纵向民主对立起来，而只是将二者看作民主政治的不同侧面罢了。

---

① 胡伟：《中国的民主政治发展应有顶层设计》，《探索与争鸣》2013年第2期。
② 乔万尼·萨托利：《民主新论》，冯克利、阎克文译，东方出版社，1998，第148页。
③ 乔万尼·萨托利：《民主新论》，冯克利、阎克文译，东方出版社，1998，第147页。
④ 乔万尼·萨托利：《民主新论》，冯克利、阎克文译，东方出版社，1998，第148页。

进一步归纳的话，"纵向民主"的内涵主要就是指在民主政治的框架下，关注民主的纵向结构，理顺制度运行程序和协调政治权力主体间关系，进而实现有效的治理。萨托利有关"纵向民主"的论述，其理论意义在于启发我们把对民主的关注重点由单一的"民主制度体系建设"扩展为"制度体系建设和制度运行效果"并重。①历史和现实都表明，制度之优劣不是仅靠理论上的论证就足以澄清的，更需要通过考察分析制度运作对社会经济的治理效果来加以考量。②

如果从"制度体系建设和制度运行效果并重"的角度来考察改革开放以来的中国政治发展进程的话，我们就会发现其主要路径始终是纵向结构的"自上而下"与"自下而上"的结合与平衡。前者是作为中国唯一执政党的中国共产党自上而下推动的政治改革和民主建设，后者则是民众自下而上不断发展并完善的政治参与。中国的自上而下、自下而上的纵向民主模式始于经济领域，但是我们已看到它现在如何被运用到司法改革、社会经济发展、社会福利制度，以及其他许多日常生活领域。奈斯比特夫妇在《对话中国模式》的序言中指出：尽管选择了市场经济，但中国的领导层仍然高举社会主义的旗帜，中国共产党在治理国家方面始终坚持其领导和控制，不过在过去的30多年里，领导和控制所体现的观念已经根本改变。中国已从自上而下的专政政体转变为切实的一党领导、有着强大的自下而上的群众参与、一个纵向组织起来的民主社会，并在制定和执行决策方面变得越来越透明。奈斯比特夫妇认为：邓小平号召"解放思想"是中国纵向民主形成过程的第一步，自那以后，基于自上而下、自下而上的力量的动态作用之上的政治结构便得以发展。外人难以相信在

① 张金武、黄俏凤：《构建中国"纵向民主"模式刍议》，《山西高等学校社会科学学报》2010 年第 7 期。

② 李照雨：《"纵向民主"与中国民主政治》，《人民论坛》2009 年 11 月 11 日，第 2 版。

中国能够存在什么民主形式，那是因为他们没有意识到自下而上的力量以及它在体制内具备的日益增长的影响力。①奈斯比特夫妇的观点，套用萨托利的话来说，就是中国的"纵向民主"用另一种方式较好地解决了现代民主中多数原则与少数统治如何结合的尖锐问题。

此外，奈斯比特夫妇与著名华裔美国学者邹谠均认为，中国政治系统中人民、群众的概念内涵与西式民主中的公民不同。群众或者说人民是从阶级的观念中引申出来的，它是一个集体性的组成，不是孤立的个体，因此群众内部是有一定社会联系的，存在一个关系网络。这种集体性的存在使得群众在人权诉求方面优先要求的是社会经济权利而非公民政治参与权利。相反，西方"公民"概念的基础就是孤立的个人，这种个体式的存在使得其主要诉求是公民的政治参与权利而非社会经济权利。这也就进一步决定了西方式民主的前提是选举产生合法的执政者，而中国式的民主则依据政绩来判断执政合法性。事实上，奈斯比特夫妇认为，在传统中国社会中，与他人和谐相处是处世的要领。个人责任远不如与周围人的关系重要。在这种环境下，政治运作不是依赖对立的政党或者政客，而是通过自上而下和自下而上的过程实现意见的统一。而且中国人从来没有体认过选举决策的经验，如果盲目推动西方式选举民主，中国可能会出现大规模的选举混乱。这种混乱与中国传统价值观中的和谐与秩序是相悖的。②美国布鲁金斯学会的李成也认为，1989年的政治风波给中国领导人和广大民众留下了西方民主导致混乱的不良印象。因此，政府自上而下的指令与民众自下而上的参与相结合的纵向民主，是最适合当前中国政治发展需要的民主形式。中国共产

---

① 赵启正、约翰·奈斯比特、多丽丝·奈斯比特：《对话中国模式》，新世界出版社，2010。

② 约翰·奈斯比特、多丽丝·奈斯比特：《中国大趋势——新社会的八大支柱》，吉林出版集团、中华工商联合出版社，2009。

党自上而下的执政能够保持有效的政策延续性，而民众自下而上的政治参与式的政府决策和执行的透明度也在逐步提高。中国式的纵向民主虽然有一定的框架，但是其优点也很显著：不会因为党派斗争、无休止的政治作秀和选举而浪费有限的政治资源。也就是说，李成和奈斯比特夫妇都认为，中国经济发展模式的成功已经成功证明西方式民主并非经济发展繁荣的必要条件。奈斯比特夫妇还特意引用美国民意调查机构皮尤（Pew）的数据来证明观点，他们写道：中国领导层所取得的成就已经得到"人民的统治"89%的认可，在皮尤调查的其他人民民主政体里都没有可与之匹敌的数据。①

　　李成在布鲁金斯学会的报告中还曾直言不讳地指出，依据西方多党派竞争、三权分立式的民主标准去衡量判断中国民主化进程是一些西方学者和政治家们自身学术倦怠和思想禁锢的结果。他们对于中国共产党一党执政导致国家权力过于集中而易造成权力寻租和腐败滋生的批判并非完全不合理，但是他们忽视了中国当前政党政治发展的现实，预期未来中国通过民主政治改革而最终形成竞争性民主的判断是相当可笑的。李成认为这些学者忽视了中国一个最基本的政治现实，即中国未来不可能出现一个可以与中国共产党相抗衡的强大政治力量。与其预期中国会发展西方式多党竞争民主，还不如更关注中国共产党在自身内部逐步发展的党内民主。而且在李成看来，共产党内部本身也存在诸多派别，日益制度化的党内民主很可能加剧不同派别之间的竞争。执政党内部形成一定的竞争，有利于推动中国一党执政体系下的民主发展。②2009年日裔美国学者

---

① 赵启正、约翰·奈斯比特、多丽丝·奈斯比特：《对话中国模式》，新世界出版社，2010。

② Cheng Li, Intra-Party Democracy in China: Should We Take It Seriously?, http://www.brookings. edu/~ media/files/rc/papers/2009/fall-china-democracy-li. fall-china-democracy-li. pdf.

弗朗西斯·福山在接受日本《中央公论》的专访时表示：中国经济令人惊叹的增长奇迹体现了中国模式的有效性。他认为今后中国民主的发展更可能采取立足民生、务实渐进的方式，围绕环境污染、土地征用、官员腐败等具体问题，通过政府与民众间的双向互动，逐步实现制度的完善和升级。在采访中，他还说了一句意味深长的话，他说："历史终结论还有待于进一步推敲和完善，人类思想宝库需为中国留下一席之地。"①李成、福山等人的观察与英国《经济学家》杂志在 2009 年 9 月的《中国国家报告》（China Report）中的论断不谋而合，也就是说，他们都认为中国未来政治民主改革仍将是相对保守和渐进式的。②

正如郑永年所指出的：在讨论中国模式的时候，大多数学者尤其是西方学者往往都会回避中国的政治模式，而仅仅把中国模式局限于中国在经济上的成功。但实际上，如果不讨论中国的政治模式，就很难理解中国的经济模式，因为到目前为止，中国的经济模式正是中国的政治模式促成的。③经济学家姚洋认为中国经济增长的奥秘即在于"中性政府"。④也就是说，中国的政治模式使得中国政府在制定和推进现代化战略的过程中，能够从内外束缚中解放出来，保持高度的决策自律性。因此，以奈斯比特为代表的这些学者的贡献在于，他们跳出将中国模式局限于经济成功的窠臼，认真思考中国的政治模式，而且他们的研究还正确地看到了中国国情对于政治体制选择的基础性作用，看到了"纵向民主"的特点在于坚持中国共产党的集中统一领导，在于"政府自上而下的指令与人民自下而上的参与相结合"。

---

① 福山、会田弘继：《面对中国模式的历史终结论》，王前译，《东方早报·上海书评》2009 年 9 月 20 日。

② 上海社会科学院当代中国政治研究中心：《中国政治发展进程 2010 年》，时事出版社，2010，第 379 页。

③ 郑永年：《国际发展格局中的中国模式》，《中国社会科学》2009 年第 5 期。

④ 姚洋：《中国道路的世界意义》，北京大学出版社，2011。

但遗憾的是，他们未能进一步剖析如何实现这种有效结合并确保其民主性质，如何做到不断地"通过倾听自下而上的声音并且保持高层的决策权"，使"纵向"也能"民主"、也是"民主"等问题。这其实正是"纵向民主"对"中国模式"的挑战。①

比较而言，国内政治学者以及跟国内联系密切的华裔学者则更加直面"纵向民主"这一模式中的问题。比如燕继荣便指出，中国模式改革的方向是必须改变家长式包办主义的管理模式，促进政府围绕"公共性"和"回应性"实现制度创新，给民间和社会以更大的发展空间。②持类似观点的学者不在少数，如郑永年认为，中国必须推进国家与社会间的分权，强化社会的力量，扩大公民的参与。③丁学良则将政府的公共政策缺乏透明度，公众不能以公开、合理的方式参与国家公共政策的决定过程称为"中国模式"的四大成本之一。④萧功秦也强调，中国必须不失时机地发展公民社会，改变"强国家—弱社会"的体制，在保持执政党执政地位的历史连续性与正当性的同时，渐进地走出威权主义。⑤

实际上，民主在一个国家的发展是国家与社会双向互动的结果，它具体采取什么样的模式和路径取决于其自身的历史条件。具体到改革开放以来的中国来说，中共"试图在解决民生问题的过程中，逐步实现民主制度的完善，同时，又期望通过多元的协商参与方式，形成政府（国家和政党）与社会的互动"，⑥即基于中国传统和现实制度约束所做出的战略选择。因此，20 世纪 80～90 年代以

① 叶小文：《从美国学者谈中国民主说起》，《人民日报》（海外版）2011 年 3 月 4 日。
② 燕继荣：《"中国模式"的学术辨析》，《探索与争鸣》2010 年第 12 期。
③ 郑永年：《中国模式：经验与困局》，浙江人民出版社，2010，第 162 页。
④ 丁学良：《辨论"中国模式"》，社会科学文献出版社，2011，第 135～136 页。
⑤ 萧功秦：《中国模式面临五大困境》，《人民论坛》2010 年第 11 期。
⑥ 韩福国：《作为嵌入性治理资源的协商民主——现代城市治理中的政府与社会互动规则》，《复旦学报》2013 年第 3 期。

来，在人民政协制度之外，急速发展中的中国社会又涌现出了许多新的协商制度形式，如民情恳谈会、民主恳谈会、民主理财会、居民论坛、乡村论坛、民主听证或议政会。也就是说，在中国的政治建设中，除了早已存在的政党层面的政治协商之外，中共又主导发展出了社会治理中的社会协商、经济发展中的经济协商和基层治理中的基层协商等多元、多层的复合结构的协商形式。中国协商民主的体系化建构，既是中华人民共和国协商政治的提升，也是中国现代化建设中社会协商的发展，而且它们还构成了社会主义民主持续发展的重要载体和推动中国社会伟大转型的制度支撑。

于是乎，进入 21 世纪之后，协商民主在中国逐渐成了一个理论热点。首先是学术杂志开始开设专栏，其次是课题设置、出版规划和学术研讨等相继丰富了这一热点话题。[①]当然，更为重要的是官方正式确认了这一概念，并在中共十八大报告中对此进行了重点论述。[②]中共十八大报告在"坚持走中国特色社会主义政治发展道

---

① 例如上海三联书店 2004 年出版了《协商民主》文集；2005 年，国家新闻出版署将中央编译出版社计划出版的"协商民主译丛"列为国家"十一五"重点图书出版；2007 年，江苏人民出版社出版了《审议民主》文集。此外各种各样的研讨会也相继召开，如浙江大学举办了"协商民主国际研讨会"等。一般认为，协商民主是 20 世纪 70 年代伴随对自由主义民主理论的批判以及参与式政治的发展而逐渐在 80 年代成形的。1978 年，毕塞特在其博士论文《国会中的协商：一项初步的研究》中最早提出协商民主的概念，而产生重要影响的是其随后的《协商民主：共和政府的多数原则》一文。进入 20 世纪 80 年代，不少研究者开始加入协商民主论者的行列，讨论的核心问题集中在论证协商民主之于理性选择理论家们"聚合"民主观的优越性，这可称之为第一代的协商民主研究。对国外协商民主兴起和理论脉络的梳理可以参阅以下几篇文献，即陈家刚的《协商民主在东西方的兴起和发展》（见共识网，http://www.21ccom.net/articles/zgyj/xzmj/article_2013010574311.html）与《协商民主：概念、要素与价值》（《中共天津市委党校学报》2005 年第 3 期），以及李强彬的《国外协商民主研究 30 年：路线、视角与议题》（《教学与研究》2012 年第 2 期）等。

② 2007 年 11 月 15 日，国务院新闻办公室发表《中国的政党制度白皮书》，第一次从官方的角度确认了"协商民主"的概念。而中共十八大则首次提出"社会主义协商民主是我国人民民主的重要形式"，进一步将协商民主提到了一个新的高度。

路和推进政治体制改革"部分明确提出要"健全社会主义协商民主制度",推进协商民主广泛、多层、制度化发展,极大地拓展了协商民主的范围,不仅囊括了原先所包括的对象,即政协组织、党派,还包括国家政权机关、团体以及基层民主协商等多种层次和结构,从而将协商民主在中国提到了一个新的高度。①

中国的实践是从改善民生所需要的经济发展开始,从社会民主、经济民主一步一步地向政治民主迈进,重点通过制度化的民主协商来有效地解决各种社会治理问题,从而建构起多层次的复合式协商民主。也就是说,中国的协商民主并不是弥补竞争性民主的不足,而是一种把竞争性包含在内的民主实践。相对而言,中国现有的政治框架更加强调政党之间的政治协商,同时强调党内民主与政党之间的相互监督②;强调社会事务的协商解决,同时强调社会民主的发展③;强调基层协商共治,但同时强调基层民主的发展。④

因此,在中国现有的政治架构下,"协商民主"的基本逻辑就

---

① 报告这样写道:"社会主义协商民主是我国人民民主的重要形式。要完善协商民主制度和工作机制,推进协商民主广泛、多层、制度化发展。通过国家政权机关、政协组织、党派团体等渠道,就经济社会发展重大问题和涉及群众切身利益的实际问题广泛协商,广纳群言、广集民智,增进共识、增强合力。"从这段重要论述我们不难看出,中共十八大关于协商民主主要解决了两个问题:一是明确提出了"社会主义协商民主"的概念,表明它与西方协商民主并不完全等同;二是提出要推进社会主义协商民主广泛、多层、制度化发展,从而将协商民主的对象大大扩展了。

② 据 2007 年《中国政党制度白皮书》公布的数据,有 17.7 万名非中共党员担任各级人大代表,3.1 万名非中共党员被任命为县、处级以上干部。其中 24 人被选拔为副省长。

③ 除了各民主党派之外,全国总工会、共产主义青年团、全国妇女联合会、中国科学技术协会、全国华侨联合会、台湾同胞联谊会、青年联合会、全国工商联等 8 个人民团体,中国文学艺术界联合会、中国作家协会、中华全国新闻工作者协会等 20 个以上的社会团体,在全国人大、全国政协和中央委员会中拥有一定的席位。在中央和地方还存在着许多行业团体、学术团体和专业团体,与政府主管单位保持着紧密的关系。

④ 韩福国:《作为嵌入性治理资源的协商民主——现代城市治理中的政府与社会互动规则》,《复旦学报》2013 年第 3 期。

是：以人民当家做主为基点，以协商合作为中轴，以创造治理为使命，以形成发展为动力的社会主义民主实践形态。其侧重点在于，在民主发展中强调协商而非对抗，把民主的协商精神作为社会发展的有效资源提升出来，从而实现社会更加有序的良性发展（层次结构见图 1 – 6）。也就是说，中国民主的进展不是外生于社会经济发展，而是内生性地嵌入发展当中，形成一个相互促进的态势。所以，有中国特色的协商民主最突出的特征就是以民主的发展促进民生问题的解决，同时，在这一过程中，不断提升民主的品质。也就是说，中国的协商民主将民主作为一种治理资源嵌入现代国家治理当中，而不是单纯地建构一个具有民主形式的外在约束制度。这样一种独特的发展路径有效地化解了民主与发展互为前提或者结果的外生困境。[①]

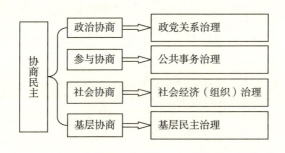

图 1 – 6　中国协商民主的层次结构

　　实际上，从改革开放 30 多年的历程来看，中国的民主实践选择了绩效取向的治理路径。因此其发展便呈现出以提升治理水平和解决民生问题为中心，以整合多元社会主体为目标的实践形态，而且通过协商民主，整个社会在转型与发展中有效地实现了政府与社

---

① 韩福国：《作为嵌入性治理资源的协商民主——现代城市治理中的政府与社会互动规则》，《复旦学报》2013 年第 3 期。

会内生性的双向互动。①

因此，从中国的发展经验和民主实践来看，协商民主的理论价值在于它不仅为发展中国家提供了一种培育民主的可行性方案，而且它还提供了一种破解民主发展与社会发展之间"制度死结"的可能性。"民主的发展品质是在社会进程的每一个具体实践步骤中体现出来的，通过协商民主的发展，不断地积累现代民主资源，可能使中国民主政治在到达一定阶段后展现出新的内在结构与外在形态。"②也正因此，民主理论在中国也呈现出一个不断演进的过程。其中以林尚立教授为代表的学术团队，对"复合民主"的探讨就具有特别重要的意义。2011 年，林尚立在《复合民主：人民民主在中国的实践形态》一文中指出，人民民主会在实践中与国家形成种种紧张关系：国家常常能够用社会和人民的名义来决策，但社会和人民常常无法将自身的利益上升为国家利益，将社会的事务上升为国家事务。换句话来说，就是纵向民主中自上而下的国家行政维度往往会压倒自下而上的社会自治维度。在这样的紧张中，人民当家做主就往往仅有价值和制度上的意义，缺乏实践上的价值；也正是这种紧张，很容易导致人民民主在实践中发生变形，甚至出现扭曲。因此，复合民主是基于人民当家做主和党的领导两大实践路径形成的，每一条路径都涉及党的领导、国家制度、社会生活与公民参与这四大实践平台。基于人民当家做主的民主实践决定着这四大平台的根本，相对应即为执政为民、人大制度、社会民主与公民履权；基于党的领导的民主实践决定着这四大平台的行动取向，相对应即为依法执政、集体领导、协商民主和群众自治。这两大路径、

---

① 韩福国：《作为嵌入性治理资源的协商民主——现代城市治理中的政府与社会互动规则》，《复旦学报》2013 年第 3 期。

② 韩福国：《作为嵌入性治理资源的协商民主——现代城市治理中的政府与社会互动规则》，《复旦学报》2013 年第 3 期。

四个平台和八大方面，共同构成复合民主的具体实践框架。林尚立提出，在支撑复合民主的八大方面中，人大制度占据重要的地位，它的未来在一定程度上决定着复合民主的未来。①这篇文章的观点和分析与 2012 年中共十八大报告中有关协商民主的重要论述十分吻合。如此看来，复合民主的确是一个比较富有解释力和包容力的概念，它对我们审视中国的政治形态和政治发展的实践，有着较为可信的解释力。

四　中产阶层的问题

中国中产阶层研究的关注点和理论取向紧随中产阶层发展不同阶段的特征而变化。在中产阶层现象还未凸显的时候，研究者们在理论层面讨论中产阶层形成的社会政治意义，②当中产阶层现象在收入和消费领域显现的时候，研究者的关注点转向中产阶层的收入和消费特征及其社会影响，③而目前中产阶层开始显示其文化、价值以及可能的政治内涵，于是引发研究者们进一步深入探讨这一问题④。当前的中产阶层研究，受到政策研究取向和市场需求取向的大力推动，这两个动力有助于推动中产阶层研究的发展，但同时也

---

① 林尚立：《复合民主：人民民主在中国的实践形态》，《中共浙江省委党校学报》2011 年第 5 期；刘建军：《国家语境下的中国政治学：2011 年终回顾》，《中国社会科学报》2011 年 12 月 29 日。

② 何建章：《论中产阶级》，《社会学研究》1990 年第 2 期；李强：《关于中产阶级和中间阶层》，《中国人民大学学报》2001 第 2 期；陆学艺：《当代中国社会流动》，社会科学文献出版社，2004；陆学艺：《当代中国社会结构》，社会科学文献出版社，2010。

③ 陈小雅：《中国中产阶级浮出水面》，《决策探索》2002 年第 2 期；周晓红主编《中国中产阶层调查》，社会科学文献出版社，2005；周晓红主编《全球中产阶级报告》，社会科学文献出版社，2005。

④ 张伟：《冲突与变数：中国社会中间阶层政治分析》，社会科学文献出版社，2005；张翼：《当前中国中产阶层的政治态度》，《中国社会科学》2008 年第 2 期；沈瑞英：《转型期中国中产阶层与社会秩序问题研究》，上海社会科学院出版社，2012。

可能局限了研究者的视野。近期社会分层研究领域的中产阶层研究，正逐步从单纯的观点论述转向依据实证资料分析而进行的综合研究和专题研究，这一转向使中产阶层研究得以具体化，其研究结果也丰富了人们对中产阶层的知识信息。但与此同时，许多研究者过于专注估计中产阶层的人数、罗列中产阶层的人员构成、争论中产阶级划分的操作指标，从而忽略了中产阶层问题的一些本质性的内容，尤其是弱化了对这一问题的理论分析和理论建构。[①]

　　以"中产阶层的兴起可能产生什么样的政治影响"这一主题为例，即可一窥端倪。中国中产阶层政治态度及行为动向的研究始自20世纪80年代。有关中产阶层社会政治诉求、社会政治取向和社会政治行动，以及它们与中国政治发展之间的关系，一直是政治社会学研究的焦点。然而在界定标准、构成成分及调查方式上的差异，使得不同的研究者对于中产阶层政治动向的研究结论大异其趣。学术界既往的研究，大体上存在通过问卷和访谈观察中产阶层民主意识和研究中产阶层集体性政治活动这两种方法。在中产阶层的政治态度上，学界存在三种观点：总体保守、比较激进、缺乏统一性；在政治功能上，也存在中产阶层是社会政治稳定的基础、社会变革的基础、社会发展中的异化力量三种不同结论。[②]更具体一点来说，就是20世纪80年代后期，一些理论家认为中产阶层是推进政治民主的力量，是民主政治的社会基础，而从政府视角来看，中产阶层显然是一个政治不安定因素。20世纪90年代后期以来，社会学家所提倡的政策取向的中产阶层研究，则强调中产阶层是社会政治稳定的基础，中产阶层在政治上具有保守性，支持渐进的改

---

① 李春玲：《比较视野下的中产阶级形成》，社会科学文献出版社，2009，第56～57页。

② 陈金英：《中产阶层政治动向研究述评》，《上海社会行政学院学报》2012年第4期。

革而反对激进的变革。上述两种观点提出的时候，中国中产阶层才刚刚萌芽，远未发展成为一种独立的社会力量。近年来，随着中产人群在社会上存在的事实日益明显，一些研究者发现，上述两种观点与中产阶层现实中的社会政治态度不相吻合，或者说，用这两种观点来解释中产阶层的兴起可能引发的社会政治后果显得过于简单。[①]以至于在学界，实事求是地将中产阶层作为社会转型中的"矛盾与变量""冲突与变数"而进行的认真系统的研究还寥寥无几，特别是缺乏探讨社会分层对社会与政治的影响，更缺乏从前瞻性和联系性角度来深入探讨中产阶层现象和当前的政治改革、政府转型之间的联系，以及中产阶层发展给中国模式所带来的问题与挑战。政治学者从政治社会学的维度来研究中产阶层现象，是当前中产阶层研究必不可少的组成部分。尤其是在当前社会分化与社会冲突不断涌现，政治体制改革相对于经济体制改革、政府转型相对于经济发展明显滞后的大背景下，中产阶层的发育问题显然已经构成了对中国模式的重大挑战。因此当前中产阶层政治动向的研究应当在研究对象上重视边缘中产阶层的政治动向，在研究问题上关注中产阶层政治态度及其社会政治功能是否发生演化，在研究领域上重点关注网络时代公共事件中中产阶层的政治参与。这也就意味着，从政治学的角度来研究中产阶层，目的和落脚点是要揭示中产阶层在政治稳定与政治发展中可能扮演的政治角色，以及在中国"强国家—弱社会"格局下自身的发展趋势。而要回答这些问题，我们则必须要从各个层面考察中产阶层的政治与结构特征、中产阶层的政治文化与意识取向特征、中产阶层的社会与政治参与特征，以及这些特征之间的相互联系。

---

① 李春玲：《比较视野下的中产阶级形成》，社会科学文献出版社，2009，第55～56页。

第三节　研究意义

　　各种市场的、政府的、社会的力量在加速推动中国沿着三个维度演变成一个不断"失衡"、加剧"断裂"的社会。而演进中的中国模式所面临的最大挑战就是如何在现有注重社会控制的"压力型体制"下，积极稳妥地推动经济建设型政府向公共服务型政府转型，如何推动与促进多层次协商民主自下而上渠道的畅通与高效运作，使社会监督与制约权力的机制真正得以建立，使中产阶层成为纵向民主承上启下的枢纽，而不是成为滑向"非制度化"抗争政治和对抗性价值冲突的力量。

　　因此，"中产阶层与社会发展：中国模式下的问题与挑战"这一研究主题，在理论与现实层面，均有着重要意义。它不仅有利于中产阶层发展与政府转型关系的理论探讨，以及国家与社会互动、互构、互补和"相互增权"的关系研究，而且有利于抓住战略机遇期以化解对"中国模式"的各种挑战，进而避免发达国家"M型"社会隐患与发展中国家的"中等收入陷阱"。尤其考虑到目前学术界和理论界对这一问题的研究存在的不足：一是许多分析由于没有准确理论与方法的支撑，导致对中产阶层发育、协商民主以及两者关系的误读、误判，尤其是缺少对于转型社会中产阶层发展所带来的冲突与变数、风险与挑战的问题意识研究；二是对转型期中产阶层的发育、发展的认识与理论准备严重不足，引进与拷贝西方中产阶级理论既难以匹配或适应中国作为一个全球化背景下"后发型"国家的国情以及我们自身社会主义性质的发展道路，也与当前构建"共建共享"和谐社会的理论取向与深层价值取向不相匹配，更没有深刻认识与考虑到不同国情背景下中产阶层发展过程中所引发的社会张力可能会造成的发展不确定因素和变数，以及中产阶层社会政治功能与作用异化的可能性。因此，本书认为中国模式、协商民主以及中产阶层发展的研究必须要有新思维！而本书的研究则将为中国社会的顺利转型提供社会风险防范与危机预警：中国中产阶层发育的"亚健康"，会导致其积极社会政治功能之不彰，甚或恶化成为各种社会问题的病灶之所在；[①]中产阶层发展失范，势必使社会建设和社会秩序失稳、失控；中国未来走向取决于中产阶层发展与政府转型能够形成一种"相互增权"的关系等。

---

① 沈瑞英：《转型期中国中产阶层发展问题研究》，上海社会科学院出版社，2012。

第二章　中产阶层的社会政治分析

有关中产阶层社会政治取向与功能的探索历来是政治社会学研究的重要领域。有学者甚至认为围绕中产阶层这一主题就可以写出"一部完整的政治社会学史"。[①]随着中国中产阶层的发展壮大并颇具规模，中产阶层的崛起会带来什么样的社会政治后果，对执政者和整个国家来说，这又将意味着什么。这些都是当今中国社会各界所关注的热点问题。

20 世纪 80 年代后期，中国研究者最初涉及中产阶层这一领域时，念兹在兹的就是上述问题。20 世纪 90 年代中后期以来，社会学家所倡导的政策取向的研究，往往强调中产阶层是社会政治稳定的基础，中产阶层在政治上具有保守性，支持渐进的改革而反对激进的变革。其实，上述两种观点提出的时候，中国还未出现完整意义上的中产阶层。换句话说，中产阶层还未发展壮大为一股独立的力量走上历史舞台。同时，也由于这一问题与马克思主义的经典论述相冲突，并带有意识形态与政治上的敏感性，从而增加了深入研究的难度。因此，虽然出现了不少理论性的观点陈述，但这方面始

---

① Carolyn Howe, *Political Ideology and Class Formation: A Study of the Middle Class.* Westport: Praeger Press, 1992, p. 173, pp. 1 – 24; Arthur J. Vidch (ed.), *The New Middle Classes : Life-Styles , Status Claim and Political Orientations.* Basingstoke and London: Macmillan Press Ltd. , 1995, p. 15.

终是中产阶层研究的短板。进入 21 世纪之后，随着中国中产阶层的队伍日益壮大，中产阶层在社会上存在的事实日益明显，有关研究不断深入。一些研究者发现，上述两种观点与现实中存在的中产人群的社会政治态度不相吻合，或者说，用前述两种观点来解释中产阶层的兴起可能引发的社会政治后果显得过于简单。有些学者认为目前中国中产阶层的政治倾向是"淡漠"，周晓虹称之为"消费前卫、政治后卫"①，还有学者认为中国中产阶层的态度取向是"去政治化"②。另外还有一些学者对东亚新兴工业化国家中产阶层的政治特性表现出极大兴趣，并暗示中国的中产阶层可能与这些东亚国家的中产阶层有共同点。不过，东亚各国的中产阶层在政治方面的表现也有所不同，某些国家或地区的中产阶层对民主和公民社会表现出较多的热情，而另一些国家和地区的中产阶层则表现出安于现状和对国家的依附特性。一些对社会运动感兴趣的社会学家开始研究以中产阶层为主的新社会运动——如业主委员会维权运动、消费者运动和环保运动等。不过，令人比较失望的是，在目前的中国社会，更引人注目、更为活跃的却是以下层民众（失地农民、拆迁户、农民工等）为主体、以追求经济利益为主的"群体性事件"，而以中产阶层为主体、以追求价值目标为主，有着相应社会政治诉求的新社会运动并未成为主流。新兴的"邻避运动"也只是在最近几年才稍露端倪。实事求是地说，"世界其他地区中产阶级的许多表征——广泛存在的公民组织、一种特定的社会精神、对于体现自身价值所持的基本的保守主义态度——还没有成为中国中产阶级的主要特征"。但正如布鲁金斯学会约翰·桑顿中国中心主任李侃如（Ken Lieberthal）所指出的"崛起的中国中产阶级如何沿着这几条

---

① 周晓虹主编《全球中产阶级报告》，社会科学文献出版社，2005。
② 张清华：《我们时代的中产阶级的趣味》，《南方文坛》2006 年第 2 期。

切线打造自己，对整个体制的演变来说将十分重要"。[①]

第一节　不同视域里中产阶层的社会政治态度

中外学术界对中产阶层社会政治功能的分析，尤其是对中产与社会稳定的关系这一核心问题的讨论，由于各自理论预设和视野的差异，实际上大异其趣。梳理既往的研究，我们不难发现自亚里士多德发端的"中产阶层稳定器"说始终是其中的主流，而"颠覆器"说与"异化器"说作为"稳定器"说的修正和补充，极大地完善和丰富了学术界对中产阶层社会政治功能的分析。另外，由于民主在20世纪已经发展为压倒性的合法性语言，于是中产阶层与民主政治尤其是民主化的关系，自然便成了政治学领域中一个热点问题。

一　主流：自亚里士多德发端的"稳定器"说

西方始自亚里士多德的"稳定器"说，从社会结构的角度强调了中产阶层在维护正常政治秩序、缓和社会矛盾方面的作用。这一理论在逻辑分析上自成体系，在现实经验中也可以找到许多佐证，因此长期以来都是有关中产阶层社会政治功能研究的主流学说。[②]

柏拉图的弟子，被誉为西方政治学鼻祖的亚里士多德是西方最早关注中产阶层的思想家。亚氏从中产阶层财产拥有量的适（度）（充）足性，推演出中产阶层在性情上的中庸特点，并演绎出中产在政治哲学上的理性特征，最后顺理成章地推导出他们具有缓和阶级冲突的功能。亚里士多德认为，人是天生的政治（城邦）动物，

---

① 李成编著《"中产"中国：超越经济转型的新兴中国中产阶级》，许效礼、王祥钢译，上海译文出版社，2013，第2页。

② 胡联合、胡鞍钢：《中产阶层："稳定器"还是相反或其它——西方关于中产阶层社会政治功能的研究综述及其启示》，《政治学研究》2008年第2期。

但"唯有以中产阶级为基础才能组成最好的政体。中产阶级比任何其他阶级都较为稳定"；以中产阶层为基础的政体是"各政体中最为稳定的类型"。①实际上，亚里士多德主要是从社会结构平衡和人的政治理性的角度来阐述中产阶层"稳定器"功能的。在亚氏看来，希腊城邦的公民都可以被区分为极富、极贫和中产阶层这三个部分，其中极富和极贫的公民要么狂暴放肆，要么懒散无赖，反正都不愿遵从理性的引导；而唯有"中产阶级最能顺从理性"，最能遵循正义的原则行事；"他们既不像穷人那样希图他人的财物，他们的资产也不像富人那么多得足以引起穷人的觊觎"；他们既不像极穷阶层"不懂得如何指挥"，也不像极富阶层"只能够专横地统治"。概而言之，中产阶层既是希腊城邦中最安稳的阶层，又是最适宜担任治国理政职责的阶层（同时也是产生最好的立法家的阶层）。②亚里士多德还特别强调，中产阶层是"占有一份适当而充足财产"的中间阶层；唯其人数较多，所以能充当极富阶层与极贫阶层之间冲突的缓冲力、仲裁者和协调人。一句话，亚里士多德认为中产阶层是古希腊城邦的"稳定器"。可以说，时至今日，无论是赞成还是反对亚氏之观点，学术界凡是有关中产阶层社会政治态度的分析，都是以亚里士多德的论述为起点的。

在中国历史上，与亚里士多德大致同一时期的孟子，则顺着春秋时期管子"仓廪实而知礼节，衣食足而知荣辱"的思路，提出了"有恒产者有恒心"的命题。孟子在《滕文公上》中说："民之为道也，有恒产者有恒心，无恒产者无恒心，苟无恒心，放辟邪侈，无不为已。"在《梁惠王章句上》，孟子又补充道："无恒产而有恒心者，惟士为能。若民，则无恒产，因无恒心。苟无恒心，放辟邪

---

① 亚里士多德：《政治学》，吴寿彭译，商务印书馆，1996，第 206、235 页。
② 亚里士多德：《政治学》，吴寿彭译. 商务印书馆，1996，第 204－211 页。

侈，无不为己。乃陷于罪，然后从而刑之，是罔民也。焉有仁在位，罔民而可为也？是故明君制民之产，必使仰足以事父母，俯足以畜妻子，乐岁终身饱，凶年免于死亡，然后驱而之善，故民之从之也轻。”也就说，孟子强调"制民之产"，使民众处于一种小康生活状态，有恒产进而有恒心，这才是社会长治久安的"王道"。

中西历史上，在各自文化长河中地位相当的思想家，大致同一时期，都不约而同地提出了类似的命题。这本身即表明：尽管中西之间有着巨大的文化差异，但同为人类社会，在历史发展过程中，还是会遭遇同样的问题。社会稳定的挑战和长治久安之道就是其中之一。不过，着重思考城邦内部不同公民群体关系的亚里士多德的分析比重点聚焦君民关系的孟子的论述更为系统和深入，而且孟子的言说对象主要是君主，"致用"盖过了求真。如果说亚里士多德的学说属于"政道"（政体性质）追寻的话，那么孟子的学说则属于"治道"（治国方法）求索[1]；前者亟亟于良（好的）政（体）和城邦的正义，后者念兹在兹则是善治与国家的富强。

法国思想家托克维尔在其成名作《论美国的民主》中，也曾以美利坚合众国为例对中产阶级的"稳定器"功能进行了阐述。[2]托克维尔认为民主之所以在美国能够发扬光大，可以归结为地理环境、制度和民情这三个因素，而且它们各自的作用又是依次增加的。"几乎所有的美国人都是小康之家（中产阶级）"，以及中产阶层的社会政治性格，正是美利坚民情中区别于当时世界其他各国的最显著地方。[3]从上面的梳理中不难看出，《论美国的民主》也大致是按照亚里

---

① 牟宗三：《政道与治道》，吉林出版集团有限公司，2010。

② 胡联合、胡鞍钢：《中产阶层："稳定器"还是相反或其它——西方关于中产阶层社会政治功能的研究综述及其启示》，《政治学研究》2008 年第 2 期。

③ 后来德国社会学家维尔纳·桑巴特还特意写了一本书《为什么美国没有社会主义》（王明璐译，上海人民出版社，2005）来讨论美国的小康之家对于社会主义运动的消解。

士多德的思路来分析美国中产阶层社会稳定器功能的，托克维尔还郑重指出中产阶层才是美国民主的社会基础。托克维尔的突出贡献在于重点分析了清教伦理和自由结社对于美国市民社会与民主的重要意义，进而提出了中产阶层不仅在社会结构里有着重要意义，更重要的是它对于社会整体民情的塑造，而这才是对社会稳定和民主更为根本的东西。

除托克维尔之外，近代学者中对中产阶层社会稳定器功能进行过较为深入分析和阐述的当属意大利政治学家加塔诺·莫斯卡（Gaetano Mosca）和德国社会学家西美尔（Georg Simmel），两者都强调社会流动的重要性，以及中产阶层承上启下缓和社会矛盾的功能。[①]

在 1896 年出版的《统治阶级（政治科学原理）》中，莫斯卡对中产阶层的社会稳定器功能进行了如下的分析：（1）相对独立的中产阶层主要依靠教育和职业技能获取社会地位，随着现代化的推进，他们发挥着日益重要的作用，同时也是整个社会最重要的人力资源库，因此统治阶级可以从中吸收各种人才以保证自身正常的新陈代谢；（2）中产阶层的文化作为一种进步文化相对宽容，这使得各种宗教和政治思潮能够共存，相互制约和平衡；（3）作为对统治阶级行为进行月旦之评的践行者，具有现代公民权利意识的中产阶层是独立舆论和公共精神的“最大储存库”；（4）中产阶层是连接统治阶级与底层大众的中介，正是通过中产阶层的居间运作，统治阶级才能实现对底层大众的统治和领导。因此，莫斯卡认为中产阶层提供了一种用来测量社会力量平衡的有效性和稳定性的标准，一个社会的中产阶层越强大，就越容易保持稳定。[②]也就说中产的强

---

① 胡联合、胡鞍钢：《中产阶层：“稳定器”还是相反或其它——西方关于中产阶层社会政治功能的研究综述及其启示》，《政治学研究》2008 年第 2 期。

② 加塔诺·莫斯卡：《统治阶级（政治科学原理）》，贾鹤鹏译，译林出版社，2002，第 15～16、198～210、482～507 页。

大与社会的稳定乃是一种强相关关系。

德国学者西美尔则从社会学的角度，对中间等级（中产阶层）的"稳定器"功能，特别是矛盾缓冲功能，做了较为明确的阐述。西美尔认为，一个以中间等级占多数或优势的社会是"可持续"的社会，并且是一个具有"自由主义性质"的社会；在该社会中，"中间等级起作缓冲地带或者防震垫的作用"①。中间等级之所以能够发挥这种稳定社会的功能，主要是因为中间等级介于社会上、下这两个等级之间，它天然地就是一个中间斡旋阶级。同时中间等级又是一个流动的阶级，下层阶级的人可以通过个人努力上升到中层，上层阶级的人退化不合格后也将滑落到中层，这样表现为中间等级"不断地与其他的两个阶层进行交换，并且由于这种不间断的上下波动，就产生界线模糊和种种持续不断的过渡"②。这种流动性不但保持了各阶层的活力，也不断地充实了中间等级，从而使得社会不仅富有弹性而且能够保持一种动态平衡。这和中国古代典籍《吕氏春秋·尽数》中"流水不腐，户枢不蠹"的说法不谋而合。更为重要的是，在一个分化的现实社会中，如果有较强的中间阶层作为缓冲过渡，社会变迁就往往会以循序渐进的方式进行，而不至于动摇社会的整体结构和根本制度；相反，如果没有中间阶层的存在或中间阶层弱小，社会变迁一旦发生，其形式往往是迅猛激烈的，甚至发生血雨腥风的暴力革命。③后来的比较政治学家巴林顿·摩尔（Barrington Moore）正是从这一观察出发，比较了英美、

① 盖奥尔格·西美尔：《社会学——关于社会化形式的研究》，林荣远译，华夏出版社，2004，第448、428页。

② 盖奥尔格·西美尔：《社会学——关于社会化形式的研究》，林荣远译，华夏出版社，2004，第448页。

③ 盖奥尔格·西美尔：《社会学——关于社会化形式的研究》，林荣远译，华夏出版社，2004，第133、412~458页；胡联合、胡鞍钢：《中产阶层："稳定器"还是相反或其它——西方关于中产阶层社会政治功能的研究综述及其启示》，《政治学研究》2008年第2期。

德日、中俄三组国家现代政治发展的道路，进而完成了《民主与专制的起源》这部旷世名著。摩尔认为正是中产阶层力量的强弱不同导致了上述三组国家迥然不同的政治发展道路，他明确提出"没有资产阶级，就没有民主"的命题。①这就在西方社会科学的脉络里接续上亚里士多德的传统，并更为明确提出了中产阶层与现代民主的关系问题。

当代西方学者中对中产阶层"稳定器"功能做出重点剖析的，首推美国政治学家李普塞特（Seymour Martin Lipset）。他认为，随着经济发展和社会财富的不断增加，越来越多的下层民众进入相对宽裕的中产阶层行列；当中产在社会中占多数并成为主导阶层时，这个强有力的中产阶层就能发挥调节、缓和、化解社会矛盾与冲突的功能，特别是可通过支持温和政党、反对极端主义组织、组建和参加民间组织等种种方式，保持社会政治制度的稳定。②同时他还指出："财富的增加，会通过使社会分层结构由以巨大的下层阶级为基础的高大金字塔形，向不断壮大的中产阶级（为主体）的菱形的改变，从而影响中产阶级的政治角色。"③也就是说，当中产阶层在一个社会中达到一定规模时，如果其价值观成为社会所认可的主流价值观，其文化也成为社会的主导文化，那么这一阶层便会在社会结构中表现出相当的稳定性功能，能够有效缓和上下层之间的矛盾。④

概括说来，尽管西方对所谓中产阶层"稳定器"功能的论述千差万别，而且对于其"稳定器"功能得以发挥的机理的剖析也不尽相同，但总体上都认为中产阶层是维护社会稳定的主要力量，是上

① 巴林顿·摩尔：《民主与专制的起源》，拓夫译，华夏出版社，1988。
② Seymour Martin Lipset, *Political Man: The Social Bases of Politics* (Garden City: Anchor Books, 1963), pp. 45 – 58.
③ Ibid., p. 51.
④ 李路路、李升：《"殊途异类"：当代中国城镇中产阶级的类型化分析》，《社会学研究》2007 年第 5 期。

层阶级与下层阶级之间一支主要的社会平衡力量，是缓和阶级冲突的中介。①不过，我们必须留意的是"稳定器"说至少隐含着这样两个不言而喻的前提：第一，中产阶层已经发展成足够强大的社会力量，甚至已经崛起成为社会中的主导阶层；第二，中产阶层的利益诉求和期望已经得到社会的满足和接纳。如果第一个条件得不到满足，中产阶层在社会中难以发挥重大作用，自然也就谈不上维护政治稳定。"稳定器"说的鼻祖亚里士多德即坦承，如果要保持城邦稳定，"中产阶层最强大时可以强到超过其余两个阶层之和的程度，不然的话，至少也应超过任一其余的阶层"。如果第二个条件无法满足，中产阶层则可能扮演发起激进变革甚至革命的角色。②实事求是地说，反思并修正主流"稳定器"说的"颠覆器"说和"异化器"说，其实都是针对那些未能满足这两个不言而喻前提的社会的中产阶级社会政治功能的变异而提出来的。

国内学者对中产阶层的研究起步于 20 世纪 80 年代后期，较早涉及这一领域的社会学家大多认可、追随西方由来已久的"稳定器"说。最具代表性的学者当属李强、陆学艺、周晓虹等人。周晓虹认为，"中产阶层是现代社会稳定的基石"，是"政治后卫"，而中国的中产阶层则是维护政治稳定的一支重要力量，"普遍都有一种强烈拥护既有政治体系的倾向"。③陆学艺在《当代中国社会阶层研究报告》中指出：从世界范围的经验来看，一个社会的中间（中产）阶层的规模越大越容易实现稳定和可持续发展；否则，中间阶层规模过小，社会就容易失稳，甚至爆发革命；现阶段我国中间阶

---

① Arthur J. Vidch（ed.），*The New Middle Classes：Life-Styles，Status Claim and Political Orientations*（Basingstoke and London：Macmillan Press Ltd.，1995），pp. 15 – 16.

② 张伟：《冲突与变数：中国社会中间阶层政治分析》，社会科学文献出版社，2005，第 379 页。

③ 周晓虹主编《中国中产阶层调查》，社会科学文献出版社，2005，第 1 ~ 28、299 ~ 324 页。

层有促进经济发展、缓和社会矛盾等诸多积极功能。①清华大学李强教授则是国内从政治、社会、文化、经济等方面对中产阶层"稳定器"功能进行最系统阐述的学者，他十分肯定地指出："在任何社会中，中产阶层都是维系社会稳定的最重要的社会力量。"②其原因在于：第一，中产阶层是介于社会上下层之间的缓冲层，有力地缓和了社会矛盾，极大地降低了社会冲突的可能性，"这是社会稳定的政治原因"；第二，中产阶层往往有广泛的社会交往，这为不同群体通过温和妥协的方式协调利益冲突提供了交往基础；第三，中产阶层代表一种温和、保守的意识形态，这使得激进的极端思想很难有市场，"这是社会稳定的思想原因"；第四，中产阶层是社会消费的主力军并在其中起着引领作用，中产阶层收入的稳定性使得他们的消费非常平稳，特别是当中产阶层占社会的多数时，一个稳定而庞大的消费市场就有了保证，"这是社会稳定的经济原因"。③我们不难看出，这一时期中国学者的论述尽管有着自身的问题意识，并考虑到了中国的语境④，但大多还停留在引进介绍西方中产阶层"稳定器"说的层面，而且大多忽视了"稳定器"说未曾言明的预设，即"中产在民主社会中占到多数"以及"中产利益得到社会的有效容纳"这两个先决条件。因此，他们对中产阶层与政治秩序的关系问题的处理不免过于简单化。个中原因，或许正如法国学者吉恩·路易斯·罗卡（Jean Louis Rocca）所评论的那样，即中国学者"争论的并不是关注某个客观存在着的群体，而是定义一

---

① 陆学艺主编《当代中国社会阶层研究报告》，社会科学文献出版社，2002，第 61~75、254 页。

② 李强：《转型时期中国社会分层》，辽宁教育出版社，2004，第 34 页。

③ 李强：《转型时期中国社会分层》，辽宁教育出版社，2004，第 300~301 页；李强：《社会分层与贫富差别》，鹭江出版社，2000，第 13 页。

④ 这些学者特别强调中产阶层对于社会政治稳定和经济发展具有重要意义，在学术之外的现实考虑便是试图改变官方意识形态对于中产阶层所持有的怀疑和畏惧心理。

个必须存在的群体并找到增加其成员数量的解决方案"，在建设中产阶级社会已成为国家职责的语境下，"社会学家不是被期望去定义中产阶级，而是去定义能够促使橄榄型社会形成的政策，在这种社会中，大多数人有着中等生活水平"。①

二　反思与修正："颠覆器"说与"异化器"说

在"稳定器"说的主流论述之外，以"颠覆器"与"异化器"为代表的反思性声音在第二次世界大战结束以后，随着比较政治学的兴盛也逐渐响亮了起来。

很多研究现代化和政治发展的学者发现，随着新兴中产阶层的逐步壮大和崛起，它已经越来越成为传统社会秩序的"反叛性"力量，并逐步发展成民主的"革命"性力量，最终推翻了封建统治，建立了以中产阶层占主导地位的资产阶级统治权。也就是说，新兴的中产阶层并非传统封建社会的稳定器，而是"颠覆器"。不但如此，比较政治学的研究还发现在很多发展中国家，将不满威权政府的社会下层群众组织起来的往往是新兴的中产阶层，他们不但是各自社会的颠覆性力量，而且更是颠覆性力量的领导者。②这一点，即使是最倾向于强调秩序与稳定的结构功能主义代表人物罗伯特·

---

① 吉恩·路易斯·罗卡：《政治交叉、社会表征与学术干预：中产阶级在中国的形成》，李春玲主编《比较视野下的中产阶级形成：过程、影响以及社会经济后果》，社会科学文献出版社，2009，第 63 页。实际上，这种政策取向的中产阶层研究产生了很大的影响，社会学家对于中产阶层的这些看法在理论界、学术界以及公众舆论领域获得了普遍的认同，而他们取得的最大成功是逐渐改变了政府决策层对于中产阶层问题的态度和政策，政府不再把中产阶层直接看成一种政治上的威胁势力。体现政府态度转变的一个标志性事件是 2002 年 11 月 11 日，时任中共中央总书记江泽民在中共十六大上明确提出要"扩大中等收入者比重"，从而把培育壮大"中等收入者群体"确定为政府追求的目标之一，而外界的解读是，培育壮大中产阶层成为政府的政策目标之一。

② 胡联合、胡鞍钢：《中产阶层："稳定器"还是相反或其它——西方关于中产阶层社会政治功能的研究综述及其启示》，《政治学研究》2008 年第 2 期。

默顿等社会学家也不得不承认："然而正如经常表明的那样，将憎恨的和反抗的人组织成一个革命群体的不是最受压迫的阶层，而是典型的新崛起（中产）阶级的成员。"①对中产阶层之"颠覆器"理论做出贡献的欧美学者不少，近代思想家首推托克维尔，现代学者则以亨廷顿（Samuel P. Huntington）最具代表性。

早在《旧制度与大革命》一书中，托克维尔就对法国中产阶层在推翻法国旧制度中的"革命"功能做出过精彩的阐述。在他看来，法国相对弱小的中产阶层不像美国庞大的中产阶层那样是社会的"稳定器"，而是一个"革命"的"反叛阶级"。不过话又说回来，托克维尔在《旧制度与大革命》中对法国中产阶层"反叛角色"的剖析，与其在《论美国的民主》一书中对美国中产阶层民主社会稳定器功能的分析，并不矛盾。因为从国家与社会关系角度分析，当时的法国与美国有着根本性的差异。法国由于中央集权的原因，社会大众呈现原子化，美国则由于地方自治的传统和联邦制，独立于国家之外的社会中间组织十分发达；而且法国当时还处于专制的绝对主义国家阶段，但美国在 1787 年宪法生效之后已经初步转变为一个民主国家了，要知道专制国家和民主国家对于中产阶层的塑造和吸纳能力有着根本差别。《旧制度与大革命》一书曾明确指出：法国旧制度具有极大的压抑性，生活在旧制度下的法国人，无法废除这种具有压抑性的制度，也难以通过实践来逐步改变它的精神。"每个法国人每天都在他的财产、人身、福利或自尊方面受到某种旧法律、某种旧政治惯例、某些旧权力残余的妨碍，而他看不到任何他本人能采用的医治这种特殊疾病的药方，似乎要么

---

① 罗伯特·K. 默顿：《社会理论和社会结构》，唐少杰、齐心译，译林出版社，2006，第 296 页。

全盘忍受，要么全盘摧毁国家政体。"①也就是说，在托克维尔看来，法国中产阶层激进的革命倾向乃是源于法国压抑性旧制度的塑造。托克维尔对法国和美国中产阶层功能和角色的分析提示我们，中产阶层的社会政治倾向并非一成不变，而是一个取决于国家社会关系模式的变量。作为民主社会稳定器的中产阶层，在中央集权社会和威权社会却可能是颠覆器与激进的革命力量，其中的关键就在于既有的体制和社会能否有效容纳中产阶层的利益诉求。

比较政治学大家亨廷顿的成名作《变化社会中的政治秩序》，因为着重强调政治稳定对于发展中国家现代化进程的意义，因此对这些国家现代化期间中产阶层的"颠覆器"（"革命性"）功能提出警示。在该书中，亨廷顿首先指出："在大多数处于现代化进程的社会中，真正的革命阶级当然是中产阶级。这是城市中反政府的主要力量之源泉。"②现代化进程中的中产阶层之所以是颠覆性的"革命"阶级，在亨廷顿看来，主要有以下四个方面的原因。③其一，新兴中产阶层往往有强烈的政治参与意识，他们希求从政治上保护自身财富或提升个人社会地位，但在威权政治下上述愿望通常会落空。其二，新兴的中产阶层往往无法在既有的政治架构中找到有效的、制度化的政治参与渠道，他们感到自己是被现行社会政治制度所排斥的社会群体。其三，新兴中产阶层通常会利用自己在意识形态上的话语权来影响和动员社会大众，他们往往高举"民主""自由""平等""博爱""公正""廉洁"的大旗，追求一种过于理想

---

① 托克维尔：《旧制度与大革命》，冯棠译，商务印书馆，1996，第182页。同时亦可参见罗雪飞《当文人操弄权柄的时候——法国的文人政治传统》，《读书》2013年第6期。

② 塞缪尔·P.亨廷顿：《变化社会中的政治秩序》，王冠华译，生活·读书·新知三联书店，1989，第263～264页。

③ 对亨廷顿观点的梳理，亦可参见胡联合、胡鞍钢《中产阶层："稳定器"还是相反或其它——西方关于中产阶层社会政治功能的研究综述及其启示》，《政治学研究》2008年第2期。

化的"新社会制度方案"。其四，新兴中产阶层在政治参与渠道关闭和政治参与愿望落空的情况下，往往会设法谋求其他社会集团的支持。一旦这些社会集团特别是工人和农民的社会经济状况恶化，中产阶层诉诸"革命"的可能性及"革命"成功的可能性就会大大增加。[1]此外，亨廷顿还指出，不仅在军人和其他各种社会势力都干政的"普力夺（Praetorian）社会"，而且在几乎所有类型的处于现代化之中的国家里，城市中产阶层的全面政治要求往往是激进主义的"乌托邦"，迎合其中激进分子的改革往往难以安抚他们，而且城市中产通常还会蜕变为"革命的催化剂"。因此，政府要维护社会政治稳定，自身的策略就非常重要，对于温和的中产阶层力量及其改革要求要善于吸纳、吸收，对于中产阶层激进分子的改革要求则不能迎合，而是要设法削弱激进分子的"数量、力量和内聚力"，乃至动用镇压的手段。否则，"改革"就可能演变成"革命"。[2]

亨廷顿的上述分析明显是承续托克维尔的思想而来的，同样强调国家与社会关系扭曲的国度和政治制度不上轨道的发展中国家里中产阶层社会政治倾向的异变或灾变。不过，和托克维尔的理论一样，与其说亨廷顿的论述颠覆了自亚里士多德以来中产阶层作为社会"稳定器"的主流论述，还不如说他们的"颠覆器"说更多的是对前者的补充。因为"颠覆器"说主要分析的是处在现代化进程之中、政治制度化水平低下的绝对主义国家，或者说威权统治下，中产阶层社会政治态度的异化问题，而"稳定器"说聚焦的却是政治制度化水平较高的常态民主社会下中产阶层的社会政治功能。换

---

[1] 塞缪尔·P. 亨廷顿：《变化社会中的政治秩序》，王冠华译，生活·读书·新知三联书店，1989，第 241~315 页。

[2] 塞缪尔·P. 亨廷顿：《变化社会中的政治秩序》，王冠华译，生活·读书·新知三联书店，1989，第 339~343 页。需注意的是，亨廷顿以上分析的立足点是处于现代化过程中国家的中产阶层。对于发达国家的中产阶层，他则认为是维护社会稳定的重要力量。

句话说，"稳定器"说聚焦于中产阶层占主导地位之后的社会政治功能，而"颠覆器"说则更加关注中产阶层崛起过程中的社会政治表现。所以两者并无本质上的冲突和矛盾，只是各自的关注点和侧重点有所差异罢了。实际上，它们之间也更多的是一种相互补充的关系。例如，亨廷顿在《变化社会中的政治秩序》这本名著里曾明确指出："事实上，追溯起来，中产阶级的进化可以分为好几个阶段……首批出现的中产阶级分子是最革命的；但随着中产阶级队伍的壮大，它也变得较为保守。""实际上，中产阶级与稳定的关系，颇似富裕与稳定的关系一样，一支庞大的中产阶级队伍犹如普遍富裕一样，是政治上的一支节制力量。然而，中产阶级的形成却也如经济发展一样，常常是极不稳定的因素。"①也就是说，亨廷顿认为，中产阶层的政治功能是随着现代化的推进而逐步从革命走向保守的过程，他强调随着时间的推移，中产阶层会从最初激进的"颠覆器"（"革命者"）慢慢钝化为后来的保守的"稳定器"。一般来说，发展中国家最早出现的中产阶层往往在政治上是激进的，后来出现的中产阶层成员则带有更多的官僚性和技术性，更注重商业，因此也就趋向保守。②简而言之，中产阶层的社会政治功能"经历一个渐次保守的过程，其队伍每扩大一次，就越趋于从革命转向稳定"。③其实，中产阶层社会政治性格的这种变化趋势，就好比一个人，从儿童、少年、青年到中年的不断成长过程中，他的性情会随着年龄和自身地位的变化而不断变化。就像我们不能从一个人在某个年龄段的性情完全推断另一个年龄段的性情一样，我们自然也不

---

① 塞缪尔·P. 亨廷顿：《变化社会中的政治秩序》，王冠华译，生活·读书·新知三联书店，1989，第264页。

② 胡联合、胡鞍钢：《中产阶层："稳定器"还是相反或其它——西方关于中产阶层社会政治功能的研究综述及其启示》，《政治学研究》2008年第2期。

③ 塞缪尔·P. 亨廷顿：《变化社会中的政治秩序》，王冠华译，生活·读书·新知三联书店，1989，第275页。

能拿中产阶层占社会大多数时的政治取向作为其发展历程任一阶段的政治性格。

西方中产阶层"异化器"理论，起初主要源自人们研究小资产阶级在 1871～1912 年法国选举中支持极端主义运动时的发现，到 20 世纪 30 年代则更多地体现在有关德国中产阶层对法西斯主义（纳粹主义）和纳粹党的支持的研究上。再后来，随着第二次世界大战之后，欧美国家工业化和信息化的快速发展，"白领"迅速崛起壮大起来，在很多人盛赞"白领"作为新中产阶层的"稳定器"功能、高呼"意识形态终结"的时候，另一些学者则敏锐地看到了新中产阶层日益普遍的政治冷漠。①这样，关于中产阶层政治异化的研究，便可以主要分为两支：一支是研究老中产阶层走向政治偏执，狂热地拥抱法西斯主义等政治极端主义的；一支是研究新中产阶层走向政治冷漠，日益疏离于政治等异化现象的。②对中产阶层"异化器"理论做出贡献的西方学者也为数不少，前一分支以政治学家李普塞特为代表，后一分支则首推社会学家米尔斯（C. Wright Mills）。

李普塞特的《政治人：政治的社会基础》堪称政治社会学的里程碑，这本书在解答阶级结构的基础上剖析了人类的诸种政治行为，进而把政治冲突的研究建立在社会集团冲突的分析基础上。③《政治人》一书明确指出："法西斯主义基本上是一种既反对资本主义又反对社会主义，既反对大企业又反对大工会的中产阶级运

① 胡联合、胡鞍钢：《中产阶层："稳定器"还是相反或其它——西方关于中产阶层社会政治功能的研究综述及其启示》，《政治学研究》2008 年第 2 期。

② Carolyn Howe, *Political Ideology and Class Formation: A Study of the Middle Class* (Westport: Praeger Press, 1992), pp. 25 - 47; Arthur J. Vidch (ed.), op. cit., pp. 35 - 46.

③ Seymour Martin Lipset, *Political Man: The Social Bases of Politics* (Garden City: Anchor Books, 1963).

动";"来自许多国家的数据资料证实,典型的法西斯主义是一种有产的中产阶级运动"。①这种政治倾向源自当时中产阶层的一种失落,即中产阶层的力量在政治舞台上受到了漠视,反倒是工人阶级和上层资产阶级运动占据了政治舞台的中心。因此,中产阶层不仅饱尝了来自大公司和政府官僚机构的压迫,而且也感到了实力和地位正在不断成长中的、紧密团结起来的工人力量的逼迫。这样,即使当时的中产阶层经济地位改善了,其极端主义倾向仍然有其必然性。而且作为中产阶层极端主义运动的法西斯主义,往往最容易"在既有大规模资本主义又有强大的劳工运动这类特点的国家中出现"。②但值得我们注意的是,李普塞特这里所聚焦的主要是老式中产在工业化进程中的表现,而不是随着第二次世界大战之后尤其是信息化革命兴起之后的新式中产。并且德国一直以来都有强国家的传统,国家与社会的关系总处于一种扭曲状态,第一次世界大战失败所遭受的凌辱对德国民族主义的强烈刺激更使得这一关系雪上加霜,此外 20 世纪 30 年代的经济危机期间德国通货膨胀的失控对于中产阶层的打击尤其沉重。以上均是我们在援引李普塞特结论时需要留意的。

其实,在李普塞特看来,中产阶层既可能是"稳定器",也可能沦为"异化器"。如果一个国家的中产阶层能够随着经济社会发展而稳步地在社会分层体系中占据多数时,即形成以中产阶层为主体的菱形(橄榄形)社会结构,那么,这个强大有力的中产阶层就能发挥调节、缓和、化解矛盾与冲突的功能,从而发挥"稳定器"的功能;而一个国家的中产阶层力量弱小时,如果它既面临大规模

---

① Seymour Martin Lipset, *Political Man: The Social Bases of Politics* (Garden City: Anchor Books, 1963), pp. 131 – 177.

② Seymour Martin Lipset, *Political Man: The Social Bases of Politics* (Garden City: Anchor Books, 1963), p. 135.

资本主义的压力，又面临强大的劳工运动的社会压力，中产阶层就可能产生很强的"心理恐慌"和"地位恐慌"，这时候该国的中产阶层就很可能沦为社会的"异化器"（如成为支持法西斯的中坚力量）。①李普塞特的观点也明显是承袭亚里士多德而来。作为"稳定器"说鼻祖的亚里士多德，在高度肯定中产阶层在城邦社会中发挥"稳定器"的积极功能的同时，也着重强调了中产阶层人数和力量的重要性。亚里士多德认为唯有当中产阶层强大到足以抗衡其他两个阶层（极富上层、极贫下层）而有余，或至少要比其他两个阶层中的任何单独一个更为强大时，社会政治的稳定才真正有切实保障。②

米尔斯在 1951 年发表的《白领》一书中对美国新中产阶层——白领——因政治无力感所导致的政治异化问题做了较详细的分析，提出了自己关于中产阶层社会政治功能的新观点。在米尔斯看来，新中产阶层既不是能承担平衡和缓冲作用的"稳定器"阶级，也不是能接受社会主义主张的"革命"阶级，更不是能承担领导作用的统治阶级，而是普遍异化、冷漠疏离、消极无为的"政治局外人"。③米尔斯对美国中产阶级白领群体在大众民主状态下因政治无力感而导致的政治异化的深入剖析，尽管尖锐深刻，但实际上还是没能推翻自亚里士多德以来的中产"稳定器"说，反而更多的是对后者的一种补充。因为换个角度看，中产阶层对政治一定程度的冷漠并非全然是负面的，它使得美国的政治参与不像发展中国家

---

① 胡联合、胡鞍钢：《中产阶层："稳定器"还是相反或其它——西方关于中产阶层社会政治功能的研究综述及其启示》，《政治学研究》2008 年第 2 期。
② 亚里士多德《政治学》，商务印书馆，1996，第 206～209 页。
③ C. 莱特·米尔斯：《白领：美国的中产阶级》，周晓虹译，南京大学出版社，2006，第 229～281 页。对米尔斯有关中产阶层社会政治功能观点的剖析亦可参见胡联合、胡鞍钢《中产阶层："稳定器"还是相反或其它——西方关于中产阶层社会政治功能的研究综述及其启示》，《政治学研究》2008 年第 2 期。

那样亢奋和歇斯底里，这实际上有利于社会的稳定。一定程度上，这正好反映了美国社会的成熟：政治的归政治，经济的归经济，文化的归文化，各安其位，各得其所。实际上，越来越多的学术研究发现并不是政治参与度越高、投票率越高，民主政治才越健康。"过犹不及"的道理在政治参与里也是成立和适用的。

具体到中国国内有关中产阶层社会政治功能的研究来说，随着时间的推移，人们的认识更加全面，学术界对这一问题的复杂性也有了相应的警醒。例如中国人民大学李路路的研究便指出，中产阶层会扮演催化变革还是巩固稳定的角色，也许关键并不在于他们自身，而是取决于他们身处的社会政治环境。在宽松自由的环境下，中产阶层很可能成为稳定的因素。在权力高度集中、中产阶层相对独立于统治阶层的国家，中产阶层与政府发生利益冲突的可能性很大。[1]还有一些学者通过比较研究发现，不同国家中产阶层的政治倾向有所不同，即使某一个国家的中产阶层在不同的历史阶段和社会情境中也可能发生政治态度的转变[2]。也就是说，事实上，中产阶层作为社会转型过程中的一个变量是不断发展演化的。力量日益壮大、权利意识逐渐强烈，但没有得到既有制度足够回应的中产阶层，往往是一支活跃的力量，可能扮演推动变革甚至领导革命的角色。因此，胡鞍钢和胡联合在合作的文章中便明确建议，如果要中国的中产阶层暂缓"思变"的趋势，起到稳定的作用，政府必须采取一系列措施，例如防止经济动荡、保护财产权、维护中产的社会

---

① 李路路：《中间阶层的社会功能：新的问题取向和多维分析框架》，《中国人民大学学报》2008 年第 4 期。

② 何平立：《现实与神话：东亚中产阶级与政治转型》，《上海大学学报》（社会科学版）2006 年第 2 期；曹敏：《中产阶级的政治文化转型与政治稳定：韩国的视域》，《广州社会学院学报》2006 年第 3 期；刘长江：《国家的现代化路径与中产阶级的类型》，《江苏行政学院学报》2006 年第 4 期。

地位、允许更多的政治参与。①中国社会科学院张翼研究员也认为：在社会转型中，将中产阶层仅仅看作"稳定器"，是一厢情愿。如果非要给中产阶层做一个简单概括的话，说它是社会转型与变革的"推动器"，要比"稳定器"的概念更为妥帖。他指出：中产阶层要发挥"推动器"的作用，需要现有政治秩序的灵活性。如果政治秩序可以与中产阶层产生良好互动，充分容纳中产阶层的各种合理诉求，就可以削弱来自市民社会的压力，对各阶层之间冲突起到缓冲作用；反之，如果政治秩序僵硬，没有为中产阶层的社会期望留下容纳空间，则很容易将中产阶层推到政府的对立面。②

三 中产阶层与民主政治的关系

中产阶层与民主政治的关系同样错综复杂。这主要涉及两个层面的问题。一个是中产与民主化的关系问题，或者说中产在民主化过程中所扮演的角色；另一个则是中产对于民主政治顺利运作所起的作用，或者说中产对于优质民主的意义问题。在学界，前一问题存在一定争议，而后一问题则有着基本共识。因此，这里我们将只聚焦于前者，重点梳理中产阶层与民主化的关系。

西方社会科学界的主流观点认为，中产阶层的扩大和政治民主化之间存在着强有力的连带关系，甚至是因果关系。摩尔、李普塞特、亨廷顿等人在他们开创性的著作中均从不同角度强调了中产阶层在民主运作和民主化过程中的关键作用。

摩尔有名言："没有中产阶级，就没有民主。"在摩尔看来，一个强有力的中产阶级的存在——或者用他的话说"资产阶级的冲

---

① 胡联合、胡鞍钢：《中产阶层："稳定器"还是相反或其它——西方关于中产阶层社会政治功能的研究综述及其启示》，《政治学研究》2008 年第 2 期。

② 张翼：《当代中国中产阶层的政治态度》，《中国社会科学》2008 年第 2 期；张伟：《对"中间阶层"稳定论的审慎》，《理论前沿》2006 年第 21 期。

击"——会造成一种新的更具自治性的社会结构，在此结构中，新生精英的繁荣无须像在贵族统治下那样依靠强制性的国家权力。[1]李普塞特则相信，一个专业上受过教育、政治上温和、经济上自信的中产阶层是最终向民主体制过渡的重要前提。而且在他看来，大众传媒的兴起和通信条件的改善，辅之以工业化和城市化，为文化精英传播中产阶层的社会政治观点和价值观提供了渠道和市场，从而在一个国家的公共舆论中形成了一股温和的主流。与此同时，政治社会化进程以及中产阶层的专业利益也有助于公民社会和法治的发展，而这两者是有效民主顺利运作的重要组成部分。一旦中产阶层成为人口的大多数，并且具有了相当的经济实力，他们就会支持实现民主化或者已有的民主制度。也就是说，经济发展通过中产阶层这个媒介或中间变量，促进了民主化的发展。[2]这种观点很有代表性，也已得到了西方社会证据的支持。在晚近的经验研究中，亨廷顿也发现，在第三波民主化中，每一个国家最积极的民主支持者都是城市中产阶层。[3]和李普塞特一样，亨廷顿也认可中产阶层在维护民主稳定方面的重要性，他们两人都把稳定的民主归因于阶级冲突是温和的、有章可循的，而不是激进的、有可能演化为暴力的。不过，亨廷顿对单纯靠市场经济和持续的资本主义发展便自然而然会产生政治民主的理论提出了明确的批评。在他看来，一个国家向民主的转变常常取决于历史和环境因素，这些因素既有国内的，也有国际的，中产阶层与民主之间并非一种简单的因果关系。

---

[1]　巴林顿·摩尔：《专制与民主的社会起源：现代世界形成过程中的地主和农民》，王茜、顾洁译，上海译文出版社，2012年。

[2]　Seymour Martin Lipset, "Some Social Requisites of Democracy: Economic Development and Political Legitimacy," *American Political Science Review* 53, （1959, pp. 69 - 105; Seymour Martin Lipset, *Political Man: The Social Bases of Politics* (Garden City: Anchor Books), 1963.

[3]　塞缪尔·亨廷顿：《第三波：20世纪后期民主化浪潮》，上海三联书店，1998。

但是，这种主流观点似乎难以解释为什么某些发展中的威权国家的中产阶层甚至在人数和经济实力占优以后，仍然对民主和民主化持冷淡态度。也就说对前述主流观点构成挑战的更多的是源自学者们对发展中国家中产阶层的研究。这种主要探索遵循的是亚历山大·格申克龙（Alexander Gershenkron）的传统，强调政府在后发展中国家所起的关键作用。这些研究多认为，同早期工业化国家相比，在后发展中国家里，政府在催生中产阶层的过程中发挥着更为积极的作用。①戴尔·约翰逊（Dale Johnson）指出，"在不那么发达的社会中，国家往往膨胀到资源能被榨取的极限，或者政府所能征用的极限……这种过度发展在一定程度上可以对羸弱的当地资产阶级，或者对这些阶级实际上的缺失起到弥补作用。国家承担了企业家的功能：造就了技术官僚群体、经理群体和技术人员群体"。②事实上，主要是这三个群体构成了发展中国家的中产阶层。而且这三个群体的产生渠道大多是由权力授予关系所作用的行政型进入，因此多数是"气量狭小"或者"欠民主的"，在政治价值上更选择秩序与安定，一般都支持国家的威权统治，尤其重要的是这些属于中产阶层的群体在自身发展过程中，其生存和繁荣都要依赖国家权力。③

绝大多数取自后发展中国家的实证性证据（尽管不是典型样本研究）支持这一观点。例如业已发现，亚太地区后发展中国家的中产阶层作为过去几十年间国家主导的经济发展的主要受益者，在威权统治的延续和稳定问题上有着自身的利益考量，大体可以划入既

---

① Alexander Gershenkron, *Economic Backwardness in Historical Perspective: A Book of Essays* (Harvard University Press, 1962).

② Dale L. Johnson, "Class and Social Development: Toward a Comparative and Historical Social Science," Dale L. Johnson ed., *Middle Classes in Dependent Counties* (Beverley Hills: Sage, 1985), p. 15.

③ 陈捷：《中国中产阶级对待民主的态度及其政治行为》，载李成《"中产"中国——超越经济转型的新兴中国中产阶级》，上海译文出版社，2013。

得利益群体。在新加坡，多数中产阶层不仅对政治漠不关心，而且接受欠民主的政府，只要这个政府能够满足人民的物质需求就行。在马来西亚，正在崛起的中产阶层，尤其是马来人，要么支持一个越来越威权的政府，要么保持政治上的冷漠。在印度尼西亚，苏哈托时代新生中产阶层坚决主张维持现状。在泰国，新生中产阶层对民主的态度矛盾而暧昧，其他东南亚国家的情况也是如此。还有学者的经验研究发现，早期的中产阶层由于受益于威权政府的发展型政策，反倒政治上比较保守，而当中产阶层发展壮大到一定规模之后，却变得较为激进，开始挑战威权体制，追求民主。至民主转型完成，进入巩固阶段，中产又开始变得温和，成为民主政治的基础和整个社会的稳定器。亚洲四小龙中韩国的中产阶层便可作如是观。总而言之，这些经验研究支持发展中国家的政府是影响中产阶层对民主和民主化态度的关键性因素这一理论观点。[①]这一切也正如福山所说："中产阶级原则上不一定支持民主：就像任何一个人一样，他们自私，希望自己的财产和地位得到庇护。在中国和泰国等地，许多中产阶级感觉自己被穷人的均富呼声所威胁，因而支持威权政府保护本阶级的利益。民主也不一定能满足中产阶级的要求，如果真的无法满足，中产阶级也会出来闹事。"[②]因此，这种辩证性的观点似乎更适于分析像中国这样的后发展中国家里新中产阶层的社会政治取向。美国欧道明大学（Old Dominion University）政治学教授陈捷（Jie Chen）对中国中产阶层的研究即明显属于后一理论脉络。陈捷发现，中国中产阶层的个人权利意识和公民社会意

---

①　陈捷：《中国中产阶级对待民主的态度及其政治行为》，李成编著《"中产"中国——超越经济转型的新兴中国中产阶级》，上海译文出版社，2013。

②　弗朗西斯·福山：《历史的未来——自由民主制能否在中产阶级的衰落中幸存下来？》，http://www.guancha.cn/FuLangXiSi-FuShan/2012_01_05_63889.shtml。（最后访问时间：2014年10月1日）

识都比较强烈，他们的利益诉求也相对强烈，但大多数中产阶层成员对民主的热情似乎受制于社会经济利益是否得到充分满足。他在论文中写道：中国"中产阶层大多数成员都赞同个人权利，但是他们回避政治权利，对民主体制并不感兴趣，对参与政府事务和参与政治也不热心。因此，中国的中产阶层不太可能支持潜在的民主化"。[①]

当然，摩尔、李普塞特和亨廷顿的观点是比较政治学界的主流观点，因为人们普遍相信经济发展会催生大批中产阶层，而这批都市中产会成为民主化的动力，并且会对民主的巩固起到积极作用。个中原因主要被归结为以下几点：其一，中产阶层不仅学历较高，接受过良好的教育，而且由于其较高的收入水平和社会地位，通过媒体获取信息的能力方面都比较强，因此较具有开明、温和、理性的价值观，所以倾向于民主；其二，中产阶层在获得经济利益之后，会开始要求更多的政治权利，或者政治参与，因此构成推动民主化的动力；其三，中产阶层不仅政治参与能力强，而且行动相对理性稳健，在转型成功后又成为支撑民主政治安定又成熟的重要力量。台湾地区便是人们讨论新兴中产阶层对社会及政治转型意义时经常援引的典型案例。第二次世界大战后，随着 20 世纪 50~60 年代经济的快速成长，台湾地区出现大量劳工阶级，到 20 世纪 70 年代逐渐浮现出一个以中产阶层为主体的市民社会。这个群体在 20 世纪70~80 年代开始要求国民党开放政权，推行政治民主，因而促进了 20 世纪 80 年代中期的民主转型。此外实证研究也表明，台湾地区的中产阶层比工农群体更具有民主信念。[②]

---

① 陈捷：《中国中产阶级对待民主的态度及其政治行为》，李成编著《"中产"中国——超越经济转型的新兴中国中产阶级》，上海译文出版社，2013。

② 张铁志：《中产阶级推动民主化：现实还是迷思》，http://cn.wsj.com/gb/20110127/ZTZ075828.asp? source = MoreInSec.（最后访问时间：2014 年 9 月 29 日）

　　面对中国中产阶层引人注目的崛起和扩大，中国政治学者和制定政策的领导人一直在思考两个重要且相互联系的问题：中国中产阶层会支持政治民主化吗？中产阶层对待民主的态度是如何影响其政治行为的？这些问题与预测中产阶层在未来中国政治变革中所扮演的角色有着重大关系。

　　不过在回答这些问题之前，我们有必要先梳理一下中产社会已经定型的西方发达国家和东亚"四小龙"各自中产阶层兴起的历史脉络和基本特征，因为这将为我们展开对中国新兴中产阶层的社会政治分析提供一个有益的参照。

第二节　世界中产阶层发展比较研究

　　实事求是地说，认真梳理和分析西方发达国家和已经走出"中等收入陷阱"的东亚"四小龙"中产阶层的历史脉络、基本特征和内在分化，对我们理解中国大陆中产阶层的发展和命运以及中产阶层发育对中国模式的挑战无疑是大有裨益的。因为，作为社会结构中占据同样位置的群体，不同国家不同历史时期的中产阶层，尽管不会重复同样的历史轨迹，但他们总会有相通之处。因此研究先行者的形态，总结其中的经验教训，终归会为我们把握后来者的发展轨迹提供有益的观察坐标系。

一　欧美中产阶层历史、现状与特征

　　自 17 世纪尼德兰革命开始，欧洲社会便率先开启了"现代化"的进程。英国资产阶级革命和工业革命以及法国大革命是其中最具标志性的事件。前者不仅使得英国成为第一个走入现代的国家，而且催生了全球最早的中产阶层；后者作为世界史上标志性的革命事件，不仅打开了法国乃至整个欧洲大陆资本主义的发展空间，而且为整个社

会尤其是中产阶层提供了"自由""平等""博爱"之类的普世价值。

1. 欧洲：现代中产阶层的诞生地

现代意义上的中产阶层的出现与英国资产阶级革命和工业革命有着十分密切的关系。前者为中产阶层的登场搭建了制度平台，打开了其发展壮大的社会政治空间，后者则是中产阶层崛起的第一推动力。从经济角度来说，英国工业革命是人类从农业社会走向现代工业社会的先声。这场以蒸汽机和纺纱机的发明及使用为先导的技术革命，在催生了现代大工业的同时，也使得以市场为中心的整个资本主义体制得以确立，从而导致了英国社会结构的根本性变化。在工业革命前后，英国原先繁复的社会等级逐渐演变成由贵族阶级、市民阶级和劳工阶级等构成的阶级体系。对财富孜孜以求的商人和企业主构成了早期的英国中产阶层，在赢得了主导性的经济权力之后，他们便通过议会下院这一制度平台不断发出自己的声音。[1]

法国中产阶层的历史可以追溯到在 1789 年法国大革命中扮演了积极角色的第三等级。按照托克维尔的说法，"最有钱的商人、最富足的银行家、最干练的工业家、作家、学者同小农场主、城市小店主以及耕种土地的农民一样，均成为第三等级的一部分"。[2]具体来说，第三等级中的富人是资产阶级，包括富有的商人、银行家和工业家；中产阶层或小资产阶级是小农场主、小店主，占总人口 80% 的农民中的 10% 的富裕者，以及为数不多的作家、医生、学者等自由职业者和公务员、专业人员等；而穷人则是大多数农民和手工业者等城市贫民。在法国大革命之前，随着资本主义经济的迅猛发展，这个在政治上仍然处于被统治地位的第三等级，不仅在经济上而且在日常生活

---

① 周晓虹主编《全球中产阶级报告》，社会科学文献出版社，2005，第 7 页。
② 托克维尔：《旧制度与大革命》，冯棠译，商务印书馆，1996，第 287 页。

方式上，已经对包括贵族在内的整个法国社会产生了广泛的影响。①

德国现代化进程的起步晚于原生型的英、法两国，更多地带有外源性的特征。1870 年普法战争之后，新统一的德意志帝国工业化和城市化齐头并进，经济发展势头十分迅猛，到 19 世纪末，德国的工业产值便超过英法两国。及至 20 世纪 30 年代经济大萧条，德国社会中已经形成规模相当可观的中产阶层。正是在这一时期，部分学者注意到了由薪金雇员和公务人员组成的所谓"新中产阶层"的出现。尽管很多德国理论家都认为，中产阶层在社会结构中的中间位置终结了社会系统的不稳定性，加强了阶级之间的亲和力，但魏玛共和国的崩溃却为这种说法提供了反例。

2. 美利坚：中产帝国

在简单梳理了欧洲三个主要大国英、法、德的情形之后，我们有必要将目光转向美国，因为美利坚被称为世界上最具典型性的中产帝国。其实早在工业化之前，由自由农场主、店主和小企业主等构成的老式中产阶级，曾占美国总人口的 80%。②而随着 19 世纪工业化的进一步深入，白领雇佣者集团逐渐从工厂的工人中分离出来。1890 年以后，美国联邦政府的人口统计对工业中的"工资劳动者"与"支薪雇员"加以正式区分。支薪雇员即白领，泛指企业中的各种管理人员，包括经理、推销员、办公室人员以及专业人员等。他们的年薪一般在 1500～5000 美元，既是新中产阶层，也是城市的中等收入群体。1870～1910 年，美国总人口增长 2.3 倍，其中老中产阶级增长 2 倍多，劳工增长了 3 倍多，而新的中产阶级

---

① 以上参见周晓虹主编《全球中产阶级报告》，社会科学文献出版社，2005，第 8～9 页。

② 吉尔伯特和卡尔：《美国的阶级结构》，彭华民译，中国社会科学出版社，1992，第 80 页。

则几乎增长了 7 倍，其总人数从 75.6 万上升为 560.9 万。[1]20 世纪 30 年代罗斯福新政以后，尤其是第二次世界大战之后，随着美国工业化的完成及向后工业社会的转变，工人阶级的人数开始减少，中产阶层的人数增长更加迅猛。"1956 年，在美国职业结构中，白领工作者的数量在工业文明史中第一次超过蓝领工作者……到 1970 年，白领工作者与蓝领工作者的比例超过了五比四。"[2]及至今天，美国"工人阶级只占劳动力的 25%，而专业和技术的阶级（像管理者、教师和研究者）则占到总劳力的 30% 以上"。[3]在丹尼尔·贝尔看来，伴随着制造业经济转向服务业经济的是"科学的日益科层化和脑力劳动的分门别类日益专门化"，这便使得专业技术人员（中产阶层的重要成员）无论在人数还是在重要性上，都开始取代企业主而居于社会的主导地位。[4]

3. "后工业社会"与欧美中产社会的定型

第二次世界大战之后，美国实力雄霸全球，不仅成了资本主义的中心，而且占据了世界权力舞台的中心。随着后工业社会的到来，专业技术人员即艾尔文·古德纳所说的"新阶级"，在职业分布中也占据了主导地位。于是，美国的"阶级结构变得越来越非无产阶级化，拥有技术专长的工人所占的比例越来越高，对不需动脑的机械性工作的需求变少了，对责任和知识的需求变多了"。[5]社会

---

① 布鲁明：《中产阶级的出现》，转引自李庆余、周桂银等《美国现代化道路》，人民出版社，1994，第 174 页。

② Daniel Bell, *The Coming of Post Industrial Society*（New York：Basic Books, 1999），p. 17.

③ Daniel, Bell, "Technology and Human Civilization", Speech on Television in Centennial Celebration of Nanjing University, 2002, May20.

④ Daniel, Bell, *The Coming of Post Industrial Society*（New York：Basic Books, 1999），p. 13.

⑤ 赖特：《后工业社会中的阶级》，陈新想等译，辽宁教育出版社，2004，第 93 页。

学家赖特在《后工业社会中的阶级》一书中所展示的名为
"1960～1990年间美国的阶级结构分布"的表格即有力地说明了新
中产阶层在美国的发展和壮大趋势（见表2－1）。

表2－1 1960～1990年美国的阶级结构分布（单位:%）①

阶级位置	1960 年	1970 年	1980 年	1990 年
非所有者				
1. 经理	7. 50	7. 57	7. 95	8. 25
2. 监督者	13. 66	14. 86	15. 23	14. 82
3. 专家经理	3. 87	4. 41	5. 06	5. 99
4. 专家	3. 53	4. 53	5. 49	6. 90
5. 技术工人	13. 46	14. 08	12. 92	12. 77
6. 蓝领工人	44. 59	45. 13	44. 05	41. 3
所有者				
7. 小资产者	5. 54	4. 09	4. 33	5. 19
8. 雇主	7. 86	5. 33	4. 77	4. 71

从赖特制作的这张表中我们不难看出，20世纪60年代至90年
代，美国阶级结构的变化表现出以下一些趋势：（1）由于这一时期
制造业中工人人数的急剧减少，美国劳工阶级无论是绝对数量，还
是在全部经济活动人口中的相对比例，相比20世纪50年代都进一
步降低了；（2）包括职业经理人、技术工人和专家等在内的所谓专
业技术人员阶层的人数持续增长，这个需要资格证书和专业技能才
能够"上岗"的群体开始遍及社会各个部门，在20世纪90年代已
经占到劳动力总数的48.73%，超出蓝领工人7个多百分点；
（3）美国"白领"或新中产阶层的增长是20世纪60年代社会服
务业膨胀和20世纪70～90年代商业服务业扩展的直接后果，这与

---

① 赖特：《后工业社会中的阶级》，陈新想等译，辽宁教育出版社，2004，第101
页。

贝尔的后工业社会理论的预测大致吻合。[①]

跟随美国的脚步，欧洲国家也先后进入后工业社会。受惠于马歇尔计划，西欧各国第二次世界大战后经济都获得了全新的发展，这些国家传统产业工人的数量都急剧下降，而中产阶层的人数则大幅上升。比如，在英国，随着以信息和服务业为支柱的新经济结构的形成，大量非技术职业消失，越来越多的人进入非体力劳动部门；在法国，蓝领工人在全部劳动人口中的比例，从 1969 年的 40%，下降到 2000 年的 30%，与此同时白领雇员的人数则稳步上升；在德国这个人均 GDP 超过 2 万美元的国家，中产阶层的人数已经达到50%（主观认同率更是高达75%）。[②]

表 2-2　2001 年部分发达国家白领与蓝领劳动者占[③]
经济活动人口比例（单位:%）

	美国	英国	德国	日本	意大利	澳大利亚
白领	59.9	52.2	52.4	51.3	45.3	44.3
蓝领	40.1	47.6	46.0	48.0	54.4	56.9

从表 2-2 中我们能够看到，在西方发达国家，新中产"白领"雇员的人数在 20 世纪末均有大幅攀升。美、英、德等国"白领"雇员的比例都超过了蓝领劳动者，美国甚至接近60%；而在 20 世纪 70 年代之前，除美国以外，上述发达工业化国家蓝领工人的比例均超过了"白领"雇员。这说明 20 世纪最后 30 年是蓝领白领此消彼长，中产社会最后定型的主要年代。

---

① 周晓虹:《全球化与中产阶级的型塑：理论与现实》，《天津社会科学》2007 年第 4 期。
② 周晓虹主编《全球中产阶级报告》，社会科学文献出版社，2005，第 19 页。
③ 国际劳工组织:《劳工统计年鉴（2001）》，2001。

二　东亚中产阶层与社会政治转型

在美国扶植下，第二次世界大战后日本经济得以迅速恢复和发展，成为东亚最早进入发达国家行列的国家。1963 年，美国社会学家傅高义根据 1958～1960 年在日本的田野调查研究发现，第二次世界大战后日本"新社会秩序中的一个重要现象是大批新'中产阶层'的出现。'老式中产阶层'（独立经营的小商人和小土地所有者）的权力和影响正在衰落，他们正在逐渐为'新中产阶级'即大商行的白领雇员和政府职员所取代"。[①]十多年后，日本社会的这一现象也出现在有着"亚洲四小龙"之称的中国台湾、韩国、中国香港和新加坡等地。和日本一样，东亚这些地区"新中产阶层"的出现和整个社会结构的变动，也是这一地区资本主义工业化和向后工业社会转变的结果。[②]

1. 日本："全民中产"社会的诞生与终结

日本中产阶层的真正崛起是在第二次世界大战之后。一方面日本政治在美国的主导下经过根本性的改造形成了"1955 年体制"，另一方面在冷战和朝鲜战争的背景下日本经济得到了美国的鼎力扶助。所谓"1955 年体制"，是指 1955 年日本自由党与民主党两大保守党派合并成立自由民主党后，所形成的自民党长期一党执政的政治体制。换个角度来看，"1955 年体制"也可以理解成这样一种体制，即对于社会积聚起来的财富，不再只是由少数大资本家和权力精英所组成的寡头所独占，而是通过包容性的增长让社会财富的增加能够惠及全体民众，进而构筑起一个"中流"人群占大多数的社会。也就是说，"1955 年体制"所追求的是社会财富的平均分

①　Ezra F. Vogel, *Japan's New Middle Class*, *Second Edition* (Berkeley, California: University of California Press, 1970), p. 4.

②　周晓虹：《中产阶级：何以可能与何以可为?》，《江苏社会科学》2002 年第 5 期。

配，是全社会所有人群的"中流化"，也即中产化。①而从经济社会层面来说，"第二次世界大战"后日本经济高速增长以及随之而来的产业结构变化，使得1950~1975年的25年中，白领工人约增加了3倍，达到1000万人左右的规模，加上白领管理者300万人，出现了白领大扩张的新气象。在这些新兴中产中，从"下流"上升至"中流"（中产）的人数增加尤为可观，于是整个社会呈现出"中流化"（中产化）的倾向。因此，学者们一致认为："战后日本新兴的中产阶层正是经济发展本身孕育出来的。"②第二次世界大战后，日本中产阶层崛起的另一个重要原因还在于日本特殊的劳动用工制度。日本员工进入公司后，在终生雇佣制度的保障下，一辈子安安稳稳。年轻时虽然薪水不高，要从低阶层或中低阶层开始起步，但是因为可以定期加薪、升职，最后总是可以升到中上阶层，顺利的话，甚至能够以上层阶级的身份结束职场生涯。这种人生模式深入各个阶层，已被日本人认为是理所当然的。日本社会的产业结构、社会组织，甚至连教育体系也是在这个框架中形成的，所以第二次世界大战后日本得以日渐平稳地步入中产社会。③

不过，20世纪90年代泡沫经济破灭之后，日本经济便进入了长期的停滞状态。由于人口老龄化日益严重，经济长期不景气，日本"全民中产"的社会开始慢慢崩塌，收入阶层的分布向上下两极移动，进而形成一个左右两端高峰、中间低谷的"M型社会"（大前研一语）④，以至三浦展认为日本正在从"中流社会"向"下流

① 三浦展：《下流社会：一个新社会阶层的出现》，陆求实、戴铮译，文汇出版社，2007，第6页。
② 犬田充：《日本人の階層意識：〈中流〉の読み方とらえ方》，PHP研究所，1982，第53页。
③ 大前研一：《M型社会：中产阶级消失的危机与商机》，刘锦秀、江裕真译，中信出版社，2010，第38页。
④ 大前研一：《M型社会：中产阶级消失的危机与商机》，刘锦秀、江裕真译，中信出版社，2010，第39~40页。

社会"（下层社会）转变，年青一代源源不断地加入"下流社会"（下层社会）。不过，虽说是向两极分化，但由"中流"跻身"上流"的实属凤毛麟角，而由"中流"跌入"下流"的却大有人在。换句话说，日本的中流阶层（中产阶层）正在经历着一个"下流化"过程。日本国民收入的统计数据也证明这一点。须知在泡沫经济时代，个人年收入 600 万日元到 1 000 万日元的才算是中产阶层，而 2004 年个人年收入低于 600 万日元的已经占到全体日本纳税人的 78%，更有 37.2 万的临时雇员月薪不到 10 万日元。[1]另据日本厚生劳动省的"收入再分配调查"显示日本收入的基尼系数从 1999 年的 0.433 上升至 2002 年的 0.498，这意味着差不多国民总收入的 3/4 都集中在了 1/4 的高收入人群身上。[2]不过，即使日本经济长期停滞，而整个社会又有"下流化"的趋势，但整体上日本社会却又非常稳定，这应该与日本"全民中产"的社会惯性有关。

2. 亚洲"四小龙"中产的崛起

亚洲"四小龙"（中国台湾、韩国、中国香港和新加坡）20 世纪 60 年代的经济起飞和中产社会的逐渐形成，非常引人注目。不过，尽管第二次世界大战后亚洲"四小龙"的发展基本沿袭了欧美资本主义发展的道路，但由于其发展上的时空压缩性，因此在中产发生学方面，东亚的个案和西方世界则有较大的不同。其中最重要的区别在于，在东亚地区的发展过程中，国家或政府的力量通过直接和强有力的干预，在塑造和重塑阶级结构方面发挥着巨大的作用。[3]此外，欧美是在民主政治的制度平台确立之后，随着工业化

---

① 周晓虹主编《全球中产阶级报告》，社会科学文献出版社，2005，第 20～21 页。
② 佐藤俊树：《2000 年的社会差别》，转引自三浦展《下流社会：一个新社会阶层的出现》，陆求实、戴铮译，文汇出版社，2007，第 4 页。
③ Hsiao, Hisn-Huang Michael（ed.）, *Discovering of The Middle Classes in East Asia*（Taipei, Taiwan：Institute of Ethnology, Academic Sinica, 1993）, p. 3.

的推进，市场经济的发展，中产阶层才逐步发展起来的，而随着后工业社会的来临，中产阶层内部又经历了一个新旧转换的过程。但东亚"四小龙"由于是后发型现代化，所以基本上都是在威权体制的推动下通过发展出口导向的外向型经济来实现经济起飞，进而孕育出第一代中产阶层的。而且东亚地区新旧中产的比例旗鼓相当，此后随着韩国、中国台湾的中产阶层逐渐成长为社会的主流力量，他们便开始挑战威权体制，有力地推动了本地区的民主转型，成为20世纪后期"第三波"民主化浪潮中的佼佼者。

我们首先来看台湾地区的情形。20世纪50年代后期，为了推动出口导向的工业化，台湾当局制定了许多有助于资本积累的政策，催生了大量的中小企业。这一时期，政府部门兴办了大量科研机构，例如台湾"经济部"设立了诸如工业技术研究中心之类的18个研究中心，"国防部"设有中山科学研究院、航空工业发展中心，"交通部"则建立了交通研究所、电信研究所等机构。[1]这些机构除了吸收大量的研究人员之外，还负责培养社会所需要的科技人才。上述单位的设立不仅有利于中小企业的创立和发展，而且有助于科技人员等新中产阶层的兴起。这些由政府机构雇用或创造的规模庞大的公职人员以及后来发展起来的科技人员，催生了中产阶层的一半人口。[2]20世纪80年代末期，台湾地区产业结构发生根本性的变化，农业人口进一步下降，工业人口由于产业升级而大幅减少，服务性行业如金融、保险、通信等则迅速扩张，服务业取代工业占据台湾经济的主导地位。据1986年台湾"行政院"经济建设委员会《人力资源统计年报》调查统计，台湾地区的中产阶层达到57.1%，有学者甚至认为已达到80.8%。[3]其中以经理人员、专业

---

① 萧新煌主编《变迁中台湾社会的中产阶级》，巨流图书公司，1994，第43页。
② 萧新煌主编《变迁中台湾社会的中产阶级》，巨流图书公司，1994，第44页。
③ 萧新煌主编《变迁中台湾社会的中产阶级》，巨流图书公司，1994，第111页。

人员、服务业及军公教人员组成的新中产阶层为 28%。而到了 20 世纪到 90 年代,台湾地区的中产阶层已经上升为台湾社会的主体。

回过头来看,中产阶层的兴起是台湾地区政治顺利转型一个非常重要的因素,因为中产阶层一方面重视稳定,另一方面与其他阶层相比,又具有较高的民主改革的理念和诉求。多数中产阶层出身于工农家庭,与工人、农民形成共生的互惠互利关系,他们为了自己的利益,也为着全民利益,积极寻求改革,因而拥有较多的政治资源、较强的动员能力以及较大的社会影响力。因此,在台湾地区,中产阶层被视为挑战国家资本主义、支持反权威主义的反对派运动的社会基础。[①]中产阶层的政治参与,明显地改变了台湾地区的政治思想传统,顺利实现了二次政党轮替。台湾地区民主的转型成为"第三波"民主化浪潮中的典范。而随着民主的巩固,台湾地区中产阶层也逐渐从过去反对威权政体的先锋转变成为拥护民主体制的温和保守力量。

韩国的情形与台湾地区比较类似,都是在美国扶植下的威权政府所推动和主导的现代化,不过前者依赖大财团,后者则以中小企业为主。20 世纪 60~90 年代早期的 30 多年间,随着韩国的经济发展和教育机会的增加,中产阶层迎来了发展的黄金时期。[②]统计数据表明,在此期间,韩国中产阶层从 1960 年在全部人口中占 20%,到 1970 年占 30%,1980 年占 48%,1987 年占 65%,中产阶层队伍日益扩大。[③] 1995 年 9 月 22 日,韩国《中央日报》阶层归属意识调查结果显示,有 78.4% 受访者自认是中产阶层,这不仅反映了韩国社会较高的中

---

① 王晓燕:《东亚中产阶级的政治参与及启示》,《学海》2004 年第 2 期。
② 王建平:《社会转型中的韩国中产阶级》,《当代亚太》2004 年第 2 期。
③ 赵利济、金赢亨:《韩国经济腾飞的政策剖析》,华中理工大学出版社,1996,第 413 页。

产阶层归属意识，而且也说明其社会结构已经实现了现代化。[1]

短短的近 30 年间韩国创造了一个发展中国家经济发展的"奇迹"，国家和社会的富裕与繁荣为中产阶层的产生与发展壮大提供了适宜的土壤，而转型时期威权政府以暂时牺牲民主而求得经济发展的道路也为其后中产阶层与国家、政府的矛盾及中产阶层的政治抗争留下了隐忧。[2]因此，以 20 世纪 80 年代的光州暴动为标志，他们对专制政权极度失望，至少中产阶层中的大部分人（即使不是全部）依靠公民社会并加入各种社会运动，强烈地要求并支持民主改革，成为韩国民主化过程中的一股重要力量。[3]不过值得注意的是，事实上，韩国中产阶层政治参与的目的始终指向包括结束军政统治、实行直接自由的选举、争取言论自由和基本人权等在内的政治自由和民主，也就是说他们的政治参与和台湾地区中产阶层一样是有目的、有选择性的，更多地属于"主动型"和"自觉型"而不是由于经济停滞跟政治腐败所激发的"消极型"和"被动型"参与。

如果说东亚四小龙中，中国台湾和韩国可以归为一类的话，那么中国香港和新加坡则比较相通，都是城市型经济体，而且两地的中产阶层均不像台湾地区和韩国中产阶层那样演变成社会运动和民主转型的主要推动力。

20 世纪 50 年代中国香港开始了工业化进程，同时第三产业也发展得十分迅速。经济的迅速发展和转型带动下社会就业结构发生的巨大变化，重构了香港的职业结构，并为人们提供了更多实现向

---

① Let, D. Potrzeba, *In Pursuit of Status: the Making of South Korea's "New" Urban Middle Class* (Cambridge, Massachusetts: Harvard University Asia Center and Harvard University Press, 1998), pp. 4 – 5。

② 周晓虹主编《全球中产阶级报告》，社会科学文献出版社，2005，第 209～210 页。

③ 郭定平：《韩国政治转型研究》，中国社会科学出版社，2000，第 85～86 页。

上的社会流动的机会。当时的港英政府在提供教育、保健、福利和其他服务方面发挥了积极的作用，专业技术人员、行政管理人员、医生、律师等职业人员的规模迅速扩大，及至 20 世纪 90 年代香港中产阶层在整个社会中已经占近 70%。①不过，与中国台湾、韩国形成鲜明对照的是，在中国香港的政治转型中，中产阶层的大多数始终置身事外，与政治保持相应的距离。这不仅反映了香港中产阶层在摆脱殖民统治过程中的苦恼与不确定性，也反映了他们对政治事务的冷漠。1997 年香港回归之后，尽管开通了政治参与和代表的新渠道，但大多数香港中产阶层仍远离政治，与政党和政治团体保持着一种若即若离的距离，他们更加关注的是开放、公平、透明度、理性与专业精神。②可以说，21 世纪之前的香港中产阶层乃是米尔斯所说"消费前卫、政治后卫"的典范。

1965 年 8 月 9 日，新加坡作为一个城市国家正式宣布独立，20 世纪 70 年代之后其经济发展驶入快车道，与此同时中产阶层也开始形成并兴起。据 1987 年新加坡《海峡时报》的采访调查显示新加坡华人中有 74%、马来裔中有 75%、印度裔中有 78% 的群体认为自己享受着象征新中产阶层的生活方式。③在新加坡的整个历史中，中产阶层从形成到崛起，在家长式的强势政府面前，始终表现得温顺如羊，远没有中国台湾、韩国中产阶层的那种政治诉求以及在社会政治运动中的锐气。

3. 亚洲四小龙中产阶层社会政治倾向的启示

从东亚尤其是韩国和中国台湾的历史经验来看，中产阶层是实现法治民主的核心力量，他们向往民主，积极寻求法律的保护，因

① 王建平：《社会变迁中香港中产阶级的形成、发展及其启示》，《广东社会科学》2008 年第 4 期。

② 周晓虹主编《全球中产阶级报告》，社会科学文献出版社，2005，第 275 页。

③ 吉野雄文：《东南亚中产阶层的形成》，《南洋资料译丛》1999 年第 1 期。

为中产阶层已经觉察到不受制约的政治权力的祸害。从总的趋势来看，中产阶层是反对政治独裁、捍卫法治、制约政治权力、建设法治民主的核心力量。东亚中产阶层与中国台湾和韩国社会政治转型的历史确实像亨廷顿在《变革社会中的政治秩序》中所勾勒的那样：如果传统社会的政治制度能够适应在现代化过程中发展的中产阶层的经济自由和政治参与需要，那么中产阶层就能够成为拥护它的保守力量，反之就会成为革命的力量，"各种主要社会势力就会形成高度动员和现代化所特有的大规模运动"。①

与其说东亚新兴市场国家中产阶层的政治取向和政治参与跟米尔斯所断言的以美国中产阶层为代表的"政治后卫"的特征形成了鲜明对比，还不如说东亚中产阶层提供了另外一种可能的表现形式。因为东亚新兴市场国家中产阶层与欧美历史上中产阶层政治表现的差异，更多可归结于两者发展道路、政治体制与社会转型过程的不同；而东亚和美国中产阶层的相似则是由中产阶层在整个社会结构中所处地位本质上的相同所决定的。可以说，东亚中产阶层的产生与社会政治性格，在一定程度上，说明了米尔斯及原有的关于中产阶层的理论存在着缺陷与不足，因为米尔斯的学说以及关于中产阶层的传统理论，实质上是以美国为代表的发达资本主义国家中产阶层为立足点的。中产阶层是现代化与社会转型的产物，而以美国为代表的发达资本主义中产阶层无疑是在自发的、内生的现代化过程中产生的，而以韩国、中国台湾为代表的东亚中产阶层则是在后发的、外来式的现代化过程中产生的，东亚中产阶层与美国中产阶层的差别很大程度上正是不同的现代化道路与社会转型过程的反映。由东亚、美国中产阶层政治参与的不同，我们可能会推导出这

---

① 亨廷顿：《变化社会中的政治秩序》，王冠华译，生活·读书·新知三联书店，1989，第 264 页。

样的结论：在其形成、发展过程中，出于本性上对自由、民主的渴求，中产阶层会为了在社会转型与社会流动中谋取更大空间从而表现出激进、进步的一面，而在社会结构基本趋于稳定之时表现出安于现状的保守一面。在集权、专制的"威权主义"国家和地区，如汉城奥运会之前的韩国和"解严"之前的中国台湾，中产阶级会表现得较为激进、进步，而在顺利完成了政治转型的自由民主国家和地区，他们则可能更加保守、温和。至于后发展国家正在兴起的中产阶级政治参与的具体形态与表现形式，如同韩国、中国台湾中产阶级所表明的那样，应该具有多元化与异质性的特征，不能简单地归于单一的模式之中。这也就提示我们在中国中产阶层加速形成的过程中，一方面必须加快政府转型的进程，加强民主、法治建设以提高政治文明的程度，从而转化其激进的一面，引导其温和、进步的一面；另一方面则要增加公共产品供给并推进公共服务的均等化，通过协商民主以回应中产阶层的社会政治要求，助推中产阶层占主导地位的社会结构的形成。

第三节　中国中产阶层的崛起

相较于处在欧美资本主义体制不断走向成熟背景下的中产阶层形成的两三百年历史，当代中国中产阶层的萌生和崛起只是最近 30 多年的事情。他们是一种急剧的社会结构变动所"催生"出来的一个醒目的群体。在这样一种时空压缩性条件下产生的中产阶层很大程度上便具有不同于西方资本主义体制下中产阶层的性格特征和社会政治功能。

一　中产阶层兴起的语境：国家主导的社会转型

中华人民共和国成立后的 30 年里基本上是一个全能主义社会

（邹谠语），国家几乎垄断了全部重要的稀缺资源，这种资源不仅包括物质财富，也包括人们谋生和发展的机会以及信息资源。国家对经济以及各种社会资源实行全面的垄断，政治、经济和意识形态三个中心高度重叠，国家政权对社会实行全面控制，不允许任何独立于国家之外的社会力量单独存在。①这一时期国家一方面通过土改和农业合作化运动，以及工商业的社会主义改造对社会结构进行"去层化"的重构，另一方面则用政策和法规划分不同阶层之间的界线，限制和固定不同阶层各自所能分享到的资源，禁止相互逾越。于是乎，农村居民被整合进了人民公社，城市居民则被整合进了大大小小、形形色色的单位，而且农民和市民、农村和城市还被城乡分割的二元化制度牢牢地固定下来。具体来说，这种城乡分割制度所采用的主要政策措施有：实施禁止城镇单位自主招用农村劳动力的劳动用工制度，这一措施使得农民被牢牢束缚在土地之上，而市民则专享了城市的工作机会；建立基本农产品统购统销的粮油供应制度，国家只负责城市非农人口的粮油供应；仅仅覆盖城镇居民而排斥农村居民的各种社会福利制度；限制农民未经国家允许而以任何方式自由进城的户籍制度。②因此，那时的人们有各种各样的身份："以阶级斗争为纲"造就的各种政治身份；城乡分割造就的工人、农民身份；僵化的人事制度造就的干部、群众身份和单位身份；"一大二公"造就的所有制身份等。作为固化既有利益和地位的手段，身份一经确定就很难改变。它很大程度上决定了个体一生的命运。③事实上，经过各种政权建设和社会改造运动，一个相

---

① 孙立平、王汉生等：《改革以来中国社会结构的变迁》，《中国社会科学》，1994年第 2 期。

② 胡建国：《中国城市阶层：北京镜像》，中国社会科学出版社，2011，第 63 ~ 65页。

③ 杨继绳：《中国当代社会阶层分析》，江西高校出版社，2011，第 15 页。

对独立的、带有一定程度自治性的社会已不复存在，而且压根就没有"自由流动的资源"与"自由活动的空间"①。在这种"去层化"和"身份固化"的大背景下，中产阶层自然也就无从谈起。不过，值得注意的是，当时的工人阶级由于有国家的"强力"扶助，大致扮演起了"类中产阶层"的角色。

以 1978 年的改革开放为起点，中国开始了波澜壮阔的双重社会转型进程，一方面是从封闭的、高度集中的计划经济向相对开放的、分散多元的市场经济转型，另一方面则是从农业的、乡村的传统社会，向工业（信息）的、城镇的现代社会的转型。其间，国家与社会的关系得以调整和重构。首先，国家对社会的控制范围在缩小，控制力度在减弱，控制方式在变化，控制手段的规范性也在加强。其次，相对独立的社会力量在形成和壮大。现阶段，最重要的是相对独立的经济力量的形成，例如私营企业主、较有实力的个体户、乡镇企业的管理者、"三资"企业的中方管理人员的发展与壮大。最后，社会或者说体制外已经成为一个相对独立的（工作、收入、发展）机会来源。改革开放以来，社会正在成为一个与国家相并列的提供资源和机会的源泉，并且这种资源与机会的提供和交换，是在市场中进行的。②也就是说，改革过程中，国家对资源垄断范围的缩小和力度的减弱，使得一部分资源不同程度地从国家的垄断中游离出来，进入社会或市场，而且这部分游离出来的资源又通过市场不断增值放大。"自由流动资源"与"自由活动空间"的出现和不断扩展，在很大程度上改变了社会成员与国家的关系，特

---

① "自由流动的资源"和"自由活动的空间"是孙立平在 1993 年《探索与争鸣》第 1 期发表的《"自由流动资源"与"自由活动空间"——论改革过程中中国社会结构的变迁》一文中提出的一对分析性的概念。
② 孙立平、王汉生等：《改革以来中国社会结构的变迁》，《中国社会科学》1994年第 2 期。

别是弱化了社会成员对国家的依附关系，于是新的社会力量和社会阶层得以出现。这一切，正如 2001 年江泽民同志在纪念中国共产党成立 80 周年大会上所总结的："改革开放以来，我国的社会阶层构成发生了新的变化，出现了民营科技企业的创业人员和技术人员、受聘于外资企业的管理技术人员、个体户、私营企业主、中介组织的从业人员、自由职业人员等社会阶层。而且，许多人在不同所有制、不同行业、不同地域之间流动频繁，人们的职业、身份经常变动。这种变化还会继续下去。"①显然，1978 年以来的改革开放已经使中国社会发生了深刻的变化，经济体制的转轨和现代化进程的推进促使中国社会阶层结构发生了根本性的改变。原有的"两个阶级一个阶层"（工人阶级、农民阶级和知识分子阶层）的社会结构发生了显著的变化，一些新的社会阶层（私营企业主阶层、经理人员阶层、专业技术人员阶层、个体工商户阶层）逐渐形成，而进入 21 世纪之后，各个阶层之间的社会、经济、生活方式及利益认同的差异日益明晰化，以职业为基础的新的社会阶层分化机制逐渐取代过去以政治身份、户口身份和行政身份为依据的分化机制，社会阶层结构由简单化到多元化，由封闭转向开放，现代社会阶层结构已粗具雏形。②

从社会学的角度观察，导致这种深刻变化的因素主要可以归结为以下三个方面：（1）改革开放以来，经济持续快速增长、教育事业长足发展以及党和国家组织之外经济社会组织的成长，使得社会结构中可供配置的经济资源、文化资源以及组织资源总量显著扩大。（2）社会结构中资源配置机制发生了重大变化，这首先表现为国家/政府主导的资源配置模式发生改变，市场与社会获得了配置

---

① 江泽民：《在庆祝中国共产党成立八十周年大会上的讲话》，载江泽民：《论三个代表》，中央文献出版社，2001，第 169 页。
② 陆学艺主编《当代中国社会阶层研究报告》，社会科学文献出版社，2002，第 4 页。

资源的权力，资源配置趋于多元化、市场化和社会化。①在此基础上，社会要素之间的资源配置机制也随之发生变化，如收入分配结构中，工资分配不再仅仅取决于国家/政府，企业获得了分配自主权，企业组织按劳分配，按生产要素分配，从分配上扭转了过去收入分配结构中的平均主义，再造了收入分配结构。(3) 人们获得社会资源的机会不断增多。例如，在人们获得自主创业和就业的权利与机会方面，最突出的表现为亿万农民得到选择非农就业的权利与机会，大量农村劳动力流向城市非农经济部门就业，有力地推动了中国城乡结构、就业结构、社会阶层结构的转变。②

而从政治学的角度来说，这场波澜壮阔的变革实际上是一个依托政党中心主义改革国家全能主义的故事，是改革的故事。换言之，虽然政党国家和全能国家是一体两面的，但始自1978年的改革开放恰好是依托一面——政党中心主义来解构另一面——国家全能主义。具体来说，国家全能主义的解构主要体现在四个层面。一是放权于地方。国家全能主义的表现之一是中央集权，中央控制得很死，30多年改革开放的内容之一就是向地方放权，进而调动地方政府和社会的积极性。二是还权于生产者。之所以说是"还权

---

① 中共十八届三中全会所通过的《中共中央关于全面深化改革若干重大问题的决定》指出："经济体制改革是全面深化改革的重点，核心问题是处理好政府和市场的关系，使市场在资源配置中起决定性作用和更好发挥政府作用"。简要回顾一下中国改革开放的历史，我们就不难发现中共作为唯一的执政党，对于政府与市场关系的认识，经历了一个不断深化的过程。1978年中共十一届三中全会提出，"应该坚决实行按经济规律办事，重视价值规律的作用"，1982年中共十二大提出，"发挥市场在资源配置中的辅助性作用"，1992中共十四大提出，"要使市场在国家宏观调控下对资源配置起基础性作用"，2003年中共十六届三中全会提出，"要在更大程度上发挥市场在资源配置中的基础性作用"，2012年中共十八大提出，"要在更大程度、更广范围发挥市场在资源配置中的基础性作用"，到十八届三中全会的《决定》中提出，"使市场在资源配置中起决定性作用"。以上表述上的变化是对市场作用认识一次又一次的深化和飞跃，是市场在中国资源配置中作用一步步提升的真实写照。

② 陆学艺主编《当代中国社会结构》，社会科学文献出版社，2002，第23页。

（利）"而不是放权（力），是因为这里的权利是指生产者的自主权，它本身就属于生产者自己。农村的联产承包责任制把生产自主权还给了农民，改革国有企业、建立现代企业制度把生产经营权归还给了企业。也就是说，随着执政党和政府对市场作用认识的深化，市场在资源配置中的作用不断得到解放，最终的目标便是"起决定性作用"。三是限权于政府。比如说，国家通过制定行政许可法，圈定政府许可的范围，确立政府权力的边界，以限定政府的权力。四是分权于社会。例如，国家通过对行业协会的改革，实行政社分开，将原来由政府管理的一些社会事务交给社会组织。上述四个层面的改革释放了经济自由的空间，激发了社会活力和个人的创造力，不仅推动了中国经济的增长，改变了中国的社会结构，而且推动了中国现代国家的成长。[①] 这一改革的努力方向大体上是坚持市场优先和社会自治原则，凡市场机制能够有效调节的，公民、法人及其他组织能够自主决定的，行业组织能够自律管理的，政府都不再越俎代庖地进行所谓的管理和审批。

以上便是当代中国中产阶层萌生与崛起的语境，它的发展与党和国家的改革紧密联系在一起，很大程度上并非一个自生自发的过程，而是一种时空压缩条件下追赶型现代化的产物。作为改革开放的受益者，中国的中产阶层才仅仅走过一代人左右的时间，第二代中产刚刚出现，他们很多是权力授予型的行政型进入和借助社会资本作用的社会网络型进入，市场交换型的市场型进入比重尽管在缓慢增加，但远未成为主流。从时间顺序来看，作为小业主、小经营者的老式中产最先萌生，个体户是他们最初的名称。随着经济的发展，职业结构的分化，20 世纪 90 年代之后，现代化的白领职业才逐渐出现和丰富起来。进入 21 世纪，由于国家财政收入的不断提

---

① 肖滨：《中国现代国家成长的三波》，《南方都市报评论周刊》，2009 年 8 月 27 日。

高，国企效益的改善，公务员、垄断型国企员工、事业单位员工，也开始跻身中产行列。总体而言，中国的中产阶层，在过去30多年里，都是市场经济的受益者。当然，若干个别运动中可以见到许多中产阶层的身影，这些运动主要是和环境以及消费者权利相关的运动，因为这些议题都和他们的切身利益相关，相对而言不具有政治上的敏感性，因此参与风险较低。①

二　中国中产阶层的产生

学术界的共识是中产阶层出现于工业社会即现代化社会发展阶段，并与此社会发展阶段中的工业化（信息化）、市场化、城市化以及产业结构的升级换代等因素紧密相关。因此我们有必要首先考察上述因素对中国中产阶层产生的影响。②

就工业化推进的社会影响看，最突出的是劳动分工的细化和专业化，其结果导致了一套以专业化程度或技术等级为基础的系统的职业分化体系。职业分化导致的社会经济差异现象日益突出，专业化程度高的职业往往获得越来越高的经济收入和社会声望，而技术含量偏低的体力劳动从业者的收入和社会地位则相对下降。通俗地说就是脑力劳动和体力劳动的分野日益凸显。检视中国改革开放的历程，以工业化（信息化）、城市化为核心的现代化的推进所引起的这一分化，使得我国的职业结构及其社会地位评价系统为中产阶层的产生提供了社会经济基础。现代化推进的另一社会影响是科层组织在数量和规模上的扩张。现阶段，我国社会科层组织的大规模发展，企业组织、政府组织和社会组织大量涌现，组织规模不断膨胀，管理层级逐日增多，尤其重要的是，出现了所有权与管理权

---

① 参见吴介民《海峡两岸的民主改革和公民社会》，http://cnpolitics.org/2013/02/wu-jiemin/（最后访问时间：2013年12月16日）。

② 陆学艺主编《当代中国社会流动》，社会科学文献出版社，2004。

（或经营权）的分离；组织中的管理者实际上拥有了对所属资源的控制权和支配权，导致了管理者与非管理者之间的社会经济地位的分化，于是管理者作为中产阶层的一个重要组成部分应运而生并不断发展壮大。①

从市场化关系的角度来看，经济市场化的过程，首先是个体和企业经济权利的逐步确立、有效实施和切实保障的过程。市场化在两个方面对中国现阶段社会阶层分化产生了重要的影响：其一是私有产权的出现，这便导致了一种新的社会关系——生产资料的所有者与雇佣者之间的关系——出现，从而使生产资料所有者与雇佣者在社会经济地位方面的差异不断拉大。生产资料所有权即资本作为导致当代社会阶层分化的重要因素之一，开始成为当代中国社会阶层分化的一个重要方面，尽管它的作用要相对弱于其在欧美资本主义社会的影响。其二是在原国有部门之外成长起来的非国有部门（主要是个体、私营和外资企业），导致了一种社会资源配制的制度分割机制——权力授予关系与市场交换关系——生成。以至在市场化推进过程中，国有部门与非国有部门共存，形成了独特的"体制内"与"体制外"的互动关系，从而使得制度分割及其"地位差价"成为当代中国社会阶层分化中既不同于欧美发达国家又不可忽视的一种相对独特的地位获得机制。但正是在市场化所导致的这两个重要后果基础上，社会分化才可能为中产阶层的产生和壮大提供"自由流动的空间"与"自由流动的资源"。②

再以城乡结构而论，一个国家的城市化水平达到了50%以上，中产阶层才有可能成为社会的主导力量进而发挥"缓冲层""稳定器"的社会中坚功能。在30多年的开放改革推动下，官方统计资

---

① 张宛丽、李炜、高鸽：《现阶段中国社会新中间阶层的构成特征》，《江苏社会科学》2004年第5期。

② 陆学艺主编《当代中国社会流动》社会科学文献出版社，2004。

料显示我国的城市化水平从 1978 年的 17.9% 迅速提高到 2012 年的 50%，从而为城市中产阶层的产生和发展壮大提供了有利的社会环境。①不过由于大量的农民工并未市民化，因此中国的实际城市化水平至少比上述数字低 10 个百分点左右。这一方面表明中国城市化的质量不高，另一方面也揭示出中国城市化的暗面，即它更多的是要素城市化而不是人的城市化。

就产业结构而言，中产阶层诞生于传统产业比重下降、现代产业比重上升的现代社会产业结构的变迁中。自 1978 年改革开放以来，伴随着引入市场经济机制的经济体制改革，中国的产业结构经历了传统产业比重下降、现代产业比重上升的急剧变迁：从就业比重看，1978 年，我国产业结构中，第一产业占 70.5%，第二产业占 17.3%，第三产业占 12.2%；到 2011 年，分别为 34.8%、29.5%、35.7%。可见，第一产业下降了约 35.7 个百分点。第二产业上升了约 12.2 个百分点，第三产业上升了约 23.5 个百分点。而从国内生产总值比重看，1978 年，第一产业占 28.1%，第二产业占 48.2%，第三产业占 23.7%；到 2012 年，分别为 10.1%、45.3%、44.6%。第一产业下降了约 18 个百分点，第二产业下降了约 2.9 个百分点，第三产业上升了约 20.9 个百分点。②中国产业结构的这一重大变迁，与前述英国、美国、德国和日本这四个国家在工业化结构转型中的产业结构变迁类似，即都发生了农业及就业人员比例急剧下降、工业及就业人员逐渐减少、服务业及就业人员迅速扩大的重大变化。正是在这样的产业结构和就业结构的剧变中，现代"白领"即新中产阶层得以崛起，并逐步改变了传统的社

---

① 中华人民共和国国家统计局：《全国年度统计公报（2012）》，http://www.stats.gov.cn/tjsj/tjgb/ndtjgb/qgndtjgb/201302/t20130221_30027.html。

② 中华人民共和国国家统计局：《全国年度统计公报（2012）》，http://www.stats.gov.cn/tjsj/tjgb/ndtjgb/qgndtjgb/201302/t20130221_30027.html。

会资源分配格局。

在上述结构性和制度性因素的影响下，中国的中产阶层得以产生并发展壮大。

首先，产生了中产阶层的职业类型。当一个特定社会的职业结构发生了由传统职业结构向现代职业结构转变的社会变迁时，与中产阶层相关的新型职业便会纷纷涌现，尤其是在第三产业当中，如独立执业的会计师、律师、金融分析师、保险精算师、设计师、建筑师等，从而为中产阶层的发育拓展了经济与社会活动空间。中国社会职业结构中这些新型职业的出现约在 20 世纪 80 年代末 90 年代初，但职业分化的路径却与西方社会的典型经验不甚相同。第一个路径是"体制内"（即原计划经济体制里）的职业分化，主要是由国企改革导致的产业结构的大调整、国家机关人事制度改革等所引发的原"弱势产业、职业"一变成为"强势产业、职业"的职业分化，如专业技术人员，医生、管理者、办事员；并出现了职业身份的转化，如由"干部"转换为"公务员"等。第二个路径是"体制外"（即市场经济体制中）的职业分化，主要是涌现出了以个体为单位、以私人资本（包括人力资本）获取市场回报为指示器的新型社会职业，如独立执业的会计师、律师、自由撰稿人、企业经理、市场营销者、形象设计师等。其间，第一个引起社会较大反响的职业分化现象是以"先富者"形象出现的"雇主"即"私营企业主"，当下这一群体日益获得正面的社会含义并成为人们艳羡的对象，被诠释为"先进生产力的代表"，进而被执政党和政府作为自身的执政基础所接纳。第三个路径是全球新技术革命引发的信息产业等高新技术产业的出现所导致的职业分化，如从事生命和信息科学研究的科学家、环境学家、实验室的高级技工、信息工程师等。特别是 20 世纪 90 年代以后，中国日益重视并开始实施从海外大规模引进人才的战略，吸引了大批 20 世纪 80 年代以来以各种途径（如公派、自费、陪读等）和方式（攻读学位、专业培训、交流、考察等）出国留学的人员的回归，俗称"海归派"。其间，大部分"海归"因其在海外积聚的高新技术、前沿知识资本及耳濡目染的现代性文化而成为国内市场中新兴职业的稀缺人才和新中产阶层的骨干。

其次，产生了中产阶层的消费范式。从欧美相关的社会经验来看，当社会中出现了对大众耐用消费品具有自主选择及有效支付能力的消费群体时，便可以在一定程度上识别出一个中产阶层地位群体的萌芽及现实存在。20 世纪 80 年代以来，中国社会首先于城市开始发生一场"消费革命"，并出现了相应的"消费文化"。①从理想类型的角度来看，老一辈人的消费精神是苦行主义（或节俭主义），与之相对，新一代人的消费精神则是消费主义（物质主义、享乐伦理与表现意愿），而且新一辈的中产阶层的劳动精神则是由交换意识、契约意识、权利意识和报酬最大化所组成的自利主义。随着市民话语的兴起，消费被建构为一种具有神圣意义的活动（比如"有房有车"的奋斗目标，又比如消费和投资、出口一起被看作经济发展的"三驾马车"）。

最后，出现了中产阶层地位群体的社会认同。"当代中国社会阶层结构"课题组的全国抽样问卷调查统计结果显示：认为自己的社会地位是"上"或"中上"的人极少，不到 1/10，但选择"中"的人比例很高，接近 2/5 的人认为自己处于中等社会地位，这三项选择比例加起来是 46.8%，这也就意味着近半数的人主观上认同于中产。②而沈晖基于五大城市问卷调查的研究则显示，85.5%的城市居民认为自己属于中产阶层，其中自认为属于中上层的占

① 卢汉龙：《中文版序：消费革命与消费自主》，载戴慧思、卢汉龙译著《中国城市的消费革命》，上海社会科学院出版社，2003。
② 陆学艺主编《当代中国社会流动》，社会科学文献出版社，2004，第 276 页。

14.0%，自认为属于中中层的占 43.1%，自认为属于中下层的占 28.4%。①有意思的是，以上两项研究都显示出中产阶层的自我认同比例高于根据经济、职业和教育三合一指标所划分的中产阶层。这说明，当代中国城市居民的社会心态比较稳定，自我认同为"中产阶层"的占多数。②

根据以上分析，我们认为现阶段中国社会中产阶层业已产生，处于发育期，但能否真正发育成为具有社会"稳定器"功能的现代社会结构的定型力量，还有待相应的社会实践及其经验验证，而且也面临诸多现实性挑战。③

三　现阶段中国中产阶层的构成及规模

中国目前的中产阶层大致有以下四个来源：④一是来源于传统的"中产阶层"，包括小业主、小商贩等自营业者和个体户。二是从计划经济体制下的"中间阶层"中分化出来的部分干部和知识分子。三是改革开放过程中涌现出来的私营企业主和乡镇企业家。四是由引进"外资"及高新技术人才而催生的新中产阶层。

现阶段由以上四个来源所构成的中国社会中产阶层的规模有以下几种建立在学术研究基础之上的严谨估算。以陆学艺研究员为首的"当代中国社会阶层结构"课题组的研究显示：2001 年的全国调查表明中产阶层的规模已经达到 15% 左右。而在 2000 年之后，中产阶层崛起的速度在加快，大致是每年增加一个百分点。根据 2005 年全国 1% 人口抽样调查、香港科技大学全国中国综合社会调

---

① 沈晖：《当代中国中间阶层认同研究》，中国大百科全书出版社，2008，第 135 页。

② 这与网络和大众传媒上"被中产"的声音形成了有趣的对照。

③ 张宛丽、李炜、高鸽：《现阶段中国社会新中间阶层的构成特征》，《江苏社会科学》2004 年第 5 期。

④ 张宛丽、李炜、高鸽：《应运而生的"新中间阶层"》，《社会观察》2005 年第 1 期。

查数据（CGSS）、2005 年中国社会科学院全国综合社会调查数据
（GSS）的综合分析，2009 年中国中产阶层的规模比例为 23% 左
右。①中国社会科学院城市发展与环境研究所和社会科学文献出版
社联合发布的城市蓝皮书的数据则显示：2000 年到 2009 年的 10 年
间我国城市中产阶层的规模年均增长 3.8% 。截至 2009 年，我国城
市中产阶层规模已达 2.3 亿人，占城市人口的 37% 左右，其中北
京、上海的中产阶层更是分别达到了 46% 和 38% 。此外，该报告
还预测，从 2010 年到 2025 年，我国城市中产阶层规模将以每年
2.3% 的速度扩大，到 2020 年将接近 47% 左右，在 2023 年前后可
能要突破 50% ，在 2019 年城市中产阶层的比重可能首次超过城市
中低收入阶层的比重，即所谓"中间大，两头小"的"橄榄型"
社会结构将首次出现。②美国学者霍米哈拉斯（Homi Kharas）采用
绝对而非相对的收入和消费标准，将全球中产阶层定义为那些按购
买力平价计算，人均日支出在 10 ~ 100 美元的家庭。他的研究也表
明：即使用绝对标准来衡量，中国现在的中产阶层依然很庞大，达
到了 1.57 亿人的规模，仅次于美国。③

　　如果说以上三组研究从科学研究的角度揭示了中国中产阶层快

---

① 陆学艺主编《当代中国社会结构》，社会科学文献出版社，2010 年，第 402 页。
② 潘家华、魏后凯主编《中国城市发展报告 No.4——聚焦民生》，中国社会科学
　文献出版社，2011。"当代中国社会结构变迁研究"课题组负责人、中国社会
　科学院荣誉学部委员陆学艺指出：中国的中产阶层在发展壮大，1999 年中产阶
　层大致占全国人口的 15% ，2008 年是 22% 至 23% ，大致每年增加 1% 。他认
　为，如果按照目前中国社会中产阶层每年 1% 的增长速度，20 年内中国的中产
　阶层可达总就业人员的 40% 。
③ 这一绝对标准的下限参考了拥有最严格的贫困标准的两个欧洲先进国家葡萄牙
　和意大利的平均贫困线，即人均日收入 9.95 美元；而其上限以最富有的先进国
　家卢森堡的家庭人均收入中位数的两倍为准。霍米哈拉斯采用的这一绝对标准
　的优点是将最穷的先进国家中的穷人与最富有先进国家的富人均排除在了全球
　中产阶级之外，而且便于国际比较。参见：霍米哈拉斯、杰弗里格茨《新生的
　全球中产阶级：由西向东的跨越》，李成编著《"中产"中国：超越经济转型的
　新兴中国中产阶级》，上海译文出版社，2013。

速增长的事实的话，那么下面私家车、出境旅游和奢侈品这些能够反映中产阶层消费的重点行业数据，则从另一个侧面印证了中国中产阶层的迅速崛起。2000 年，美国占据了全球 37% 的汽车销售市场，而中国仅占 1%，但 2009 年，中国就已经超越美国成为世界上最大的汽车市场，1360 万辆的销量远高于美国的 1040 万辆。中国汽车工业协会发布的最新数据更是显示，2013 年中国汽车销量高达 2198.41 万辆（见图 2 – 1），不仅再创历史新高，而且又一次刷新了全球纪录。①

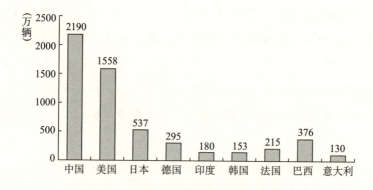

图 2 – 1   2013 年世界主要汽车市场销量

至此，中国家用汽车平均每百户拥有量已经从 2006 年的 4 辆跃升至 2012 年的 20 辆。②2014 年 1 月 8 日，中国社会科学院旅游研究中心和社会科学文献出版社在京发布《2013 ~ 2014 年中国旅游发展分析与预测》（《旅游绿皮书 No. 12》）。该绿皮书数据显示，中国出境旅游规模从 2000 年的 1000 万人次迅速增加到 2012 年的 8318 万人次，而 2012 年中国人出境消费额更是高达 1020 亿美元，

① 观察者网：《2013 年中国汽车产销量双超 2000 万辆　再创全球最高纪录》，ht-tp://www.guancha.cn/Industry/2014_01_10_198941.shtml（最后访问时间：2014 年 3 月 21 日）。

② 哈继铭：《中产阶级推动"为中国制造"》，http://cn.wsj.com/gb/20140307/HJM114308.asp。

牢牢占据世界第一的位置。^①此外美国商务部的数据也显示，2011年中国游客在美的人均消费为 7107 美元，远高出美国国际游客平均 2440 美元的消费水平，以至被戏称为"会走路的钱包"。中国奢侈品市场研究机构财富品质研究院在上海发布《中国奢侈品报告》称，中国奢侈品市场 2013 年本土消费为 280 亿美元，增幅 3%，境外消费则进一步加强，达到 740 亿美元，即 2013 年中国人奢侈品消费总额为 1020 亿美元，合 6000 多亿元人民币。这意味着中国人作为全球奢侈品市场无可争议的最大客户，买走了全球 47% 的奢侈品。^②

以上私家车、出境旅游和奢侈品消费的数据均表明中国中产阶层的队伍日益壮大，已经成为全球市场的消费主力军。于是乎各类公司，包括大型跨国银行和咨询公司都进行了委托研究，以评估中国中产人群的规模和增长预期。法国巴黎银行、美林证券、麦肯锡各自的报告，以及汇丰银行和万事达公司共同进行的研究，均预计2016 年中国将会拥有 1 亿个中产家庭，进而拥有世界上最庞大的中产阶层。^③

第四节　中国中产阶层的社会政治分析

通常来说，中产阶层概念所表述的是在工业化社会结构中的社会地位分配系统上分布于竞争性较强、市场回报率较高、具有特定

① 中国社会科学院：2013～2014 年《旅游绿皮书 No. 12》新闻发布会，http://www.scio.gov.cn/xwfbh/gbwxwfbh/fbh/Document/1358824/1358824_1.htm（最后访问时间：2014 年 3 月 21 日）。
② 海外网：《2013 年中国人奢侈品消费总额占全球 47%》，http://news.163.com/14/0221/08/9LJI5Q860001121M.html（最后访问时间：2014 年 3 月 21 日）。
③ 李成编著《"中产"中国》，许效礼、王祥钢译，上海译文出版社，2013，第 10 页。

社会影响力的职业群体，尽管他们在职业收入、权力、声望、教育等社会资源的分配中处于大致相同的社会中等水平，但他们实际上却又是一个充满了异质性的地位群体的集合。具体到现阶段中国社会中产阶层来说，其异质性主要表现为两个方面：一是由于三种社会地位资源配置机制（即权力授予关系、市场交换关系和社会关系网络型）的不同所导致的地位评价上的不一致性以及由此所形成的中产阶层内部的分割性；二是内含了一个早已从欧美发达国家中产阶层里分化出去的拥有一定私有生产资料、占有一定雇佣劳动力、具有一定私有财产关系的"私营企业主"阶层，即所谓的老式中产。①

从中产阶层与国家的关系来看，目前中产阶层中的很大一部分都源自体制内（或是前政府官员，或是拥有干部家庭背景），与党和政府有一种较大的亲和力。但这只是问题的一个方面，从另一个方面来看，新兴的中产阶层与国家之间又存在明显的紧张关系。这种紧张主要表现在：伴随着中产阶层的加速成长，一种独立倾向开始发端，这一定程度上削弱了国家的控制能力并对执政党和政府的治理构成了相应的挑战。更为重要的是，两者之间的互动虽然是频繁的，有时甚至是密切的，但两者之间的互动和沟通几乎完全是建立在非正式的人际关系的基础上，而没有有效的制度化管道。因此，我们不难理解中产阶层在面对制度性侵害时往往倾向于诉诸自身相对丰富的人脉以及与相关官员个人的非正式沟通。套用孙立平等人话说，中产阶层对改革的支持态度，不仅是以改革对自身利益可能造成的影响为判断基础，而且还是基于一种关怀社会进步的理性态度，基于对美好社会生活的期盼。②明白这些，我们便可以展

---

① 陆学艺主编《当代中国社会流动》，社会科学文献出版社，2004，第 278 页。
② 中国战略与管理研究会社会结构转型课题组：《中国社会结构转型的中近期趋势与隐患》，《战略与管理》1998 年第 5 期。

开对中国中产阶层的社会政治分析了。不过需要说明的是，我们重点关注的是中国中产阶层作为一种矛盾和变量，其发展过程中的各种冲突和变数以及由此所带来的诸多挑战。

一　中产阶层发展中的艰难与挑战

由于发展的赶超性、现代化进程的时空压缩性以及社会转型的两重性，几乎所有催生中国中产阶层的因素中都包含两面性和冲突。这便使得中产阶层的成长和发展壮大均无法摆脱这种制约，因而导致中国中产阶层未来的发展充满了各种不确定性。对于迅速发展变化中的中国社会来说，充满异质性的中产阶层未必会自动成为社会的"稳定器"，他们或许更多的是一种矛盾和变量，而中产发展壮大的过程中冲突与变数也将是一种常态。具体来说，中国中产阶层的发展壮大面临着以下一些挑战。

1. 挑战之一：迅速壮大的趋势与有限的社会容纳能力之间的矛盾

随着中国经济的突飞猛进，以及社会生活水平的日益改善，中国中产阶层在社会结构中的比例逐步提高，尤其是进入 21 世纪之后更是呈现出迅速壮大的趋势。①这种趋势的直接推动力量除了强有力的经济增长之外，主要来自受过高等教育的人数的迅猛增长，大学毕业生群体成为中产阶层的强大后备军。一定意义上，高等教育已经成为当前中国中产阶层的教育门槛，大学生就是天然的候补"白领"，毕业走出校门，就相当于从中产阶层的较低位置开始打拼，努力向上流动。实事求是地说，中国历史上从来没有任何一个

---

① 哈佛大学萨默斯（Larry Summers）研究发现，美国经济最快速增长之时，其国民生活水平约每 30 年提高一倍。而中国在过去的 30 年里，生活水平几乎每十年就提高一倍。参见：*The Economist*，"What's Gone Wrong with Democracy"，http://www.economist.com/node/21596796/。

阶层有这样稳定、明确而宽泛的培养途径。①而从高等教育大众化的角度来说，我们有理由相信中产阶层的时代必定会到来。不过令人担忧的是，社会的容纳能力似乎跟不上"中产后备军"迅速膨胀的步伐，无论是产业结构、就业结构，还是社会政治参与的管道等都面临不小的挑战。

实际上，随着 20 世纪 90 年代后期高等教育产业化的推进，中国高等教育逐渐从精英教育转变为大众教育，适龄人口中受过高等教育的比重不断提高，每 10 万人中具有大学文化程度的由 2000 年第五次全国人口普查时的 3611 人上升为 2010 年第六次全国人口普查时的 8930 人，翻了一番多②，而每年中国高校大学生毕业人数则从 2000 年的 107 万增加到 2013 年的 699 万人，增长了近 6 倍。由于薪酬水平与受教育程度呈正相关，因此中产阶层后备力量得以迅速膨胀。③但另一方面，整个社会却好像有些措手不及，似乎并没有准备好接纳蜂拥而至的中产阶层的后备力量，也没能很好地为中产阶层的发展需求提供足够的社会空间。

首先是中国经济结构的转型升级滞后导致以现代服务业为主体的第三产业在国民经济中所占的比例偏低，因此难以为迅速增加的高校毕业生提供合适的、保证他们顺利跻身中产阶层的就业和升职

① 唯一有些类似的是科举制度下的士绅阶层，但两者只是在稳定和明确上是相通的，科举制下的士绅生产机制要狭窄得多。根据张仲礼的估算，即使在清末全国士绅的规模也才 100 万人左右。

② 中华人民共和国国家统计局：《2010 年第六次全国人口普查主要数据公报》（第 1 号）（2011 年 4 月 28 日），http://www.stats.gov.cn/tjgb/rkpcgb/qgrkpcgb/t20110428_402722232.htm.

③ 清华大学李宏斌的研究显示：中国城市职工的平均教育年限，1988～2009 年增加了 2.5 年，而城市职工受教育时间每增加一年，教育回报率从 1988 年最初只有 2% 增加到 2009 年的 8%～10%；而且中国的教育具有高选择性，高等教育较低教育阶段回报率更高，多读一年大学能增加 16% 的收入，大学毕业生与高中毕业生相比收入高 64%。参见：李宏斌《从投资回报率看中国教育》，《东方早报上海经济评论》，2014 年 3 月 4 日。

机会。于是对于中产阶层的庞大后备军来说，整个社会吸纳能力有限，或者说整个社会结构的容纳能力不足。有数据显示中国就业者拥有大专以上学历的比重，2010 年才 10.1%，比美国 2006 年40.1% 的水平低 30 个百分点[1]，这有力地说明了大学毕业生就业难的主要原因是中国社会结构容纳能力缺失的问题而非其他。教育部公布的数据显示，2013 年全国高校毕业生达 699 万，比 2012 年增加 19 万。据媒体报道：作为高校毕业生就业的"风向标"，北京地区大部分毕业生还在为"饭碗"苦苦寻觅。而从 2013 年 5 月初北京毕业生就业推进工作会上传出信息，北京地区高校毕业生签约率为 28.24%，其中研究生 36.59%，本科生 26.6%，专科生16.84%。显然，2013 年大学生就业签约率偏低，不只北京，上海、广东也只有两三成。[2]因此，就业和职业发展成为这些中产阶层后备力量日益沉重的压力。就像投入大量成本雕琢出了产品，迫切期望证明自身价值，但却难以找到肯出合适价钱的买主，造成了产品积压；即使找到商家，也对受到打压的价格感到不满。这种瓶颈式的冲突滋生了中产阶层后备力量和中下层普遍的焦躁情绪。[3]

其次，由于中产阶层在社会竞争中投入巨大，特别是在教育成本和时间成本上，因此他们对未来的社会位置有较高的期望，实现向上流动的动机强烈。将中美两国拥有大专以上学历劳动者的行业分布进行比较，我们即可发现：中国具有大专以上学历者过度集中在金融、信息、教育卫生和公共管理等行业，这几个行业中大学生的比重甚至高于美国；而那些直接的生产性行业中大学毕业生的比

---

[1]　蔡昉：《高等教育比低教育阶段回报率更高》，《北京日报》，2013 年 12 月 2 日。

[2]　张景华：《京大学生就业签约率偏低　岗位待遇重要性不如往年》，http://edu. people. com. cn/n/2013/0503/c1006 - 21360810. html （最后访问时间：2014年 8 月 27 日）。

[3]　张伟：《冲突与变数：中国社会中间阶层政治分析》，社会科学文献出版社，2005，第 355 页。

重则比美国要低很多。例如，在农业中的大学生就业比重，中国是0.6%，美国则高达24.6%；在制造业中的大学生比重，中国为10.3%，美国为30.0%；在交通业中的大学生比重，中国为10.8%，美国为17.1%；在商业、贸易、餐饮和旅游业中的大学生比重，中国为11%，美国为28.6%。①这组数字说明：相比之下，中国拥有较高学历的劳动者更不愿意从高端服务业转向制造业甚至农业这些传统上认为的"低端"就业岗位。因此向上流动的欲望与向上流动的挫折一同塑造了中国中产阶层后备军的焦虑，这种焦虑用《中国新闻周刊》曾经的专题来说就是"80后"残酷的"向下的青春"。在大学毕业生就业率逐年降低的同时，大学毕业生的起薪向农民工看齐则已成为一种常态。以上种种均反映了由于中国社会结构的失衡、经济转型升级的滞后和社会容纳能力的局限，导致作为中产后备军的大学毕业生难以顺利跻身这一阶层的事实。而"当代中国社会阶层结构"课题组的研究也显示：尽管1978年以来，中国的职业结构呈现高级化的动向，但是中高层职业人员的增幅还比较小，与工业化国家职业结构的高级化趋势相比，中国还有较大差距。②

如果中产阶层的壮大趋势与有限的社会容纳能力之间的矛盾不能得到很好的化解，必定会对中国的社会转型与现代化事业构成严峻的挑战，而"转型陷阱"与"中等收入陷阱"或许也会变成现实。

2. 挑战之二：整合与分化的冲突

当代中国的中产阶层本身是由多个社会群体所共同构成的，社会学家周晓虹曾用"杂领"一词来概括这种异质性。具体来说，政

---

① 蔡昉：《高等教育比低教育阶段回报率更高》，《北京日报》，2013年12月2日。
② 陆学艺主编《当代中国社会流动》，社会科学文献出版社，2004，第10页。

府机关的一般公务员、事业单位专业与管理人员、企业白领、专业技术人员（包括律师、会计师、建筑师等）和中小自营者（包括中小企业主、个体工商户和房产出租者）等社会群体，都可以被归入"中产阶层"。因为从经济标准、教育标准和职业的标准来衡量，上述社会群体至少符合其中的一项到两项，尤其关键的是他们在组织、经济和文化这三种社会资源的占有状况上比较类似。对于当代中国中国阶层的具体构成这一问题，李强曾提出"中产阶层四个集团"的理论观点，它们分别是传统的干部和知识分子阶层；"新中产阶层"；效益比较好的企业、单位的职工层；"个体工商业阶层"即大量的个体、私营经营者。[①]周晓虹则从多重角度区分了当代中国的六类中产阶层。[②]李培林和张翼根据收入水平、职业类别和教育资本这三个对人们经济社会地位影响较大的指标将中产阶层划分为"核心""半核心"和"边缘"三类，三个指标都吻合的为"核心"、符合两个指标的为"半核心"，一个指标达标的则是"边缘"。[③]亦有学者从中产阶层的形成过程来分析，他们认为由于中国社会结构双重转型的制约和影响，中国中产阶层的产生来源有三个渠道：由权力授予关系所作用的行政型进入、由市场交换关系所作用的市场型进入和借助社会关系资本作用的社会网络型进入。[④]不过，在我们看来，从经济要素上，当代中国中产阶层可以划分为以个人专业能力为基础的"新"中产阶层，以及以资本增值为基础的自营者即"老"中产；从职业种类上，中产阶层可以划分为公务员、企业白领、律师、会计师、教师等；从中产阶层自身的层次

---

① 李强：《转型时期中国社会分层》，辽宁教育出版社，2004。
② 周晓虹主编《中国中产阶层调查》，社会科学文献出版社，2005，第 2~8 页。
③ 李培林、张翼：《中国中产阶级的规模、认同和社会态度》《社会》，2008 年第 2 期。
④ 张宛丽、李炜、高鸽：《现阶段中国社会新中间阶层的构成特征》，《江苏社会科学》2004 年第 6 期。

上，可以继续细分为上中产阶层、中中产阶层和下中产阶层，每个层次均存在较大差异。也就是说，当代中国中产阶层本身就是一个异质多元的社会群体。

由上面林林总总的分析可以看出，当代中国中产阶层的内部构成是复杂的，在中国社会结构急速转型的背景下，"突生"的中国中产阶层没有经历，至少是没有完全经历一个"新""老"交替的过程，而是形成一种共生。因此，这样的一个"突生"出来的中产阶层群体并不是一个同质性的群体，中产阶层内部不同部分的阶级经历是不同的，因而也必然会形成不同的性格特征。①观察已现雏形的群体消费行为、生活方式、社会交往准则及行为规范等，不难发现当代中国中产阶层内部存在着较明显的文化理念及价值观上的差异。这种差异可归为三种不同的社会属性，即"官场文化"——官本位社会理念及价值观、"亲缘文化"——熟人社会理念及价值观和"业缘文化"——市场文化及价值观。②更本质的分化则表现在中产阶层内部各群体间的财富与收入的获取方式并不相同，存在"再分配"和"市场"这两个维度。体制分配与市场分配并非和睦共处的两种机制，而是存在着博弈式的竞争与冲突。这种资源分配的分歧反映在社会认同与交往上，依靠不同机制获得社会资源的中产阶层群体之间彼此疏远。不仅新旧中产之间存在矛盾，而且即使是主要依靠再分配的公务员和事业单位人员之间，以及主要依靠市场的企业管理人员和专业技术人员之间也存在不少冲突。③

正是由于这种多元异质导致的整合与分化之间的冲突，使得

---

① 李路路、李升：《"殊途异类"：当代中国城镇中产阶级的类型化分析》，《社会学研究》2007年第6期。
② 张宛丽、李炜、高鸽：《现阶段中国社会新中间阶层的构成特征》，《江苏社会科学》2004年第6期。
③ 张伟：《冲突与变数：中国社会中间阶层政治分析》，社会科学文献出版社，2005，第356~357页。

"世界其他地区中产阶级的许多表征——广泛存在的公民组织、一种特定的社会精神、对于体现自身价值所持的基本的保守主义态度——还没有成为中国中产阶级的主要特征"。[①]也就是说，中国中产阶层由于内部整合方面的问题还缺乏提炼与升华"共识"的能力。他们对自身作为一个阶层的利益诉求与维护能力还很脆弱，他们与官方意识形态和宣传导向也存在一定距离，而且他们也远未形成一种能够整合自身及社会的主流文化和普适价值观；他们虽有理性，但其社会心态、行为规范并不稳定和成熟，而且也缺乏工具理性与价值理性的统一。

3. 挑战之三：中产功能与行动之间存在距离

一般而言，中产阶层的社会功能应以能稳定一个现代化社会所需要的公正、有序、协调发展的社会秩序和结构为定位。就现阶段中国社会转型的具体国情而论，中产阶层理应承载以下几项主要的社会功能，它们分别是（1）贫富分化及社会利益冲突的缓冲功能；（2）社会地位公正获得的示范功能；（3）社会主义市场经济及现代性社会价值观的行为示范功能。[②]

但上面所说的这些都只是一种应然而非实然状态下的中国中产阶层。实际上，今天的中国中产阶层已经很明显地表现出了两个弱点：其一是利益自觉不够，没有认识到中产阶层作为社会群体的根本利益在于把经济社会制度健全起来；其二，现在有许多进入中产阶层的人，忘掉了自己的公民责任，没有认识到，如果不能把国家的体制搞好，个人生活取得的改善和进一步提高是完全没有保障的。[③]而且作为一个普遍被认为具有较高素质的群体，中产阶层的

---

① 李成编著《"中产"中国》，许效礼、王祥钢译，上海译文出版社，2013，第2页。

② 陆学艺：《当代中国社会流动》，社会科学文献出版社，2004，第271页。

③ 吴敬琏：《中产阶层不要只顾改善个人生活》，《中国改革》2010年第10期。

公民参与程度并不比其他社会阶层更高，在面对制度性侵害时也未表现出比其他阶层更大的抗争，他们反倒倾向于诉诸自身相对丰富的人脉以及与相关官员个人的非正式沟通。[1]唯一的例外可能是律师群体。中国中产阶层中的律师总体对政治权利的重视要大于经济权利，对政治现状很是不满，强烈倾向于支持政治改革，较为强调公民责任，利益相对自觉。个中原因，我们认为可能主要在于政府干预司法、插手律师办案的事例过于频繁，律师权益得不到基本保障，政治和经济层面的双重夹击迫使律师们的自由倾向超过中产阶层的平均水平。不过也有研究指出：中国律师对于政治改革的热情很可能是靠不住的，在政治上也不会有多大意义。因为，他们压倒一切的顾虑是维持和改善生计。调查结果表明，他们对政治现状的那种明显的不满，以及对政治权利和政治改革的重视，与其说是出于意识形态的热情，不如说是出于一种愿望，希望得到制度的保护，避免对自己律师业务的侵害。[2]也就是说，律师群体尽管和中产阶层大多数成员并无太多的不同，他们纵使特立，却也未必独行。

也就是说，现实中的中国中产阶层在政治文化上距离理想的"积极—理性"的公民状态仍然相当遥远，而且由于既有政治结构和政治制度的制约和约束，他们在实际社会生活中更多地表现为政治冷漠、政治认知有限和政治参与能力有限。

4. 挑战之四：社会联系约束与需求的冲突[3]

托克维尔曾指出："在民主国家里，全体公民都是独立的，但

---

[1] Tang, Min. 2011. "The Political Behavior of the Chinese Middle Class." *Journal of Chinese Political Science* 16（4）：373 - 87.

[2] 李成编著《"中产"中国》，许效礼、王祥钢译，上海译文出版社，2013，第294～318页。

[3] 张伟：《冲突与变数：中国社会中间阶层政治分析》，社会科学文献出版社，2005，第357～358页。

又是软弱无力的。他们几乎不能单凭自己的力量去做一番事业，其中的任何人都不能强迫他人来帮助自己。因此，他们如不学会自动地互助，就将全都陷入无能为力的状态"；同时他还认为"人只有在相互作用之下，才能使自己的情感和思想焕然一新，才能开阔自己的胸怀，才能发挥自己的才智"。①

因此，广泛的社会联系与有效的社会组织对中产阶层个体的社会参与意义重大。即使中产阶层内部充满了各种异质化因素，但共同体因素仍然可以使松散的中产阶层得到整合，这种整合的平台就是自由结社和各种民间社会组织。民间社会组织是中产阶层实现社会整合的必要条件。而提供这种社会联系的有效载体或平台，就是一些社会团体和组织。但由于制度约束，我们当前不受政府控制的民间社会组织极其匮乏，不能有效填补在国家和个人之间留下的大量空间，这种社会组织的缺失使中产阶层失去了整合平台。传统上的工会、妇联、共青团、工商联以及各种专业协会等，本质上属于政治控制社会的外围机构和行政管理机构。它们从成立、改组或重建之日起，就肩负着作为中国共产党联系各界人民群众的桥梁和纽带的重任，一方面协助执行党和国家的各项政策、命令，并将其向人民群众传达；另一方面了解和收集人民群众的意见、观点和利益诉求，并带回党和国家的政治过程和政策制定过程中。这样，它们就不再是具有相对独立性和政治角色担当的社会组织，而是作为国家机器的组成部分发挥功能性作用的社会组织。②因此，这些被学者们称为"二政府"或"行政组织末梢"的社会组织虽然比较正式，有体制的依托，但它们对中产阶层的吸引力和凝聚力已经呈现出不断弱化的趋势。社会中间组织的缺失，缺乏足够的社会联系，

①　托克维尔：《论美国的民主》下卷，商务印书馆，2003，第 636 ~ 638 页。
②　陆学艺主编《当代中国社会结构》，社会科学文献出版社，2010，第 357 ~ 358 页。

导致当前中产阶层现实社会联系的范围狭窄、社会参与渠道梗阻、政治态度消极，缺乏足够的社会整合。也就是说，一方面中产阶层对于各类民间社会组织有着急迫的需求，但另一方面则由于制度供给的不足和政府转型的滞后，导致民间社会组织无法正常地发展壮大，于是中产更多的是原子化的个体，而非一个能够有效行动的自为的社会阶层。相对于组织化的、自为中产群体来说，原子化的个体最容易导致危机状态下参与爆炸的后果。至于制度供给不足和政府转型的滞后对社会组织发展所造成的影响，我们可以将之归纳为四大困境①：第一是"注册困境"或"进入难题"即由于现行的注册登记制度、分级管理制度和非竞争性原则的双重约束使得社会组织独立自主发展非常困难；第二是"筹资困境"，即中国社会组织的发展缺乏必要的财力资源支持②；第三是"人力资源困境"，即中国社会组织的发展面临着人才和人员待遇方面的巨大压力；第四是"社会资本困境"，即政府和社会对于中国社会组织的发展缺乏相应的信任，至于相互之间合作那就更谈不上了。以上四大困境究其思想上的根源，更多的是由于政府对社会组织的认识误区所致。

二 曲折中的发展变数

这种变数就蕴含在中国中产阶层发展的两面性之中。中产阶层发展的两面性是整个社会转型冲突在中产阶层身上所留下的特征。也就是说，中产阶层的各种内在冲突并非是不可改变的阶层属性，而是其特殊发育过程中的一种特殊状态。这种全方位的内在冲突并不是孤立的，而是受到了许多社会情景的外部约束因素的制约，特别是传统体制的惯性延续和不健康、不道德的社会政治生态环境的

---

① 陆学艺主编《当代中国社会结构》，社会科学文献出版社，2010，第 369 ~ 372 页。
② 一方面中国社会志愿捐助的总量仍然相对有限，另一方面，各种捐赠的分配高度集中，超过九成为官方和半官方机构所接收。

挤压。而且这种约束条件本身又是在不断演变的。随着国家与社会关系的演变，中产阶层的内在冲突性也会发生相应的变化。因此，社会转型冲突导致了中产阶层发展的曲折性，这种曲折性会随着社会转型中许多根本矛盾的逐步解决而消解，或者由于社会转型矛盾的加深而加剧中产阶层发展的内在冲突，或者由于社会转型过程中出现的其他矛盾而导致中产阶层发展的新冲突。具体来说，中产阶层作为中国社会发展中的变数，其在社会政治层面的不确定性主要表现在以下几个方面。①

1. 在宏观经济形势较好的大环境中，社会对中产阶层发展壮大的容纳能力就会提高，中产阶层的准入门槛就会更容易跨越，而且制约其实现向上流动的各种因素也会减少，这样中产阶层就会顺利崛起，成为社会的主导阶层。作为中产后备军的大学毕业生就能顺利地跻身中产阶层，而随着向上的社会流动，他们的激进取向就会慢慢淡化，并进而成长为有利于社会稳定的一支重要力量。相反，在经济形势发生大的波动的时候，中产阶层的发展空间就会遭到极大的压缩，甚至原本的中产阶层也会两极分化，多数甚至跌出中产的队伍。而且各种压力之下中产阶层往往会陷入一种扭曲的"亚健康"状态，进而对社会的动态稳定和平稳发展产生巨大的破坏力。

2. 当政治参与渠道得以拓宽、有效参与途径进一步增加，而且形式性政治参与逐渐被实质性政治参与所取代时，中产阶层的政治潜能和参与热情就会被规范，也能够更多地转化为良性的、制度性的政治参与，进而使中产阶层在社会格局中的力量能够在政治层面得以体现。否则，中产阶层的政治参与就会继续成为一种隐性可

---

① 张伟：《冲突与变数：中国社会中间阶层政治分析》，社会科学文献出版社，2005，第 359 ~ 360 页。

能，并在各种社会突发事件和剧变中被激发，进而演变成爆炸性的不稳定因素，或者成为政治参与爆炸中的破坏性力量。也就是说，如果中国政治制度化的水平不断提高，能够有效化解新兴中产阶层潜在的政治参与压力的话，中产阶层便会成为推动社会和政府转型的中坚力量，否则中产的政治潜能便会蜕变为政治参与爆炸中摧毁"旧制度"的破坏性力量。

3. 中产阶层的利益一致化程度是个变数。中产阶层异质化的关键并不是各种职业群体的不断细分，而是由于进入路径的不同，尤其是"体制—市场"二元分配机制的差异所带来的中产阶层不同群体间的利益冲突。随着社会转型的深入，如果这种二元分配机制会逐渐向市场方向倾斜，那么其导致的矛盾便会逐步得以消除。如果由于政府转型滞后，社会转型受挫，现有的"体制—市场"二元分配格局锁定，那么中产内部的分裂与对立便会越来越严重。于是主要是行政型进入和社会资本网络型进入的体制中产便会定性为既得利益集团，而市场交换型进入的市场中产要么依附于体制，要么越来越激进，甚至成为"革命酵母"。无论是前一情形还是后一情形，其实都不利于社会的长治久安和稳定发展。

2012 年樊浩等学者所出版的《中国大众意识形态报告》中一项针对新兴社会群体思想取向调查①的研究便显示：在关于中国的人民代表大会制度和西方议会制度哪个更先进的问题上，31% 的人认为是前者，34% 的人认为是后者，21% 的人认为各有利弊，14% 的人说不清楚；对共产党代表了哪些人的利益问题（多选题）上，有 33% 的人认为是代表了特权阶层，31% 的人认为是代表了富人集团，6% 的人认为是谁也代表不了；在当前马克思主义与其他思想

---

① 此次调查的对象是"个体、私营企业和三资企业的企业主、经营管理人员"，其中"男性占 83%，女性占 17%；年龄段为 25~50 周岁，调查方式为问卷、座谈和走访。

观念的关系问题上，有 23% 的人认为是前者对后者的存在和发展起
到了限制作用，17% 的人认为前者既不能引导，也不能消除其他思
想观念对现实社会的影响，15% 的人认为前者与其他思想观念相互
背离，导致人们的思想混乱；在对于哪些所有制效率较高的问题
上，69% 的人认为是私有制，22% 的人认为是混合所有制，仅 9%
的人认为是公有制；在阻碍人们确立社会主义信念的最主要因素问
题上，53% 的人认为是党内腐败现象严重，37% 的人认为是现实生
活中严重的两极分化；在对现有领导干部当官主要目的的看法问题
上，39% 的人认为是为成就个人功名，44% 的人认为是以权谋私，
为自己捞好处；对党根治腐败、实现党风根本好转的问题，68% 的
人表示信心不足，11% 的人表示没有信心。此外，在关于当前医
疗、教育、住房改革的评价问题上，多数人认为代表了部分集团的
利益，而没有代表大多数中下层民众的利益，加剧了贫富分化。[①]
而根据"世界价值观调查"（World Values Survey）2007 年在中国
的调查，96% 的人认为"民主主义体制"是良好的政治体制。2006
年"亚洲晴雨表"（Asia Barometer Survey）的调查结果也显示，
74% 的人认为民主体制比威权体制要好，而认为相反的人只有
5%。[②]从这些数据与分析中，我们可以看到当前由于体制、制度与
市场的不健康因素，不仅导致了中产阶层成长发育中出现了一些
"亚健康"病态状况，而且使他们的价值观扭曲、错位和异变，思
想取向特征呈现复杂性、多边性。因此深化改革并大力推动政府转
型，以制度创新安排给中产阶层提供一个健康发展的社会环境，这
对于中产阶层利益的整合以及社会政治功能的发挥来说至关重要。

　　4. 中产阶层的社会组织化程度是个变数。既有的比较政治学

[①]　樊浩等：《中国大众意识形态报告》，中国社会科学出版社，2012，第 568～584 页。

[②]　唐亮：《当代中国政治——对中国特色的现代化发展模式的新解读》，复旦大学
　　　出版社，2014，第 200～201 页。

文献均表明，公民组织在许多方面都能够引导、规范中产阶层的社会政治行为。因为：（1）公民组织能够提供更广泛地接触政治事件的机会。人们在这些组织中有机会参与非正式的政治讨论。此外，这些组织的会议往往涉及对政治事件的评价。结果，这些公民组织"可以充当政治沟通的桥梁，以及调动公民政治兴趣的途径"。（2）公民组织的领导人"往往会尝试着动员人们去参与政治行动"，但同时又会对这种政治参与行为进行规范，以免其逸出现有制度和法律的常轨，演变为一种反体制的举动。也就是说，参与公民组织对中产阶层的社会政治倾向会产生积极影响。因为公民组织往往会"灌输给其成员合作、团结的习惯和公共精神"。那些基于自愿而产生的公民组织能够生成社会资本，这些社会资本主要包括社会信任和民主规范。因此，新兴中产阶层成员参与公民社会组织会强化他们的民主倾向，并且会使他们参与到维持或推进民主制度的各种行动中去。[1]但是，如果对中产阶层组织交往渠道持续严厉管制，他们的正式交往平台就会继续萎缩，中产阶层在缺乏社会联系的情况下就会不断原子化。同时，各种非正式的交往平台也会在强烈需求中不断滋生出来。而各种非正式的交往平台，以及那些游走于"合法""非法"之间的社会组织往往发挥不了正式公民组织对于中产阶层社会政治行为的积极引导作用，反而更多的是起到一种助长参与爆炸且不利于社会政治稳定的负面作用。

5. 从发展趋势看，中产阶层的公民特征会随着规模的壮大逐渐增强，距离"负责—理性"的公民阶层也将越来越近。当然，也存在中产阶层永远长不大，从而在社会格局中被边缘化的可能。到那时，中产阶层便可能会失去应有的理性和社会责任感，演变为政

---

① 卢春龙：《中国新兴中产阶级的政治态度与行为倾向》，知识产权出版社，2011，第93~94页。

治冷漠，或者狂热的激进阶层，这些都可以在历史进程中找到先例。因此，任何轻易给中国中产阶层政治文化贴标签的做法都是错误的，因为中国中产的政治文化已经显示出强劲的转型势头，而且中国中产阶层内部不同群体的成员在政治文化上也有着许多差异。[①]例如，在体制内部门工作的中产便有着较强的政治主人公意识，也有着实践社会主义民主观念的信心和勇气，当然也更具有较强的政治能力和兴趣。然而，在体制外工作的中产阶层由于缺乏有效的政治参与管道和充分的政治信息，因而在政治态度上表现出一定的"后卫"性和"冷漠"性。[②]

总之，作为一个新兴阶层，中国中产阶层已经粗具规模和雏形，并在各个方面显示着逐渐壮大的力量。同时，中产阶层的发展取决于多种因素，其中每种因素都有内在的冲突和悖论，这便使得其发展注定不会一帆风顺。而且，中产阶层发展壮大过程中的这些冲突既不是孤立的，也不是一成不变的，它们会随着社会转型进程的推进而出现各种变化，同时也将使得中产阶层成为未来中国社会的一大变数。

结　语

中国的改革开放脱胎于此前的全能主义体制，且首先发端于全能主义体制下的边缘地带，包括家庭联产承包制、个体工商户、乡镇企业和沿海经济特区等。这种"增量改革"有两个结果。一是改革前期，因为没有触及体制主体（存量）及其相关利益，推进相当

①　Suzanne Ogden, *Inkling of Democracy in China* (Cambridge: Harvard University Asia Center, 2002), pp. 141 – 167.
②　卢春龙:《中国新兴中产阶级的政治态度与行为倾向》，知识产权出版社，2011，第 167～168 页。

顺利且成效显著；一是全能主义体制的核心架构基本得到了延续，体制权力依旧维持着对政治、经济、社会和文化的全面控制。这种"增量改革"的逻辑和结果构成了中国中产阶层崛起的社会政治背景。随着中产阶层的发展壮大，以政治体制和政府自身转型为核心内容的中国政治转型便显得日益迫切。因为这种转型乃是中产阶层发挥"社会稳定器"功能的前提，否则，日渐崛起的中国中产阶层便有可能蜕变为社会的"异化器"，甚至是对社会稳定构成严峻挑战的"颠覆器"。

但实事求是地说，中产阶层推动中国政治转型又需要满足两个必不可少的前提条件，其一是中产群体规模不断扩大，二是随着中国新兴中产阶层的不断成长，将会产生越来越大的政治变革诉求。但"增量改革"的结果使得这两个前提都面临着严峻的挑战。一方面，"增量"部分产生了新兴社会阶层，也就是所谓市场化的中产群体，如中小企业主、民营和外资企业的经营管理人员、专业技术人员、销售人员，自由职业者等，而在另一方面，体制控制的"存量"领域，也产生了大量的中产群体，包括普通公务员和国有企业的中层以上干部，教、科、文、卫等事业单位中的骨干人员等，无疑都可以划入中产这个群体中来。这也就意味着，中国的中产群体严格而言并不存在基本的同一性，而是由于进入路径的不同，沿着体制的边界，被分割成两大群体。而且这两个中产群体在身份意识、政治立场上有着天壤之别。从理论上来讲，"市场进入型"的中产群体，有着较为主动的权利和变革诉求；相反，对规模庞大的国有企业和政府及事业单位中的体制中产而言，依附体制，服从于体制，乃至服务于体制，是其存在并获取利益的根本所在，他们并不具备主动的权利意识和变革诉求。由于在现有体制下不仅具有较为优越的社会地位，同时也获得了较为可观的经济利益，"行政进入型"的中产群体具有较强的保守化倾向，对于改变体制的根本性政治蓝图，更多地持有反对的立场。例如 2006 年，"亚洲晴雨表"的调查便显示，中国的中产阶层与亚洲其他国家相比，更倾向于支持专家治国，更为重要的是，越来越多的人接受了关于"发展是硬道理""安定是发展的大前提""中国的民主化还为时过早"等主张。[1]

体制中产在当代中国的社会进程中，是保守而非推动力量，放在政治转型的图景中，体制中产的保守乃至反动作用，同样不可低估。需要强调的是，市场中产理论上具有较强的权利意识和变革诉求，但在维稳体制之下，相当多的市场中产其实也存在着亲体制的保守化立场。由于党和政府掌握着核心经济领域和社会关键部门，资源和利益的大盘子在手，同时也就掌握着许多市场化企业的业务命脉，依靠这些领域和部门的市场中产，在长期的业务往来和人际交往之下，也同样被吸纳进了亲体制的场域当中，他们也因此持有亲体制的保守化立场，这并不是什么让人意外的事情。而且除了亲体制的保守化立场之外，市场化中产的发育目前也是问题重重，"亚健康"状态的挑战早已是不争的事实。[2]

莫之许曾有形象的评论：中国的中产群体，首先因为竖切一刀，而分为了市场中产和体制中产两大部分，而市场化中产，又被横切一刀，部分与体制关系紧密、利益上依附体制的市场中产也被吸纳编织进了亲体制场域。因此，不断壮大、具有越来越强烈政治变革诉求的中产群体，根本就不可能出现在以"维稳"为目标的"党国体制"之下的当代中国。有着较为强烈、主动的权利意识和变革诉求的中产，仅仅剩下与体制利益关系较为疏远的群体，如中

---

[1] 唐亮：《当代中国政治——对中国特色的现代化发展模式的新解读》，复旦大学出版社，2014，第 201～202 页。

[2] 何平立、沈瑞英：《"亚健康"：当前中国中产阶层发育问题析论》，《河南社会科学》2010 年 7 月第 4 期。

小企业主、从事大众消费产品和服务的企业人员、自由职业者，以及业务上远离体制资源的律师、会计、经理人员等从业者。但是，即使是剩下的这部分中产，也"仅仅存在一个个原子化的'中产分子'，自治性组织向来是打压的重点对象"。体制也从未放松过对这部分中产的警惕，推出了"两新"（新市场组织、新社会组织）"党建"等若干措施，试图加强对这部分中产的分化和控制。①

由此可见，中国中产阶层大致可以分为体制中产、依附体制的市场中产、市场化中产这三个部分，前两个部分都具有较为鲜明的亲体制保守化倾向，且具有更高的社会地位和影响力，市场化中产尽管具有更强烈主动的权利意识和变革诉求，但却在社会地位和影响力上相对弱势，且被维稳体制的各种措施如"两新""党建"等加以分化和控制，同时，又由于无往而不在的专政和维稳力量的打压，这部分中产也始终处在"原子化"的状态中。在这种大背景下，中国中产被称为"政治后卫"也就不足为奇了。不过这一切都建立在经济持续稳定的增长、党和政府对于核心资源有效掌控的基础上，一旦经济增长陷入停滞状态，无论是市场中产还是体制中产，其政治参与的潜力乃至"破坏力"就会释放出来，进而对原有的党国体制形成严重的挑战。也就是说，这时中产阶层尽管其自身还处于尚不成熟的阶段，却很有可能选择激进的民主化作为克服危机和发展经济的手段。因此，中产阶层作为中国改革开放和现代化进程中的"矛盾与变量"，其社会政治性格更多地取决于国家与社会关系的调整，尤其是政府的转型与复合型民主的发展，因为后两者将从根本上形塑中产阶层的特质。也就说，中产阶层中总有期待改变的人，也总有保守的人，一切也都还处在动态的变化进程之中。

---

① 莫之许：《中产推动转型就是个笑话》，http://hk. on. cc/cn/bkn/cnt/commentary/20140319/bkncn－20140319000723744－0319_05411_001_cn. html（最后访问时间：2014 年 3 月 30 日）。

第三章　中产阶层与城市社区治理

20 世纪 90 年代以来持续的经济增长和城市化进程加速了中国中产阶层的增长。麦肯锡报告预测，[①]中国中产阶层人数将会在 2025 年达到 6.12 亿，城市人口规模将从 2008 年的 6.04 亿扩展到 9.26 亿，城市中近 2/3 的人口将加入中产行列。中产阶层的崛起与城市化进程的加快使得中国城市社会结构的流动性、多样性和异质性不断增强，引发城市社会的空间结构和居住模式的较大改变，"封闭式小区随处可见，它也是城市治理得以重组的一种地域标识，显示了城市在空间的日益隔绝"，[②]为城市社会治理带来挑战。

第一节　城市社区治理结构转型

单位—街居制是国家在城市社会进行资源分配的渠道，也是国家控制社会的工具，是新中国成立后建立的城市基层社会管理体制。"'单位制'是计划经济时代，中国城市社会最基本的组织方

---

① 艾伦著，孙雪、李敏译：《中国梦——全球最大中产阶级的崛起及其影响》，文汇出版社，2011，第 4～5 页。

② 李成编著，许效礼、王祥钢译：《"中产"中国》，上海译文出版社，2013，第 183 页。

式与整合制度"；①国家通过单位制实施对单位职工的整合与控制；作为补充的街居制对无法被纳入正式单位组织的居民实施有效的社会管理。国家通过单位—街居制的实施对城市全体社会成员进行控制和整合，达到了巩固政权和控制社会的目的。改革开放以来单位制解体与城市社会空间的重构，使社区制取代单位—街居制成为城市社会管理的结构基础。

一 从单位—街居制到社区制

20 世纪 80 年代以来的城市经济体制改革，促成多元所有制结构的出现，劳动用工制度的改革使得社会流动性越来越频繁，社会主义市场经济体制取代了高度集中的计划经济体制，国家直接控制的社会资源逐渐向社会分散和转移。单位制赖以存在的基础发生了根本性改变，以单位组织为主体的社会结构开始分化，单位制在整个城市生活中的地位大为下降，所具有的全能性特征逐渐消失，其承担的具体职能（如政治控制、社会保障、劳动力就业、经济福利、住房分配等）都在削弱。

单位制的解体促成了越来越多的从业者脱离原来的单位制控制范围进入社会，从"单位人"转变为"社会人"，其社会活动空间从单位转移到街道居委会，街居制作为国家控制与管理城市基层社会的主要载体自然地成为单位制的替代性结构，大量资源（经济资源、行政资源与人力资源等）向街道居委会转移，单位所承担的社会功能转移到街道居委会。单位制解体在转移资源和功能的同时，也把许多原本由单位解决的社会问题转移到街道居委会。街居制职能超载、职责不清、职权有限的制度安排使得街居制无法为国家和

---

① 李友梅等：《从弥散到秩序——'制度与生活'视野下的中国社会变迁》，中国大百科全书出版社，2011，第 131 页。

社会提供稳定的治理秩序和公共服务，这成为我国推动大规模社区建设的制度背景。社区建设的推行开始了街居制向社区制的转型，社区制成为继街居制之后正在形成的一种社区治理结构。

1986 年国家民政部为推进城市社会公共服务改革，争取社会力量参与兴办社会公共服务，倡导在城市基层开展社区服务，由此引入了社区概念。1991 年民政部为了开拓民政工作又提出社区建设的概念。社区建设的核心已不再是社区服务，而是城市基层社会管理体制的创新。1992 年 10 月，中国基层建设研究会在杭州召开了"全国城市社区建设理论研讨会"，从理论和实践两个方面对社区建设进行了深入研讨。1996 年，江泽民同志在八届全国人大四次会议期间指出，"要大力加强城市社区建设，充分发挥街道办事处、居委会的作用"。1998 年 7 月，国务院批准民政部"三定"方案，赋予民政部"指导城市居民委员会建设，制定社区工作及社区服务管理办法，推动社区建设的职能"。民政部将基层政权建设司更名为基层政权和社区建设司，承担了在全国推动社区建设的职能。1999 年民政部启动了"全国社区建设试验区"工作，先后有 26 个城区成为试验区。同年民政部制定了《全国社区建设试验区工作实施方案》，对试验区社区建设的要求、基本原则、工作步骤、工作内容、组织指导都做出了明确的规定。1999 年 8 月，民政部在杭州召开"全国社区建设试验区工作座谈会"。会上确立了社区建设的工作目标就是建立与社会主义市场经济体制相适应的社区建设管理体制和运行机制，探索建立新型社区，推进社区工作社会化；在加强社区功能的基础上，建设环境优美、治安良好、生活便利、人际关系和谐的文明社区；扩大基层民主，实行居委会的民主选举、民主决策、民主管理和民主监督。会上还确立了社区建设的运行机制，即党委政府领导、民政部门牵头、有关部门配合、街道居委会主办、社会各方支持、群众广泛参与。2000 年 11 月，中共中央办公厅和国务院办公厅转发了《民政部关于在全国推进城市社区建设的意见》，正式在全国推行社区建设的工作，社区建设步入整体推进阶段。2001 年 3 月，九届人大四次会议通过的《国民经济和社会发展第十个五年计划纲要》指出，"推进社区建设是新时期我国经济和社会发展的重要内容，建立与社会主义市场经济体制相适应的社区管理体制和运行体制。加强社区组织和队伍建设，扩充社区管理职能，承接企事业单位、政府机关剥离的部分社会职能和服务职能"。2001 年 7 月，民政部印发的《全国城市社区建设示范活动指导纲要》规定城市社区建设示范活动的任务是，改革城市基层管理体制，转变政府职能，明确社区职权，理顺社区关系，建立与社会主义市场经济体制相适应的社区建设管理体制和运行机制。

目前，三种具有代表性的城市社区治理模式基本成型。①政府主导型的强政府治理结构（上海模式），将社区定位于街道范围，构筑了领导系统、执行系统和支持系统相结合的街道社区管理体制，其特点是党政社会管理重心向基层社区转移，运用强大的政府行政力量，以街道为单位推进社区治理。社区主导与政府支持的"小政府、大社会"的自治型的治理结构（沈阳模式），将社区定位于小于街道而大于居委会辖区的范围内，在社区内创造性地设立了社区成员代表大会、社区协调议事委员会和社区（管理）委员会三个社区自治的主体组织，其特点是强调社区自治组织和社会组织社区治理主体作用的发挥。政府推动与社区自治相结合的混合型治理结构（江汉模式），通过转变政府职能调整政府与社区的关系，在吸收上海模式和沈阳模式的基础上，力图建立一种行政调控与社

---

① 夏建中在《中国城市社区治理结构》（中国人民大学出版，2012 年，第一版）中，提出目前我国的社区治理结构存在三种模式，即政府主导型的社区治理结构模式、政府与社区合作型的社区治理结构模式、社区自治型的社区治理结构模式，本书根据目前存在的三种典型社区治理模式予以分类。

区自治结合、行政功能与自治功能互补、行政资源与社会资源整合、政府力量与社会力量互动的社区治理模式。这三种治理模式表明社区建设过程既不是行政化过程，也不是简单的社区化过程，而是在社区功能逐渐内化的同时，在党和政府主导下将社区内各种资源进行整合和利用，从制度供给上解决我国社会转型期社区治理秩序失控和公共服务失供的制度缺失。

经过社区建设运动，城市基层社会治理结构实现了由单位—街居制向社区制的转型，社区制已经完全取代了单位—街居制，形成了社区内多种行为主体共存的局面，初步形成了多种行为主体合作共治的机制。

二　城市社区治理结构转型特点

城市社区建设是由中央政府推动，民政部倡导，基层政府积极响应的社会管理体制改革过程，是由政府推动的强制性制度变迁，其关注的核心问题是如何处理城市基层政权建设与社区民主自治之间的关系，即"推进城市社区建设，是巩固城市基层政权和加强社会主义民主政治建设的重要途径"。[①]

城市社区建设不仅是国家基层政权建设的过程，同时也是基层社会发育的进程。一方面政府将部分权力逐渐转移给社区内其他组织，来自市场、社会的力量获得了更大的体制性空间，并初步形成了自身的资源汲取、获得机制与利益表达途径，形成社区治理的网络结构；另一方面国家基层政权建设不断加强，政权重心进一步下沉，基层政权结构得到强化，政府逐渐转变为进行提纲挈领的总设计和总协调。社区三种力量的互动构成社区治理结构的基本要素，

---

① 【中办发［2000］23 号】中共中央办公厅、国务院办公厅《关于转发〈民政部关于在全国推进城市社区建设的意见〉的通知》，2000 年 11 月 19 日。

即作为国家力量之末梢的居民委员会和社区服务中心，以及其上级领导机构街道办、区政府和住建委；代表市场力量的开发商和物业公司；代表新兴社会力量的业主和业主委员会。城市社区治理结构转型是城市基层社会的结构性变迁，推动了城市基层社会管理体制的制度重构，为城市社会空间的重构提供了制度保障，城市社区治理结构呈现出多元化、复杂化的发展趋势，党政组织、自治组织和社会组织共同构成城市社区治理中的多元组织结构，构成社区治理中最为重要的主体。

在城市社区治理结构中，作为社区管理机构的街道办事处和社区居委会中的党委或工委仍然是领导核心。街道办事处及其所属机构，都是在党委（工委）领导下开展工作，街道办事处是社（辖）区内的最高权力机构，有权组织、协调辖区内的公安、工商、税务等机构，有权对有关部门派出机构主要行政负责人的任免、调动、考核和奖惩提出意见和建议，街道办事处为了商讨、协调社区建设和社区服务事项，也有权召开由辖区内其他政府或企业单位参加的社区联席会议。社区管理机构与政府其他管理机构，以及与社区内其他社会组织，包括国家、事业单位和企业单位以及其他居民组织的关系中，街道办事处和社区居委会起着居中协调的作用，社（辖）区内的所有政府职能部门、各种企事业单位、各种社会团体或者居民自治组织都必须接受街道办事处和社区居委会的领导。

社区权力格局出现新的变化，社区内已经不是党和政府包办一切的局面，除了党组织和政府派出机构外，出现了越来越多的新兴社区组织。这其中既包括群众自治性组织如业主委员会，也包括专业性服务组织如物业公司和各类社区服务机构，还包括许多群众团队及民间社团组织。社区内部出现的多个独立的、具有利益相关性的结构单元之间关系错综复杂，城市社区治理结构的转型要求城市基层社会由控制向治理转型，即不再强调党和政府对城市基层社会的控制，而是强调以党和政府为主导协调各利益主体之间的关系，以寻求各主体之间和谐互动的良性运作状态。这也更加强调党和政府与各社会组织或群体之间的相互依赖关系，构建多元共治的社区治理结构，即社区政治核心组织（社区综合党委）、法定自治组织（社区居民委员会）、公共服务组织（社区服务中心）、社区社会组织（非政府、非营利组织）四种组织在社区内纵横交错，相互协调，形成以社区自治为主的多元共治模式。

社区治理结构转型是地方政府转型推动的结果。地方政府转型是指政府进行分权改革，推动地方治理结构多元化的过程，是政府由经济建设型政府向公共服务型政府的职能转变过程，是政府权力收缩和公民权力扩展的过程。同时，社区治理结构转型反映了社区内资源配置结构的重置与变化。社区治理结构是一个以行动者为主体，而不是以简单的正式组织为主体的治理结构，不同的行为主体依靠其掌控的资源，以地域为基础进行互动。社区行为主体主要有政府、社区党组织、居民委员会、社区社会组织、业主委员会、物业公司和辖区单位，以及公民个体等。在社区建设过程中，社区资源需要新的整合，党和政府无力依靠行政资源自行解决，只能赋予社区内其他组织加入社区建设的合法性，一方面增强街居资源，加强基层社区建设；另一方面将部分与政府职能无关或者不紧要的社会性、事业性、公益性任务交给社区中介组织完成，形成街居和社区内资源的共同发展。在这一过程中，国家社会的资源结构变化导致社区边界及社区结构发生变化，社区内部的资源配置变化与社区建设的主体多元化高度相关，不同的社区行为体拥有的资源不同，其在社区内权力运作的空间不同。

在城市社区建设发展过程中，来自基层居民的制度需求与来自政府的制度供给形成了上下互动的良性循环。政府从外部输入制度、信息等（划分社区，建立社区居委会、居民代表会议、协商议事委员会等组织和制度等）来推动社区自治。社区居民则根据个性化需求的满足需要积极行动起来，参加社区组织维护和增进自身利益，促进社区组织的生长，推动社区治理结构的多元化。

三 城市社区治理结构转型困境

经过多年的城市社区建设，城市社区治理结构逐渐趋于完善，城市社区治理结构体现出科层制组织的垂直结构（纵向的权力结构）与网络组织的水平结构（横向的权利结构）相融合的特性，一方面是社区居委会与社区党支部、社区居委会与街道办事处之间，在实践过程中形成类似于政府组织之间的垂直式领导与被领导的纵向权力关系网络；一方面是社区自治组织基于地位和权利平等所自愿组成的以信任与合作为基础的横向权利关系网络。纵向的权力结构关系网络与横向的权利结构关系网络之间的结构性冲突为城市社区治理结构的转型困境提供了制度化空间。

社区党和政府与社区之间权力的结构性冲突。为了充分发挥党在社区建设中的政治核心作用，推动社区建设的发展，在社区内成立了党委，并明确规定社区党组织享有领导权，居民自治组织享有自治权。由于对二权并无明确界定，就出现了在实践中权限不分、职责不明的情况，享有领导权的党组织很容易就跨越了自身的权力界限，表现出直接干预并管理社区自治组织的倾向。在城市社区建设过程中，街道办事处在社区治理中的重要作用是通过确立街道办事处的主导地位来转变政府职能，放权给社区居委会。由于关键性的财政资源和决策资源依然掌握在街道手里，居委会能够把握到的无非是更多的做事情的责任和相关部门要求协助而非命令的工作方式。街道和政府职能部门往往把居委会当成自己的下属机构，将大量琐碎的行政性事务交给居委会执行，从而出现上面千条线，下面一根针的现象。居委会这一基层群众自治组织已经演变成政府的延伸机构，成为"小巷政府"。

　　社区党和政府与社区之间权力的结构性冲突在社区治理过程中具体表现为社区治理主体的多元性仍然不够，政府组织及其派出机构作为社区唯一主体的现象仍然存在，并且垄断了社区绝大部分资源；社区居委会名义上是居民自治组织，实际上由于其自身身份、任职、薪水以及各种费用均由政府决定，其必然是政府的行政管理体制在社区延伸出来的"腿"，成为政府及其基层政权组织的"附属物"，甚至是"准政府"。其结果必然是牺牲社区居民自治，强化政府职能权威。社区管理手段仍然是强制性的行政方式。社区居委会被看作政府机构的延伸，地方政府基本上都将社区作为一级行政机构，认为两者之间是行政上的领导与被领导关系。社区居委会自身也常常以政府组织自居，自认为是政府职能的执行者。其工作重心是完成街道办事处布置的各种任务，为居民服务已成为较次一级的目标。居民作为社区的主体或者主人，在居委会的日常工作中，常常是一句口号。居委会很少与社区的所有居民主动进行联系，通常只是与少数楼组长打交道，不少居委会俨然成为社区的一级政府。在决定社区公共事务方面，基本上居委会决定一切，然后以行政管理的方式进行布置，治理体系仍然是垂直的科层结构。

　　社区自治组织之间资源配置的差异导致结构性冲突：（1）业主委员会与居民委员会关系中的冲突。业主委员会是指由物业管理区域内业主代表组成，代表业主的利益，监督物业管理公司管理运作的一个民间性组织。虽然和居委会一样都属于自治性组织，但由于人事权、经费来源，事务决策权、运行方式、监督激励机制的差异，两者在自治程度上有区别。并且，由于权力的根本性质不同、职责范围不同，因此二者的服务群体和处理事务指导原则也就不同。（2）社区民间组织与居委会关系中的冲突。与权力系统中的正式组织相比，社区民间组织具有民间性、公益性、自治性、志愿性、非营利性等特征。一些社区对民间组织的作用缺乏足够的认识，存在怕惹麻烦、怕承担监管责任的想法，而民间组织则缺乏主动参与社区建设的自觉性，处于无序发展状态。

但同时，社区非政府组织也十分缺乏。志愿者进入社区存在困难，不少地方的政府对社区非政府组织的建立和进入社区存有疑虑。社区内的非政府组织数量很少、种类不多，仅限于居民自娱自乐的组织和一些环保类志愿者组织，并且多是在政府的管理和资助下建立的，很难形成有独立意志的参与主体。社区成员参与社区活动的渠道和平台不多，行使民主权利的广度和深度远远不够；社区居民的社区意识不强，参与社区治理的热情不高，社区居民的归属感不强、参与的积极性不高，社区认同和社区参与严重不足。社区在相当大程度上只是一个地域的概念，社区建设也仅停留在政府自上而下运动式推动。社区居委会工作的公开性、透明度仍然有限，基本上没有财务方面的公开制度。这也就导致社区的社会资本培育有限，自由竞争的选举仍然局限在一小部分社区组织中。

城市社区治理结构转型困境表明城市社区治理模式陷入了"双重困境"①，即"居委会困境"和"共同体困境"。突破这双重困境的出路在于创新社区管理体制，建立起既能够保障社区自治组织功能发挥，又可保障各项行政事务在社区落实，也能够纳社区居民广泛参与的新型社区治理模式，形成社区与政府上下良性互动的运行机制，构建多元主体合作的社区治理结构和开放多元的社区自治体系。

---

① 郑杭生、黄家亮：《论我国社区治理的双重困境与创新之维》，《东岳论丛》2012 年第 1 期。

第二节　城市社区中产阶层化构建

收入分配制度、城市土地制度、住房制度、户籍制度等市场化取向的改革，驱动着城市空间重组和新的城市空间产生，从物质空间到社会空间的多重空间重构不断展开。城市社会空间的重构与分异使得城市社区类型由简单到复杂，即类型越来越多样化，不断有新的类型出现；城市社区构成由单一到混杂，即同一社区内的主体居住人员倾向于复杂化；城市社区阶层化，即城市社会空间结构逐步向以社会阶层为主体的社会空间结构转变。城市化进程的加快与城市中产阶层的壮大，催生了城市社区中产阶层化。

一　城市社会空间重构与社区阶层化

城市社会空间结构呈现重构与分异的演变趋势。城市社会空间的重构与分异，一方面使城市面貌日新月异，城市社会空间结构不断向集约化和高效化发展；另一方面，城市社会空间分异进一步加剧，均质的城市社会空间向异质多元的城市社会空间转变。

城市社区阶层化是人们依据自身经济收入、居住需求、文化品位、住宅市场的信息等选择不同社区，形成同一社区相同或者相近阶层集中居住的自然流动过程。城市社区阶层化是经济社会结构发生转变的空间表现，是高低收入者不断替换，城市社区或者邻里不断重构的空间现象，反映了城市居民的阶层位置与其居住空间的分化存在一定的一致性。居住在较好社区类型与较高地段房价的社区内的居民，其社会阶层也较高；居住在城镇边缘社区与老城区的居民，其社会阶层也较低。社会成员由于获取社会资源的能力与机会不同而形成社会阶层分化是社会发展的必然，它构成了城市社区阶层化的前提。城市社区阶层化的机制表现为以相同职业为特征的社区阶层化和以收入水平为特征的社区阶层化，比较普遍的是以经济收入为特征的社区阶层化。

单位体制解体，以单位为主体的城市社会空间结构逐步向以社会阶层为主体的社会空间结构转变，形成了多种类型的社区，不同社区的区位及其环境各异，表现出不同社会阶层空间资源占有的不平等和社会阶层分化。伴随着住宅市场化、商品化改革的一系列政策，延续了几十年的实物性、福利性的住宅分配制度基本结束，以经济适用住宅为主的多层次城市住宅供应体系，将住宅大致分为高价商品房、经济适用房和廉租房三种不同层次，人们可以根据自己的经济状况而选择适合自己居住的空间：富裕人群集中于花园别墅区和中高档公寓区，中低收入人群集中于普通住房或经济适用房中，由此导致阶层型住房模式的形成。

城市社会结构的变迁，社会阶层的分化聚合及重新定位，正逐步建构起以职业等级结构为基础的社会分层结构。社区成员向同一社会阶层的集中，主要源于如下情况：原有社区成员发生分化、解体、重组，社会地位相近或相同的人走到一起。其中又有两种情况：一种是社会地位得到提高的人主动迁出原社区，另觅与自己的社会阶层相符的社区居住，将原社区留给社会阶层相对较低者；另一种是社会地位降低的人（比如因失业、疾病等原因）无力居住在原社区，主动迁出原社区另觅更低层社区居住。根据我国城市的实际情况，以前一种情况为主，即由于一些社区成员的经济和社会地位上升而不愿居住在原社区，便找到更"高档"的社区居住，从而形成不同社的成员在社会阶层上越来越接近和同质化的情形。这是最典型的社区阶层化形式，即原来的群体化社区（同单位、同民族、同行业、同乡等），逐渐变成了阶层型社区。

二　城市社区中产阶层化

城市社区阶层化是一个城市社会空间概念，是指城市更新改造过程，不同阶层迁入迁出的过程和现象，是城市社会空间重构和人口置换的双重过程。城市社区中产阶层化作为城市社会空间重构和人口置换的重要组成部分已经成为一种广泛的共识，城市社区中产阶层化不但日益成为一种积极的城市发展战略，而且是城市生活空间质量提高的基础。

转型期社会结构的分化重构过程中，中产阶层的兴起对城市社会空间结构的重构起着主导性作用。随着中产阶层的迅速扩大，收入的快速增长以及年轻化趋势，构成中产阶层化主体的中产阶层的个人身份认同感及社区归属感对中产阶层化这个社会空间重构过程有重大影响。其在城市社会空间重构过程中的表现就是中产阶层化城市社区的形成，对城市社区的影响主要体现在社区内家庭和人口的结构小型化，"丁克"家庭大幅度增加，社区的公共设施、服务设施等得到显著改善，社区文化得到彻底的更新。1978 年改革开放以来，中产阶层产生并得到迅猛的恢复发展，"2000 年之前，中国社会阶层结构中已经出现了中产阶层崛起的趋势"，[1]中国社科院"当代中国社会结构变迁研究"课题组研究表明，我国中产阶层的规模约为总人口的 23% 左右，而且正以每年 1 个百分点的速度在增长。[2]中国社科院社科文献出版社与上海社科院城市与区域研究中心在 2012 年联合发布的《国际城市发展报告》显示，2010 年，中国城市化率为 47%，预计到 2020 年将达到 55%；到 2020 年，中国的中产阶级将占人口的 40%，是 21 世纪初的两倍。在一些大城市

---

[1]　陆学艺:《当代中国社会结构》，社会科学文献出版社，2010，第 402 页。
[2]　陆学艺:《当代中国社会结构》，社会科学文献出版社，2010，第 402 页。

这个比例要高得多，北京工业大学和中国社科院社科文献出版社联合发布的《2010 年北京社会建设分析报告》显示，北京中产阶层在社会阶层结构中所占的比例已经超过 40%，约 540 万人，接近发达资本主义国家 60% ~ 70% 的社会比例。城市中产阶层主要由国家及社会管理者、经理、私营业主、专业技术人员和办事员组成，年轻人是这一群体的主体，具有较高的学历和专业技术知识，具有较高且较为稳定的收入，消费能力逐年上升，尤其是在住房消费方面，拥有舒适、宽敞的私有产权住房是这一阶层重要的身份标识。城市改造运动的兴起，城市住房等级的提高以及相应物质条件与环境的改善，满足了城市发展的物资环境要求，满足了城市社区中产阶层化的需求，相应的物质条件与社区环境有了质的提高，成了密度适宜、环境优美、服务方便的"中产阶层化社区"。

城市社区中产阶层化的根本原因是经济社会结构的变化，中产阶层化过程是经济社会结构发生转变的空间表现，是由政府推动，投资者、金融机构和中产阶层等共同参与的社会空间再造过程。20 世纪 90 年代以来，大规模的城市改造运动在全国各地城市中流行起来。各地城市政府将城市化运动视为盘活城市现有土地、集约城市用地的有效途径，城市社区出现了普遍的中产阶层化现象。城市经过改造和重新开发利用，旧有的工业企业和仓库区的原址变成了高档住宅和文化产业园。改造后的城市环境变得很有吸引力，收入水平较高的中产阶层有能力购买房屋质量和生活环境较好的住宅，居住在这一地域的居民在年龄、家庭、职业、收入、社会地位、受教育程度等方面都呈现出中产阶层的特征，出现了中产阶层的集聚，由此产生了中产阶层化社区。城市社区中产阶层化，一是社区内的低收入者被社区外的高收入者置换；二是社区物质环境条件得到相应的改善，尤其是住房、自然景观和基础设施方面，其中包括新的商业娱乐布局；三是社区的本质特性发生了转变，主要表现在人口构成及文化特征方面。"82.11%的中产阶层声称他们居住的社区有绿地，67.19%的中产阶层居住的社区有户外健身场所，67.16%的中产阶层居住的社区有保安，45.16%的中产阶层居住的社区有电子监控系统，20.17%的中产阶层居住的社区有室内健身场所，18.18%的中产阶层居住的社区有会所，16.12%的中产阶层居住的社区有山水景观。"①

城市社区中产阶层化过程体现为物质环境更新和社会阶层重构两个基本表征。城市社区中产阶层化现象直观地体现在城市物质环境的显著变化上。经过大规模的城市改造运动后，代之而起的是在原有的地基上"住房高档化""物质环境高贵化"的趋势日渐明显。在住宅商品化条件下，中产阶层具有相对较强的择居能力，在城市居住空间竞争中具有主动、有利的地位；城市中原来的住宅小区、工业用地等被重建或功能置换为绿地、高档住宅小区、商业娱乐场所等，吸引着大量中产阶层来此居住、就业和消费。住房制度改革的推进为城市社区中产阶层化提供了市场化基础与政策保障；城市改造与拆迁的加速为城市社区中产阶层化提供了契机。中产阶层的成长对城市宜居环境提出了更高的要求，在居住标准、交通绿化、文化休闲、购物、交通便利等各方面需求进一步提升的同时更加注重社区层次、地理区位、相邻等级、生态环境等要素。与物质环境更新相伴的是更为剧烈的社会阶层的更替，居住空间的等级差异在人口流动方位以及不同人群分布方面发挥着重要的导向作用，从而使得不同阶层在对城市空间资源的竞争与占有中通过商品房市场价格实现了城市不同社区之间的区位分化。在商品房市场价格机制的过滤作用下，处于社会经济低收入阶层群体不得不选择易地安置到近郊甚至远郊区的拆迁基地，原来地基上新建小区的迁入者大

---

① 李春玲：《中产阶级的消费水平和消费方式》，《广东社会科学》2011 年第 4 期。

都是社会经济地位更高的人群，在房价不断高涨的形势下，这种社会阶层的空间替换愈加显著。比较中产阶层和其他阶层居住区类型的实证研究表明，"接近三分之二的中产阶层居住于普通商品房小区和单位社区，只有极少数中产阶层居住于别墅区或高级住宅社区。其他阶层居住于商品房小区和单位社区的比例远远低于中产阶层，而老城区、集镇社区和农村/城乡接合部的比例明显高于中产阶层。这反映出居住社区的分层现象，上层阶层居住于别墅区或高级住宅社区，而中产阶层大多居住于普通商品房小区和单位社区，中下阶层大多居住于老旧居民区或城市的边缘地带"。①

"中国中产阶层化是一种由政府主导的'空间生产（production of space）'过程。"②政府主导的一系列经济社会体制改革是中产阶层化社区出现的根本动力机制。城市土地与住房制度改革直接推动了中产阶层化城市社区的出现，中国城市成为"企业型城市"（entrepreneurial local state），③经营城市成为推动城市化的动力机制。城市政府作为土地的垄断经营者，在土地财政的刺激下主导着城市拆迁改造集约开发土地的进程，政府、金融机构、地产开发商合力助推城市改造，其直接后果之一就是中产阶层化城市社区的出现。城市社区中产阶层化过程，使城市人口、居住区、交通购物、教育医疗、休闲娱乐文化之类的社会空间经历了结构性变迁与重组。

城市社区中产阶层化过程不仅意味着城市社会空间的演变，也反映了中产阶层化社区的运行方式以及中产阶层群体的发育程度和心理变化。中产阶层群体的社会经济地位决定了中产阶层在城市空间

---

① 李春玲：《中产阶级的消费水平和消费方式》，《广东社会科学》2011 年第 4 期。
② 宋伟轩、朱喜钢、吴启焰：《中产阶层化的过程、特征、与评价——以南京为例》，《城市规划》2010 年第 4 期。
③ 宋伟轩、朱喜钢、吴启焰：《中产阶层化的过程、特征、与评价——以南京为例》，《城市规划》2010 年第 4 期。

构建过程中在居住空间变迁方面的主动选择。城市社区中产阶层化在空间上增进了中产阶层的交往，有利于中产阶层群体认同感的形成，为中产阶层集体行动的达成提供了可能。城市社区中产阶层化揭示了城市社区从传统的政治主导的"单位—街居制"到经济主导的城市社会阶层的分化过程。在这一分化过程中，城市社会空间重构的"阶层过滤"功能产生了社区居民构成的均质化，并通过封闭社区形式加剧了社会极化与隔离程度，对社会的融合与和谐构成阻隔。

三 中产阶层化城市社区空间社会特点

社区既与一定的地域空间相关，也与一定的人群相关，是指在特定区域中工作和生活并具有相互认同感和社区归属感的一群人。社区占有一定的地域空间，本身又处于一个更大的地理空间之内，与城市的其他部分相联系，不同社区的地理位置、生态环境、人文环境、服务环境各不相同。城市社区本质上是一组或产权结构相同，或空间风貌相近，依托地缘的、有社会边界的复杂社会关系。从产权和空间的结合上城市社区可以分单位社区、未改造的老城区（街坊型社区）、别墅区或高级住宅社区、普通商品房小区、新近由农村社区转变过来的城市社区、集镇社区、农村/城乡接合部，以及其他类型的社区。

城市社区中产阶层化在空间表现上普遍呈现出封闭化形态。在政府主导的城市化进程中，城市空间不断（按照经济理性）进行重构，旧的开放式的"单位—街居社区"迅速被各种封闭社区取代，城市品位、环境交通较好的区位成为中产阶层聚居区。城市原有人口大规模置换，中产阶层向优势区位集聚，在城市交通便利、绿化优美、教育医疗资源集中、休闲娱乐购物生活便捷的城市地区，高档封闭社区（gated community）大量崛起。

中产阶层化城市社区吸纳的人口主要是年富力强和具有经济实

力的群体，"年轻化""高收入化""高知识化"群体构成中产阶层化城市社区的主要人口。中产家庭构成社区的主体，家庭结构多为丁克家庭或核心家庭，家庭年收入较高，居民职业特征多样，购房者多为专业技术人员、政府官员、企业管理人员、高级职员和销售人员等中高收入群体。中产阶层化城市社区普遍采取严格的封闭式管理，以围墙电网和自动门禁阻隔外部居民进入，普遍昭示"私家住宅、外人免进"，并普遍装有高科技全天候与110联网的安保监视系统，社区内优雅宁静的环境与社区外嘈杂的景象对比鲜明。中产阶层化城市社区居民普遍具有强烈的领地观念和对外排斥意识，居民的社区认同度和归属感较强，中产阶层意识正在发育并日益增强。城市社区中产阶层化的阶层过滤机制，将低收入群体排除在外，社会阶层分化与阶层意得以固化。城市社区中产阶层化过程不仅表现为城市空间结构的重构，而且已经渗透到社区居民的文化与自我认同。

中产阶层住房消费实证研究①表明，中产阶层居住形态以普通商品房小区（40.6％）和单位社区（21.8％）为主。普通商品房小区是国家房改政策的直接产物，房屋由具有经营资格的房地产开发公司建造，居民按照市场价格购置，产权归业主所有，小区一般由物业公司维护经营。作为一种新型身份的房屋所有权人（业主），被称之为"有产者"或者"有房阶级"（housing class），业主群体属于典型的中产阶层，住宅产权私有化的普通商品房小区构成中产阶层化城市社区的主要形态。住房私有产权制度确立了一种新型的法律契约关系，居民作为一种权利主体具有了相应的独立自主性，社区管理者与居民之间的关系从单位社区条件下的"管理者与被管理者"关系转变为市场条件下平等的合同主体关系。《物业管理条例》（2003年）和《物权法》（2007年）的颁布和实施，正式确认

---

① 李春玲：《中产阶级的消费水平和消费方式》，《广东社会科学》2011年第4期。

了业主的法定身份，并赋予其相应的权利和义务。

城市社区中产阶层化导致城市社会经济空间的重构，客观结果可能会加剧城市居住空间的隔离，也有可能加剧社会极化，不利于体现社会公平和人文关怀。

第三节　中产阶层化城市社区治理

中产阶层化城市社区作为一个利益共同体，有着共同的利益需求和目的，甚至基本相同的社会经济地位，这构成了业主群体集体行动的基础。业主群体作为一股新兴的社会力量正在成为城市社会结构的一个重要组成部分，成为城市社区治理的结构性基础。

一　中产阶层化城市社区治理结构

社区居民委员会、业主委员会和物业公司，分别作为政府、社会和市场力量的代表构成中产阶层化城市社区治理结构的基本要素。这三种组织性质不同，占有资源不同，行动逻辑不同，相互之间的复杂互动关系决定了中产阶层化城市社区治理的基本生态。

社区居民委员会是由社区居民会议或社区居民代表大会依法选举产生的自我管理、自我教育、自我服务、自我监督的基层群众性自治组织。法律赋予其进行法律政策宣传、对居民开展履行义务和爱护公共财产的教育和各类精神文明建设活动；办理居民的公共事务和公益事业；维护居民合法权益、向政府或派出机关反映居民意见要求并提出建议；调解民间纠纷；协助维护社会治安；协助政府或派出机关做好公共卫生、计划生育、优抚救济和在国家宪法、法律和政府的法令、法规范围内开展社区民主自治活动等职责。在实际运作过程中，社区居委会"官""民"二重性的组织特征决定了社区居委会首先是一个行政性组织，在政府的直接授权下，它代行基层政府委托的部分行政职能，协助政府完成各项任务，政府往往通过对社区居委会财务的控制从而实现对社区居委会的控制。其次社区居委会才是一个居民自治组织，在社区党和政府领导下，对社区各项工作，实行民主管理、民主决策、民主选举、民主监督。社区居民委员会的行政化倾向使其过多地承担了政府部门下派的行政职能，成为"准政府"组织，法律上规定的自治功能缺失严重。

业主委员会是指由小区内业主通过业主大会选举产生，代表全体业主对该物业区域内业主实施物业管理的组织，是业主最高权力机构——业主大会的执行机构。《物业管理条例》规定，业主大会是决策机构，代表和维护全体业主在物业管理活动中的合法权益，由全体业主组成。各社区业主委员会一般由各社区的全体业主或业主代表选举或提名产生，作为业主的群众自治组织，它拥有对社区内涉及业主利益，尤其是私有财产利益各项事务的管理权。作为物业管理的业主委员会既不是独立的法人，也不是其他组织，它只是在业主大会的授权下行使权力，只是作为业主大会的执行机构行使权力。

社区物业公司是指与社区的业主或者业主的代表，在"自愿、平等和互利"原则的基础上，签订提供规定的服务合约并通过提供这种服务获取利润的企业。物业公司接受业主大会的委托，按照与业主签订的服务合同的约定，对小区房屋及配套的设施设备和相关场地进行维修、养护、管理，维护相关区域内的环境卫生和社区秩序。

社区居民委员会和业主委员会都是社区居民自治组织，都对社区内的公共事务具有一定的管理权，居民委员会对社区公共事务的管理权源于宪法赋予的居民自治权，业主委员会对社区的管理权则来自业主对物业的私人产权。居民委员会作为政府社区基层组织，在业主委员会的成立上有指导与协助的责任。《物权法》第七十五条规定："地方人民政府有关部门应当对设立业主大会和选举业主委员会给予指导和协助"。《物业管理条例》规定，在物业管理区域内，业主大会、业主委员会应当积极配合相关居民委员会依法履行自治管理职责，支持居民委员会开展工作，并接受其指导和监督；住宅小区的业主大会、业主委员会做出的决定，应当告知相关的居民委员会，并认真听取居民委员会的建议。根据《物业管理条例》的相关规定，业主委员会与居民委员会具有以下三种关系：一是协作关系，两者应配合公安机关，相互协作，共同维护好社区治安；二是协助关系，业主委员会应配合居民委员会，支持其工作的开展；三是指导与被指导关系，业主委员会应接受居民委员会的指导和监督。

从政策法规层面来看，居民委员会应对物业公司进行监督、指导，支持其合法的经营行为，但不干涉其具体的管理事务；物业公司应接受居民委员会的监督，配合居民委员会做好小区的综合管理工作。业主委员会与物业公司之间是平等的契约关系，二者之间是委托与被委托、聘请与被聘请的合同关系。业主大会及其产生的业主委员会具有选聘和解聘物业公司、监督物业管理行为的职责与权力。物业公司应接受业主委员会的监督，对业主委员会及全体业主负责，并维护全体业主的合法权益；业主委员会不仅要监督物业公司的管理行为，还要监督公共维修基金的使用和管理，并积极配合物业公司履行相应义务。国务院于2007年8月26日公布了《国务院关于修改〈物业管理条例〉的决定》，新版的《物业管理条例》自2007年10月1日起施行。《物业管理条例》第六条规定："业主监督物业服务企业履行物业服务合同"。第十一条规定："选聘和解聘物业服务企业由全体业主共同决定"。《物权法》第八十一条规定："业主可以自行管理建筑物及其附属设施，也可以委托物业服务企业或者其他管理人管理"。

居民委员会要对业主委员会的成立、选举给予指导与协助，与业主委员会在社区管理的职能方面相互协调，并监督物业公司的服务质量，与物业公司相互协助、配合；物业公司要遵照物业服务合同的规定为业主提供服务，虚心听取业主委员会的建议并满足业主们的合理要求，同时积极协助居民委员会开展相关的社区管理工作；业主委员会要对物业公司实行有效的监督，有效履行其与物业公司委托与被委托、聘请与被聘请的合同义务，同时对居民委员会开展社区活动给予支持与协助。

居民委员会、物业公司与业主委员会是社区治理的三大主体，分别代表了政府、企业与社会，形成居民委员会的社区管理、物业管理公司的专业管理、业主委员会的自治管理相结合的局面。

二 中产阶层化城市社区公众参与

中产阶层化城市社区公众参与，是一种公共治理层面的公众参与，反映了社区层面的公民自治状况。

根据蔡定剑对中国公众参与的研究，①公众参与不包括选举，不等于政治参与；公众参与不包括街头行动和个人、组织的维权行动；公众参与的核心环节是政府与公众的互动，公众参与决策和治理的过程。《全国城市社区建设示范活动指导纲要》（2001）规定，开展民主决策、民主管理和民主监督的活动是加强社区民主建设的主要内容。社区居民委员会是城市社区居民的自治组织。与居民委员会制度相关联的城市社区居民民主决策、民主管理和民主监督制度是城市社区居民公众参与的主要形式。居民民主决策的主要形式是居民会议和居民代表会议，以及社区协商议事会和居民公决；民主监督制度包括民主评议制度，协调会、评议会和听证会"三会"制度，以及居务公开制度。

中产阶层化城市社区中产阶层公众参与，指在中产阶层化城市社区这一层面，作为居民的中产阶层以各种方式或手段直接或间接

---

① 蔡定剑主编《公众参与：风险社会的制度建设》，法律出版社，2009，第6~7页。

介入社区治理或社区发展，参与社区公共事务与公共活动的规划、决策、执行、监督与评估等环节的行为和过程。参议内容涉及社区内公共利益方方面面的各种事项，诸如社区服务、社区保障、社区文化教育、社区环境卫生以及社区治安等社区建设的内容。参与活动主要限定在社区管理活动、社区文体活动、社区志愿活动和社区公益活动四个领域。中产阶层兴起必然带来其权利意识、利益意识的日益强化，其社会责任意识、公共服务意识将呈现渐增之势，其参与的需要、表达的需要必将增长，在实践中表现为中产阶层作为一个阶层的集体行动（collective action）。中产阶层化城市社区居民作为物业的所有者，由房屋私有产权衍生出来的利益与社区的发展和维护密切相关，社区居民为了自己的权利与利益，自发地组织起来参与社区各项公共事务，并由此带来对政治权力和社会公共事务的关心，以至于发展到对国家事务的关心，进而由社区公众参与发展成长为公民社会的微观基础。

"强国家—弱社会"格局下的国家权力与社会权力结构失衡，政府垄断资源和利益，财富过度向政府集中，以"中产阶层"为主体的公民社会权力发育不健全，社会相对自主性弱，难以成长为监督制约国家权力的力量，公众参与效能低下，政治冷漠。这一结构在社区层面具体表现为社区制仍然是一种国家对城市基层社会的控制体制，社区建设的各种活动主要是政府性的行为，而不是社区公众的自发自主的行为，更没有表征任何程度的社会自主，社区公众参与往往表现为被动性、强制性或依附性。社会控制体制下的社区公众参与，社区居民委员会作为国家的代表主导社区公众参与活动，在实际运作过程中更多地承担着社会控制的职能，而不是利益代表的功能，社区居委会主要是利用国家赋予的行政权威与行政资源动员社区公众参与社区公共事务，其目的在于将社区公众纳入国家治理体系之中，参与国家治理和社会控制的过程，而不是赋予社区公众参与政策决策的权利，形成监督与制约国家权力的能力，这样难以引起社区公众的普遍响应，社区公众参与意愿不强。

参与成本—收益决定了社区公众参与的程度。社区公众参与是实现参与主体在社区内个人利益和社区公共利益的方式与手段，参与的满足决定了社区公众参与的行为模式。参与的满足包括两个方面，一方面是具体参与过程能够带来的利益的满足，一方面具体参与过程带来参与主体情感的归属。由于中产阶层化城市社区居民个体独立性较强，利益满足方式各异，资源占有渠道多样，无论是在现实利益方面，还是在情感认同方面，其与外部世界的联系都是越来越丰富、越来越紧密，通常都要大大超过其与社区内部的联系。无论在事实上，还是在人们的主观心理感受上，社区人力、物力、财力以及其他各种无形的资源或资本所提供的社区参与的利益实现功能都不能够满足中产阶层的利益需要，难以激发其参与意识。

"中产悖论"①这一客观事实决定了中产阶层在行为模式上呈现出两极分化的趋势。一极是攀附于精英联盟，政治上消极冷漠的上流中产阶层；一极是沮丧、无助、愤懑，滑向低层社会的下流中产阶层。所谓"中产悖论"是指"中产阶层"这一社会现象在当下中国仅仅具体表现为"中等收入者群体"，而非真正意义上的"中产阶层"，即由于宪法法律缺乏对中产阶层权利的法律保障和法律责任要求，中产阶层的阶层意识、社会责任感和政治法律权利缺乏，中产阶层陷入由于制度认同缺失而导致的认同危机。特别是下流中产阶层，更是成为"被打劫的中产"，②作为高昂的学费、房价、医疗成本、天价幼儿园入托费、择校费这些本应该由公共财政分担或者部分承担的城市化成本的承担主体，并不能真正摆脱基本

① 陈道银：《"中产悖论"与政府转型》，《社会科学家》2012 年第 5 期。
② 于靖园：《被打劫的中产》，《小康》2011 年第 2 期。

生存压力，生活品质提升乏力，对社区公共事务参与乏力。现阶段中产阶层群体构成表现为多元异质的结构性特征，彼此之间存在着结构性的矛盾与冲突。在权力/资本支配资源配置的规律作用下，根据中产阶层与权力/资本的密切程度，中产阶层被分割为体制内中产与体制外中产（核心中产和边缘中产）。体制内中产主要是指在政府部门、国有企业和政府管理的事业单位等公有部门就业的群体；核心中产主要是指与政府和官员保持着密切联系能够部分地影响政策制定的私营企业主群体；体制外中产主要指在私营和外资企业等非公部门就业并具有较强经济实力（消费能力）而政治影响力较弱的群体；边缘中产主要指经济收入处于中等或中等偏上水平的个体工商户，以及受过中高等教育并在中小企业就业，工资待遇较低的年轻白领，这个群体的经济地位不稳定，缺乏社会福利和经济保障，对政策的影响力较弱。

现阶段成长中的中产阶层表现为政治后卫、消费前卫。[①]在中产阶层化城市社区中，中产阶层参与公共事务消极冷漠，表现为"中产阶层参与悖论"，即经济收入高和受教育程度高的中产阶层参与社区公共事务的比例较低。这是中产阶层化城市社区公众参与的主要特征。

三　中产阶层化城市社区抗争运动

中产阶层化城市社区抗争运动是现阶段城市中产阶层利益诉求及其表达和参与逻辑的具体体现，是一种以产权为基础、以业主自治为诉求、以业主委员会为主导的针对资本和权力对私有产权及其利益侵害进行抵制和维护的社区抗争运动。社区抗争运动的核心是围绕利益展开限制、抵制和摆脱权力的斗争。这种社区抗争运动在

---

① 周晓虹主编《中国中产阶层调查》，社会科学文献出版社，2005，第14~20页。

更大程度上体现的是一种利益性权利抗争而不是政治性权利抗争，其具体表现形态是业主维权运动。

中产阶层化城市社区治理结构提供了业主维权运动的政治机会结构。在这一机会结构下，居住空间的集中强化了中产阶层这一社会群体的聚合度，业主的利益空间在很大程度上和居住空间合二为一，促进了业主间的交流和关系网络的建立，具有自由契约精神的中产阶层群体在社区的共同场域中表达共同的利益诉求，使得维权行动的组织成为可能；资源是组织和居民参与社区内权力分配的关键性动力，组织和居民凭借资源拥有的多少来决定其在权力秩序中的地位，中产阶层化城市社区业主群体是一个相对比较年轻，受教育程度和收入水平比较高的群体，其经济资源占有方面的优势地位降低了居民对社区居民委员会的依附性，弱化了社区居民委员会代表国家对中产阶层化城市社区的控制能力。中产阶层化城市社区业主群体权利意识的建构主要体现在，作为物业私有产权人的中产阶层，有权根据自由契约和自由交换的原则，维护、要求和主张与主权者地位一致的利益。社区业主为维护和争取合法利益和权利，与房地产开发商、物业公司、政府相关职能部门、街道办事处、居民委员会以及业主委员会等进行交涉、博弈和斗争的社区抗争运动，构成当代中国城市社会转型过程中的重要现象。业主维权运动实质上就是业主作为物业私有产权人，依法向侵权的房地产开发商和物业公司争取主人的基本权利和地位，向公共权力机关和社会事务决策部门表达利益诉求的过程。

中产阶层化城市社区中非均衡性利益关系结构为业主维权运动提供了动力机制。非均衡性利益关系结构使得资本、权力、话语、信息占有的强势者和优先者相对于弱势者，对社会资源和利益具有更大的支配和控制能力，从而形成社会利益实现和分配过程中的不平等和侵权现象。政府行政主管部门、房地产开发商和其物业公司、业主之间形成了完整的利益链条。在信息缺乏公开和规则缺乏合理性的现实处境下，政府行政主管部门作为规则的制定者和仲裁者，占有规则、合法性、控制者的地位优势，处于掌控地位；房地产开发商和物业公司占有资本、知识、时间、组织、行政资源优势；业主人数众多，处于原子化状态，由于资本、力量、信息和地位的不对称性，共同利益难以聚合，变成了多数的弱者，从而形成非均衡性利益关系结构。这种利益关系结构对处于这一利益链条最末端的业主来说，更多的时候可能不是主权者利益的充分实现，相反，意味着某种障碍或"陷阱"，即"权力资本侵害"。维护业主作为主权者的合理利益，建立均衡的利益关系结构，成为业主组织起来最真实的内在动力和展开行动的理由。拥有私有产权住房的业主是运动的主体，保护房产权益不受非法侵害和实行业主自治是运动的核心诉求，实施非法侵害的开发商、物业公司、行政主管部门、居民委员会以及失职的业主委员会是运动的主要指向。

政府机构及行为之间的利益冲突和目标冲突、《物权法》的颁布实施以及公民权利话语体系的建构为中产阶层化城市社区抗争运动提供了行动空间。政治态度趋于保守的中产阶层总体上对社会秩序的追求优先于个人自由的追求，对发展经济的渴望超越了对于发展民主的偏好。这一阶层了解社会抗争运动的经验，熟知国家政策的边界，并具有灵活的博弈策略和丰富的科学知识储备，拥有较大的话语影响力，在行为模式上强调在宪法法律体系制度框架内依法维权、合法维权。业主在维权过程中，充分利用了国家体制内不同层级和不同部门之间的结构性冲突，以及宪法法律对公民私有财产和物权的保护，最大限度地争取行动的空间，同时充分利用国家意识形态公民权利话语体系增强维权行为的合法性。在现有的体制下，业主维权活动采取的方式则主要是通过行政仲裁、法律诉讼、求助媒体、非暴力不合作等手段，以政府有关部门的理解和支持为行为诉求对象，以借助社会资源，形成社会压力，影响政府部门的判断和决策为行为策略。

互联网政治（Internet Politics）为城市社区抗争运动建构关系网络、进行资源动员提供了技术结构基础。"互联网的技术结构将会引发权力转移，因为大众传播越来越让信息扩散到整个社会。"①城市社区里成熟公共空间的缺乏，使得社区居民往往处于原子化状态，难以形成集体行动的关系网络，难以进行集体行动的动员。互联网作为跨越空间的"自媒体"能够担当起公共空间的作用，为社区居民提供建立关系网络的平台，进行资源的有效动员。中产阶层化城市社区业主群体是新兴的中产阶层，普遍比较年轻，文化层次高，熟谙网络媒体的使用，能充分利用网络的优势，用网络达到自己的维权目的。通过小区论坛、QQ 群等网络平台可以把原本素不相识的业主聚集到一起，向组织化的政府行政主管部门、房地产开发商、物业公司维权。互联网业已成为业主表达意见和制造舆论的公共空间，社区公众以此为平台，通过对社区公共事务的讨论和对话汇集而成公共意见。通过此种方式，个体聚集到一起，通过对话形成了公众，为公共舆论的形成及资讯的快速集散拓展了广阔的空间，它使个体意见变成群体的力量，既推动了维权行动的开展，也在不同程度上建构了社区公共领域。网络是业主当前真正能为自己所用的自主性公共话语平台，业主维权运动过程中，无论是侵权问题的发现、初始信息的发布（问题的发现）、业主的信息交流与情绪认同、维权行动的动员与发动，以及行动的组织与维系等各个环节，都要依靠网络。随着互联网的发展，业主网民通过网友评论、BBS 论坛、社区等方式相互交流观点，形成维权空间，受到政府和

① 安德鲁·查德威克：《互联网政治学：国家、公民与新传播技术》，华夏出版社，2010，第 28 页。

社会的关注。通过网络进行活动成为业主维权运动的新模式，业主维权运动具有了无组织化的有组织行动的特点。

结　语

中产阶层的成长与城市化进程的加快改变了城市社区治理结构，社区治理主体由单一化向多元化转变，建构起居民委员会、物业公司与业主委员会社区治理三大主体，分别代表政府、企业与社会，形成居民委员会的社区管理、物业管理公司的专业管理和业主委员会的自治管理相结合的社区治理结构。这种多元治理结构城市社区治理模式在"强国家—弱社会"这一格局下表现为国家控制城市基层社会的社区制特点，社区公众参与的制度供给不足，社区中存在的居委会行政化、社区自治组织自主性缺乏、社区自治制度和空间缺乏，凸显现阶段城市社区治理模式的困境。

随着城市住房市场化而来的中产阶层化城市社区的出现，客观上建构起业主群体集体行动的结构性基础，并以"业主维权运动"的方式参与到城市社区抗争运动中。另外，中产阶层化城市社区的封闭性特征有效地阻隔了社区公众与基层政府的联系，导致居民委员会作为基层政府的代理人角色对社区公众的政治动员（基层政治选举）①及其社会动员（政府政策的传播及其响应）乏力，从而造成城市社区治理的盲区。

---

① 研究表明，对于参与投票选举人大代表持积极态度的人数比例并不高。主动积极参加政治选举活动的不到1/4，被动参加选举活动的接近30%。主动参加人大代表选举活动的比率平均为24.8%，其中，主动参加选举活动的以管理者阶层比率最高（33.5%），最低的是私营企业主阶层（16.4%）。被动参加选举活动的比率平均为29.7%，以知识分子比率最高（47.3%），私营企业主阶层只有18.0%。参见孙永芬：《当前中国社会各阶层政治心态与和谐政治的构建》，中国社会科学出版社，2011，第97~98页。

业主维权运动是一种"去政治化"的利益政治形态，对城市社区自治和城市基层社会治理具有广泛而深刻影响，客观上推动了城市基层社区与上层管理组织的双向互动，进而影响城市政府社区治理的转变。中产阶层化城市社区公众参与和利益化抗争运动成为凸显中产阶层化城市社区公共生活的特殊符号，客观上推动了城市社区与政府机构的双向互动，促进了城市社区治理转型和城市基层民主政治发展。

城市社区治理转型的关键在于政府转型，即由统治发展型政府转变为治理服务型政府。政府转型意味着政治模式的根本转变，即从以政治国家为核心的政治模式转向以公民社会为核心的政治模式①。从而在社区治理层面建构起社区公众自主地位，真正使社区公众成为社区的主人，自主决定社区治理的事务和活动，真正实现社区自治。

---

① 统治发展型政府模式以政治国家为核心，具体化为以党政官僚体系为本位，权力/资本垄断资源，以经济增长为根本目标，国富优先；治理服务型政府模式以公民社会为核心，具体化为以公民为本位，提供公共服务，以公共服务为根本目标，民富优先。参见陈道银《"中产悖论"与政府转型》，《社会科学家》2012 年第 5 期。

第四章　中产阶层与政治选举[①]

政治选举是指"国家或其他政治组织依照法定的程序和规则，由全部或部分成员抉择一个或少数人充任该组织某种政治职务或者公共职务的政治行为"。[②]地方人民代表大会选举是公民政治参与最广泛最普遍的形式，是公共权力获得合法性的重要依据，是"普通公民控制政府的重要的制度化有效手段"。[③]中产阶层选举参与意识普遍增强，"参加地方人代会选举是中产阶层受访者最普遍的参与"。[④]地方人民代表大会选举中以中产阶层为主体的"公开自荐人"[⑤]正在成为一种普遍现象，涌现出以"公开自荐人"身份参加地方人大选举，以此取得地方人大代表资格，直接参与地方政治过

[①] 本章关注的是中产阶层公开自荐参选地方人大代表群体，排除了地方人大选举中，诸如"湖南省严肃查处衡阳破坏选举案件"，揭示的党政干部和企业家行贿群体。"衡阳破坏选举案件"是指 2012 年末到 2013 年初，在衡阳市人大选举过程中"以贿赂手段破坏选举"的违法违纪案件。当选的 76 名湖南省人大代表中，56 名存在"送钱拉票"行为，68 名大会工作人员和 518 名衡阳市人大代表收受钱物，涉案金额高达 1.1 亿余元。56 名存在"送钱拉票"行为的省人大代表主要以党政干部和企业家群体为主。这起案件性质严重，影响恶劣，是对我国根本政治制度和社会主义民主政治的挑战。

[②] 王浦劬等：《政治学基础》，北京大学出版社，2006，第 172 页。

[③] 王浦劬等：《政治学基础》，北京大学出版社，2006，第 172 页。

[④] 陈捷：《中国中产阶层对待民主的态度及其政治行为》，载李成编著《"中产"中国》，上海译文出版社，2013，第 336 页。

[⑤] 浦兴祖：《"独立候选人"现象辨析》，《探索与争鸣》2012 年第 3 期。

程的中产阶层代表性人物。

第一节　政治选举制度分析

政治选举除投票行为外，还包括政治捐助、组织选民、政治宣传及其他影响选举过程或结果的活动。选举制度是民主政治的核心要素，选举权是公民政治权利的基础。选举制度是人民代表大会制度的重要组成与逻辑起点，它既是公民政治参与的主要方式，也是公共权力获得合法性的重要依据。

一　政治选举制度环境

人"是在一定的物质的，不受他们任意支配的界限、前提和条件下活动着的"。①这些"界限、前提和条件"构成了人活动于其中的社会结构和政治结构，即制度环境，"是一系列用来建立生产、交换与分配基础的基本的政治、社会和法律基础规则"。②其中现行宪法秩序、法律规范、文化和意识形态构成了重要的制度环境因素。

宪法秩序的转变构建了中产阶层公开自荐参与政治选举的政治动力机制。宪法秩序"就是第一类制度。它规定确立集体选择的条件的基本规则，这些规则是制定规则的规则"。③宪法是具有普遍约束力的一套政治、经济、社会、法律的基本规则。"宪法是基本规

---

① 《马克思恩格斯选集》第一卷（第二版），人民出版社，1995，第72页。
② R. 科斯、A. 阿尔钦、D. 诺斯：《财产权利与制度变迁》，上海三联书店、上海人民出版社，1994，第270页。
③ V. 奥斯特罗姆、D. 菲尼、H. 皮希特编《制度分析与发展的反思》，商务印书馆，1996，第134页。

则，它的制定是用以界定国家的产权和控制的基本结构。"①宪法为政治制度的建立以及公共权力的运行提供规则、标准和原则。宪法规定中华人民共和国的一切权力属于人民。人民行使国家权力的机关是全国人民代表大会和地方各级人民代表大会。人民依照法律规定，通过各种途径和形式，管理国家事务，管理经济和文化事业，管理社会事务。国家保护个体经济、私营经济等非公有制经济的合法的权利和利益。公民的合法的私有财产不受侵犯。国家尊重和保障人权等。为公民在宪法法律框架下以宪法法律名义主张人身权利和财产权利提供了宪法法律依据，构建了中产阶层公开自荐参与政治选举的政治动力机制。

执政党执政理念的转变构建了中产阶层公开自荐参与政治选举的文化意识形态动力机制。中产阶层公开自荐参与政治选举反映了社会快速转型时期公民权利与公共权力的碰撞与冲突，反映了社会权力结构的调整和变化。

互联网政治（Internet Politic）构建了中产阶层公开自荐参与政治选举的技术动力机制。互联网政治时代，网络媒体与网络论坛等互联网技术的兴起，为中产阶层公开自荐参与政治选举提供了技术支持。中产阶层公开自荐参与政治选举者通过电子邮件、网络广告、微博、QQ等方式构建起互联网政治空间，通过网络与选民实时对话，了解民情，确定公共议题，或者与其他选民进行网上结社或集会，讨论协商，酝酿并联合提名合适的人大代表候选人，以及发表竞选纲要、建立个人竞选网页，利用电视、广播、报纸、海报、BBS、新闻网站等各种媒体，以各种方式向选民宣传自己。各类媒体的介入和及时的报道评论，借助互联网技术使原本彼此间没

---

① D. 诺斯著，陈郁、罗华平等译《经济史中的结构与变迁》，上海三联书店、上海人民出版社，1994，第227页。

有必然联系、也许根本互不相识的公开自荐参与政治选举的中产阶层，彼此引为同道，相互交流学习，取长补短，不仅使他们在心理上备受鼓舞，不再孤独地承受某些无形的压力，而且在竞选的实践中他们也逐步提高法治意识和竞选技巧，带动更多的人参选人大代表。

市场化改革构建了中产阶层公开自荐参与政治选举的经济动力机制。人们在选举中的行为取决于对自身利益得失的权衡，人们的阶层地位取决于其在公共权力结构和市场能力结构中的位置，经济利益是联系阶层地位与选举这一政治参与行为的重要机制。中产阶层公开自荐参与政治选举是中产阶层在市场经济生活中所奉行的原则在政治生活中的集中体现。市场经济培育、发展、壮大了中产阶层，但由于缺乏有效的产权保护机制，中产阶层私有财产权频频受到侵犯。政治选举参与是中产阶层在现有体制框架下寻求产权保护的意识和行动，反映了由维护私有财产权的利益驱动到政治上的权力诉求的必然逻辑。在市场转型过程中成长、发育、壮大起来的中产阶层，特别是体制外中产阶层摆脱了对体制的依附，在经济上与党政机关、国有企事业单位利益关联度较低，较少受传统计划经济体制内的党政机关和国有企事业单位的利益分配机制束缚，政治上更具有独立表达意愿的自由度，这部分中产阶层经济自由、人格独立、权利自主，依法维护自己经济权益和政治权利的自主性不断提高。

利益分化与社会多元化构建了中产阶层公开自荐参与政治选举的社会动力机制。改革开放和社会主义市场经济体制的建立，社会利益格局逐步转变为分化与多元，进入了利益分化的政治时代，"一个是社会分化的不断细化，另一方面则是细化的碎片不断聚合"。①社会利益格局多元化，不同利益群体之间的冲突日益增多。

---

① 孙立平：《构建以权利为基础的制度安排》，《南方周末》2004 年 1 月 4 日。

在农村，主要集中在税费负担、土地征用、计划生育等问题上；在城市，则主要体现为劳资关系、房屋拆迁、城市规划以及围绕房屋买卖、住宅小区物业管理所产生的物权纠纷。不同利益群体都在积极寻求有效的利益表达渠道，以使制度安排有利于本群体。经过反复的博弈，人们发现，人大制度是现行体制下较为开放的民意表达机制，人大代表有相当的影响力和权威性，掌握着一定的公共话语权。为了有一个更为有效的对话平台，参与规则的制定过程，中产阶层中一批律师、媒体工作者与公共知识分子群体以及在社区维权活动中脱颖而出的维权精英等社会力量踏上了基层人大代表的竞选之路。

二　政治选举制度变迁

选举制度是人民代表大会制度的基础，选举法是保障公民依法行使选举权和被选举权，依法产生各级人大代表的重要法律。改革开放以来，1979 年制定新选举法，历经 1982 年、1986 年、1995 年、2004 年和 2010 年 5 次修改和补充，人大代表的选举制度逐步得到发展，规范化程度逐步提高。

1979 年 7 月 1 日，第五届人大二次会议通过了新的《中华人民共和国全国人民代表大会和地方各级人民代表大会选举法》（以下简称《选举法》）。其重大变化包括：（1）直接选举范围扩大到县一级，即"不设区的市、市辖区、县、自治县，人民公社、镇的人民代表大会的代表，由选民直接选出"，但全国人大、省级人大、设区的市、自治州人大的代表仍实行间接选举。（2）规定差额选举，全国和地方各级人大代表的选举都实行差额选举，直接选举的代表候选人的名额应多于应选代表名额的二分之一至一倍，间接选举的代表候选人名额，应多于应选代表名额的五分之一至二分之一。（3）在代表候选人的提出和宣传介绍方面，明确赋予选民、代表"有三人以上附议"就可以推荐代表候选人，规定"推荐时，应当向选举委员会介绍候选人的情况"，推荐候选人的政党、团体和选民，"都可以用各种形式宣传代表候选人。但在选举日须停止对代表候选人的宣传"。

1982 年 12 月 10 日，第五届人大五次会议对 1979 年《选举法》进行了较小的修改。修改后的选举法将介绍代表候选人的方式改为"推荐代表候选人的党派、团体或者选民可以在选民小组会议上介绍所推荐的代表候选人的情况"；增加了对代表资格终止情况下补选代表的规定，地方各级人大代表"在任期内调离或者迁出本行政区域的，其代表资格自行终止，缺额另行补选"。

1986 年 12 月 2 日，第六届人大常委会第十八次会议重新修改和补充了 1979 年《选举法》的规定，修改稿集中于地方人大代表的选举，但不涉及《选举法》的基本原则部分。在推荐代表候选人方面修改稿将"三人以上附议"修改为"选民或者代表十人以上联名，也可以推荐代表候选人"；缩小了直接选举的差额幅度，修改稿规定代表候选人名额应多于应选代表名额三分之一至一倍，间接选举的差额幅度仍为五分之一至二分之一，而修改前的直接选举差额幅度为二分之一至一倍；在确定直接选举（或间接选举）正式代表候选人方面，修改稿规定选区选民小组（或全体代表）反复酝酿、讨论、协商，根据较多数选民（或代表）的意见，确定正式代表候选人名单，删去了 1979 年《选举法》中预选的规定；在宣传介绍候选人方面，修改稿规定"选举委员会或者人民代表大会主席团应当向选民或者代表介绍代表候选人的情况。推荐代表候选人的政党、人民团体和选民、代表可以在选民小组或者代表小组会议上介绍所推荐的代表候选人的情况"。

1995 年 2 月 28 日，第八届人大常委会第十二次会议通过了对 1979 年《选举法》的第三次修改。比较重要的修改有，确定地方各级人大代表的名额，统一代表与人口数的比例，在间接选举中恢复预选，直接选举中按每一选区选一名至三名代表划分选区大小。

2004年10月27日，第十届人大常务委员会第十二次会议第四次修改《选举法》。此次修改恢复了直接选举中的预选，规定，"如果所提候选人的人数超过本法第三十条规定的最高差额比例，由选举委员会交各该选区的选民小组讨论、协商，根据较多数选民的意见，确定正式代表候选人名单；对正式代表候选人不能形成较为一致意见的，进行预选，根据预选时得票多少的顺序，确定正式代表候选人名单"；在候选人介绍环节，增加规定"选举委员会可以组织代表候选人与选民见面，回答选民的问题"。

2010年3月14日，第十一届全国人大三次会议通过了对1979年《选举法》第五次修改的决定。规定城乡按相同人口比例选举人大代表；规定县乡两级设立选举委员会，主持本级人大代表的选举，选举委员会的组成人员为代表候选人的，应当辞去选举委员会的职务；推荐代表候选人的人数方面增加规定"各政党、各人民团体联合或者单独推荐的代表候选人的人数，每一选民或者代表参加联名推荐的代表候选人的人数，均不得超过本选区或者选举单位应选代表的名额"。介绍代表候选人要在选举委员会的统一组织下进行，"选举委员会根据选民的要求，应当组织代表候选人与选民见面，由代表候选人介绍本人的情况，回答选民的问题"。具体形式有推荐者向选民介绍、选举委员会向选民介绍和选举委员会组织代表候选人与选民见面；同时，明确了组织投票选举要以设立投票站和召开选举大会投票为主、流动票箱为辅的原则；要求代表结构具有广泛的代表性，应当有适当数量的基层代表，特别是工人、农民和知识分子代表。

《选举法》的五次修改体现出较为一贯的思路，针对重要选举原则的修改非常慎重，具体程序与内容的修改一般不是出于理论论证而是来源于实践经验的总结和验证，而且是根据我国民主政治实践中的新情况做出的积极回应，有助于进一步完善人民代表大会制度，稳步发展社会主义民主政治，体现了我国民主政治发展的渐进性特征，反映了我国执政党对选举政治的高度重视和对发展社会主义民主政治的谨慎态度。由此决定了《选举法》在技术上、规范上、内容上对保障公民政治选举权利存有缺陷；政党政策导向的变化主导着《选举法》的修改，其目的主要在于保障和维护人民代表大会制度，在政治上、法律上体现人民当家做主和落实人民代表大会制度，对个体公民的选举权利保障程度要落后于前一个目标。

三　中产阶层公开自荐参与政治选举的制度困境

基层人大换届选举中涌现出的中产阶层代表人物公开自荐参选地方人大代表，对激活广大选民选举意识、人大代表责任意识，拓展人大制度空间，推进社会主义民主政治建设有着积极的意义。但是在具体实践过程中，中产阶层公开自荐参与政治选举却面临着一系列制度困境。

地方党政部门往往视中产阶层公开自荐参选地方人大代表为洪水猛兽，是当地政治不稳定的表现，是对党领导下的人民代表大会制度的挑战，从而在地方人大换届选举过程中百般阻止中产阶层公开自荐人参选和当选。地方人大换届选举过程中，选举机构组成、选民登记、选区划分及调整、候选人提名及代表名额分配、代表候选人与选民见面、投票计票与秘密写票处的设置使用等选举环节暴露出一些问题，客观上为中产阶层公开自荐参与地方人大代表设置了障碍。选举机构对于整个选举进程严格控制，进而保证组织提名的人大代表候选人顺利当选；选举法及其实施细则存在着制度缺陷，选举机构有比较充分的操纵选举的机会；选民登记和选区划分缺乏统一规则，为选举管理部门提供了操纵选举的空间；候选人提名缺乏公开透明，介绍内容缺乏宣传，影响选民选举参与的积极性；投票计票环节操纵空间较大，整个选举结果有失公正。

　　法律制度上存在着对基层人大代表选举竞选的排斥，实践中也有对基层人大代表选举竞选的限制。现行选举法既没有否定和限制竞选方式的规定，也没有明确肯定竞选的规定，整部选举法均没有禁止候选人自我宣传的条款，选举法只规定在选举日必须停止对代表候选人的宣传。选举法对公开自荐人的选举宣传只提到两种方式，一是推荐者介绍，二是在选民见面会上由候选人自己介绍，其他都没有涉及。这样的规定很微妙，第一种介绍方式是间接介绍，回避了公开自荐人直接宣传自己的方式；第二种虽然可以直接面向选民，但方式却只局限于选民见面会，且只能在选委会组织的选民见面会上介绍自己，公开自荐人自己不能办选民见面会。在选举实践过程中，选举机构出于谨慎稳定和控制选举成本的考虑，均不希望出现竞选的现象。选举机构要么是在程序安排中有意无意排斥竞选的可能空间和时间，要么是针对出现的竞选苗头持明确否定态度，采取各种手段予以破解。

　　基层人大选举"确认性选举"而非"竞争性选举"的制度安排，因此在投票日之前，从初步候选人提名到正式候选人产生成为选举机构控制选举的最为严格和有效的一个环节。人大代表选举建立在不鼓励竞争、强调协商和酝酿基础之上的"确认性选举"制度安排，代表候选人一般由党委提名推荐，通过缜密的组织运作确保当选，竞选不被鼓励。选民对候选人几乎没有选择，投票行为实际上是对这些必须当选的候选人的一种确认，以使其获得合法性。在实际操作中，人大代表候选人的产生基本都处在党委及其相关组织部门的领导与管控之下，基层人大代表的选举，必须与党委保持一致，这是选举工作中最重要的一条规定。但是在实际运作中容易演变为与书记个人意志保持一致，不能唱反调。书记不喜欢的人，绝对不能成为代表。具体表现在选举中，政党提名的候选人，当选人大代表的比例极高，而十人以上联名提名的候选人，则常常得不到认可。从而使得"公开自荐人"难以成为基层人大代表正式候选人，北京 2011 年基层人大选举包括专家学者、法律人士在内的二十多名"公开自荐人"全数遭剔除，无一能成为人大代表正式候选人。

"确认性选举"的制度逻辑在选举实践中按单位性质，而非就近原则划分单位选区，以及强制选民单位登记，为公开自荐人参选地方人大争取选民联名推荐制造了制度障碍。选民只要有单位，必须在单位登记，尤其在有公开自荐人的选区，把关极严，不光公开自荐人自己不能在居住地登记，连可能支持他的选民也被赶到单位，只有"纯居民"才得以在居住地登记。公民个体完全被单位融化，失去独立自主的地位，联名推荐候选人的权利以及投票权被虚置。客观上造成公开自荐人如果想获得足够的选民联名推荐以及在选举过程中最终胜出必须依托单位选区或纯居民选区的支持。2003 年深圳人大代表选举中深圳高级技术学校校长王亮意外成功地以"另选他人"当选；2003 年北京人大代表选举中 22 名选民以公开自荐方式寻求候选人提名，其中高校学子 10 人，"有产阶级"业主 6 人，学者和律师等专业人士 6 人，最后北京邮电大学讲师许志永和回龙观社区业主聂海亮分别当选为海淀区和昌平区人大代表。

无救济则无权利，法律没有为选举权和被选举权（尤其后者）的受侵犯提供基本的救济体系。整个选举所涉的一切程序及实体权利中唯一能够到司法体系寻求救济的只有选民选举权资格案件。诸如选举委员会的组成（独立公正）、选民登记、提名权、候选人登记、非法竞选（国家机关或候选人）、公共资源的不平等使用、阻碍竞选、侵犯投票权、违反秘密投票、点票过程的违规行为、统计汇总的违规行为、当选有效的争议等，都不能进入第三方裁判，无法得到司法救济。

参与政治选举制度困境的客观存在有待中产阶层公开自荐参与政治选举与执政党制度供给的积极互动，在纵向民主制度框架下化解制度困境。2003 年 4 月到 6 月，在深圳市各区人民代表大会代表换届选举中，出现了让政府部门始料未及的新现象：正式候选人要求向选民演讲、非正式候选人贴出竞选海报、选民要求罢免新当选的人大代表、在酝酿阶段被取消的代表候选人状告选举机关。2003 年深圳区级人大代表选举事件引发全国人大就此组织多次实地调研，并在调研基础上直接促成了 2004 年《选举法》相关条款的修订。第十届全国人大常委会第十二次会议通过了关于修改人大选举法的决定，在新的规定中最引人注目的是"选举委员会可以组织代表候选人与选民见面，回答选民的问题"。

第二节　中产阶层公开自荐参与
政治选举事件①分析

中产阶层公开自荐参与地方人大代表选举的热情和兴趣标志着我国社会主义民主政治的发展进步。2003 年深圳地方人大代表选举事件、2003 年北京地方人大代表选举事件，以及 2011 年下半年至 2012 年上半年普遍出现的"微博"参选事件等，与 1980 年北京大学生积极参加区人大代表的直接选举以及 20 世纪 90 年代中后期在全国各地出现的一些农民竞选乡镇人大代表和无党派人士姚立法竞选市（县级）人大代表成功的事件相比，一个突出变化就是公共知识分子、高校师生、法律人士、维权业主以及企业家群体等成为公开自荐参选地方人大代表的主体。

---

①　对这三起公开自荐参与政治选举事件的描述来源于媒体的相关公开报道。

一 中产阶层公开自荐参与地方人大代表选举典型事件

2003 年上半年深圳市区级人大代表换届选举，共有十余人采取公开自荐方式参选；2003 年 12 月北京市区县人大代表换届选举，由于深圳事件的传播效应，有数十名高校学生、房产维权业主和学者、律师等专业人士寻求选民提名，参与人大代表角逐，其中为媒体所披露的共有二十余人；2011 年下半年至 2012 年上半年全国地方人大换届选举中普遍出现公民公开自荐参选人大代表现象。①这些公开自荐参选地方人大代表事件为观察中产阶层公开自荐参与政治选举提供了样本。

1. 2003 年深圳地方人大代表选举事件

2003 年深圳市各区人民代表大会代表换届选举期间，涌现出一批公开自荐参选人大代表的公民。已经公开见诸报端的有肖幼美、吴海宁、邹家健、叶原百、徐波、王亮等（具体情况见表 4 - 1）。

表 4 - 1　深圳公开自荐参选地方人大代表事件主要当事人参选时基本情况

姓名	学历	党派	职业/身份	结果
肖幼美	大学	民盟	深圳有色金属财务公司总经理助理，市人大代表	落选
吴海宁	大学	民盟	深圳双海新技术开发有限公司董事长、总经理，凯丽花园业主委员会主任	落选
谢潇英	大专	无党派	深圳市下岗人员，多家报纸特邀记者通讯员	落选
邹家健	大学	无党派	深圳市深大电话有限公司宣传主管，深圳振业景洲大厦业主委员会主任	落选
徐波	大学	九三学社	深圳市市政工程设计院副总经理、高级工程师	落选
叶原百	大学	无党派	深圳市平安保险公司员工、福田区益田村 105 栋楼长	落选
王亮	国外 MPA	中共	深圳高级技工学校校长	当选

① 2006~2007 年全国区县级人大代表换届选举过程中，尽管有一些维权业主公开自荐参选人大代表，但国内媒体集体失语，没有任何这类的新闻报道。

深圳公开自荐参选地方人大代表群体表现出这样一些特点：参选者几乎都是中产阶层人士，均受过高等教育。他们要么是民营企业主，如吴海宁；要么是专业技术人士，如肖幼美、邹家健、叶原百、徐波，分别是高级会计师、高级网络技术人员、工程师、高级工程师，具有大专或本科文凭，王亮则拥有 MPA 学历和在读博士生身份。这批人具有较强的经济能力，具有独立的经济地位和独立的身份自由，表现出竞选者为经济上的维权要求提高政治地位的倾向。吴海宁、邹家健、叶原百等均是住宅小区业主的代表，在与房地产开发商或物业管理公司发生的经济纠纷中，为了维护特定消费者的权益，试图通过竞选人大代表来提升自己的政治地位和社会影响力，以更有效地维护自己所代表的特定群体的经济利益。肖幼美、吴海宁、叶原百都有一批坚定的支持者，他们在某种程度上是被支持者推上竞选舞台的。媒体在这次竞选中发挥了巨大的作用，可以用"启示效应"四个字概括，因为媒体在传递信息的同时，也传递了行动。

2. 2003 年北京地方人大选举代表事件

北京公开自荐参选地方人大代表群体表现出这样一些特点：职业或身份主要有企业主、住宅小区业主、白领职员、高校教师、律师等，大部分参选者都有法律背景，包括高校法学教师和律师，在收入、职业以及身份等方面表现出典型的中产阶层群体特征；教育程度方面，基本上都受过良好的教育，有大学学历，部分人还有博士学位；党派背景方面，参选者大都是民主党派人士或者无党派人士；社会经历方面，参选者大都有维权的经历，尤其是针对公民的财产权和人身权，部分参选者还因维权成为社会公众人物，表现出较高的参政热情和参政能力（具体情况见表 4 - 2）；此外，许志永、佟丽华、张星水等人则代表了一个对公共事务和政治领域富有激情、具有浓厚济世情怀的理想主义者群体；而舒可心、王海、秦兵等人，其维权动机与业主并非完全一致，他们的参选不是建立在直接的利害关系之上，更多的是增加社会显示度；在选举参与动机方面，则主要是维权，包括房产、居住环境、工作权和选举权，尤其是房产维权。参选者大都是在维权过程中萌发了参选人大代表的动机，认为当选以后可以提议案或者参与规则制定；在参选策略方面，选举的策划性和组织化程度进一步的提高，除了张贴海报、散发传单等方式外，特别重视与媒体的互动，并且充分利用网络的优势，在选举信息上更为丰富。

表 4 - 2　北京市公开自荐参选人大代表事件主要当事人参选时基本情况

姓名	学历	党派	职业/身份	结果
许志永	法学博士	中共	北京邮电学大学教师	当选
佟丽华	法学博士	中共	北京青少年法律援助与研究中心主任 至诚律师事务所律师	落选
葛锦标	法学博士	群众	律师 北京工商大学教师	当选
舒可心	大学	群众	中国人民大学制度分析与公共政策研究中心研究员 香港成悦实业有限公司董事长 北京朝阳园业主委员会主任	落选
王海	大学	群众	中国人民大学制度分析与公共政策研究中心研究员 北京大海商务顾问有限公司执行董事著名打假人士	落选
秦兵	大学	群众	北京市汉卓律师事务所 著名房地产律师	退选
张星水	大学	民主建国会	北京市京鼎律师事务所律师	落选
司马南	大学	中共	湖北电视台《往事》栏目主持人 反伪科学著名人士	当选
聂海亮	硕士	群众	北京硕人海泰能源科技有限公司总经理 回龙观社区风雅园居委会主任 回龙观绿地维权小组成员	当选
邵夏珍	硕士	群众	中国社会科学院副研究员 水清木华园业主	落选

3. 2011 年地方人大代表选举"微博"参选事件

2011 年 7 月到 2012 年底是全国县乡两级人大代表换届选举年，选举产生县乡两级人大代表 200 多万，参加县级人大代表选举的选民达 9 亿多人，乡级选民达 6 亿多人。在这次全国县乡两级人大代表换届选举过程中，随着"微博"这一新兴互联网技术手段的出现，涌现出一批借助于"微博"公开自荐参选地方人大代表的人物。

2011 年 4 月初，江西新余市钢铁厂前职工刘萍女士在微博上第一个公开宣布自荐参加新余市渝水区人大代表的选举，并为此走上街头发表参选演讲；5 月 25 日，中国社科院研究员于建嵘首先透露了成都作家李承鹏将要参选人大代表的消息。随后，李承鹏在微博上进行了确认，表示将严格遵守我国宪法和法律规定，组成参选班子，在 9 月参选其户口所在地成都市武侯区人大代表，李承鹏的参选声明引起其 290 多万网络粉丝的关注和热议；同日，中国作家协会会员夏商也通过微博宣布参选上海静安区人大代表；广州市民、天涯社区商务运营总监梁树新宣布参选番禺区人大代表；《中国日报》总编辑助理、专栏作家姚博（网名：五岳散人）宣布参选北京昌平区人大代表；中国政法大学副教授吴丹红宣布参选北京海淀区人大代表；北京新启蒙公民参与立法研究中心负责人熊伟，媒体人徐春柳宣布参选北京东城区人大代表；此外，江苏常州企业员工何鹏，浙江杭州从事房地产营销策划的徐彦，杭州自主创业者、微博达人梁永春等多位人士宣布将参选所在地的人大代表。有学者统计，截止到 2012 年 2 月 25 日，全国共有 217 位公民在新浪微博上宣布参选人大代表，这些参选人分布在全国 24 个省级行政区。

与 2003 年深圳和北京两地中产阶层选举参与相比，2011 年到 2012 年地方人大代表选举中中产阶层选举参与表现出新的特点："微博"参选成为公开自荐参选地方人大代表的主要技术手段，以微博为参选宣传主要平台，公开自荐人基本都在微博上第一时间公布参选消息、介绍自我、表达参选目标、介绍准备工作和当选承诺等。在新浪微博平台上四处涌现的公开自荐参选人之间初步形成了某种群相呼应的趋势，公开自荐参选人之间不但在一定程度上实现了跨地域的交流，而且还在微博平台的公共空内带出了范围更加广泛的参选人群，这些来自不同地域、有着不同背景、持有不同观念的参选人通过微博这样一个媒介聚合在了一起。公开自荐人主要以公共知识分子或网络公众人物为主，并带动如徐彦这样的普通市民微博参选。目前已经宣布参选的独立参选人有作家李承鹏、时评员姚博等多名在公共事务领域频繁发言、网络民意呼声甚高的人士。微博参选引得公众关注度也十分高。门户网站、电视、广播、报纸、杂志等大众传播媒介无一例外地对这些公开自荐参选人进行了报道。更多人对于此次人大代表换届选举予以关注。根据百度指数统计，相比用户关注度几乎为零的 2006 年区县、乡镇人大代表换届选举，用户对于"人大代表选举"的关注度在 2011 年急速上升。

二 中产阶层公开自荐参与政治选举行为分析

中产阶层公开自荐参与政治选举的群体主要以公共知识分子、高校师生、法律人士、维权业主以及企业家群体等为主，进一步可划分为理想型、功利型、维权型三种类型。通过对中产阶层公开自荐参与政治选举的观察可以发现，这些不同的群体在选举参与过程中具有一些共同的行为特征。

中产阶层公开自荐参与政治选举行动反映中产阶层"被选举权"意识的觉醒，即从投票选举走向"主张被选举"，从"选主"走向"自主"的行动逻辑，激活了宪法法律"被选举权"这一制度安排。"被选举权"是公民的宪法权利，是一种能动的公民政治权利。根据宪法和选举法的规定，公民只要符合以下三个条件就有选举权和被选举权：一是具有中华人民共和国国籍，二是年满18周岁，三是依法享有政治权利。长期以来，人们过多地强调了公民的选举权，并简单地理解为投票行为，公民政治选举权利处于一种不完全状态。对"被选举权"强调不够，公民"被选举权"几乎处于沉睡状态，"被选举权"只是被简单地理解为选民依法被选举为代议机关代表和特定国家机关公职人员的权利。作为一个正在兴起的群体，"中产阶层扮演的日益重要的经济角色或许会反过来提高这一阶层的政治影响力"。①其最重要的表现就是一部分中产阶层群体的选举参与实践，通过主张"被选举权"竞选地方人大代表，其本质是中产阶层"被选举权"意识的觉醒，对公民"被选举权"的再确认。

中产阶层公开自荐参与政治选举行动反映了中产阶层对现有宪法法律秩序的认同，"而并非意图改变现在的政治制度和政治秩序"。②人民代表大会制度是我国的根本政治制度，人民代表大会既是国家权力机关，也是民意代表机关，县乡两级人大代表由公民直接选举产生，是公民维护自身合法权益或公共利益能够借助的最有效的权力机构。中产阶层公开自荐参选人通过竞争方式参与人大代表选举，提升自己的政治地位和社会影响力，争取当选后运用国家权力参与制度法则的制定，以表达自己的特定利益诉求，更有效地维护自己所代表的特定群体的经济利益。引发深圳竞选风波第一人的肖幼美2000年当选为市人大代表后，为社区居民办过一些好事，深知人大代表的建议和提案能够受到尊重，她竞选区人大代表，就是想继续沿着这一有效渠道，继续为社区居民做点事；南山区民营

---

① 李成：《中国中产阶层的兴起》，李成编著《"中产"中国》，上海译文出版社，2013，第2页。

② 李春玲：《中国中产阶级的增长及其现状》，李春玲主编《比较视野下的中产阶级形成》，社会科学文献出版社，2009，第139页。

企业家吴海宁在带领业主维权过程中萌发竞选人大代表念头，认为如果能够当选人大代表，通过体制内的途径提议案，业主维权的事情就好办多了；谢潇英一直为弱势群体争取平等的工作机会、推动深圳市制定反歧视法而奔波，希望有一个有效渠道（人大制度）推动深圳政府制定反对就业歧视法，改善就业环境，尤其是改善失业妇女的再就业境遇和中年人的就业环境。

中产阶层公开自荐参与政治选举行动反映了中产阶层对人民代表大会制度的具体实践不满，希望通过参与而改变，即借助人大这一制度工具影响政治过程，推动政治民主化进程。按照宪法法律规定，人民代表大会及其常委会的职权一般有十几项，归纳起来有四大类，即"立法权、决定权、任免权和监督权"。[①]但是，在人民代表大会制度具体实践过程中，由于人民代表大会的组成结构以及人民代表大会与执政党的关系、与地方政府的关系以及与选民关系存在着这样或那样的问题，宪法和法律赋予的人民代表大会至高无上的职权并不能真正落实。县乡两级人大代表由人民直接选举产生，理应能够更好地反映民意，集民智，解民忧，维护人民权益，具有公共精神和公共意识的中产阶层群体公开自荐参选人大代表，希望通过自己的努力把人大真正建设成为名副其实的国家权力机关和民意代表机关，实现人民代表大会的职权，推动我国政治民主化进程。

中产阶层公开自荐参与政治选举行动反映了中产阶层在互联网政治时代，网络技术进步对公民政治选举参与制度困境的突破。随着互联网技术的普及，公民网络问政成为近年来公民政治参与的重要方式，自从 2010 年微博兴起以来，微博的开放性、互动性、传播快、议题设置便捷的特点直接影响公民的社会政治生活，在很短

---

① 蔡定剑：《中国人民代表大会制度（第四版）》，法律出版社，2003，第259页。

的时间内已成为汇聚民意，反映民情的重要平台，网络公民社会俨然成型。互联网政治时代，中产阶层具有技术上的先天优势，借助网络参与政治生活正成为中产阶层的自觉行动。中产阶层公开自荐参选人在网络上率先发布竞选声明，主动联系所在选区民众，宣传自己，寻求支持者，进而突破对公民政治选举参与的制度困境。

三　中产阶层公开自荐参与政治选举的制度价值

中产阶层公开自荐参与政治选举的实践客观上有助于国家治理的现代化转型，为执政党和政府改革并完善政治选举制度提供了动力。

中产阶层公开自荐参与政治选举实践要求执政党转变执政理念，由"革命思维"向"执政思维"转变，实现"确认性选举"向"竞争性选举"转变，提高执政党驾驭选举政治的能力。宪法和选举法对政治选举的立法精神表明，普遍实行差额选举，候选人在选民或代表面前相互间有合法竞争的权利，选民或代表对候选人有合法选择的权利，是我国政治选举中公民基本的政治权利。在目前社会结构深刻变化、利益分化和多元化的背景下，不同利益群体逐步认识到人民代表大会作为多元利益博弈制度化平台的价值，他们正积极地通过竞选人大代表来提升自己的政治地位和社会影响力，以更加有效地维护自己所代表的特定群体的利益。执政党面对这一变化中的政治生态环境，如何做到积极与这种公民政治选举参与积极性相配合，适应民主要求，恪守程序，尊重规则，将共产党领导与人民当家做主、依法治国有机统一起来，考验着执政党的执政智慧和执政能力。

中产阶层公开自荐参与政治选举实践要求地方党政领导人不再视公民公开自荐参选地方人大代表为政治不稳定因素，由"政权思维"向"法权思维"转变，为公民政治参与提供制度空间。选举权和被选举权是公民基本的宪法权利和政治民主权利，在现行宪法秩序框架和现行法律文本制度中，存在着广泛的对公民政治民主权利的规定，有效保障和充分行使这些政治权利，可以极大地提高中国民主化程度。长期以来，由于缺乏保证行使这些权利的实施细则，以及受到一些长期通行的传统惯例和非正式规则的影响和干扰，公民政治民主权利没有得到有效行使。中产阶层公开自荐参与政治选举实践始终自觉地在现行宪法秩序框架和法律文本制度中进行，主动维护自己的政治民主权利，激活了现行宪法秩序框架和现行法律文本制度中内在的民主基因，要求地方党政领导进一步解放思想，拓展公民政治参与的制度空间，保障宪法法律所规定的公民政治民主权利的条款得到具体而充分的实施。

中产阶层公开自荐参与政治选举的行为要求进一步拓展人大制度空间，完善选举法规，实现社会主义民主政治的制度化、规范化和程序化。中产阶层公开自荐参与政治选举实践过程中所遭遇的现实困境，表明现有基层人大代表直接选举制度落后于公民政治选举参与的实践，制约了公民政治选举权利的实现，进而提出了基层人大代表直接选举制度改革问题，其中对现行的代表候选人提名制度的改革是我国人大代表直接选举制度改革的关键。中产阶层公开自荐参与政治选举实践过程中运用"海报""横幅""宣传牌""传单""微博"等多种媒介形式向选民介绍自己并做出当选承诺的竞选实践，要求有关立法部门进一步规范选举规则和程序，明确哪些可以做，哪些不能做，可以做的又必须如何去做。在没有明确规定竞选者和选民该如何介绍候选人和竞选者的情况下，应本着现代法治社会的基本精神，凡是法律没有禁止的，应视为可允许的，鼓励公民选举政治创新，推动选举制度的进一步完善。

中产阶层公开自荐参与政治选举实践要求公开自荐参选人"去政治化"。由"政治思维"向"权利思维"转变，尽管不乏较强的功利性动机①，然而他们毕竟并非在不自觉地做现行宪法秩序的对抗者，而是希望做一个现行宪法秩序的合作者，在宪法法律秩序框架内实践公民宪法权利和政治民主权利，以关注具体选区的民生问题，由"政治人"向"社区人"转变。

第三节　中产阶层公开自荐参与政治选举制度供给

中产阶层公开自荐参与政治选举事件的出现表明中国公民的政治参与正在由动员型参与向自主型参与转变，中国民主政治发展的社会动力和社会基础正在逐渐生成。中产阶层公开自荐参与政治选举过程所面临的制度困境要求执政党提高制度供给能力，满足公民日益增长的政治选举参与需求。

一　转变观念，培育公民社会，开放政治体系，为中产阶层公开自荐参与政治选举提供制度安排

中产阶层公开自荐参与政治选举挑战了长期以来在选举过程中盛行的"确认性选举"制度安排，往往被地方党政部门当作地方不稳定因素，是对党领导下的人民代表大会制度的挑战。不可否认，中产阶层公开自荐参与政治选举给全国范围内的人大代表换届选举带来管理上的困难，但不能以此来否定其积极意义，更不能通过政治打压的方式遏制公民精神的成长。中产阶层公开自荐参与政治选举对改善党对人民代表大会制度的领导，化解转型社会不同利益群

---

① 对作为中产阶层代表性群体的私营企业主和个体工商户阶层参加人大代表选举活动的实证研究表明，这个阶层在政治参与活动中体现的功利主义色彩是最浓的。参见孙永芬《中国社会各阶层政治心态研究》，中央编译出版社，2007，第 168 页。

体的冲突，创新现代社会治理方式，保持社会政治环境平稳有序发展都有着积极的建设意义。

中产阶层公开自荐参与政治选举有利于加强改善人民代表大会制度，加强党对人民代表大会制度的领导，从而进一步巩固执政党的地位。在现有人民代表大会制度框架下中产阶层公开自荐参与地方人民代表大会选举的事实说明，他们正是本着对人民代表大会制度的高度认同才积极参与其中的，以实际行动实践着宪法法律赋予公民的政治权利。在公开自荐参选地方人大代表过程中，维护公民的权利、表达不同群体的利益，监督"一府两院"的工作，有利于执政党整合不同利益群体的利益诉求，依法公开执政，提升政治过程的透明度，从而提高全体公民对执政党的认同度，巩固执政党的地位。

中产阶层公开自荐参与政治选举有利于创新现代社会治理方式，化解转型社会不同利益群体的冲突。中产阶层公开自荐参与政治选举事件表明公民在以实际行动实践着公民的民主能力和民主精神，正在通过积极参与地方人民代表大会选举推动公民社会建设。公民社会是公民自主有效的民主实践机制，有利于国家与社会的良性互动，通过公民的积极实践能够在国家与社会之间构建合作治理的现代社会治理方式。中产阶层公开自荐参与地方人民代表大会选举能够有效地使不同社会利益群体的诉求得以制度化表达，通过依法监督"一府两院"化解官民矛盾，增加公共政策过程的透明度，实现政府与公民之间的良好沟通与合作，进而实现官民共治。

中产阶层公开自荐参与政治选举有利于提高政治制度化水平，扩大执政党执政的合法性基础，增强执政党应对环境挑战的能力，构建起执政合法性的制度保障，进而保持社会政治稳定有序。中产阶层公开自荐参与地方人大选举事件反映了公民扩大了的政治参与需求，进一步拓宽了公民自主参政空间的需求。这些颇具独立意识，既有参政热情，又有参政能力的优秀人士进入人大，一方面可以优化人大代表结构，增强人大议政能力，另一方面也可避免体制外寻求利益表达途径对现行体制造成的冲击，为多元利益的博弈提供制度化平台，提高政治制度化水平，维护政治秩序的稳定。

中产阶层公开自荐参与政治选举有利于推动政府转型，由统治发展型政府转变为治理服务型政府，即从以政治国家为核心的政治模式转向以公民社会为核心的政治模式。组织资源、财产资源、文化资源构成社会权力的主要来源，这些资源相结合才能整合为能够制衡国家权力的社会权力，达到国家权力与社会权力的结构均衡，成为促进政府转型的力量。一方面，以中产阶层为主体的社会在维护财产安全抵制权力/资本掠夺方面的利益诉求成为推动政府转型的动力基础；另一方面，以中产阶层为主体的社会所占有的财产资源为社会权力成长推动政府转型提供了物质条件。中产阶层公开自荐参与政治选举为社会权力的成长提供了制度化力量，由维权而参与，从而在宪法法律秩序内作为一股力量推动政府转型。

中产阶层公开自荐参与政治选举要求党和政府转变观念，开放政治体系，增强制度创新能力，为中产阶层公开自荐参与政治选举提供制度安排。在法律基本制度框架内，党和政府应保障公民的各项宪法性权利（言论、出版、集会、结社、游行、示威自由）的落实，在社会组织权力上放宽对公民的结社管制，促进社会走向多中心治理，扩大中产阶级有序的政治参与。

二　进一步拓宽公民自主参政空间，培育公民民主精神，锻造公民民主能力

中产阶层公开自荐参与政治选举不仅是公民民主意识觉醒的结果，更是进一步培育公民民主精神，锻造公民民主能力的一次民主训练。中产阶层公开自荐参与政治选举过程是一场实实在在的民主

历练过程，有利于唤醒更多公民选举参与的意识，并且有利于选举机制的完善，客观上要求执政党在制度供给方面积极探索，进一步拓宽公民自主参政空间，培育公民民主精神，锻造公民民主能力，夯实党的执政基础。

首先，应改革地方人民代表大会制度，推动地方人民代表大会制度的改革与完善，提高地方人民代表大会的制度化水平。人民代表大会制度是保障人民利益实现的根本政治制度，人民代表大会是实现人民合法权益的法定机构，人大代表，特别是作为地方国家权力机关的地方人民代表大会的人大代表由选民直接选举产生，是选民的直接利益代言人。中产阶层公开自荐参与政治选举人一般都具有公共关怀和公共精神，能够反映人民群众的公共利益，如果能够参选成功，就会提高人大摆脱利益集团或私人利益操控的能力。同时，人大也可以进一步完善自身的运作过程和运作程序，在应对来自政党政府内部的压力时，能够按照既定的规则和公共利益行事。这在一定程度上可以改变人大受来自政党和政府以及利益集团内部操控的局面，提高人大的自主性，实现人大民主，以此为抓手，逐步在现实中实现人大的宪定地位，推动国家政治体制改革的突破性进展。

其次，应改革地方人民代表大会选举制度，扩大直接选举范围，以及竞争性选举范围，提升公民选举参与的积极性。根据宪法和选举法规定，只有县、乡两级人大代表采用直接选举方式产生，县级以上各级人大代表都是采用间接选举方式产生。间接选举制度存在许多问题亟待解决，主要表现为选民投票热情不高、代表候选人介绍方式存在缺陷、对选举过程的监督体系不完善等。在当前选举实践中，选举人和被选举人参选积极性不高的一个重要原因，就是缺乏竞选机制。是否实行以竞争为中心的公开、公正的选举程序，直接决定代表的素质、责任心和人民代表大会作用的发挥。因此，应进一步扩大直接选举的范围，根据条件逐步推进适度的竞选，拓展选举范围，从而激发选民或代表的选举热情，增添选举活力，提高选举质量，创造公平竞争的舞台，选出高素质的人民代表。这是中国人大代表选举制度的必然发展趋向，也是社会主义民主的内在要求。

另外，还应构建公民自主参政主体资格，保障公民被选举权资格，维护公正平等原则，实现社会公正和谐。享有被选举权的主体必须具备较好的道德素质，依法被剥夺政治权利的人没有被选举权。我国目前为止对于被选举权的停止和限制主要根据《全国人民代表大会常务委员会关于县级以下人民代表大会代表直接选举的若干规定》，显得比较单薄，不利于被选举权主体的认定和权利保障，需要完善。

三 中产阶层非制度化政治选举参与与选举制度供给

由于选举制度供给缺失造成中产阶层公开自荐参与政治选举行动表现出非制度化政治参与的特点，即突破了现行法律对公民选举参与的相关规定。选举法的修订，表明执政党对选举政治的高度重视，以及将公民自主参政诉求纳入现行体制内来有序释放的积极姿态，客观上反映了执政党为提高发展社会主义民主政治的能力、夯实党的执政基础而在制度回应方面的积极探索。

"确认性选举"制度安排造成在选举中普遍存在重结果、轻程序，重动员、轻参与，重结构、轻功能，重控制、轻竞争的倾向，选举组织者程序意识淡漠，选举形式化，缺乏竞争。根据选举法和民事诉讼法相关规定，法院目前只受理选民名单案件和故意破坏选举的案件，至于过失侵犯选民民主权利的行为，如选民错登、漏登、重登，漏发选民证，确定正式候选人过程暗箱操作，选民超过限度接受他人委托投票，计票失误等，法律并没有明确规定，没有纳入法院受案范围。法院受案范围过窄，使选举权利受到侵害的选民难以得到有效的救济，选举争讼机制不完善，选民对选举过程的监督和选举结果的争议难以在现有的司法救济体制内得到救济。当权利无法得到制度保障时，纠纷主体可能会诉诸制度外的渠道。

2004 年、2010 年《选举法》的修改恢复了直接选举中的预选，对正式代表候选人不能形成较为一致意见的，进行预选；根据预选时得票多少的顺序，确定正式代表候选人名单。介绍代表候选人要在选举委员会的统一组织下进行，选举委员会根据选民的要求，应当组织代表候选人与选民见面，由代表候选人介绍本人的情况，回答选民的问题。县乡两级设立选举委员会，主持本级人大代表的选举，选举委员会的组成人员为代表候选人的，应当辞去选举委员会的职务。这些条款的修改和制定表明执政党正试图以"竞争性选举"来弥补"协商性选举"的制度缺失，以及扭转在选举争议中，选举委员会公信力不高，既是监督选举是否公正的机构又是被参与选举的各方面监督的机构的尴尬角色。

结　语

改革开放以来政治、经济、文化、社会、意识形态、技术等制度环境的变化拓展了中产阶层参与政治选举的制度空间。

中产阶层公开自荐参与政治选举实践的竞争性特点以及在参选过程中反映的非制度化特征，表明经济市场化和政治民主化的趋势不可抗拒，公民权利意识和自主参政意识不断增强，公民社会逐渐形成，客观上推动了基层社会与执政党和政府的双向互动，促进了政治选举制度的完善。2004 年、2010 年《选举法》的修订体现了执政党为适应公民自主参政需求增长趋势在选举制度供给方面的积极探索。

中产阶层公开自荐参与政治选举实践过程中形成的参选者、选民、政府、媒体等多方利益主体互动的格局对推动人大制度改革，推动政府转型，形成政府与公民社会的良性互动，以及唤起选民政治选举意识，提升参选者素质，善用媒体等方面具有重大的制度价值意义。

中产阶层公开自荐参与政治选举实践是在现有地方人大代表选举制度框架内的积极尝试，而"衡阳贿选案"破坏选举事件的发生则从反面揭示出中产阶层中的部分群体在利益驱动下参与政治选举的破坏性。在"衡阳贿选案"这一破坏选举事件中，56 名存在"送钱拉票"行为的省人大代表主要以党政干部和企业家群体为主，而他们正是构成中产阶层的主要群体。在"人大代表"这一光环之下，通过花重金当上了代表的这些老板，在融资贷款、申报项目、纳税上都容易享受到优待，工商、公安部门要查办这些人也有所忌惮，"花钱当人大代表"俨然是一种回报率很高的"投资"。

中产阶层参与地方人大代表选举事件的接连发生，无论是公民公开自荐参加地方人大代表选举还是如"衡阳贿选案"揭示出的贿选问题，都从不同层面构成了对现行政治选举制度的冲击，客观上期待执政党和政府的积极回应，推进地方人大制度的健全和完善；规范代表候选人提名制度，扩大选民和代表联合提名候选人的比例；切实落实差额选举制度，引入正当竞选机制；健全监督机制，加大处罚力度，实现公开普遍竞争选举的制度化，杜绝诸如"衡阳贿选案"等破坏选举的事件发生；在纵向民主和协商民主制度框架内以有效的制度供给突破公民参与政治选举的制度困境。

第五章　中产阶层公众参与

由上海交通大学舆情研究实验室、危机管理研究中心主编，社会科学文献出版社出版的舆情蓝皮书《中国社会舆情与危机管理报告（2013）》指出，2003～2012年热度较高的5000起热点舆情事件中，直接推动政府决策部门做出立法、政策废除、政策修改、人大和政协提案等的舆情事件共有423起。根据蔡定剑关于"公众参与"的定义①，作为一种制度化的公众参与民主制度，应当是指公共权力在进行立法、制定公共政策、决定公共事务或进行公共治理时，由公共权力机构通过开放的途径从公众和利害相关的个人或组织获取信息，听取意见，并通过反馈互动对公共政策和治理行为产生影响的各种行为。公众参与的对象包括：立法、公共政策制定和公共事务决策、公共治理；公众参与不包括选举，不等于政治参与，也不包括街头行动和个人、组织的维权行动。根据"公众参与"的这一定义，这423起直接推动政府决策部门做出立法、政策废除、政策修改、人大和政协提案等的舆情事件可以归类为公众参与事件范畴，而在这些事件中可以发现，社会转型过程中成长起来的中产阶层群体正日益成为公众参与的主体力量。

---

① 蔡定剑：《公众参与：风险社会的制度建设》，法律出版社，2009，第5～7页。

第一节　中产阶层公众参与主要群体

2003 年以来发生的一系列公众参与事件表明，公众参与作为一种制度化的公民参与制度，一方面自上而下正日益得到执政党政治上的肯定，进而拓展了公众参与的发展空间；另一方面中产阶层的成长正日益推动公众参与走向成熟，自下而上促进国家治理转型。

一　中产阶层公众参与主要群体类型

2003 年以来，公众参与的一个突出特点就是中产阶层群体中的公共知识分子（Public Intellectuals）、公益诉讼律师（Public Interest Litigation Lawyer）、媒体"扒粪者（The Muckrakers）"①为代表的群体扮演着意见领袖（Opinion Leaders）②的角色对社会普遍关注的公共问题和重大事件，诸如环境污染、食品安全、教育问题、弱势群体保护（如儿童、老年人、妇女保护）等问题，展开积极的信息传递和观点表达，在碎片化、个人化的时代特征下，引导普罗大众主动关注和探讨社会公共问题，参与社会公共生活，推动一些个案或事件演变为公共舆情事件，进而推动立法、公共政策和社会管理体制的变革。公共知识分子是指那些关心并以某种方式参与、

---

① "扒粪者"出自曾任美国总统的西奥多·罗斯福之口，他把那些专门揭丑的记者称为"扒粪者"。那些有正义感的新闻记者，他们盯着种种不公与腐败现象，凭借高度的职业责任感将丑恶的事实真相拖到公众视野继而曝光，他们是社会正义的代言人，是新闻正义的践行者。

② 意见领袖也称舆论领袖，源自保罗·F. 拉扎斯菲尔德（Paul Lazarsfeld）及 Elihu Katz 的"两级传播"理论（Two-step Flow of Communication），指在人际传播网络中经常为他人提供信息、意见、评论，并对他人施加影响的"活跃分子"，是大众传播效果形成过程中的中介或过滤的环节，由他们将信息扩散给受众，形成信息传递的两级传播。

影响或介入公共事务和公共事件的知识分子。这一群体一般具备深厚的学术背景和专业训练，关注社会公共事件，坚持公平正义立场，发表个人独立而真实的意见，带有强烈的批判精神，深得公众和媒体的推崇，占据"意见市场"多数份额，主导着公共空间的话语导向，进而影响政治议程和公共政策过程。2004年《南方人物周刊》"影响中国公共知识分子50人"评选活动提出公共知识分子的三条标准，一是具有学术背景和专业素质的知识者；二是对社会进言并参与公共事务的行动者；三是具有批判精神和道义担当的理想者。由此，"公共知识分子"这一概念正式走入公众视野。公共知识分子群体以贴近公众需要的专业知识，用冷峻的批判精神指出社会运行中的弊端，向公众传递符合历史潮流的思想和理想信念，并在道义的追寻中推动法治政府的建设。以2003年"孙志刚事件"为契机，三位法学博士、五位学者建言全国人大，要求对国务院《城市流浪乞讨人员收容遣送办法》（1982）的合宪性进行审查，称其涉嫌侵犯公民的人身权利和自由，开启了公共知识分子群体介入公共政策过程，推动宪法法律制度变迁的进程。

公益诉讼律师是指那些关心公益事业并以某种方式参与、影响或介入公益诉讼，通过以非营利为目的，具有超越个案意义的公益诉讼等法律行动，挑战不合理的法律、法规以及其他规范性法律文件的律师群体。参与者主要是受过法律专业训练的律师、法律工作者、法律研究人员和法律专业的学生，他们或致力于消除乙肝歧视，或叫板行政机关不合法律的规章，或为春运火车票涨价状告铁道部，或为业主维权与房地产开发商进行斗争，或为了伤残农民工争取合法权益。

媒体"扒粪者"群体是一群以新闻记者为主体，包括学者、民间人士等在内的对社会丑恶现象及时举报、大胆作为、力挽狂澜、无所畏惧的人士。面对政府官员腐败、法治环境恶劣、贫富差距不断扩大、社会矛盾日益激化的社会现实，他们为着恢复或重建健康社会所必备的基本的公平、正义、道德、法律、常识以及世道人心，"揭丑""曝光"当下中国社会存在的腐败、贫富悬殊、社会不公等现象，以期推动中国社会的"扒粪运动"，进而推动中国进入一个进步时代。特别是随着互联网政治时代的到来，网络的草根性、开放性、大容量和无限放大的传播力量，为新闻揭丑提供了一个开放互动的平台，它在第一时间报道或者揭露事件真相，把舆论聚焦到某个事件上，无形中形成了一种巨大的压力场，扬善除恶，弘扬社会正气。从南京市江宁区房产管理局原局长周久耕"天价烟"事件到深圳海事局某位领导猥亵 11 岁女生曝光事件，从三鹿三聚氰胺到云南看守所"躲猫猫"事件，从温州拉斯维加斯豪华考察团到杭州富家子飙车撞人案，从重庆北碚区区委书记雷政富不雅视频曝光到陕西安监局局长杨达才"表叔"在重大事故面前微笑曝光事件，以及方大国与空姐冲突事件的揭露等，无不显示出媒体"扒粪者"群体的力量。①

公共知识分子、公益诉讼律师、媒体"扒粪者"群体三者之间还存在着互动。"在处于社会转型时期的中国，公众参与基本皆具有'媒体驱动'（Media-driven）的鲜明特点。"②公众参与过程中，媒体所具有的传播信息、引导舆论以及守望社会的功能，有利于政府与公众的互动，一定程度上促进了公众参与公共权力机构的立法、决策和治理过程。在这一过程中，媒体"扒粪者"通过对个别具有争议性或新奇性事件的关注进而将其设置成媒体议题，引导公众关注进而使得个别事件演化为公共事件；媒体议题引发公共知识分子或积极公民的关注和评论，或者是引发公益诉讼律师的积极介

---

① 《中国进入扒粪时代，方大国们必倒》，《环球时报》2012 年 9 月 4 日。
② 蔡定剑：《公众参与：风险社会的制度建设》，法律出版社，2009，第 352 页。

入，维护个别事件中当事者的权益。公共知识分子、公益诉讼律师、媒体"扒粪者"群体三者互动合力（详见图 5－1）使得媒体议题转变为公共舆情，进而演化为公共议题或是被政府关注为政府议题，从而可能进入政府过程，得以推动法治进步，促使由个案引发的相关法律法规的制定、修改或废止。

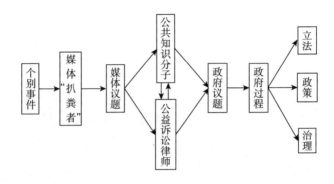

图 5－1　公共知识分子、公益诉讼律师、媒体"扒粪者"
群体和政府的互动

二　中产阶层公众参与主要事件类型

2003 年以来，中产阶层中的公共知识分子、公益诉讼律师，以及媒体"扒粪者"介入的公众参与事件层出不穷，从典型个案到重要立法，从突发性事件到争议性公共政策等，大体上可以划分为这样三种类型：参与重大法律的废止及修订、参与公共政策过程，以及地方公共治理过程。

中产阶层参与法律、法规、司法解释草案公开征求意见，影响重大法律的废止及其修订，具体是指通过一定途径和形式参与政府立法相关活动，对政府立法提出意见和建议，以此影响政府的立法活动，影响重大法律的废止及其修订。2000 年《立法法》第 5 条规定"立法应当体现人民的意志，发扬社会主义民主，保障人民通过多种途径参与立法活动"。以此为契机，一系列公众参与政府立法的法律、法规、规章和规范性文件被建构起来，为公众参与政府立法提供了制度依据，推进了公众参与政府立法工作的制度化。《物权法》立法征求意见过程中，发生了由北京大学教授巩献田致吴邦国委员长的公开信引发的"物权法草案违宪之争"，将立法领域的公众参与推向高潮。在这一事件过程中，公共知识分子和公益诉讼律师扮演了重要角色，其中最引人注目的是围绕《物权法》是否违宪进行的争论，媒体则推波助澜。这场被海外媒体认为是又一次"姓资姓社"的意识形态之争，使得这部法律草案，尤其是其关于财产平等保护即私有财产保护的规定，更加受到公众的关注，人们围绕物权法草案是否违宪、平等保护原则是否背离了公有制等问题展开激烈的讨论。公共知识分子和公益诉讼律师的介入对于普通公众来说是一次普法教育实践过程，推动了普通公众参与到这部关系到每一个人切身利益的法律的讨论中来。

中产阶层还参与到了行政法规及其地方性法规、自治条例和单行条例、规章的讨论，影响公共政策的制定过程。中产阶层参与公共政策制定过程构成了政府决策者和公民之间、政府与社会之间的互动，对于政策议题的界定，政策议程的设置，政策方案的制定以及各种相互冲突的利益需求的协调具有重要意义，进而促进公共政策过程的科学化和民主化。听证制度是中产阶层参与公共政策制定过程的重要方式之一。2000 年《立法法》第 58 条规定"行政法规在起草过程中，应当广泛听取有关机关、组织和公民的意见。听取意见可以采取座谈会、论证会、听证会等多种形式"。国务院 2001年制定的《行政法规制定程序条例》和《规章制定程序条例》都明确要求：政府立法应当调查研究、听取意见；听取意见可以采取书面征求意见、座谈会、论证会、听证会等多种形式。《规章制定程序条例》还对听证程序做了具体规定。国务院 2004 年制定的《全面推进依法行政实施纲要》将进一步增强政府立法工作的透明度和公众参与度作为推进依法行政的一项重要任务。

中产阶层参与地方治理有争议性的个案，推动当代中国的法治进程，成为推动法律发展和国家法治进步的一股不可忽视的力量。中产阶层参与地方治理有争议性的个案多集中在地方治理过程中的暴力拆迁事件和环境保护事件。如唐福珍事件①就是近年来发生的众多触目惊心的暴力拆迁恶性事件中的一个例子。地方政府暴力拆迁事件频发引起公众对 2001 年 6 月国务院公布的《城市房屋拆迁管理条例》的极度不满。学者向全国人大常委会建言应对该条例进行审查，撤销这一条例或由全国人大专门委员会向国务院提出书面审查意见，建议国务院对该条例进行修改。2011 年 1 月《国有土地上房屋征收与补偿条例》颁布实施，废止了 2001 年 6 月 13 日国务院公布的《城市房屋拆迁管理条例》，规定 "本条例施行前已依法取得房屋拆迁许可证的项目，继续沿用原有的规定办理，但政府不得责成有关部门强制拆迁"。又如 2012 年 2 月 1 日，中国证监会公布了一批企业排队上市的名单，以黑熊养殖、熊胆系列产品经营为主业的归真堂位列其中，遂引发广大网友以及动物保护组织持续性的质疑与声讨。2 月 14 日，动物保护组织 "它基金" 联名 72 位知名人士向中国证监会递交吁请函，反对归真堂上市。最终，归真堂上市搁置。此事还引发了呼吁修订《野生动物保护法》及其实施条例的持续性公众行动。

此外，中产阶层公众参与还表现在抗震（洪）救灾、救助社会弱势群体、打击拐卖妇女儿童、维护城市农民工子女受教育权利、帮助失学女童，以及监督加强廉政建设等地方治理过程中。

---

① 2009 年 11 月 13 日，成都市金牛区城管执法局对被认定为违章建筑的唐福珍所建的房屋进行强拆。唐福珍以死相争，未能阻止政府组织的强拆队伍，最后自焚于楼顶天台，11 月 29 日晚，唐福珍因伤势过重，抢救无效死亡。

三　中产阶层公众参与制度价值

市场经济的建立和发展培育了日益壮大的中产阶层，同时培育了公民的权利意识，多元化的利益群体呈现出不同的利益诉求，市场经济培育出的中产阶层公众参与力量正不断冲击着现行社会管理体制，推动着社会管理体制制度的变迁。

1. 中产阶层公众参与是执政党扩大公民有序参与社会管理的制度实践。改革开放以来，中共及其政府一直强调公民的有序参与，为中产阶层公众参与提供了政治合法性和发展空间。1987 年中共十三大报告提出，发扬"从群众中来，到群众中去"的群众路线传统，必须使"社会协商对话形成制度，及时地、畅通地、准确地做到下情上传，上情下达，彼此沟通，互相理解"。1992 年中共十四大指出"领导机关和领导干部要认真听取群众意见，充分发挥各类专家和研究咨询机构的作用，加速建立一套民主的科学的决策制度"。1997 年中共十五大报告指出"扩大基层民主，保证人民群众直接行使民主权利，依法管理自己的事情，创造自己的幸福生活，是社会主义民主最广泛的实践"。2002 年中共十六大报告指出"健全民主制度，丰富民主形式，扩大公民有序的政治参与"。2007 年中共十七大报告强调"扩大人民民主，保证人民当家做主……拓宽民主渠道"。2012 年中共十八大报告进一步强调"保障人民知情权、参与权、表达权、监督权"。中产阶层公众参与实践与执政党政治互动推动着当代中国社会管理的创新。

2. 中产阶层公众参与实践推动着中国法治建设进程。在当代中国法治建设进程中，中产阶层公众参与法律、法规和司法解释及地方政府立法过程，有利于促进立法和司法解释更为充分地反映和保障公民权利增长的要求，提高立法和司法解释的质量，促进立法的民主性和科学性；有利于加强公众对权力的监督，促进政府依法行政，将政府立法置于社会监督控制之下，减少立法中的部门利益保护主义和地方保护主义；有利于提升公民的法治意识，加深其对法律的理解，缩短立法与公民的距离，为法律的实施创造更为有利的社会环境；有利于不同利益群体之间的相互理解，使得不同利益群体的利益得到最大限度公正平等的反映、不同利益群体的要求得以表达，从而使立法更好地体现公众的意志，为不同利益群体在立法过程中通过公开透明的民主程序碰撞协调，在法律中得到均衡体现，为有效化解社会冲突提供一条路径。

3. 中产阶层公众参与实践推动着地方治理变迁。中共十八大提出"加快形成党委领导、政府负责、社会协同、公众参与、法治保障的社会管理体制"，为中产阶层参与地方政府公共政策过程，对政府制定和执行社会管理政策施加积极影响，参与社区自治、志愿服务、公益慈善等活动，为促进公民自我管理、自我服务、自我发展的实现拓展了实践空间，从而有力地推动着地方公共治理变迁。特别是公民环境意识的觉醒，公民对环境问题的关注日益高涨，中产阶层的成长对生活质量的更高追求，推动着中产阶层自觉地参与环境保护行动及其城市规划环境影响评价过程，其中突出案例有厦门 PX 事件以及南京梧桐树事件，这两起事件都在不同程度上推动了当地政府的政策过程，为地方政府治理变迁提供了标本。

中产阶层公众参与实践的制度价值集中表现为公民社会的发育成长。中产阶层的发展壮大为公民社会成长提供了物质条件，现行宪法法律法规为中产阶层公众参与提供了制度框架，以及中产阶层自身权利意识的增强，这三者合力推动着中产阶层公众参与立法过程、政策过程、地方治理，从而为公民社会的发育成长提供了可能，公民社会的成长发育进一步促进了政府与社会的互动。

第二节　中产阶层公众参与典型事件

2003 年以来，随着中产阶层的日益壮大，中产阶层的利益诉求不断高涨，在立法过程、政策过程及其地方治理层面的中产阶层公众参与事件日益增长。中产阶层中的代表性群体，公共知识分子、公益诉讼律师，以及媒体"扒粪者"不断介入一些具有影响公共利益、公共政策的事件，诸如 2005 年的"松花江污染事件"、2010 年"大连输油管道爆炸泄油事件"、2011 年"中海油渤海湾漏油事件"，以及维护公民权益和有重大争议的案件，诸如"孙大午案""澎水诗案""刘涌案""黄静案""佘祥林案""陕北油田案""《南方都市报》案""西安宝马彩票案""富士康案"等。

本书撷取具有标本意义的三个典型案例①予以分析，分别是推动制度变迁的孙志刚事件、推动地方政府公共政策变革的厦门 PX 事件，以及推动城市地方治理创新的南京梧桐树事件。

一　推动制度变迁的孙志刚事件

孙志刚事件导致国务院《城市流浪乞讨人员收容遣送办法》（1982）的废止，中产阶层公众参与过程则助推了这部实施了 21 年的国务院行政法规的废止，在中产阶层公众参与事件中具有标本意义。

1. 孙志刚事件简要回顾

2003 年 3 月 17 日晚上，任职于广州某公司的湖北青年孙志刚在前往网吧的路上，因没有暂住证又未携带身份证，被广州黄村街派出所收容，次日被送至广州市收容遣送中转站，后又被送往广州

---

① 对这三起事件的具体描述来源于媒体的相关公开报道。

收容人员救治站，于 3 月 20 日死亡。2003 年 4 月 18 日，中山大学医学院法医鉴定中心的鉴定表明，孙志刚为大面积软组织损伤致创伤性休克死亡，即孙志刚是被殴打致死的。4 月 25 日，《南方都市报》以"被收容者孙志刚之死"为题首次披露了孙志刚惨死事件。孙志刚死亡事件披露后，受到各界的关注。当时在任的中央政法委书记和公安部部长均做出批示。涉案 18 名犯罪嫌疑人被缉拿归案，其中一人被判死刑，一人被判死缓，一人被判无期徒刑，其余 15 人被判有期徒刑。广州市公安局副局长林培坤、广州市卫生局副局长卢彦德等 23 人受到行政处分。

2. 孙志刚事件中产阶层公众参与

2003 年 4 月 29 日，余樟法、杨支柱等百名人士致信全国人大，呼吁废止收容遣送和暂住证制度。5 月 14 日，北大三名博士向全国人大常委会发出《关于审查〈城市流浪乞讨人员收容遣送办法〉建议书》，认为国务院 1982 年颁布的《城市流浪乞讨人员收容遣送办法》与国家宪法和有关法律相抵触，建议对其审查。在三位博士提出违宪审查建议的同时，许多公共知识分子和公益诉讼律师纷纷发表评论，或表示对孙志刚惨死的悲痛和愤慨，或要求公正审判孙志刚案，或呼吁废止收容遣送制度等。与此同时，各大媒体和网站转载了他们的观点，引起更多公共知识分子对孙志刚案和收容遣送制度的关注。5 月 21 日，知名学者江平、秦晖、何光沪等对收容遣送制度进行研讨，发表意见。5 月 22 日，五位学者向全国人大常委会发出《提请全国人大常委会就孙志刚案及收容遣送制度实施状况启动特别调查程序的建议书》，特请全国人大常委会依照宪法第 71 条授予的权力，组织特定问题调查委员会，对孙志刚案及收容遣送制度的实施状况进行独立、公正和权威的调查。

3. 孙志刚事件中产阶层公众参与后果

《南方都市报》关于孙志刚事件的报道，以及各种媒体对公共知识分子和公益诉讼律师的积极参与的迅速报道形成了巨大的舆论压力，加快了孙志刚事件的调查和审理进程。时任中共中央政治局常委、中央政法委书记的罗干同志等中央领导做出批示。在巨大的舆论压力下，广州市政府部门和司法机关开始关注此案，成立由政法委等部门组成的联合调查组开展调查工作。广东省和广州市政法公安机关也成立了联合专案组来开展案件侦破工作，最终使负有一定责任的官员受到了处罚。

孙志刚事件发生后，直陈收容遣送制度弊端、呼吁废止收容遣送制度、保障人权的舆论一时间席卷全国，给政府造成巨大的舆论压力。国务院法制办公室邀请五位宪法、行政法专家召开了一场专家论证会，听取和采纳了五位专家提出的部分建议。2003 年 6 月 20 日，国务院发布《城市生活无着的流浪乞讨人员救助管理办法》并于 8 月 1 日起实施，同时废止 1982 年颁布的《城市流浪乞讨人员收容遣送办法》。与旧的收容遣送办法相比，新救助办法的关键是废除了强制措施，确立了救助的自愿原则。2003 年 7 月 21 日，民政部发布《城市生活无着的流浪乞讨人员救助管理办法实施细则》，并会同民政部、中央机构编制委员会办公室发布《关于实施城市生活无着的流浪乞讨人员救助管理办法有关机构编制和经费问题的通知》，明确救助站的事业单位性质和求助经费的来源。与此同时，各地纷纷将"收容站"改名为"救助站"，并制定相关救助办法和实施细则。实施了 21 年的收容遣送制度宣告终结。

从"维护城市社会秩序和安定团结"的"收容遣送"到"保障其基本生活权益"的"救助管理"，是对生活无着流浪乞讨人员基本权益的保护，更是预防千万个"孙志刚"可能受到公权力不法侵害的制度保障。中产阶层在这一事件中的积极参与，特别是公共知识分子和公益诉讼律师从法治和人权的角度直陈收容遣送制度的根本问题，从法理强调其违宪性，否定了收容遣送制度的宪法基础，从而促使执政当局不得不审时度势。在收到专家建言后，相关部门检讨了一些问题，收集了各地的地方法规，进行了调研，并最终废止了收容遣送制度，代之以救助管理制度，实现了一次法律制度的根本变迁。

二 推动地方政府公共政策变革的 PX 事件

以 2007 年厦门 PX 事件为开端，由各地 PX 化工项目引发的群体性事件使得 PX 似乎成为令公众谈虎色变的敏感词汇。2007 年厦门 PX 事件，从厦门市民集体抵制 PX 项目，及至厦门市政府宣布暂停工程，历经二次环评、公众投票到最后迁址，政府与社会从博弈到妥协，再到充分合作，堪称政府与社会互动的经典案例，对纵向民主在中国的发展具有标本意义。

1. 厦门 PX 事件简要回顾

PX，中文名为对二甲苯，属于低毒类化学物质，可燃、有毒、有刺激性，主要用于制造对苯二甲酸，可用于化工及制药工业等。厦门 PX 化工项目预计年产 80 万吨。一旦完工投产，将为厦门市新增 800 亿元人民币的生产总值。该投资项目得到厦门市委、市政府的鼎力支持。但政府却对外封锁消息，公众在很长时间内都不知情。2007 年 5 月 20 日开始，有人通过手机短信在厦门市民中传播反对 PX 项目的信息，例如"翔鹭集团合资已在海沧区动工投资（苯）项目，这种剧毒化工品一旦生产，意味着在厦门全岛放了一颗原子弹，厦门人民以后的生活将在白血病、畸形儿中度过（原文表述）。我们要生活、我们要健康！国际组织规定这类项目要在距离城市一百公里以外开发，我们厦门距此项目才十六公里啊！为了我们的子孙后代，见短信后群发给厦门所有朋友！"表达了厦门市民对 PX 项目的极大恐慌和危机感，并有信息号召市民到厦门市政府集体散步，抵制 PX 化工项目。在短信影响下，部分厦门市民决定于 2007 年 6 月 1 日上午由各自住家出发，手绑黄色丝带，预计当日上午 8 时齐聚厦门市政府前广场，进行抗议，表达厦门市民拯救厦门、反对 PX 项目的决心。2007 年 6 月 1 日游行爆发。而政府和企业方面却极力证明该项目的安全性，最终厦门 PX 事件以项目移迁至漳州古雷半岛而告终。

2. 厦门 PX 事件中产阶层公众参与

全国政协委员、中国科学院院士，厦门大学化学系赵玉芬教授，以"学者的社会责任"最先站出来告知公众什么是 PX 化工项目。

2006 年 11 月，赵玉芬从厦门本地的媒体上看到一则 PX 化工项目开工的新闻，并把这个情况跟同在厦门大学的其他几位科学家进行了沟通。2006 年 11 月底，赵玉芬被邀请参加厦门市部分干部的科普学习会议。由于事先被要求不要在会上提及 PX，作为到会的三位专家之一，她如坐针毡。随后，赵玉芬、田中群、田昭武、唐崇惕、黄本立、徐洵六位院士联名写信给厦门市领导，从专业的角度力陈项目的弊端。2006 年 12 月 6 日，还是这几位院士，面对面与厦门市主要领导座谈，未能取得进展。2007 年 3 月的全国两会上，赵玉芬联合百余名全国政协委员，提交了"关于厦门海沧 PX 项目迁址建议的提案"。提案中提到"PX 全称对二甲苯，属危险化学品和高致癌物。在厦门海沧开工建设的 PX 项目中心 5 公里半径范围内，已经有超过 10 万的居民。该项目一旦发生极端事故，或者发生危及该项目安全的自然灾害乃至战争与恐怖威胁，后果将不堪设想"。这份由 105 名全国政协委员联名的提案中，有几十所著名高校的校长以及十多名院士。赵玉芬院士等 105 位全国政协委员联名的"迁建议案"，让厦门 PX 化工项目进入公众的视野，引起了媒体和社会的强烈关注，使其成为国内瞩目的焦点。

吴贤是 QQ 群"还我厦门碧水蓝天"的发起者之一。2007 年 5

月，伴随着 QQ 群成员的扩大，"还我厦门碧水蓝天"逐渐扩展到了 1 号、2 号、3 号群，而且话题也由 PX 项目的危害逐渐转移到了如何用实际行动"反对 PX，保卫厦门"。2007 年 5 月 27 日和 28 日，吴贤在群里呼吁成员带"反对 PX，保卫厦门"的横幅和黄丝带，于 29 日中午 12 时到厦门世贸商城前集合。李义强是 2007 年 6 月 1 日厦门市民在厦门市政府集体散步的领头者。6 月 1 日上午 9 时，李义强特意戴着防毒面具"散步"到市政府门前。他强强调，"戴着它，就是要突出环保的主题，远离污染，珍惜生命"。

2007 年 6 月 1 日和 2 日，据说有超过 5000 名厦门市民以"散步"的形式，集体在厦门市政府门前表达反对诉求，厦门市政府被迫宣布缓建，并委托中国环境科学研究院评估该项目可能对环境的影响。

厦门海沧区未来海岸业主吴玉梅和她的丈夫鲍小磊参加了 2007 年 12 月 13 日厦门市政府环评座谈会。2006 年七八月间，附近污水处理厂飘来的怪味开始让吴玉梅无法容忍。"现在我们都很失望，厦门的天怎么会变成这样，看到蓝天的时候不到四分之一。以前的天空蓝得连一点杂质都没有。"2007 年五六月间，吴玉梅等人在小区组织签名活动、宣传反对 PX 项目，但"大家都很麻木，觉得 PX 项目是政府行为，无法改变"。

3. 厦门 PX 事件中中产阶层公众参与后果

根据现有法规，只要求建设单位按法定程序组织对建设项目的环境评价，而没有要求政府必须进行城市总体规划环评，在这一点上，海沧 PX 项目手续齐全、项目合法。本着尊重民意、重视民生的出发点，厦门市政府于 2007 年 5 月启动公众参与程序。5 月 30 日，厦门市政府召开新闻发布会，宣布缓建海沧 PX 项目，并启动公众参与程序，广开短信、电话、传真、电子邮件、来信等渠道，充分倾听市民意见。6 月，厦门市将 PX 项目纳入厦门市城市总体规划环境影响评价，进行新的考量。中国环境科学院受厦门市政府委托，承担这一课题，包括两院院士在内的 21 名专家出任顾问。12 月 5 日厦门市政府启动环评公众参与程序，准备召开公众参与座谈会。为了让市民相信政府这次启动公众参与程序的公平、公开、公正，没有任何人为操纵的可能，政府部门颇费苦心，征集参会代表的每个环节只有公示后才可进行下一步，环评座谈会全程现场直播。12 月 10 日，厦门市政府在《厦门日报》上全部公布了 624 名自愿报名参加座谈会的市民名单，在参会代表的抽选细节上，厦门市政府不仅邀请市民代表参加抽号直播现场，还几改抽号方案，最后，临时决定改机械抽号为人工，从滨北小学请来 12 位小学生，根本没有时间彩排，所有过程都要一次性在直播中通过，完全靠临场发挥，以消除市民可能的疑虑。12 月 11 日晚 8 点半在厦门电视台二套直播抽号现场。12 日晚上 10 点，抽号全过程在厦门电视台一套重播。

2007 年 12 月 13 日上午，厦门市政府举行涉及海沧对二甲苯项目环评公众参与座谈会，并现场直播。50 名市民代表、43 名市区两级人大代表和政协委员以及中国环境科学研究院副院长舒俭民等专家出席座谈会。参会的市民代表均为自愿报名并通过随机、公开抽号产生。座谈会进行了 4 个多小时，代表们在会上畅所欲言，表达自己的观点和意见，环评座谈会结果只有 6 人支持 PX 项目继续兴建，85% 以上的代表均表示反对。厦门这次环评座谈会，无论是从信息的透明（场内 3 台摄像机向场外直播），还是程序的公正上，在国内没有先例可循，国内媒体事后对座谈会予以高度评价。国家对具体建设项目的环评有明确规定，但对区域环评并没有相关规范。厦门市政府尽量参照建设项目的环评规定来。这次面对全体市民，既没有法律法规可以借鉴，也没有其他可供参照的实际经验。这不仅是厦门市政府的首次实践，在国内也是少有的尝试。

福建省政府针对厦门 PX 项目问题召开专项会议，福建省的所有中共常委参加了会议，会议形成一致意见：决定迁建厦门 PX 项目，预选地将设在漳州市漳浦县古雷半岛。时任福建省委书记的卢展工同志肯定了厦门市政府缓建和邀请专家重新进行环境评估的决定，"表现出极高负责任的态度"。厦门 PX 项目虽然是一个"大项目、好项目"，"但是那么多群众反对，所以我们应该慎重考虑，应该以科学发展观、民主决策和重视民情、民意的视角来看待这件事"。卢展工还表示，迁建为上策，厦门市民反对上这个项目，说明市民的环保意识在增强。

2007 年厦门 PX 事件标志着社会与政府的博弈，没有输家，只有"双赢"。这一过程是公民权利意识觉醒，主体意识回归，勇于参政议政，敢于表达自己的建议的过程，也是政府权力回归社会的过程。政府在博弈中不但赢得了民心，打造出责任政府、服务政府的良好形象，而且决策更加符合民意，更加科学、准确。

三 推动城市地方治理创新的南京梧桐树事件

2011 年的 3 月，南京市民不经意间发现，位于太平北路两侧约 50 棵梧桐树"不见了"，接下来，热心的市民将根根绿丝带系在了棵棵行道树上，一场名为"拯救南京梧桐树筑起绿色长城"的活动引起了社会各界的广泛关注。这场由黄健翔、孟非、陆川等多位知名人士通过微博发动的"拯救南京梧桐树"活动，以及媒体随后的跟踪报道，将南京因修建地铁移植梧桐树事件推到了舆论的风口浪尖。

1. 南京梧桐树事件简要回顾

南京街道两边矗立的法国梧桐树（学名二球悬铃木），葱郁婆娑，优雅端庄，被视为这座城市历史文化的象征。南京种植梧桐的历史要追溯到 20 世纪 20 年代。1928 年，为迎接孙中山奉安大典，时任南京第一任市长的刘纪文选用了法国梧桐树作为行道树，种植在灵柩经过的道路上以及中山陵地区。1928 年，南京市在中山南路等路沿途栽种了 2 万棵悬铃木，南京人俗称其为"法国梧桐"。新中国成立初期中山大道曾是世界上屈指可数的林荫大道，遮天蔽日的法国梧桐树绵延长达十多公里，除非下大暴雨，一般雨水天气下水不会滴到身上，与巴黎的香榭丽舍大道相比也毫不逊色。1953 年，南京市人民政府掀起"种植热潮"，当时南京市内的梧桐树达到了约 10 万株，之后陆续种植，最多时全城有 20 万棵。法国梧桐成了南京的标志。

自 20 世纪 90 年代起，由于道路拓宽等工程，南京市内的梧桐树或遭砍伐或被移走，其中种植于民国时期的 2 万棵梧桐只剩下了 3000 棵左右。2006 年，为建地铁 2 号线，南京迁走了近 200 棵，当时市园林局承诺"190 棵迁走的大树确保不死一棵"，但事后回访发现移栽后树木的存活率仅有 18%。2010 年，在南京地铁 3 号线建设中，市政府计划在沿线除市政府站和浮桥站之外的 11 个站点处移走 600 多棵树木，其中 200 多棵是 20 世纪 50 年代种植的梧桐树，其余还有香樟、臭椿、高杆女贞、栾树等。2011 年 3 月初，南京地铁 3 号线开始大规模动工。大行宫站附近长江路、太平北路一带有 49 棵梧桐被砍去枝干，移植到江宁区麒麟镇某苗圃。这批法国梧桐大都是 20 世纪 50 年代初种植的，至今已经有 60 年的树龄。相关人士表示，这批被迁移的梧桐树，由于规格太大，已经无法在地铁建完后进行回迁。同时，这批梧桐树能否成活，还需要观察两三年之后才能确定。

在发现长江路、太平北路等处的梧桐树遭到锯伐后，部分南京市民开始在网上关注此事，对这一破坏绿化的行为表示抗议。黄健翔、孟非等社会公众人物在微博上对该事件表示关注并予以谴责，希望政府立即停止此类行为。3 月 19 日下午，上千南京市民在南京图书馆前集会抗议政府砍伐迁移树木，抗议人群与事先来到现场的警察并未发生大的冲突。3月20日，南京市副市长陆冰称，地铁3号线的移树工作已全面停止，政府将公开征集民意，以进一步优化地铁建设方案，事件告一段落。

2. 南京梧桐树事件中产阶层公众参与

2011年2月25日傍晚，南京市民张凌在回家途中发现，南京图书馆一侧的梧桐树都被砍了。当天晚上，张凌在西祠胡同上发帖感叹道："法国梧桐可是南京的象征啊。"3月1日，被"剃头"的梧桐树照片出现在西祠胡同上，迅速引发网民热议。

2011年3月9日，南京太平北路沿线的40多棵法国梧桐开始迁移。3月13日晚，一名南京网友在微博中将太平北路此前有绿荫的图片，以及梧桐被迁移后的图片，转发给了拥有400万粉丝的主持人黄健翔，请他这个南京人给予关注。

黄健翔随后将该消息转发姚晨、赵薇、郑渊洁、王菲等一批微博名人，希望他们关注南京迁移梧桐树，同时呼吁孟非、乐嘉以及在南京读过书的导演陆川，一起关注南京的"地铁移树"事件。消息发出后，仅新浪微博上"拯救南京梧桐树筑起绿色长城"活动就被14045位网民转发，"南京的梧桐树"微群上，已有粉丝超过7000人，发表留言近4200条。

黄健翔等人在微博上的呼吁得到了大批网友的呼应。主持人孟非在微博表示："南京很多主干道的法国梧桐树栽种于1925年前后，历经了多少风雨沧桑，几代南京人对这些梧桐树的情感是很难用三言两语描述清楚的。因为所谓的城市建设要毁掉其中一部分，南京的老百姓有地方说话吗？"

3月14日，有网友专门申请了微博"南京的梧桐树"，呼吁网友行动起来，保护梧桐。微博上的呼吁很快转化成现实中的行动。为了保护梧桐树，南京一些普通市民自发组织的"保护梧桐绿色丝带活动"，给即将被移栽的梧桐树系上绿丝带。活动发起人小陈表示，梧桐树是南京的名片，作为土生土长的南京人，她非常不愿意看到这些有着多年历史的梧桐树被移走。她希望借助这样一个形式唤起更多人参与到保护梧桐树的行列中。

对南京梧桐事件表示关注的还有中国国民党中常委邱毅。邱毅在新浪微博上说："去过几次南京，让我印象最深刻的不是夫子庙、秦淮河或总统府，而是一路茂密的法国梧桐，不但已是南京的标志，更表征着对孙中山先生的怀念。在两岸都在庆祝'辛亥百年'之际，南京市府为建地铁而砍掉或移植具历史意义的梧桐，我身为国民党中常委，须表达最深沉抗议，国民党高层岂能缄默。"邱毅甚至表示，若不停止砍树，他将在中常会中提出临时动议，要求国民党党中央应尽速透过国共平台或海基、海协两会协调此事，以救梧桐。3月16日，邱毅致电南京市政府，建议南京政府召开市民听证会，不砍树，以不移植为原则，若仍需移植，须以"最小数量"为准，保证移植存活率，并说明移植到何处。

南京地铁3号线的"法桐迁移"引来了大量该市市民和网民的关注，纷纷向南京市政府建议谨慎对待这些树龄久远、弥足珍贵的南京"绿都之魂"。通过微博转发，整个梧桐保卫战已经不只是南京市民的事情，全国网民都加入了进来，大量名人尤其是具有号召力的知名媒体人、知识分子和意见领袖纷纷就此发表意见。

3. 南京梧桐树事件中产阶层公众参与结果

南京市民以及社会各界对"梧桐让路"行为的广泛关注，引起南京市政府的重视。3月15日，南京市分管城建工作的副市长陆冰率领南京市地铁建设指挥部、南京市城管局相关负责人一同前往地铁3号线浮桥站、常府街站、夫子庙站等施工现场进行调研，重申了将尽量少移树的态度。

"政府正在积极优化地铁规划方案，特别是对大树古树的移植，从严、慎重地进行审批，以后所有相关的大树古树移植都会先行公示。"南京市政府新闻联络处工作人员告诉记者。

如何尽可能少地移植大树？南京市政府称，地铁指挥部曾采用多方案研究，重点车站在选址上更是提出几套方案进行比选论证。同时压缩站台宽度，减少出入口数量和尺寸，将地铁施工对绿化的影响降到最低。为了实现少移树，相比1号线和2号线的出站口，地铁3号线的站点会小不少。业内人士指出，这一改动其实是个两难选择，"小"出站口将面临地铁"大"人流的压力。

随着各方的关注以及政府的重视，因地铁建设需移植的行道树数量正在骤减：根据目前的优化方案，地铁3号线浮桥站的站台设计，由原来的路西侧改为了路中间，这样一来需要移植的树减少了188棵，需要移植的是西侧的水杉及东侧的薄荷山核桃，共142棵。常府街站建设，需迁移法国梧桐57棵，广玉兰2棵。而施工难度较小的夫子庙站，则只需移树八九棵。

"树也是有生命的，我们要用尊重生命的态度来对待每一棵树的移植和养护工作。"南京市时任副市长陆冰表态称，要尽可能让每一棵大树移植后都能成活。

3月20日，南京市时任市长季建业在"保护名树古木、行道树"的市政府专题工作会上表态：路要让树。随着城市党政主要领导的表态，"砍树风波"作为南京市近期的一起较大公共事件，暂告一段落。3月22日，南京召开"古树名木及行道树保护"新闻发布会，南京市建委主任助理向记者表示，以此为契机，今后南京重大工程将试行"绿评制度"，使其和环评、安评、能评等指标一样成为城市重大工程实施前的一个重要先行条件。

南京市根据有关规定制定了《关于进一步加强城市古树名木及行道大树保护的意见》，该意见规定，城市中的古树名木、行道大树，不论其所有权归属，任何单位和个人不得擅自砍伐、移植。所有市政工程规划、建设都要以保护古树名木为前提，原则上工程让树，不得砍树。经批准的重大基础设施建设项目，凡涉及需移植古树名木或数量较多、规格较大的行道树的，应主动提出避让和保护方案，并与主体方案共同报批。对于确需移植古树名木或行道大树的，该意见制定了严格规定。首先是严密的审批程序。主干道的树木需要移植的，由市城市绿化行政主管部门批准并报市人民政府备案；在城市重点敏感路段移植树木或移植树木数量较大的，做出行政审批前必须先进行公示，广泛征求社会公众意见，市城市绿化行政主管部门根据公众意见审慎做出审批意见，并报市人民政府备案。其次要完善移树技术保障。移树工程要制定完备的移植方案，由园林绿化专业单位实施，确保当年的存活。公共绿地上的树木移植原则上应就近安置在绿地、广场和公园内。养护单位应建立健全养护档案，确保成活率并加强后续养护。移植树木后，要实行严格的"补绿"制度。凡在主城区开发建设项目经批准移植树木的，必须按"移一补二"的原则，在指定地块补栽绿化，确保主城区绿量。

在这次南京梧桐树事件中，在和民意的多次互动过程中，南京市政府出台了《南京市城市建设树木移植保护咨询规定》（俗称"绿评"制度)，邀请园林、建筑、结构、交通等方面专家，以及人大代表、政协委员和市民代表共同组成咨询小组，使"绿评"与环评、安评、能评一样成为重大工程实施的重要条件。根据"绿评"制度规定，移植树木两年后成活率达不到80%的，有关责任单位将被追究问责。

今后，南京市重大工程开工前都要进行"绿评"（南京市城市建设树木移植保护咨询规定，俗称"绿评")。备受关注的行道大树去留问题成为"绿评"制度的首个案例。

南京市政府与公民社会互动过程，为城市地方治理提供了范本。

三个典型案例充分表明在社会转型过程中中产阶层作为公众参与的主体力量所发挥的重要作用，反映了中产阶层在参与过程中的理性和克制，通过上下积极互动为公共事件的圆满解决提供了标本，也有力地促进了政府治理转型。

第三节　中产阶层公众参与制度供给

中产阶层公众参与事件表明，中产阶层公众参与过程一方面能够对权力的运作实施监督和控制，另一方面又能够保证决策过程的科学化和民主化，从而实现社会与政府的良性互动，为纵向民主和协商民主的实践拓展空间。

一　中产阶层公众参与制度环境

改革开放以来，随着中国特色社会主义民主政治建设的发展，现行宪法秩序、法律规范、文化和意识形态构成的制度环境因素，为中产阶层公众参与提供了制度框架。

执政党对公众参与的政策认同为中产阶层公众参与提供了政治基础。公众参与作为公民参与社会管理的一种途径得到了作为执政党的中国共产党的政策认同。2012 年中共十八大报告强调"保障人民知情权、参与权、表达权、监督权"，强调要完善协商民主制度和工作机制，推进协商民主广泛、多层、制度化发展，通过国家政权机关、政协组织、党派团体等渠道，就经济社会发展重大问题和涉及群众切身利益的实际问题广泛协商、广纳群言、广集民智、增进共识、增强合力。中共对公众参与的政策认同为中产阶层公众参与提供了政治正当性，这点突出地表现在中产阶层公众参与事件的过程中。中产阶层公众参与都特别强调中共发展社会民主政治的政治承诺，以及对公民参与社会管理的政治承诺，以此作为中产阶层公众参与的政治正确的依据。

宪法、法律、行政法规、地方性法规、规章，以及大量规范性文件对公众参与做出的规定，为中产阶层公众参与提供了法律基础。

《宪法》第2条规定："中华人民共和国的一切权力属于人民。人民依照法律规定，通过各种途径和形式，管理国家事务，管理经济和文化事业，管理社会事务。"这为中产阶层公众参与提供了宪法依据。

《立法法》（2000年）、《行政法规制定程序条例》、《规章制定程序条例》（2001年），为公众参与参与法律、行政法规、规章的立法过程提供了制度保障。

《行政处罚法》（1996年）、《行政许可法》（2003年）、《行政强制法》（2011年）、《政府信息公开条例》（2008年）、《国有土地上房屋征收与补偿条例》（2011年）、《城市房屋拆迁行政裁决工作规程》（2004年）等为行政相对人监督行政过程，实施权利救济，监督行政执法行为提供了制度框架。

《环境保护法》（1989年）、《环境影响评价法》（2002年）、《关于环境保护若干问题的决定》（1996年）等为公众参与环境保护，依法采取社会行动提供了法律依据。

《城乡规划法》（2007年）为公众参与城乡规划编制，依法保护社区历史文化风貌提供了法律依据。

《价格法》（1997年）等法律规范为公众参与价格听证，保证价格制定过程公开透明提供了制度保障。

此外，公众参与制度在教育医疗、园林绿化、交通规划、公共服务、政府绩效评估等方面也有相应的拓展。

中产阶层的发展壮大为中产阶层公众参与提供了物质文化基础

和技术条件。随着市场经济的发展、社会财富的增长，中产阶层群体逐步壮大。伴随着中产阶层物质占有上的逐步丰富，这一群体的权利意识、环境意识、人文意识也逐步发育，参与社会管理和立法过程的自觉意识、追求更美好生活的政治诉求、保护生态和人文环境意识日益高涨。在互联网政治条件下，这一群体的组织化程度逐步提升，为中产阶层成为公众参与的主体力量，发起公众参与事件创造了条件。

中产阶层公众参与进一步要求执政的中国共产党准确把握我国社会发展的阶段性特征，深刻总结中共的执政规律和现代化建设经验，加强和创新社会管理，实现社会治理的科学发展。在加强和创新社会管理中坚持以人为本，依法保障公民的经济、政治、文化、社会权益，加快推进以改善民生为重点的社会建设，完善公共服务和社会政策体系。

二 中产阶层公众参与制度困境

执政的中国共产党和各级政府从宏观层面上肯定了公众参与的制度价值，为中产阶层公众参与提供了制度空间，同时，中产阶层公众参与的主体意识以及其所具备了相应的物质文化基础和技术条件为中产阶层公众参与提供了可能。但在具体操作方面，中产阶层公众参与在参与领域、参与方式和参与效果等方面面临着一系列制度困境。

中产阶层公众参与表现为非组织化特征，即以分散的个体形式参与公共事务。公众参与主体表现形式有两种：一是个体参与，即公众个体以自然人身份参与公共事务，以个人身份参与并表达利益诉求；二是组织化参与，即各利益群体通过合法的组织形式参与并表达利益诉求。组织化参与对政府决策过程及其结果的影响力远大于分散的个体参与的影响力。由于社会自组织数量偏少、实力偏小、公信力和服务能力不强、利益诉求制度平台比较缺乏等问题，制约了公众参与组织化程度的提升。尽管法律上对这种公众个体参与并没有任何资格限制，但个体分散化公众参与往往以非理性方式出现，公众往往是以非法聚众、游行、示威等方式表达其利益诉求，如深港西部通道深圳侧接线工程环评案、厦门 PX 项目环评案、北京六里屯垃圾焚烧厂案，以及全国各地公众反生活垃圾焚烧厂活动等都呈现出公众参与的非制度化特征。

中产阶层公众参与非组织化特征，使得立法、公共政策及公共治理过程易受到利益集团控制。在立法、公共政策及公共治理方面公众参与的公民个体行为特征，为利益集团和"专家专制"合谋控制立法、公共政策及公共治理过程提供了可能。利益集团具有强大经济实力，组织化程度较高，聘请专业人士与法律专家在立法、公共政策及公共治理过程中对政府部门进行多方游说，利益集团与专家自身利益相勾连；专家以利益集团利益代替公众利益，失去自身的独立性、中立性，专家知识的运用导致"专家专制"；专家成为利益集团代理人与利益集团合谋"俘获"政府，从而控制立法、公共政策及公共治理过程。这一现象的典型案例就是 2006 年《劳动合同法（草案）》征求意见过程中，劳资双方博弈激烈，美国商会成员福特、戴尔、耐克等一些美国大公司也加入其中，为了规避新法赋予劳动者与工会的新权利，积极游说中国政府修改甚至放弃拟议中的新法，其聘请的法律咨询专家代表利益集团的利益积极地辩护，工会组织人才缺乏、能力不足、缺少社会支持难以真正代表工人的利益，而工人则处于一盘散沙状态缺乏表达自身利益的组织化、制度化平台，难以有效参与立法过程。

公众参与权内容不明确，制度化、规范化不够，法治保障机制缺乏，公众参与有效性得不到法治保障。公众参与权是公民通过国家不断创设的各种合法途径参与公共事务的权利，包括知情权、发起权、表达权、听证权、监督权、救济权，关涉到公众的财产权和人身权以及政治权利、社会权利、文化权利甚至生存权利等，国家有义务通过经济、文化和民主法治建设，不断创设各种合法途径，满足公众日益增长的参与公共事务的要求。我国对公众参与权的保障主要体现在立法、执法、司法领域等各个方面，如《中华人民共和国立法法》《行政法规制定程序条例》《规章制定程序条例》《中华人民共和国行政处罚法》《中华人民共和国价格法》《中华人民共和国行政许可法》《环境影响评价法》《环境影响评价公众参与暂行办法》《环境影响评价公众参与暂行办法》《中华人民共和国城乡规划法》《全国人民代表大会常务委员会关于完善人民陪审员制度的决定》《最高人民法院关于司法解释工作的规定》《关于人民检察院直接受理侦查案件实行人民监督员制度的规定（试行）》等法律法规，以及新修改的《中华人民共和国民事诉讼法》初步确立的环境公益诉讼制度。现行法律法规制度中并没有规定必须公开政府立法草案，而只是把草案公开作为征求意见的一种行政自由裁量行为，对公众参与的具体形式也并未做出细致的程序性规定，公众参与的实体权利和程序保障存在缺陷，缺乏刚性的程序规定和法律责任规定，公众参与有效性得不到法治保障。

公众参与权的法律救济与对政府责任的追究机制缺失。对政府在立法、公共政策及公共治理过程中应及时公开有关信息、有效组织公众参与并对公众意见积极回应这些方面，现行法律法规中缺乏明确的制度规定，相关的考核、奖惩、问责等机制没有建立或不健全，公众参与权受到侵犯时难以得到有效的法律救济，以及很难向有关政府部门追究问责。《行政诉讼法》颁行多年，《政府信息公开条例》规定了行政诉讼的救济渠道，但抽象行政行为并没有纳入行政诉讼的受案范围，行政诉讼制度审查范围有限。听证没有确立案卷排他原则，对参与者的意见和诉求没有回馈及说明理由的义务，公众对如何处理所提意见和诉求的情况不得而知，从而不能对意见处理提出新的建议，以便进一步与政府协商。行政机关对立法、规划等只向上级机关负责，而没有被规定向参与公众负责，也没有规定支持公众不服时可以申请复议或向法院以个人名义提起行政诉讼或以团体名义提出公益诉讼。实践中，行政机关对公众是否参与、如何参与及参与的有效性等问题有过大的自由裁量权。在立法、公共政策及公共治理过程中，公众参与能否得到回应，取决于政府及其有关部门负责人的开明程度，但现实中多数情况是对公众提的意见是否被采纳未能给予明确的答复，对于未采纳的意见未能给出令人信服的理由。2003 年"孙志刚事件"中，法学博士和法学专家向人大建言，提请对《城市流浪乞讨人员收容遣送办法》进行违宪审查，结果并没有得到人大的正面答复。政府及其工作人员在公众参与过程中侵害了公众的知情、表达、参与和监督权，但并未承担相应的法律责任，未受到处分与处罚。另一个问题是新闻舆论对公众参与活动的报道评论难以发挥应有的作用，甚至受到干扰和打压。

三　中产阶层公众参与的制度保障

构建完善的公众参与制度和公众参与机制，保障公众参与权的落实，提升中产阶层公众参与的能力和有效性，需要政府围绕影响公众参与的一些关键环节和突出问题加强制度建设，从制度上保障中产阶层公众参与的有序进行。

1. 建立一套具有可操作性的公众参与程序，完善公众参与机制，保障中产阶层公众参与的有序进行。公众参与并非天然是善的行为，并非总是能起到积极作用，无序的公众参与往往给社会政治稳定带来破坏，有必要建立一套具有可操作性的公众参与程序，完善公众参与机制，保障中产阶层公众参与的有序进行。

根据科学执政、民主执政的要求，界定公共决策的性质，明确是否需要引入公众参与。偏重于较强技术性特征的公共决策与偏重于较强的公共事务性特征的公共决策对决策过程的科学化程度和民主化程度的要求是不一样的。对于具有较强技术性特征的公共决策，公众参与很难提出具有可操作性的意见和建议，不一定要引入公众参与和讨论；偏重于公共事务性特征的公共决策则应更多地引进公众参与，决策过程要求更多的民主参与、谈判和协商以达成共识；既具有技术性特征又具有很强的公共事务性特征的公共决策，则需要在决策过程的科学化与民主化之间寻找平衡。

根据公众参与在公共决策过程中的作用，对公众参与进行类型划分；包括形成决策共识的公众参与、获取决策信息的公众参与、征询决策建议的公众参与，以及公民投票决定决策方案的公众参与。不同的公众参与在公共决策过程中发挥的作用不同，所确定的公众参与范围不同。

根据公共决策相关利益者的不同类型划分公众类型，即利益受益方、利益受损方，以及第三方公众。要积极创造条件，将公共决策涉及的利益相关公众纳入视野，善于发现和借用第三方公众参与，扩大参与的范围，提升公共决策的科学化水平。

根据公共决策过程公众参与的范围和公共决策相关利益者的不同，明确公众参与的途径。问卷调查、电话问询、网络平台表达等形式适用于无组织化的公众，适用于获取决策信息的公众参与类型；公众个人接触比较适用于邀请专家权威和公共意见领袖参与决策；分散式的利益群体接触方式针对的主要是较大群体的反对者参与；整体接触方式适用于意见较多且相互冲突的公众类型。

公共决策形成后向公众公开决策过程中的公众意见征求情况、意见采纳情况以及决策最终形成的过程，有助于化解公共决策反对者的抵触情绪，为公共决策的执行创造条件。

公共决策执行阶段组织公众参与监督决策的执行过程，邀请独立的社会民意调查机构通过科学的调查分析，评判决策执行的效果，并及时向公众反馈。

2. 建立立法、公共政策过程以及公共治理过程政府与公众信息对称机制，避免政府与公众由于信息不对称而造成决策冲突，影响社会政治稳定。

建立社情民意调查制度。各级政府和部门依托政策研究机构、公安、民政、信访、统计部门和新闻媒体，建立社情民意调查网络，通过观察社会舆论、定期进行民意测验、综合分析社情形势等，深入了解和准确掌握社情民意。政府要积极推进电子政务建设，借助现代技术手段，进一步完善信息渠道，建立健全信息收集、处理、反馈、回访等完整的社情民意调查制度。

建立重大决策社会公示制度。政府在重大决策出台前，通过政府公报、政报、通报、简报、政府网站、办事指南、便民手册等形式公示。通过在媒体上刊登方案规划、设立市民论坛、开辟专栏和设置热线电话等方式，介绍政府某项决策的意图及思路，欢迎社会各界人士进行讨论，集思广益，供政府决策参考。对公示所反映的问题、建议和举报，按照要求，有关职能部门应受理并予以答复。

完善政府信息公开制度。政府信息公开是公众有序参与的前提条件，要通过及时发布政府重大决策、政策措施，满足公众参与的信息需求，保障公众有序参与。必须明确政府信息公开的责任主体、信息公开的范围、信息公开的媒介、信息公开的形式、信息公开的时间、信息公开的必要内容，以及信息公开疑问解答等。听证制度是公众参与公共政策过程的主要形式，制定和完善具体、详尽的听证规则，对哪些项目必须组织听证，哪些机构有权决定举行听证会，听证的主体和内容如何确定等要予以明确。政府也应逐步实现听证会的规范化、制度化，增强听证过程的辩论性和质证性；对听证过程中公众的意见要及时予以书面或口头答复；采纳的意见要在公共决策中有所体现；不采纳的意见要说明理由；并将公众意见及其采纳情况在网站上向社会公布。

3. 发展社会组织，培育社会自组织能力，提升公众参与的组织化程度。公众参与实践过程表现出的非组织化特征，带来的是公众参与无序化状态。由于缺乏有效的中间组织，公众参与表现为个体化行动，这种"非制度化参与""非组织化参与"极易走极端，严重的直接影响社会政治稳定。政府要加快各类社会组织的法制化建设，建立包括《社会组织法》在内的完善的法律法规体系，规范各类社会组织的行为；大力培育社会团体、行业协会或者其他专门组织的发展，培育社会自组织能力，提升公众参与的组织化程度，使各类社会组织可以独立地代表不同的社会群体进行利益表达，从而保障公众参与的有序性和有效性。

社会转型过程中成长起来的中产阶层群体正日益成为公众参与的主体力量，中产阶层中的代表性群体，公共知识分子、公益诉讼律师、媒体"扒粪者"在公众参与过程中充当了意见领袖的角色，对舆论具有较强的引导作用，扩大了舆情事件中媒体、网民和相关政策部门的关注度，影响了公共政策的议程设置，通过与政府的积极互动推动制度变迁和国家治理转型，促进了公民权利保护和民主法治进步。

中产阶层公众参与的非制度化特征暴露出的问题，往往使得公众参与事件演化为群体泄愤事件，危及公共安全秩序，影响社会政治稳定，给社会治理带来严重挑战。亨廷顿在其《变化社会中的政治秩序》一书中指出，社会暴乱和动荡"在很大程度上，这是社会急剧变革，新的社会集团被迅速动员起来卷入政治，而同时政治体制的发展却又步伐缓慢所造成的……社会的动员和政治参与的扩大日新月异，而政治上的组织化却步履蹒跚。结果，必然发生政治动荡和骚乱。"①因此，当一个社会的政治参与提高时，要想保持社会政治稳定，社会政治制度的复杂性、自治性、适应性和内聚力也必须随之提高。

"参与的制度化是一个衡量公众参与发达程度的重要指标"。②构建完善的公众参与制度和公众参与机制，保障公众参与权的落实，提升中产阶层公众参与的能力和有效性，需要政府围绕影响公众参与的一些关键环节和突出问题加强制度建设，诸如培育社会自组织能力，提升公众参与的组织化程度，建立立法、公共政策过程以及公共治理过程中政府与公众信息对称机制，建立一套具有可操作性的公众参与程序，完善公众参与机制等方面，从而从制度上保障中产阶层公众参与的有序进行。

---

① 塞缪尔·P. 亨廷顿：《变化社会中的政治秩序》，王冠华、刘为等译，上海人民出版社，2008，第4页。
② 蔡定剑：《公众参与：风险社会的制度建设》，法律出版社，2009，第251页。

第六章　中产阶层与法治政府

　　中产阶层处于社会的中间地位，一般拥有较高的经济收入，对社会经济资源和政治资源的配置与运作都具备较强的掌控力和影响力。他们希望政府能够切实保障其财产不受非法侵犯，其自身发展需要依赖政治权力提供良好的法治环境。同时，中产阶层又担心政府权力的过度行使或不适当行使会损害其自身利益，于是还要求将政府权力限制在一定的范围之内。这就必然要求国家行政机关具备理性结构，要求政府及其工作人员遵循法律规则进行管理，在相应的法律规则范围内行使公权力，依法行政，即建设法治政府。然而，司法不公已是中国社会的严重问题。中产阶层对国家权力不受监督与制约而导致法治环境的破坏严重不满。譬如 2011 年中国法学网对法律业内人士的调查显示，认为我国法律实施状况很差的占60%、较差的占 20%。[①]又如，2011 年媒体披露，我国每年签订约40 万亿合同，但履约率仅有 50%，33.3% 的企业认为，这种情况"永不会改善"；企业每年因信用缺失导致的损失达 6000 亿元。[②]再如，当前市场上假冒伪劣产品充斥，坑蒙拐骗现象盛行，食品药品

---

　① 李林：《完善中国特色社会主义法律体系任重道远》，《中国社会科学报》2011年 3 月 29 日，第 2 版。

　② 张莫等：《每年损失 6000 亿，信用缺失代价惊人》，《经济参考报》2011 年 5 月4 日，第 5 版。

令人"谈之色变",官员腐败"前腐后继"等,极大地破坏了我国的法治环境。市场经济是法治经济、信用经济、契约经济,如此法制不彰,势必导致中产阶层利益受损、价值观扭曲异变。因此,建设法治政府,健全与完善法治环境,是当下中产阶层最迫切的需求,而且中产阶层是依其发育、发展的。

第一节　中产阶层对法治社会的影响

有了法律并不意味着法律就可以得到社会的普遍遵守。社会主体的法律文化品格对于法律运行具有重要影响。违法现象之所以存在,除了政治、经济、文化等社会因素以外,违法行为人法律文化品格的缺失是一个不容忽视的原因。社会主体健全的法律文化品格是法治得以实现的精神源泉和内在动因。所谓法律文化品格,是一定社会主体的法律文化精神和法律行为方式的有机统一体,是主体社会地位、价值追求、利益实现方式的综合体现。其中,社会主体的法律文化精神是主体法律行为方式的主观思想基础;法律行为方式是主体法律文化精神的外在表现和实现机制。[①]中产阶层独特的法律文化品格包括:独立平等的性格特质、诚信守法的处事信条、以法制权的行为旨向和理性保守的行为个性。这些都决定了其独特的社会法治功能。

中产阶层在经济上有相对稳定的收入,在政治上有对民主法治的诉求。中产阶层就其本质而言属于市民阶层。而市民阶层最重要的意识就是权利意识和法律意识。权利意识是个人生存的基本堡垒。个人和他人间的关系是以权利作为衡量标准的。权利意识的觉

① 杨素云:《中产阶层的法律文化品格及其法治功能》,《南京师大学报(社会科学版)》2003 第 5 期。

醒必然与法律意识的觉醒密切相关，因为权利只有受到法律的保护才会真实存在。中产阶层具有稳定的收入和社会地位，为了维护其既得利益，防止利益受损，法治手段成为其权利保护的不二法门。同时，由于中产阶级受过较高的文化教育，他们能够更合理地选择实现自己利益的方式，通过更完美的方式来达到相应的结果。①从这个角度来看，中产阶层更容易接受法治社会和相应制度。

一 中产阶层在西方法治社会形成中的作用

作为一支不可忽视的社会力量，中产阶层在西方法治文明发展史上曾经起到了十分重要的作用。在欧洲文明发展进程中，始终存在着多种力量、多元文化的角逐：宗教势力与世俗势力；神权政治、君主政治、贵族政治以及民主政治的成分。这些形形色色的势力处于一种互相竞争，不断斗争的状态。②这些多元因素是社会文明，尤其是法治社会形成所必不可少的因素。

中世纪西欧的社会阶层与东方社会截然不同，存在着一个中产阶层。正是这个阶层的维权与抗争，推动了西方文明的进步与法治的形成。正是在这样一个时代，西方法律秩序才首次得以问世。其中颇具决定性意义的事件当属贵族或"第三等级"的出现，这个群体由商人和职业集团组成，在保持和获得其摆脱君主及其官僚助手的独立性方面得到成功。尽管这些成功颇为有限和具有过渡性，但是，若没有他们，法治理想就不会在现代西方赢得这样一种突出地位。③这是因为当时的"第三等级"（中产阶层）有着独特的社会地

---

① 邵晖：《中产阶级：中国法治道路的中坚力量》，《大庆师范学院学报》2008 第1期。

② 基佐：《欧洲文明史》，程洪逵译，商务印书馆，2005，第25页。

③ 昂格尔：《现代社会中的法律》，吴玉章、周汉华译，译林出版社，2001，第67页。

位。一方面，中产阶层与社会上层即贵族阶层相比，并无特权。他们只能凭借或依靠法律手段来保护自己来之不易的利益；同时，与农奴、农民等社会下层相比，中产阶层又具有较多的知识、文化和财富，他们比社会下层拥有更多的捍卫自身权益的渠道和手段。正是中产阶层这一独特的社会中间地位决定了其在法治社会形成中的关键作用。那时的商人阶层也就是社会中产阶层，随着人数的不断增多和力量的逐渐壮大，他们中具有法律意识的人试图证明在平衡的封建体制之内，贸易有其正当的地位。他们还谋求与封建法律协调和寻找其虚弱点。①可见，中产阶层一直是市场经济中的一支举足轻重的主体力量，由其在市场交易中诞生的契约规则而来的商法，则是现代市场经济法律体系的源泉。②因此，欧洲法治文明的形成同中产阶层的发展发育有千丝万缕的联系。

二 中产阶层对我国法治社会的影响

中产阶层与法治社会密切相关。中产阶层的存在与发展是法治社会的内在要求，是推动法治社会发展的主体力量，是法治社会的基础与脊梁。③

（一）法治社会的重要推动者和中坚力量

首先，中产阶层是法治文化的重要塑造者。法治社会的形成与发展离不开法治文化氛围的营造。中间阶层的社会经济地位决定了他们对法治的强烈追求。为了切实维护自身权益，中产阶层坚持"法律至上"理念，崇尚法律权威，主张依法规制政府行为，这为法治文化的塑造奠定了坚实的社会基础。

---

① 泰格·利维：《法律与资本主义的兴起》，纪琨译，学林出版社，1996，第5页。
② 郭志祥：《法治文明与商人阶层》，《法学》2003 第 2 期。
③ 虞崇胜：《重新认识中产阶层崛起的进步意义》，《学习时报》2011 年 1 月 3 日，第 3 版。

其次，中产阶层是法律秩序的坚定捍卫者。中产阶层具有一定的专业技能基础，权利意识较强，他们十分清楚健全的法律秩序是其经济利益的根本保障。当其自身利益遇到挑战时，中产阶层会通过法律手段，以理性温和的方式谋求解决。中产阶层对法律规范的信奉与认同，对法律制度的自觉服从及其参与社会活动时的建设性心态等，对实现社会的公平正义和维护社会稳定起着积极的作用。就此而言，中产阶层是社会主要的守法主体，是社会法律秩序的重要捍卫者。同时，中产阶层的自觉守法，又会对其他社会阶层成员产生较强的示范效应。受中产阶层自觉遵纪守法的熏染，其他社会成员无疑会更多地关注法律，关心自身利益与法律法规的关联，其行为倾向自然是遵纪守法。

最后，中产阶层是法治社会生长的原生力量。中产阶层大都接受过良好教育，具有较强的专业技能和较丰富的文化知识，手头掌握一定的社会资源，社会地位和社会影响不容小觑。这决定了中产阶层具有独立的人格和较强的公民意识，是形成现代法治秩序的原生力量。

总之，中产阶层的法制观念比较强，他们维权要求较为迫切，能够自觉地依法主张自己的权利和利益，能够利用其特殊的社会和政治影响对执法权和司法权进行自觉的监督。因此，对执法和司法公正具有重要的积极推动功能。此外，中产阶层中有些主体本身就是行政执法者、法官、检察官和从事法律服务的律师等，他们直接从事法律适用工作和法律服务工作，是法律的实际操作者，对法制运行直接发挥作用。①

（二）民主政治的社会生力军

民主政治是法治社会的基石。在建设法治社会的过程中，一个

---

① 杨素云：《中产阶层的法律文化品格及其法治功能》，《南京师大学报（社会科学版）》2003 第 5 期。

国家的民主政治状况，也是其走向法治化的重要影响因子。在民主政治发展历程中，中产阶层常常扮演着重要角色，是一支重要的主体力量。中产阶层较好的经济基础注定了其具备较强的政治参与意识和参与能力。为了将其自身利益纳入公共决策过程，中产阶层会踊跃参与一些政治活动，表达自己的政治诉求，这在很大程度上推动了民主政治的发展。①许多国家在政治转型中，民主化的积极支持者均源自城市的中产阶层。中产阶层是实现社会表达和促进民主议程的重要参与者和主导者，是民主政治进程中的调节器和推动器。②

总之，尽管中产阶级在中国社会中尚属于较少的一部分，但他们是引导社会进步和促进政治发展的重要群体，是建设法治社会的中坚力量。法治社会的形成离不开强大而坚实的社会基石，需要以中产阶层为主体的"橄榄型"社会结构。因此，中间阶层与法治社会存在天然的内在联系，中产阶层在现代法治社会进程中具有举足轻重的作用。

第二节　法治政府：中产阶层健康发育的法治保障

中产阶层现在越来越关注自身的生存环境。他们开始对现行的教育、医疗等公共服务表示不满，他们对盛行的社会潜规则深恶痛绝，他们对各种不合理的社会成本难以承受。他们迫切需要政府提供优质高效的公共服务，他们渴望健全的法制维护社会公平和个人的安全。中产阶层利益诉求的实现，最终依赖法治政府的确立。早

---

① 李琳：《中产阶层与协商民主》，《湖南省社会主义学院学报》2007 第 5 期。
② 邵晖：《中产阶级：中国法治道路的中坚力量》，《大庆师范学院学报》2008 第 1 期。

在 2004 年，国务院就出台了《全面推进依法行政实施纲要》，首次提出了法治政府的概念。党的十八大报告明确提出，到 2020 年依法治国基本方略全面落实，法治政府基本建成。法治政府建设的主要任务就是完善和落实法律制度，并确保这些法律制度得到有效执行。唯其如此，才能为中产阶层发育提供良好的法治环境和有力的法治保障。

一 法治政府的价值旨向

法治政府是和人治政府相对应的政府形态。在传统社会中，政府采取的社会管理方式大多是人治，法治只是到了近代才逐步成为人类基本的政治活动选择。[①]2014 年 10 月，党的十八届四中全会提出，各级政府必须坚持在党的领导下、在法治轨道上开展工作，创新执法体制，完善执法程序，推进综合执法，严格执法责任，建立权责统一、权威高效的依法行政体制，加快建设职能科学、权责法定、执法严明、公开公正、廉洁高效、守法诚信的法治政府。

（一）法治政府的内涵阐释

法治的精髓是法律至上，法治政府的要义是政府源于法律、服从法律、依法行政。具体而言，法治政府的内涵至少涵盖四个方面：首先，从理念上来看，法治政府强调依法治国、依法行政、依法执行，崇尚宪法法律至上；其次，从原则层面来看，法治政府倡导合法行政原则、合理行政原则、程序正当原则、诚实守信原则、便民高效原则、权责统一原则、法律至上原则、法律面前人人平等原则等；再次，从制度层面来看，法治政府崇尚权力制约制度、人权保障制度、司法独立制度、违宪审查制度等；最后，从其特征上

---

① 张明军、雷俊：《试论法治政府建构和有效运行的政治基础》，《理论探讨》2013 第 5 期。

来看，法治政府是职能科学、权责法定、执法严明、公开公正、廉洁高效、守法诚信的政府。总之，法治政府是与人治政府相对应的，政府行为——从行政决策、行政执行到行政监督等，每个环节都应被纳入法治化轨道，政府的任何行为、政府职能的构成内容和运作程序都要受到法律的约束和规范，政府以及所有公共权力机构都必须在法律规定的原则下运作。一句话，法治政府的核心和精髓在于依法行政或行政法治。

（二）法治政府的价值旨向

法治政府的基本要义是约束政府行为，以保护公民个人自由，倡导自由平等、公平正义、诚信和效率等法治理念。法治政府具有服务型政府、责任政府、有限政府、阳光政府、诚信政府、良政政府（廉洁政府）的价值旨向。

1. 服务型政府

政府的一切权力也是人民赋予的，其天职就应是为人民服务。法治政府是按照法治的精神管理社会公共事务的，所以它更应体现为人民服务的精神，是服务型政府。所谓服务型政府，是指在公民本位、社会本位理念指导下，在整个社会民主程序的框架下，通过法定程序，按照公民意志组建起来的以"为公民服务"为宗旨并承担服务责任的政府。可见，服务行政是法治政府的基本要义。政府必须在法定职责范围内，根据法定程序向社会提供公共服务。超越职权，强制服务，擅自更改供给公共服务的内容和方式等都是不允许的。对于违法服务、过失服务造成的后果，必须依法承担责任。[①]

2. 责任政府

责任政府是相对于权力政府而言的。传统的权力政府重权力轻

① 杜娟娟：《从价值取向角度谈法治政府建设》，《法制与经济》2013 第 5 期。

责任，会导致政府治理过程中责任的流失以及各种权力寻租、腐败现象的滋生，最终损害的是社会公共利益。"政府组织由公众创立，为公众服务，就需要对公众负责"。[1]因此，政府必须坚持"责权统一"的原则，既要对自身行为负责，更要对公众负责，做到"有权必有责、用权受监督、违法受追究、侵权要赔偿"，自觉履行维护公共利益的责任。责任政府主要包含两个方面的要求：一是政府要及时回应公民需求，积极履行政府责任。政府的责任观念需要从传统政治中的官民观念转变为现代政治中的平等交换和平等制约观念。在这一观念指导下，根据公民的需求，设计并不断修正工作流程中的具体责任，在政府和公民之间建立良好的互动关系；同时，政府要勇于承担责任，接受监督和控制，保证实现责任。政府要在实践中身体力行，认真实现每一项责任。这与管制型权力政府责任不清和责任心淡薄的问题，以及公众利益受损后无从追究政府责任形成了鲜明对照。政府必须严格依照法律精神和法律程序去行动，并勇于为自己未能履行好公共服务的行为后果承担相应的责任。因此，法治政府必然是责任政府，责任政府是法治政府的道德基础。

3. 有限政府

有限政府是相对于全能政府而言的，主要强调政府职能和权力是有边界的，并非无所不包。政府职权具有自我膨胀性和天然扩张性，如果缺乏严格的规范和约束，政府就可能衍变成全能政府，包揽一切，导致公权力侵犯私权力，政府机构侵害公民、法人或其他社会组织的合法权益。[2]在既定的组织和技术条件下，政府的能力是有限的，政府的权力、职能和规模是有边界的。政府只能将自己

---

[1] 欧文·E. 休斯：《公共管理导论》，彭和平等译，中国人民大学出版社，2001，第 268 页。

[2] 田大忠：《"落实科学发展观建设服务型政府"座谈会发言》，《学习时报》2009年 2 月 9 日，第 10 版。

的核心职能定位在弥补"市场失灵",为市场、企业和公众提供有效的公共产品和高质量的公共服务上。在市场经济的大潮中,政府要做到"有所为,有所不为",从不适宜或不需要亲自管理的领域彻底退出,把有限的精力主要集中于有关规则的制定和实施上。政府应通过政策服务等手段进行间接调控,简化行政审批程序,强化宏观管理职能,弱化微观管理职能,营造有利于发展的环境,促进市场的有序运行。

4. 透明政府

透明政府是相对于暗箱政府而言的,主要强调在信息化基础上,实现政府决策等重要管理行为的公开透明,鼓励公民参与和监督政府管理行为。党的十七大、十八大报告反复重申,确保权力正确行使,必须让权力在阳光下运行。阳光政府从根本上体现了以人为本的政府治理理念,主要包括两个层面的要求:一是政府信息公开。实现公共信息透明化,是现代社会治理的基本准则。信息是政府公共管理的源头活水,没有及时、有效、准确的信息,政府制定公共政策就有可能偏离公共利益;同时,信息也是公民了解、参与、监督政府管理的基石。如果连最基本的信息都无从知晓,那么有序的参与和监督就会沦为空谈,离开公开性而谈民主是很荒唐的。二是政府运作过程公开,特别是一些重大决策和涉及公共利益的决策要向社会公开,逐步走向民主、透明,让公共服务的享用者参与行政决策,并提出相关意见和建议。此外,还要逐步建立公共决策预警和评估机制,在提高政府公共决策民主意愿的基础上,降低公共决策的成本,提高决策效率。透明政府的实质是政治信息的公开性和尊重公民的知情权。政府在一些敏感的公共事件上,与其让谣言占领信息的传播渠道,影响政府公信力,还不如以积极、透明的姿态面对社会,反而更能得到公众的拥护、理解和支持。

5. 诚信政府

法治政府必须是诚信政府。政府只有讲诚信，才能赢得公众的信赖、拥护和支持。诚实守信是政府形象的核心元素之一，政府必须把诚实守信作为自己基本的行为准则。政府向社会提供的信息应准确无误，即主观上有诚意，不欺诈民众。政府行为的出发点是为了全社会的共同利益，为行政相对人着想，提供便民服务。政府要勇于为自己的行为担当责任，不推卸责任。诚信会使法治政府更加稳固。

二 法治政府对中产阶层成长的现实意义

中产阶层追求私产神圣、契约自由，他们希望通过政府管理体制改革，我国的法治水平有所提升。他们希望通过制度设计，建立一个法治政府，保证权力被限制在法治框架之内，以消灭特权，实现宪法法律至上，从而保证其自身利益得以实现。因此，进一步转变政府职能，建设法治政府，是为中产阶层的发展提供良好社会环境的必备因素。

（一）有助于优化社会主义市场经济环境

从 1992 年党的十四大正式提出建立社会主义市场经济体制目标以来，我国市场经济体制改革取得显著成效，但也存在诸多问题。这些问题既有市场经济体制自身不成熟的问题，也有法治环境不完善，法治政府不健全的问题。市场经济是法治经济，市场化改革也是法治化改革。市场经济必须在法律的规制下才能有效发挥其资源配置的决定性作用，实现其对社会资源的优化配置与合理配置，避免社会分配不公。法治政府应当是崇尚良法且良法得到有效执行的政府。依法对政府与社会、政府与市场的边界做出清晰的划分，完善行政组织和行政程序法律制度，推进机构、职能、权限、程序、责任法定化。严格依法规范政府权力和政府行为，政府不得法外设定权力，没有法律法规依据不得做出减损公民、法人和其他组织合法权益或者增加其义务的决定。推行政府权力清单制度，坚决消除权力设租、寻租空间。依法全面履行政府职能，推动政府职能向创造良好发展环境、提供优质公共服务、维护社会公平正义转变。因此，只有加快法治政府建设，才能推进权利公平、机会公平、规则公平，才能创造公平的市场环境、平等的竞争条件，才能避免市场经济体制功能的扭曲，激发全社会活力，提高经济竞争力，确保全体社会成员共享改革发展成果。[①]

（二）规范政府行为，保护包括中产阶层在内的各阶层合法权益

保护公民合法的私有财产不受侵犯是政府古老的、首要的基本职能，是政府义不容辞的职责和义务。然而，近年来，随着社会分工的日益复杂和政府职能的日益拓展，行政权力扩张、政府行为失范成为普遍现象。目前，视法律为儿戏、有法不依、执法不严、粗暴执法、践踏法律的政府行为失范的事件屡屡发生。当下，在"搞定就是稳定，摆平就是水平"的刚性维稳观下，群众诉求、媒体监督、网络问政等本属政府宝贵的执政资源，却被视为洪水猛兽屡遭权力反制。"血拆"、"截访"、权力寻租等违法行政、权力异化现象严重伤害了政府的公信力。其他诸如因发短信或发帖而"因言获罪"，被地方公安机关拘留或跨省追捕的事件也频频见诸媒体。更为严重的是，这些乱象仍在不断蔓延。[②]不论基于何种原因，类似的粗暴执法方式给政府威信和形象造成的损害不可估量，极易激化官民矛盾，导致官民冲突和群体性事件，给社会稳定埋下隐患，是对中国模式的重大挑战。

那么，如何控制行政权力的扩张，规范政府行为，使其不会对

---

① 于宏伟：《加快法治政府建设正当其时》，《中国发展观察》2013 第 2 期。
② 何平立：《培育公民社会是建设法治国家的基础》，《探索与争鸣》2011 年第 9 期。

包括中产阶层在内的公民权利和公共福祉造成威胁和侵害，这一问题就变得至关重要。建设法治政府，让国家机关及其工作人员依法办事，是防止政府的随意性和擅断性，保证政府行为的合法性和公正性，进而实现公平正义法治秩序的重要选择。十八届四中全会明确指出，加强对政府内部权力的制约。对那些权力集中的部门和岗位实行分事行权、分岗设权、分级授权，定期轮岗，强化内部流程控制，防止权力滥用。完善政府内部层级监督和专门监督，改进上级机关对下级机关的监督，建立常态化监督制度。完善纠错问责机制，健全责令公开道歉、停职检查、引咎辞职、责令辞职、罢免等问责方式和程序。政府还要坚持严格的规范，公正文明地执法，依法惩处各类违法行为，加大关系群众切身利益的重点领域的执法力度；完善执法程序，建立执法全过程记录制度；明确具体操作流程，重点规范行政许可、行政处罚、行政强制、行政征收、行政收费、行政检查等执法行为。政府还应全面落实行政执法责任制，严格确定不同部门及机构、岗位执法人员执法责任和责任追究机制，加强执法监督，坚决排除对执法活动的干预，防止并克服地方和部门保护主义，惩治执法腐败现象。

（三）保障多元社会的和谐互动

近年来，随着我国市场经济的不断发展，作为中产阶层的孵化器的社会中介组织的自我组织和自我管理能力也在不断增强，其利益诉求也日渐显性化。在这一过程中，政府的法治化水平、制度环境与中产阶层参与意识和参与能力的互动互构是我国能否顺利实现社会转型的关键。经济建设是兴国之要，发展仍是解决我国所有问题的关键，推动改革与发展是政府不可推卸的责任，因此，建设强有力的政府刻不容缓。法治政府的构建可以为推动改革发展，破解各种矛盾，满足民众诉求，实现多元社会互动提供制度平台。

法治政府的建设对我国的经济社会发展而言，既是重要目标，也是根本保障。一方面，法治政府可以有效地化解经济社会急剧变革过程中产生的各种矛盾，确保社会的公平正义，从而巩固政府的合法性基础；另一方面，法治政府的规范化运作能够提高国家制度化水平，增强民众对政府合法性的认同和公信力。当下，我国的改革已步入攻坚期和深水区。利益格局的深刻调整，关乎社会稳定和人民福祉。改革的成果要靠制度来巩固，改革的道路要靠制度来开辟。法治政府建设的主要任务就是完善和落实法律制度，并确保这些法律制度得到有效执行，为全面建成小康社会提供有力的法治保障。①从这一角度而言，法治政府又是我国经济社会发展的重要法治保障。

另外，法治政府为国家与社会提供了最基本的价值共识——对法律、制度、程序和秩序的尊重，这无疑会避免社会转型过程中多元利益诉求表达和鸣放的无序状态，使各种权力主体和利益主体在相互的碰撞中通过法治的方式，在相互妥协和满足中形成基本的共识。②这种法治环境使得国家与社会能够形成良好的和谐互动，有利于中产阶层的健康发育与生长，是培育中产阶层的重要法治保障。如果不能在制度上和执行层面改善中产阶层的内部生存发展环境，不能真正建立一个公正和法治的社会，借此增强社会发展的确定性，那么，实现社会和谐稳定、国家长治久安以及中华民族伟大复兴的中国梦将难以实现。

第三节　建设法治政府、培育中产阶层的路径选择

新形势下，建设法治政府必须以《国务院关于加强法治政府建

---

① 于宏伟：《加快法治政府建设正当其时》，《中国发展观察》2013 第 2 期。
② 张明军、雷俊：《试论法治政府建构和有效运行的政治基础》，《理论探讨》2013 第 5 期。

设的意见》、党的十八大精神以及十八届四中全会决定为引领，严格推进依法行政工作，使法治政府建设取得新突破，为中产阶层发展创造良好环境。

一 积极培育构建法治政府的软环境

建设法治政府必须营造适宜的土壤和条件。就我国目前的情况而言，适宜法治政府成长的软环境主要包括公民法治观念的培育和政府工作人员依法行政理念的塑造。

（一）培育公民法治观念

法律信仰是法治的重要基础。法律只有被尊重、被接受，才能被遵守。党的十八届四中全会强调，坚持法治国家、法治政府、法治社会一体建设。这一宏伟目标的实现，有赖于全体公民法治观念的确立和由此产生的对法律的敬畏和尊重。我国由于经历了长期的封建时代的人治统治，人大于法、权大于法的影响根深蒂固，社会成员普遍缺乏法治观念。譬如，在过去相当长的时期内，人们的权利意识普遍缺失，"草民意识"浓厚，不知道权利为何物，更不晓得、不善于积极运用法律维护和捍卫自己的合法权利。公民权利意识的麻木和淡薄，对法律救济的疏远和不信任，给政府违法行政提供了土壤，在客观上起到了纵容政府的违法行为的作用，也不利于法治政府的构建。同时，公民自觉守法和依法履行法定义务的意识也不强，缺乏对法定义务和政府执法活动的理解和尊重。可见，人们的法治观念、法律精神和对法律的敬畏心理，会对法律的执行效果和法治的实现状态产生深远的影响。因而，必须使全体公民树立对法律的信仰，在全社会形成一种崇尚法律、信任法律、守法光荣、违法可耻的风尚，为构建法治政府营造出尊法、信法、守法的良好社会氛围。[①]

（二）重塑官员依法行政理念

各国行政法治化的实践表明，一个国家建设法治政府的重要条件之一，就是在绝大多数社会成员，尤其是政府官员中树立较强的依法行政理念。没有这一条件，建设法治政府只能是一句空话。我国官本位、权力本位意识比较突出，已成为严重制约法治政府建设的消极因素。一些行政机关及其工作人员在观念上依然把行政行为视为单纯的管理活动，认为行政执法就是行政主体的单方意志行为，行政主体有权按照自己的意志进行执法活动，而把公民对行政活动过程的参与和监督视为对行政执法的妨碍或干扰；认为自己是行政权的享有者和行使者，手中的权力用不用、怎样用都是自己的事情，而缺乏相应的责任和义务意识。[②]他们甚至习惯热衷于以权治人、以权管人、以权压人，习惯以掌权者和管理者的姿态对行政相对人发号施令。由此引发的行政违法案例不胜枚举。譬如，近年来频频发生的"血拆"案，几乎无一例拆迁是本着公共利益的需要，而多是地方官员与开发商勾结，搞商业开发，牟取暴利。再譬如，一些地方政府违法"截访"上访群众的恶行可谓遍地开花。他们不经任何法律程序就非法限制公民的人身自由，甚至采用送"黑监狱"关押、劳教、送精神病院等多种荒唐的手段。2012 年 3 月 26 日，浣铁军、刘志方等多名房屋被拆迁居民集体到长沙市信访局赠送特制的一面锦旗，锦旗的文字内容为"授予：长沙市人民政府，二零一二年维稳工作，截访先进单位"。随后，浣、刘二人被长沙市公安局岳麓分局以扰乱政府办公场所正常工作秩序为由行政拘留 9 天。2012 年 10 月，安徽访民王维龙进京上访时，被几名陌

---

① 张晓芝：《关于推进依法行政的几点思考》，《中国软科学》2006 第 12 期。
② 张晓芝：《关于推进依法行政的几点思考》，《中国软科学》2006 第 12 期。

生男子非法关押了数十天。其间，他多次遭到殴打，对方用皮带抽其头部，并拳脚相加……被关押 29 天后，王维龙被戴上头套，被转移到河北省张家口的一个村庄，在那里受到更严重的折磨。施暴者先是用雪将王维龙身体埋住，只露一个头，将其带到屋子后，又用烧红的铁钳在他身上烙，简直惨无人道，令人发指。2014 年 3 月，中央第八巡视组进驻河南以后，巡视组驻地郑州市黄河迎宾馆门口，围满了来自该省各市、县、乡镇的政府工作人员。这些基层官员在迎宾馆门前值班蹲守，是为了拦截本辖区内试图进去向巡视组反映情况的人。非法"截访"虽然截住了群众的人、堵住了群众的路、封住了群众的嘴，却不能真正堵住问题，反而会造成矛盾的进一步激化，最终形成恶性循环。由上访者和截访者之"猫鼠游戏"酿成的悲剧也时常上演。如 2009 年，在辽宁抚顺，因拆迁纠纷，一位 16 岁的上访少年将截访者捅死。事发后，当地 900 多名村民联名为"凶手"求情。又如，因拆迁问题进京上访四年，多次被截访者强行送回原籍后，巩进军声称"如果截访者再敢抬我、打我，我和他们拼命"。2013 年 11 月 15 日，巩进军在被再次押送回原籍的高速路上，刺死、刺伤截访者各一名……血的教训表明，目无法纪的行政理念已成为我国建设法治政府的严重障碍。因此，在构建法治政府的过程中应当特别重视行政理念的转变，把实现、维护和发展好最广大人民的根本利益作为各级政府的神圣职责和全体公务员的基本准则，用法治思维和法治方式化解社会矛盾。

二 转变政府职能，加强廉政建设

建设法治政府，政府无疑是主角，是法治政府建设成败的关键所在。政府与市场、社会和个人的关系涵盖了法治政府建设的精髓和原则。因此，建设法治政府必须彻底转变政府职能，理顺和处理好政府与市场、社会和个人的关系，加强廉政建设，严厉惩罚国家机关工作人员的腐败行为，为中产阶层发展创造良好的社会环境。

（一）转变政府职能，厘定政府角色

一是要进一步简政放权，深化行政审批制度改革。最大限度地减少中央政府对微观事务的管理，对于市场机制能有效调节的经济活动，可以取消审批，对保留的行政审批事项要规范管理、提高效率；直接面向基层、量大面广、由地方管理更方便有效的经济社会事项，下放地方和基层管理。二是行政机关要坚持法定职责必须为、法无授权不可为，勇于负责、敢于担当，坚决纠正不作为、乱作为，坚决克服懒政、怠政，坚决惩处失职、渎职。行政机关不得法外设定权力，没有法律法规依据不得做出减损公民、法人和其他组织合法权益或者增加其义务的决定。推行政府权力清单制度，坚决消除权力设租寻租空间。三、正确处理好政府与市场、政府与社会的关系。政府和市场在各自领域所起的作用是不能代替的。政府与市场两者的基础不同，价值也有差异。政府是以权力为基础，在规范市场行为和维护社会公平方面优于市场；市场是以利润为基础，在资源配置方面优于政府。因此，政府对市场的管理只能是依法管理、宏观管理、间接管理，是按市场经济规律进行的管理，是低限度的干预。同时，政府又必须弥补市场的失灵，如生产和提供公共产品、保护环境、实现社会公平等。但政府不能经常用行政手段干预市场。[①]

政府是产生于社会又凌驾于社会之上的公共组织，其存在的价值是管理社会、服务社会。任何背离这一根本价值取向的政府行为都会削弱政府的合法性。因此，政府在社会中的作用应当定位在必须行使的政治统治职能和对社会有限度的管理。政府只能管理社会依靠自身力量无法解决的社会事务，而那些社会能进行自我管理的领域，政府应撒手不管。这就要求政府不能垄断所有的社会权力，

---

① 齐明山主编《行政学导论》，中国人民大学出版社，2006，第55页。

必须分权给社会。如果政府包揽所有的社会事务，那样既管不了，也管不好。①

（二）加强廉政建设，严惩腐败行为

如前所述，我国中产阶层对政府权力具有一定的依附性。一个重要原因在于我国政府职能转变尚未完成，许多重要的社会资源主要由政府进行配置。这就为权力寻租等腐败现象留下了巨大空间。在利益的裹挟之下，政府嬗变成了"到处乱摸的手"。当今社会，腐败已经成为被默认的社会潜规则。从生孩子，到孩子读幼儿园、小学、中学、大学，再到找工作、看病、做生意，权力寻租如影随形。官员受贿的方式更加隐蔽和多样化。现在送名烟名酒已不再被归入行贿的范畴，取而代之的是送名表、房产、购物卡，乃至送股份。受贿金额也远非昔日可比。曾任杭州副市长的许迈永单笔受贿就高达 800 万美元。"房叔""房妹""房姐""表叔""表姐"（此处的表，指代手表）如雨后春笋般涌现，涉案金额也从百万、千万上升到动辄数以亿计。腐败还有向高层蔓延之势。仅 2012 年，就有薄熙来、刘志军、李春城等重量级官员落马，举座皆惊。党的十八大以来，内地共有 39 名省部级（含）以上高官落马，其中包括前政治局常委、正国级的周永康，副国级的徐才厚、苏荣，正省部级的蒋洁敏、李东生、李崇禧、申维辰等。高级官员的腐化，危害极大，会产生"上梁不正下梁歪"的传导效应。腐败不除会对党和政府造成致命伤害，甚至亡党亡国。因此，务必彻底遏制腐败，建设廉洁政府，杜绝"黑箱操作"，将社会资源交给市场配置，把那些不能完全交给市场的资源，由政府通过公开、公平、公正的竞争机制进行配置，"把权力关进制度的笼子"，从根本上消除中产阶层对政府权力的依赖，使之成为独立理性的行为主体。让经济主体通

---

① 齐明山主编《行政学导论》，中国人民大学出版社，2006，第 54～55 页。

过合法程序获得的利益大于通过腐败获得的利益，进而为中产阶层发展创造良好的外部环境。[1]

三　坚持依法决策，完善监督体系

科学决策是各项工作成功的重要前提。要提高政府决策的质量和科学化水平，必须加强依法决策，推进行政决策的科学化、民主化。依法决策是指行政主体依据法律来行使权力，行政决策权必须在法律允许的范围内进行，以公平正义为标志，保证决策的正确性和合法性，是国家政府公职人员的基本职责。哈贝马斯曾指出，任何决策都是以突出价值因素为特征的，无论怎样强调决策的科学化，都不可否认决策的价值考量和价值旨归。政府的公共性决定了政府决策必须以"公共性"为价值取向，此乃为全体公民谋幸福的一种使命。[2]然而，政府决策可能偏离"公共性"，从而引发民众的质疑和不满。在公共选择理论看来，尽管政府的基本职责是维护和实现公共利益，但政府毕竟由具体的个人组成，而不是一个抽象集合体。政治市场中的官僚同样符合"经济人"假设，即追求个人利益最大化，并在政治决策过程中按照成本—收益原则进行决策。公共选择理论可以充分解释我国地方政府的行政决策和行为过程。改革开放以来，随着中央政府的放权让利和地方政府自主性的增强，地方政府日益成为具有相对独立地位的利益主体，各地方政府分别在特定的约束条件下追求自身的利益最大化。[3]加之政府决策程序不科学，决策方案不合理，"长官意志"盛行，极有可能导致决策

---

[1]　杨素云：《论中产阶层行为的法律规制》，《北方法学》2007 第 6 期。

[2]　哈贝马斯：《公共领域的结构转型》，曹卫东译，学林出版社，1999，第 267 页。

[3]　赵小燕：《邻避冲突的政府决策诱因及对策》，《武汉理工大学学报（社会科学版）》2014 第 2 期。

失误，给国家和社会造成难以挽回的损失。[①]

远期的情况不讲，[②]近期的例子不胜枚举。2009 年 9 月，中央电视台报道了宁夏中卫市在沙漠上建成连片的蔬菜大棚，使大漠的风沙后退了一公里，也为农民找到了一条致富路。然而，几年过后，在 2013 年 5 月 3 日的央视新闻里有报道披露，这些投资亿元的一千多个沙漠大棚，因为缺水等原因，一半被闲置，造成了巨大的浪费。内蒙古清水河县，一个年财政收入仅有 3000 多万元的贫困县，计划耗时 10 年斥资 60 多亿元建新城，被媒体曝光后成了"烂尾城"。安徽池州耗资 300 多万元建设的平天湖玉带桥，在即将竣工之际，桥因本身尺度过大，与周边环境不甚协调，破坏了平天湖水面整体效果，不利于平天湖水循环而遭拆除。耗资 400 亿元的西安大明宫遗址公园即将开园之际，部分已建成的各式建筑竟遭拆除。河南南阳在建数千万元经济适用房或拆除，仅为让位于农运会。镇江"巨蛋"倒掉被网友调侃为"生于 2000 年，卒于 2010年，镇江全体小鸡敬立"……

频频出现的决策失误与其他各种因素累积叠加，容易引起社会公众对各个层面决策者的不满，导致社会混乱，甚至诱发群体性事件。近几年各地爆发的 PX 事件、抗议垃圾焚烧事件等邻避冲突，几乎都与当地政府的决策失误有关。政府决策失误最无法挽回的是政府权威、政府信用的逐渐流失，同时，也将引发群众对党和政府

---

① 据世界银行的估计，"七五"到"九五"期间，我国投资决策失误率在 30% 左右，资金浪费及经济损失在 4000 亿～5000 亿元。按照全社会投资成功率 70% 计，每年因决策失误而造成的损失在 1200 亿元。据媒体透露，2004 年在对 10 家央企原领导人任期经济责任审计报告中，有两个对比数字耐人寻味：经济犯罪金额 16 亿元，决策失误、管理不善造成损失 145 亿元。对比之下，决策性失误损失巨大，却由国家来买单，未闻有人为此承担责任。参见 http://news.ifeng.com/gundong/detail_2011_07/21/7853826_0.shtml。

② 张明军、雷俊：《试论法治政府建构和有效运行的政治基础》，《理论探讨》2013 第 5 期。

的信任危机。因此，决策主体必须破除传统的思维习惯和定势，善于用法律的思维和手段解决决策中的问题，坚持做到决策先问法，违法不决策，按法去落实，还要不断提高依法分析能力、依法调研能力、依法统筹能力、依法决断能力和依法创新能力。推进决策科学化、民主化就是要完善深入了解民情、充分反映民意、广泛集中民智、切实珍惜民力的决策机制。各级决策机关都要完善重大决策的规则和程序，建立社情民意反映制度，建立与群众利益密切相关的重大事项社会公示制度和社会听证制度，完善专家咨询制度，实行决策的论证制和责任制，防止决策的随意性。

　　健全的监督机制是建设法治政府的一大关键环节。目前，我国虽然已从形式上建立了同体监督与异体监督，内部监督与外部监督相结合的较为系统的行政监督体系，但并未从根本上形成富有成效的监督网络，还没有充分发挥行政监督体系的整体效力。在现有的行政监督体制下，加强法治政府建设的一个重要的突破口便是充分发挥舆论监督的独特作用。社会舆论监督为法治政府的运作搭建了舆论平台，形成了较强的社会压力。正是处在这种社会舆论的压力下，政府行为才能愈加公开透明，行政权力才能不被滥用，行政相对人的基本权利才有根本保障。①目前，尤其要进一步规范和完善舆论监督的新形式——网络监督。网络监督作为社会监督的一种新生力量，体现了网络技术和民主监督的有机结合，虽然存在一些不足和缺陷，但不失为一种方便快捷且有效的"反腐利剑"。政府应以相关法律法规积极加以引导和规范，使其在法治政府的构建中充分发挥应有的作用。

---

① 张明军、雷俊：《试论法治政府建构和有效运行的政治基础》，《理论探讨》2013 第 5 期。

四 完善行政立法，加强行政执法

化解社会矛盾需要强化源头治理。立法作为调整权利义务关系的公权力行使方式，自然是源头治理社会矛盾的最重要途径，更是建设法治政府的根本出路。为此，必须制定更加公正的制度和法律，使政府的各项工作有法可依，来解决当前面临的问题和矛盾，切实维护公众的合法权益，保证社会的基础公平。所谓行政立法，就是指行政机关依照法定程序，在其职权范围内制定并颁行有关行政管理事项规则的活动。完善行政立法，首先必须更新立法观念，行政立法机关要淡化权力意识，强化服务意识，积极履行自己的职责，保护行政相对人的利益。其次，要严格遵守行政立法程序，坚持程序的正当性原则，将程序正义和实体正义结合起来，使公民积极参与到立法中来，充分表达自己的意愿，以保证行政立法的民主性和公开性。最后，要提高立法质量。法律是服务于社会的，应随着时代的变化而发展。对一些不合时宜、明显不适应现阶段实际情况的法律法规进行适时的修改和废止。与此同时，也要加强对行政立法工作的监督，包括非讼监督和诉讼监督，并且这种监督是全程的，以保证法规、规章的合法性和合理性，更好地维护公民和其他组织的合法权益。①

行政执法是实施国家法律规范的主要途径，是实现国家行政管理职能的重要方式，是建设法治政府的关键性环节。但目前，我国行政执法中还存在着执行权限模糊、程序不健全等亟待解决的问题。近年来发生的很多群体性事件，都是由于基层政府的执法人员暴力执法、不文明执法、不规范执法、不严格执法导致的。行政执法不规范，会导致相对人不守法甚至抗法，最终影响法律的实施。

① 赵林、李春华：《论法治政府的构建》，《延边党校学报》2012 第 5 期。

调查表明，多数纠纷涉及城镇规划、社会保障、劳资纠纷、集体土地权属等方面，许多缠诉和群体性事件，也多发于行政管理和行政执法领域。因此，必须采取切实措施，规范政府行为，严格控制政府部门自由裁量权，使行政主体严格按照法定权限和程序行使职权，履行职责。这样才能有效预防各类纠纷，防止发生"官民冲突"，从源头上减少社会矛盾。首先，政府转变行政执法观念。让执法人员牢固树立法律至上、法大于权的观念，实现从"以权为本"向"以民为本"的转变。其次，政府制定落实和进一步完善《法治政府建设指标体系》，以刚性标准推动法治政府建设，做到政府职权法授、程序法定、行为法限、责任法究，全面实现法治政府建设的各项目标。最后，政府坚持推进法治政府建设考评工作，将法治政府建设考评纳入政府绩效考核，以科学的法治指数考核政府法治建设工作，加大法治政府建设考评在政府绩效考核中的比重。①

五　建立一支勤政、清廉、务实、为民、高效的公务员队伍

构建法治政府依靠的最主要力量是人。打造一支勤政、清廉、务实、为民、高效的公务员队伍，对法治政府的构建至关重要。要提高公务员队伍的素质和能力，必须进一步落实《公务员法》，完善公务员管理制度。首先，认真落实公务员的任用制度，建立科学的选人机制，严把公务员入口关。严格准入条件，切实遵照公开考试、严格考察、平等竞争、择优录用的原则，选拔德才兼备的优秀人才进入公务员队伍，确保公务员队伍的整体素质。其次，完善公务员的考核制度，防止用人腐败。切实将考核结果作为公务员职务升降的依据，激励公务员不断改进自身行为，努力工作。再次，加

---

① 魏红亮：《法治政府建设要以十八大精神为引领》，《学习月刊》2013 第 1 期。

强对公务员的培训。通过建立多层次的培训体系，不断提高公务员的政治思想素质，专业知识水平和管理素质，树立公务员执政为民的良好形象。另外，还应健全公务员交流和岗位轮换制度，强化对公务员的监管，增强政府活力与效率，促进政府机关勤政廉政。

结　语

中产阶层是一种矛盾与变量，其发展趋向取决于这一社会群体所处的制度生态环境的优劣。市场经济是法治经济、信用经济和契约经济，其基本价值诉求是权利、平等与公正。因此，市场经济是培育中产阶层的试验场。健全完备优良的制度生态不仅是市场经济得以健康运行的必要前提，也是造就守法遵序公民的根本保证。然而，当下的司法不公、法制不彰已严重破坏了中产阶层赖以生存的制度根基，势必导致中产阶层利益受损、价值观扭曲异变；进而会对中国模式构成挑战，影响社会的和谐稳定。因此，中产阶层迫切需要法治。

法治是现代政府管理的基本手段。用法律规范社会，也规范自己是现代政府的发展趋向。因而，构建法治政府是历史的必然选择和现实的客观要求。现代社会是一个有序发展的社会，法治的实质是秩序。政府既应当是秩序的创建者，更必须是秩序的遵行者。政府遵循秩序要比公民遵循秩序更为关键。法治未必能直接提升某个时期的经济增长速度，法治追求的是经济社会的协调发展，是通过表达不同社会群体的利益诉求和协调利益纷争，在整体上推动整个经济社会的发展进步。构建法治政府实质上是为经济社会发展提供"刚性的制度环境"，制度上的建设和改善，能促进生产力的发展，推动公平竞争，进而提升资源配置的效率，降低交易成本，减少社会发展的风险和不确定性。这种无形的制度环境自然也是中产阶层发育的最佳"护身符"。当然，法治政府的构建需要经历一个长期的过程，它是一项艰巨的系统工程，需要全社会的共同参与和积极努力才能实现。

中国的长远发展应从深化市场经济改革入手，让更多的人真正富裕起来，扩大中产阶层（包括富裕农民与工人）所占比例，使中产阶层成为社会的主体。占社会多数的中产阶层在经济和话语权上逐渐占上风，才能进一步推动政治改革，实现真正的依法治国。

第七章　中产阶层与网络社会

21 世纪是互联网高速发展的时代。2014 年，全球互联网用户数量突破 30 亿大关。我国是世界上互联网发展速度最快的国家之一。自国家信息化战略实施以来，我国信息化水平得到快速提高，以电子计算机、互联网、手机通信、数码技术为首的信息技术，在短短十几年间将中国迅速编织成一个信息空前丰富的网络社会。现在，越来越多的民众加入网民的行列之中，人们可以在网上浏览新闻，观看视频，购买物品，聊天交友，欣赏音乐和读书通信等。网络成了许多人生活的一部分，甚至对于某些"网虫"来说，网络已经成了生活本身。据中国互联网络信息中心（CNNIC）发布的《第 1 次中国互联网络发展状况统计报告》，截至 1997 年 10 月，中国网民人数为 62 万。2012 年 1 月 17 日《第 29 次中国互联网络发展状况统计报告》显示，截至 2011 年底，中国网民规模达到 5.13 亿，2011 年新增网民 5580 万人。互联网普及率较 2010 年提升 4 个百分点，达到 38.3%。中国的网站数达到 229.6 万，较 2010 年底增长 20%，有望进入一个新的增长周期。手机网民规模也已达到 3.56 亿。①而中国互联网络信息中心（CNNIC）2014 年在北京发布《第

---

① 《中国互联网络信息中心（CNNIC）第 29 次中国互联网络发展状况统计报告》，http://www.cnnic.cn/research/bgxz/tjbg/201201/t20120116_23668.html（最后访问时间：2012 年 1 月 16 日）。

33 次中国互联网络发展状况统计报告》，截至 2013 年 12 月，我国网民规模达 6.18 亿，手机网民规模达 5 亿，占总网民数的 81.0%。互联网普及率为 45.8%，我国网民人均每周上网时长为 25 小时，网站数量达 320 万个。①互联网已经成为政府、企业和广大民众不可或缺的工具。中产阶层作为受过良好教育，拥有较高知识水平的一个群体，是网络信息的主要生产者、传播者和消费者，对网络社会的形成与发展起着重要作用。随着网络社会的形成，网络民主也悄然兴起。中产阶层以网络作为信息平台，发表意见，表达诉求，沟通交流甚至进行社会动员等，对中国社会政治生活产生了深远的影响。

第一节　网络社会的崛起

中国社会生活网络化开始于 20 世纪 90 年代中期，至今不过十几年的时间，互联网已经进入中国社会生活的各种层面，其发展速度和扩展空间令人难以预料。据美国咨询公司麦肯锡发布的报告显示，中国 60 个大中城市的居民 70% 的业余时间在上网，小型城镇居民的这一比例为 50%。②人们不仅通过网络了解不断更新的新闻时事，而且越来越多的人通过网络沟通信息、表达观点和评论时事。近几年，一种新的网络现象——微博和微信迅速发展，成为网络市场的主流产品，博得了众多网络用户的追捧，同时也备受商家的青睐，悄然把我国带入了"微时代"。新浪微博于 2009 年 8 月 14 日开始内测，9 月 25 日正式添加了点名功能与私信功能，并提供

---

① 《中国互联网络信息中心（CNNIC）第 33 次中国互联网络发展状况统计报告》，http://world.kankanews.com/device/2014 - 02 - 04/3831497.html（最后访问时间：2014 年 2 月 4 日）。

② 刘少杰：《网络化时代的权力结构变迁》，《江淮论坛》2011 年第 5 期。

"评论"和"转发"功能，供用户交流。微博正式进入中文上网主流人群视野，微博用户数量呈爆发式增长。截至 2013 年 6 月，中国微博用户规模达到 3.31 亿，97% 以上的中央政府部门、100% 的省级政府和 98% 以上的地市级政府部门开通了政府官方微博账号，政务微博认证账号超过 24 万个。仅微博每天发布和转发的信息就超过 2 亿条。①微博成为我国网民上网的主要活动之一。随着微博在网民中的日益火热，在微博中诞生的各种网络热词也迅速走红网络，微博效应正在逐渐形成。微信是继微博之后又一重要的运营平台，是腾讯公司于 2011 年 1 月推出的一款以多媒体信息通信为核心功能的免费移动应用平台，诞生之后短短两年得到快速发展。一方面，微信快速积累起庞大的用户群体，截至 2013 年 1 月 15 日用户规模已突破 3 亿，成为移动互联网时代重要的用户入口；另一方面，微信不断丰富功能，围绕通信这个核心功能，发展为集通信、社交、营销、媒体、工具五大功能于一体的平台化产品。②如今，互联网在我国政治、经济、生活各个领域的影响力已经逐渐显现，既成为重大公共事件的引发者和推动者、民众关注公共事件和表达利益诉求的新渠道，也构成了政府进行舆情汇集和分析的重要途径。网络社会逐渐成为一种新的社会形态，成为新的社会生存空间和组成方式。

一 网络社会的内涵阐释

马克思认为，社会是人们交互作用的产物。③作为一种社会形

---

① http://baike.baidu.com/subview/1567099/11036874.htm? fromtitle = % E5% BE% AE% E5% 8D% 9A% E5% AE% A2&fromid = 9246759&type = syn（最后访问时间：2014 年 9 月 20 日）。

② 赵敬、李贝：《微信公众平台发展现状初探》，http://media.people.com.cn/n/2013/1118/c371577 - 23576136.html（最后访问时间：2014 年 9 月 20 日）。

③ 《马克思恩格斯选集》第 4 卷，人民出版社，1972，第 320 页。

态，网络社会始于人们利用网络进行的社会交往，是基于信息网络平台上的人类交往实践活动的共同体。它是一种世界普遍交往的社会结构，是由交往实践主体与主体通过网络这一中介客体构成的一个相互交错或平行的交往大系统，是现代世界交往、互动联系的媒介，是交往实践全球化的共在结构。①换言之，网络社会是经由电脑、智能手机、网络技术与传播媒介，拓展个体与集体行动的模式与空间，嵌入生活世界的政治、经济与社会行动过程，逐渐被建构起来，并不断处于演进之中的一种虚拟网络叙事与现实的实然事物相互连接、互为驱动、互为阐释的复杂政治社会生态。因此，静态而言，网络社会堪称纯粹的虚拟网络中个体与集体行动的叙事；而动态之中，网络社会与网络传媒所嵌入其中的生活世界的叙事则可两相接续、互为动因。②

网络社会也可称之为"虚拟社会"，它是现实社会的延伸，并非一种独立的社会存在，它在本质上包含在现实社会之中，不能把它理解为与现实社会等量齐观的社会。同时，作为一种具体的社会形式，网络社会与一般社会也有相同之处。其一，网络社会具有一般社会所具有的关系性。网络社会不仅是一种技术存在，更是一种关系存在。通过网络社会，我们可以将各种事物联系起来，形成各种不同的关系存在，如物与物之间的关系、人与物之间的关系、人与人之间的关系以及国家与国家之间的关系等。可以说，网络社会是一切技术关系和社会关系以及技术与社会之关系的总和。从这种意义上来看，互联网也可以被称为"全球关系网"。其二，网络社会具有一般社会所具有的人际性。在人们看来，网络只是机器，是器物，是高科技，是冷冰冰的客观存在。其实，这只是网络的表

---

① 王焕斌：《"网络社会"：内涵及其特征探析》，《江西社会科学》2003 年第 2 期。
② 徐珣：《网络民主：公共协商与制度创新》，《浙江社会科学》2011 年第 4 期。

象。网络不仅将计算机与计算机、网络与网络、科技与科技"互联"起来，而且更重要的是网络将人与人"互联"起来从而形成一个特殊的社会。①正如西方学者所言，"把网络看成是电脑之间的连接是不对的。相反，网络把使用电脑的人连接起来了。互联网的最大成功不在于技术层面，而在于对人的影响"。②其三，网络社会具有一般社会所具有的信息性。一般社会具有信息性，它促进了人与人之间的正常交流和交往。网络社会也具有这种信息性，因为网络是建立在电脑连接的基础上的，它不仅可以处理信息，而且可以交流信息和寻找信息。在这方面，网络具有不可比拟的优势。因此，网络社会又被称为"信息社会"。③

二 网络社会的特质审视

"网络社会"摆脱了现实社会中人与人之间面对面交往的直接性和活动范围受制于物理时间和空间的狭窄性，它具有现实社会不能比拟的优越性，其主要特征如下。

（一）虚拟性

在"网络社会"中，人们的实践活动从过去以物质和能量为基础的活动平台，转移到以网络为基础的新平台，也就是从物理空间（Physical Space）转移到电子空间（Cyber Space）。在这个空间里，弥漫的是没有体积、重量等原子物理性质的，以知识信息、消息、图像、文字作为自己形式的虚拟比特（Bit）场景。人们可以在电脑网络中虚拟出一个现实的世界，虚拟出商店、医院、学校、邮

---

① 冯务中、李艳艳：《"网络社会"概念辨析》，《广西社会科学》2008 年第 9 期。
② 郭良：《网络创世纪：从阿帕网到互联网》，中国人民大学出版社，1998，第 168 页。
③ 冯务中、李艳艳：《"网络社会"概念辨析》，《广西社会科学》2008 年第 9 期。

局、会议厅、社区甚至虚拟爱。①网络只用一个数字代码来表示人们的身份，它完全遮蔽了现实世界中标识人们身份特征的"防伪标签"。在没有身份标识并且被完全抹平的虚拟空间中，现实社会中的身份差别被消解。"网络是一个巨型的化装舞会，在这里人们隐去了真实的身份特征，而其行为也可能变得无所顾忌。"②比如，一个健实的中年男子，可以在网上把自己装扮成红颜少女，向"她"的求"爱"者甜言蜜语；一个强盗可以装扮成百万富翁与他人谈生意，盗取商业秘密而又不留下作案痕迹。③"在身份无涉的网络中，英雄不问出处，只要论题新颖、发言精彩，就能引起关注。"④网络虚拟性的独特诱惑色彩使其变成一个"狂欢的世界"。

（二）自主性

较之以现实社会，"网络社会"呈现出一种更少依赖性、更多自主性的特征。在"网络社会"里，每一位网民既是参与者，又是组织者，都能"自己为自己做主""自己管理自己"，他们很明确自己在干什么、怎样干。不同社会阶层的人们可以在自己选定的"网络空间"上敞开心扉，畅所欲言，获得平等的尊严。此外，现实社会有许许多多法律条文和道德伦理，规范着人们的行为。而在"网络社会"里，没有最终管理者，所有的网民都是自己的领导和主人，都拥有网络的一部分。在这里，任何人都可以按照自己的原则（或者不要原则）说话、做事。与在现实社会中相比较，人们要自由自在得多。这也是人们热衷于上网的重要原因之一，因为他们想在"网络社会"中找回自己的"个性"与自由，表现自己在现

---

① 王焕斌：《"网络社会"：内涵及其特征探析》，《江西社会科学》2003 年第 2 期。
② 茅亚萍：《浅析网络的匿名传播》，《当代传播》2003 年第 6 期。
③ 刘国建：《"网络社会"的特性及其哲学思考》，《学术研究》2002 年第 2 期。
④ 陶文昭：《互联网上的民粹主义思潮》，《探索与争鸣》2009 年第 5 期。

实社会中不能表现的那一面。①从某种意义上说，正是自主性的高低决定了受众自由的程度。可以说，互联网提供了几乎无限的表达可能。网民可以利用各种网络平台自由地表达自己的思想和情绪，互联网的匿名性则完全遮蔽了交流者的真实身份，使得网民完全摆脱了社会身份意识的自我约束和对社会舆论压力的顾忌，自由地表达自己的观点、宣泄自己最本真的情绪。②

（三）开放性

互联网上无国界，网络传播系统是一个高开放性的、全球化的系统，这是网络传播不同于传统传播系统的一大特点。从提供的信息服务而言，正如美国国家研究委员会（NRC）在其所编辑的《理解信息的未来——互联网及其他》中所指出的，网络的"开放性"是指它"可以进行各种类型的信息服务，（这些信息）可以来自各种类型的提供者，可以给各种类型的用户使用，可以经过各种类型的网络服务机构，而且，这种连接是没有障碍的"。能够轻易跨越国界的互联网，常被认为是全球化传播的要素之一。③互联网这种信息传递方式和虚拟空间交往方式，完全超越了地域空间的限制，使得处在私人空间的网民，仅仅借助于手中鼠标，就可以在网络世界任意驰骋，同世界上能够接触互联网的任何角落的人们进行自由、平等的交流和对话。

（四）平等性

在传统媒体时代，精英完全垄断了话语权，平民大众近乎处于"失语状态"。网络社会的出现彻底颠覆了这个传统，从根本上

---

① 刘国建：《"网络社会"的特性及其哲学思考》，《学术研究》2002年第2期。
② 何显明：《中国网络公共领域的成长：功能与前景》，《江苏行政学院学报》2012年第1期。
③ 周晓虹：《中国中产阶层调查》，社会科学文献出版社，2005，第213～214页。

"撕裂"了精英与平民大众之间话语权的不均衡状态。[①]网络的本质是反等级制、反权威的，体现了平等、自由的思想——网络没有层次之分。[②]世界是平的，网络更是平的。网络的平等性既为平民大众就一些公共事件表达自己的价值偏好搭建了一个实现价值诉求的平台，也在一定程度上坚守与维护了社会正义的底线。

（五）共享性

共享性是指凡与网络相连的用户计算机，均可以分享网络上几乎所有的信息资源。由于网络系统基于客户机—服务器模式而建立，采用的是开放系统模式，并通过高速、宽带网络连接成分布式系统，从而使用户可以检索到美国国会图书馆、英国大不列颠图书馆等世界上600多个综合图书馆和400多个专业图书馆的馆藏目录，同时还可以检索各种专业和商业数据库的资料以及各种市场信息、科技信息、社会政治信息等，从而极大地拓展了人们对于信息资源的选择、利用和共享的程度与范围。[③]此外，网络还具有便捷性。网络技术"井喷式"的更新速度，使得这块广袤的空间变得成本更低廉、更方便、更快捷。公民个体不必提交申请或支付任何有形的管理费用，既可以及时、直接、快捷地把自己的价值偏好、思想火花和灵感通过网络自由地表达出来，也可以在开放且丰富的网络资讯中便捷地查找、订阅关涉自己或渴望知晓的政治、文化、军事、科技、教育和体育等信息。[④]

（六）直接性

在网络时代，任何一个网民都可以借助自己获取的丰富信息对他所关注的公共事件做出反应和评判，人人都是"没有执照的电视

---

① 史献芝等：《网络民意双重面相的政治学审视》，《行政论坛》2010年第6期。
② 魏群：《东方·人文备忘录》，光明日报出版社，2002，第438页。
③ 周晓虹：《中国中产阶层调查》，社会科学文献出版社，2005，第214页。
④ 史献芝等：《网络民意双重面相的政治学审视》，《行政论坛》2010年第6期。

台"（尼葛洛庞帝语）。以往，普通民众只能被动接受宣传，或者只能通过他人发出的经过层层过滤的声音来接受信息。现今，他们只要登录上网，就可以跨越官僚机构的等级壁垒，直接向最高领导人表达自己的利益诉求，发出自己真实的声音。因此，互联网使公众的社会参与具有了前所未有的直接性。①

三 网络社会：中产阶层的孵化器

网络、信息与数字化产业的勃兴，带来的中产阶层兴起，客观上改变社会阶层结构，主观上为社会带来新的价值取向。

（一）网络偏爱：中产阶层的媒介特征

在我国中产阶层的成长背景中，网络传媒的发展与普及是一个重要因素。作为我国社会变革晴雨表的网络传媒，其运动和变化与中国中产阶层的产生和发展密切相关。从经济上看，中产阶层群体的经济观念较为先进，不仅是市场经济的拥护者，而且是网络传媒产业潜在的投资人，他们对于网络传媒的市场化具有巨大的促进作用；从文化上看，中产阶层对文化、教育的投入稳定，对信息的需求强烈，是网络传媒产业的主流消费者；从政治、法律上看，中产阶层大多具有良好的政治参与意识，是建设民主与法制社会的推动力量。当网络传媒充当公共空间的缔造者时，中产阶层群体不可避免地会成为深度卷入的参与者。因此，大众传播（网络）的高度发达，为中产阶层的崛起提供了隐蔽的社会平台、交流舞台，促进着其阶层意识和身份认同的产生。

相比于非中产阶层，中产阶层有着较高的上网比例（具体数据参见表7-1），表现出对网络媒介的偏爱与依赖。在信息时代，中

---

① 何显明：《中国网络公共领域的成长：功能与前景》，《江苏行政学院学报》2012年第1期。

产阶层更为关注自己的业务信息和国内要闻。因为有价值的业务信息可以为中产阶层带来收入增长和地位稳定，而不断关注国内动态则可以帮助他们了解国家的大政方针，为自己今后的发展指引方向。然而，这些信息往往是传统大众传媒很少提供的，中产阶层更倾向于通过新的媒体（网络）获取。网络媒体的开放性、便捷性、共享性、平等性、自主性特征与中产阶层的信息需求及其媒介接触特征是一致的。在虚拟的空间里，中产阶层群体出自经济、政治、文化或者其他需要，可以与世界各地的使用者互相联系。从自由交流和可能性来看，没有其他媒介比网络更具备中产阶层蓬勃发展的需求特质。于是，智能手机、电脑、网络就成为他们生活、工作、学习的一部分。

表 7 - 1　中产与非中产上网情况比较[1]

单位:%

是否中产	上网	不上网	共计	是否中产	上网	不上网	共计
收入中产	70.2	29.8	100	职业中产	59.9	40.1	100
收入非中产	38.3	61.7	100	职业非中产	48.6	51.4	100
消费中产	72.4	27.6	100	学历中产	69.9	30.1	100
消费非中产	44.5	55.5	100	学历非中产	27.1	72.9	100

据中国互联网络信息中心的统计，现有文学网民人数达 2.27 亿，约占网民总人数的 47%；以不同形式在网络上发表过作品的人数高达 2000 万，注册网络写手 200 万人，职业或半职业写作人群超过 3 万人，每年有六七万部作品被签约。2013 年 6 月，中国作协 2013 年会员公示名单中，《甄嬛传》作者流潋紫、《步步惊心》作者桐华、《裸婚时代》作者唐欣恬等 16 名网络作家"上榜"。全国散文诗学会副会长、海南作协副主席蔡旭，就是在退下领导工作岗

---

[1]　周晓虹:《中国中产阶层调查》，社会科学文献出版社，2005，第 177 页。

位后才上网写作的，目前已经出版散文诗专著 24 本，成为名副其实的"网络作家"。2013 年 10 月，国内首家"网络文学大学"成立，而名誉校长正是获得诺贝尔文学奖的莫言。①网络作家在写作之外从事的职业非常广泛，有公务员、教师、军人、工人、农民等，当然，中产阶层是其主力军。

（二）网络主体：新的阶层边界

由于受到教育、社会流动、社会交往等多方面的"形塑"，中产阶层具有一定经济地位和文化地位，他们在获取知识和信息的技术层面上要比非中产阶层（社会下层）更有优势。中产阶级群体的社会触角比较敏感，他们往往扮演"意见领袖"的角色，主导着网络舆论、大众传媒和社会思想库，其价值态度很可能成为社会主流价值。②中产阶层在网上主要关注公共议题，有别于一般的"集体娱乐"。这表明中产阶层是一个特殊的网络消费群体，与其他群体有着明确的阶层边界。

1. "数码沟"难以消弭

受过良好教育的中产阶层群体，比非中产阶层在"技术"层面上有机会获得更多信息。也就是说，中产阶层与非中产阶层之间存在着"数码沟"。"数码沟"之说源于"知识沟"理论，后者是指那些"大众传播实际上可能会扩大不同社会阶层成员之间的知识差距"。③该理论认为，社会经济状况好的社会阶层成员将有机会获得更多信息。随着网络社会的来临及由此产生的数码革命，对于"知识沟"的讨论变成了对"数码沟"的讨论，后者更关心网络的使

---

① http://reader.gmw.cn/2014 - 06/20/content_11675481.html（最后访问时间：2014 年 6 月）。

② 李春玲：《寻求变革，还是安于现状——中产阶级社会政治态度测量》，《社会》2011 年第 2 期。

③ 沃纳·赛佛林、小詹姆斯·坦卡德：《传播理论：起源、方法与应用》，郭镇之、孟颖译，华夏出版社，2000，第 273 页。

用所带来的信息差距。"数码沟"是指不同社会经济水平的个人、家庭、企业以及地区在接触信息通信技术和利用互联网进行各种活动上的机会的差距。由于不同地区、人群之间对信息、网络技术应用的程度不同以及创新能力有差别,从而造成"信息落差"、"知识分隔"和"贫富分化"问题,简言之,"数码沟"是信息富有者与信息贫困者之间的鸿沟。[1]1994年以来美国商业部所属统计局公布的四次调查结果表明:"数码沟"现象在美国社会已经较为普遍。研究发现,目前我国也开始出现了较为明显的"数码沟"现象,这一差距与人的年龄、受教育程度和职业等指标密切相关。[2]与经济收入相比,教育似乎是一个更为重要的因素。在学历层面上的中产与非中产似乎沟距最大,受教育程度是阶层之间,尤其是区分中产阶层与非中产阶层的最有效尺度之一。可见,知识仍然是使用新媒体(互联网)的主要壁垒。中产阶层正是在这样的一系列文化、教育和经济特征上与非中产阶层拉开了距离,与此同时,也形成了自己独特的媒介接触习惯。[3]从这个意义上来讲,中产阶层是有机会、有能力使用网络参与公共事务讨论和决策的群体。

2. 主导网络舆论

在网络社会中,中产阶层凭着自身敏锐的信息"嗅觉",更可能扮演公共知识分子或"意见领袖"的角色,是主动发起网络议题并改变舆论走向的社会成员。尤其在微时代,"意见领袖"发表言论的热情高涨,无论舆情事件是由传统媒体首发,还是由网络媒体爆出,事件舆论一旦形成,各种"意见领袖"迅速进入舆论主战

---

① 郭小安:《网络民主的可能及限度》,中国社会科学出版社,2011,第237页。
② 祝建华:《数码沟指数之操作定义和初步检验》,吴信训主编《21世纪新闻传播研究》,汕头大学出版社,2001,第20页。
③ 周晓虹:《中国中产阶层调查》,社会科学文献出版社,2005,第212~213页。

场，纷纷转发或发表事件的相关信息或评论。①"意见领袖"大多属于中产阶层。据 2014 年 2 月 16 日人民网报道，该网舆情监测室第一次对有关网络"意见领袖"进行了成规模调查。调查显示，在近年一些突发事件和公共议题上，"意见领袖"的影响力常常超过媒体和政府在微博中的传播力。调查发现，网络"意见领袖"中 40～60 岁的中年人居多，学历水平偏高，文科生居多，近 1/3 有过境外学习的经历；该群体在媒体、大学工作的人数最多，其次是企业组织、研究机构等。据统计，他们多数为中等收入者，年收入在 10 万元至 60 万元的占 70%，60 万元至 200 万元的人约占 16%，10 万元以下的仅占 5%。②该群体的社会触角比较敏感，其微博、微信具有广泛的传播性与影响力，微博以几何级数的速度传播，事件被迅速推至舆论中心。从当前的一些民调来看，社会转型期，网络"意见领袖"在一定程度上成为民意的代言人，对政府陈情，施加舆论压力，但又经常放大或畸形化某些超越现实可行性的偏激诉求。客观评估他们的建设性和合作精神，是意识形态工作和社会建设、社会治理创新的一个重要方面。

3. 关注公共议题

中产阶层的社会中间位置，使得他们担负着比其他阶层成员更多的社会责任。因此，中产阶层的网络表达多以关注社会公共议题为主，具有更强的现实关怀，有别于一般的"集体娱乐"。一般来说，公共议题是那些关乎社会大多数人的利益、能够引起广泛关注的问题，它们与那些充斥着大量的个人情感宣泄和泛娱乐化的议题形成鲜明的对比。中产阶层更倾向于对公共议题进行深入的讨论和传播，进而形成强有力的舆论影响。比如，中国社科院于建嵘教授

---

① 刘锐：《微博意见领袖初探》，《新闻记者》2011 年第 3 期。

② 《"意见领袖"需要团结和包容》，http://opinion.people.com.cn/n/2014/0216/c1003 - 24371150.html（最后访问时间：2014 年 6 月）。

设立的"随手拍照解救乞讨儿童"的专题微博，经过网络"发酵"后，迅速升温为一个公共议题。仅仅开博 10 余天，就吸引 57 万多名网民参与转帖以及接力"随手拍"发帖，形成强大的舆论传播力量，吸引了传统媒体的跟进，并最终引起了公安部门的高度关注。又如，"7.23"甬温线特别重大铁路交通事故发生后，大量的网友通过"微博"跟踪事件的最新进展，为揭开事故的真相及相关问题的妥善处理起到重要的推动作用。再如，2011 年元旦，网络舆论领袖"北京厨子"利用微博征集志愿者，成功为甘肃古浪县的尘肺病患者筹备了一场名为"我们在一起"的慈善午宴。这场公益救助行动共为 157 名尘肺病患者筹集捐款 23 万元，并为 15 名患者成功"洗肺"。该行动促成古浪地方政府启动近 600 万元人民币的紧急救助金和长效救助资金为尘肺病人治疗垫资，然后再由政府来追究企业责任。此外，从"天价烟局长"周久耕，到从"房叔"蔡彬、"表哥"杨达才，到不雅视频主角雷政富等，无不是借助网络曝光和网民围观而落马的。综观这些网络事件的发生、发展、高潮和消退，都有别于一些明星情感八卦抑或"艳照"之类的娱乐话题。①总之，从个人的生活琐事，至体育运动盛事，再到全球性的灾难事件，微博已经成为网民，尤其是中产阶层表达意愿、意见的重要渠道。

（三）电商：中产阶层的商业革命

中产阶层尤其上层中产阶级正成为新主流消费群体，其消费行为引领着中国未来的消费趋势。中产阶层的消费需求呈现出不同于传统消费者的多样性。他们在消费行为上更精明和成熟，更愿意为产品品质支付溢价，并且对非生活必需品的消费占比越来越大。他

---

① 金卉、范晓光：《中产阶层的网络表达：以"微博"为例》，《中共杭州市委党校学报》2012 年第 2 期。

们愿意尝试新的东西，追求品位和身份地位，忠诚于其所信赖的品牌，更青睐小众品牌。除了品牌以外，年轻的中产消费者不光注重产品和服务本身的质量，还更注重消费过程的体验，包括消费前与商家的沟通和对商品的了解，购买商品和服务的过程，以及售后服务等。当下中产阶层在消费时更加依赖互联网。有调查显示，在购买新的家电产品或个人数码用品之前，42％的人会上网查看他人的使用体验、评论或反馈。近年来，我国的网购交易金额持续实现了翻番增长，目前已经占社会消费零售总额的3.3％，网络购物已经逐渐成为社会的主要消费模式。网购市场发展也进入了一个更加成熟化、品质化的阶段，更多中高端需求也在逐步被激发出来。无论是按照统计局的中产标准，还是从职业、教育、声望和收入等社会资本标准上看，网购用户的核心群体都与中产阶级群体在逐步逼近。因此，网络消费越来越为新崛起的中产阶级所青睐。

互联网时代的到来，改变了中产阶层的消费方式，从而使传统商业模式正在发生着革命性的颠覆，电商成为商业发展的核心关键词，线上消费、线下体验的商业运营模式受到了推崇。互联网和智能手机的普及、低成本的物流和配送服务有力地推动了在线零售业的快速发展。通过B2C、C2C、团购、排名等电子商务网站的多年耕耘，社交网络、博客、微博等社会媒体的推波助澜，再加上物流配送体系和支付体系的逐渐完善，网络消费正逐渐成为中产阶层主流消费渠道。代表性的电商运营主体有京东商城、当当网、美丽说等。这些电商在公众平台上的运营策略各有不同。"京东商城""当当网"等用微信来推送各种活动信息、商品促销信息，导引用户流量到自己的网站。"好乐买"等利用微信来进行售后服务，如用户回复订单号可以自动返回订单追踪情况。"美丽说"等社会化导购类电商也在微信平台上展开了很多深入探索。根据中国电子商务研究中心统计的数据，未来两年，国内网购市场的年交易额将突破一万亿元，约能占国内社会消费品零售总额的5%以上。可以预见，未来中产阶层的网络消费还将有较快的增长。网络消费从根本上改变了中产阶层的消费方式和生活方式，使其变得越来越成熟与自信。

第二节　网络社会与政治民主

民主政治要求信息公开，网络"电子民主"的出现为打造"阳光"政治提供了一个平台，网络社会的崛起使得民众有了新的政治参与舞台。互联网作为民意表达的一种便捷载体，注定会成为实现民主价值诉求的重要场域。因此，网络政治民主的到来不可避免，并将成为一种全新的政治参与路径。在我国，网络民主的真意是通过网络渠道拓宽公众参与，使得政府与民众之间获得更加良好和有效的沟通。网络政治民主的发展趋势应当是由"纵向民主"走向"协商民主"。目前，如何实现以中产阶层为主力军的民众自下而上和政府自上而下这两种力量的协调平衡，推动政治民主从纵向民主走向协商民主，实现社会和谐稳定与国家长治久安是摆在我们面前的一项重大课题。

一　纵向民主的内涵及其合理性

美国学者约翰·奈斯比特在《中国大趋势：新社会的八大支柱》一书中指出，"中国自上而下的指令与中国人民自下而上的参与正在形成一种新的政治模式，我们称之为'纵向民主'"。[①]在他看来，"纵向民主"这一模式中，中国上层领导根据下层的意见、需求以及形势的发展制定一个整体的发展纲要，下层组织与广大民

---

① 约翰·奈斯比特：《中国大趋势：新社会的八大支柱》，魏平译，中华工商联合出版社，2009，第39页。

众则贯彻这一纲要，在贯彻过程中可以根据情况和环境的变化而灵活机动，只要符合总体目标即可。这样便创造了一个纵向结构，新思想和经验可以源源不断地沿着这个纵向轴交流，这也就是他所谓的"纵向民主"。①奈斯比特认为，支撑新中国社会长治久安的最重要、最微妙也是最关键的支柱就是这种自上而下（top-down）与自下而上（bottom-up）力量的平衡。这是中国稳定的关键，也是理解中国独特的政治理念的关键。②奈斯比特的观点，在一定程度上反映了我国现实社会的部分原貌，具有一定历史合理性。

互联网首先是作为一种传媒出现的，互联网传递政治信息的实质是"国家意志"和"民间意志"的相互交流与有效沟通。国家政策通过互联网得到及时而准确的解释，以中产阶层为主力军的社会公众的愿望也通过互联网得以及时而全面地反映，上下相通，思维一致，才能形成凝聚力，政治决策才能最大限度地获得社会公众的支持。③一般而言，网络社会中存在这样两个舆论场：一是各级党和政府通过权威发布和权威解读等方式，自上而下主动释放信息而形成的"官方网络舆论场"，报纸、电视、广播等传统媒体是信息的主要来源，网络等新媒体只是传播载体；另一种是依靠以社会中产阶层为主的网民自下而上的"发帖，灌水，加精，置顶"而形成的"民间网络舆论场"，"草根网民"和论坛版主是这种传播模式的主体。这两个舆论场域有着明显的关注点分野："官方网络舆论场"聚焦在涉及国家大政方针等的重大题材上占据统治地位，而"民间网络舆论场"在贪污腐败、贫富差距、行业垄断、社会保障、

---

① 朱元祥：《是走向纵向民主，还是走向协商民主？——约翰·奈斯比特的纵向民主论简评》，《南京理工大学学报（社会科学版）》2010 年第 5 期。

② 约翰·奈斯比特：《中国大趋势：新社会的八大支柱》，魏平译，中华工商联合出版社，2009，第 57 页。

③ 余波：《网络社会中网络的政治功能以及网络对政治文化传播的影响》，《兰州交通大学学报》2008 年第 2 期。

城乡差距等民众关心的话题上，更容易被广大网民认可。①纵向民主正是自上而下的"官方网络舆论场"与自下而上的"民间网络舆论场"的有机衔接。近年来中央和部分省市领导主动上网与网民互动交流这种形式，就是官民两个网络舆论场的对接，是纵向民主模式的典型显现。

（一）自上而下引导

我国纵向民主模式的一个重要方面就是党和政府自上而下地利用网络平台接收社情民意的表达，并在可能的情况下将网络反映的问题予以解决、将网民智慧予以汲取和运用、将网络民意上升为适当的政策和措施。同时，也可以利用互联网向社会成员宣传公共政策、解读特定政治现象、传递政府有效信息、引导主流价值观，启发和增强社会成员对政治权力的有效性和合法性认识，塑造有效政府和合法政府的良好形象。②从加强党的网络执政能力角度来说，大力发展由国家推动的自上而下的引导不仅有利于克服网络失控的危机，而且可以作为社会主义民主政治的新亮点，具有一举两得的功效。2008 年 6 月 20 日，时任中共中央总书记的胡锦涛在人民日报社发表讲话，称"互联网已成为思想文化信息的集散地和社会舆论的放大器，我们要充分认识以互联网为代表的新兴媒体的社会影响力，高度重视互联网的建设、运用、管理，努力使互联网成为传播社会主义先进文化的前沿阵地，提供公共文化服务的有效平台，促进人们精神生活健康发展的广阔空间"。③

在网络时代，国家必须重视并及时听取和接纳社会的表达和诉

---

①　代群等：《应对网上群体事件需处理好两个网络舆论场》，《当代社科视野》2009 年第 Z1 期。

②　刘建华：《论网络社会的政治权力转移》，《广西师范大学学报（哲学社会科学版）》2012 年第 3 期。

③　胡锦涛：《在人民日报社考察工作时的讲话》，http://cpc.people.com.cn/GB/64093/64094/7408960.html（最后访问时间：2010 年 12 月 12 日）。

求，公民尤其社会中产阶层，在网络领域中对公共事件积极参与的热情和巨大影响力必然需要国家去关注和引导。只有重视并正确对待社会中产阶层在互联网中的存在及其行为，国家才能获得更好的治理和发展。否则，现代国家的稳定就会受到影响，国家的影响力就会受到极大的制约。因此，政府应通过开通专门的网络政治参与平台等形式进行规范与引导，将网络社会的公众政治参与纳入制度化、理性化的轨道，使网络社会的政治参与能够在规范、制度的轨道内表达，成为现实社会政治参与的有力补充，同时也成为提高政治参与积极性与政治认同度的途径。[①]

如果我国自上而下的民主模式能健康持续地发展下去，如果党的各级领导或政府官员能够坚持关注网络行为、参与网络交流，党和政府不仅能增强同群众的联系，抵制消极腐败现象，而且还能在网络中获得很多直接源自现实生活的新思想。尽管在微博和网帖中看到的主要是网民们对社会问题的感性认识和简单表达，但这些认识却植根于实际，它们以朴素的形式展示着广大社会成员尤其是中产阶层对社会问题的理解和评价。如果各级领导或政府官员能够认真面对和深入思考网民们的网络表达，他们将从中得到新的启示、增加新的活力，进而化解精神懈怠、能力不足的危险。[②]网民对此持非常正面的评价态度。有人说，看到领导干部在线"网聊"，一问一答之间就会让网友产生"同时存在"的感觉，一下子拉近了决策者和群众的心理距离，增加了民众对权力的亲切感。此外，许多法律法规和行政决策事先上网征求意见的做法，也得到网友们的普

---

① 陶蕴芳：《网络社会中群体政治认同机制的发生与引导》，《中州学刊》2012 年第 1 期。

② 刘少杰：《网络化时代的权力结构变迁》，《江淮论坛》2011 年第 5 期。

遍好评。[①]

（二）自下而上参与

现代民主政治发展的过程就是政治参与不断扩大的过程，一个国家公民政治参与的程度和水平越高，这个国家的政治发展程度就越高。网络民主的旨意是通过网络渠道拓宽公众参与，使得政府与民众之间获得更加良好和有效的沟通。网络政治参与是网络政治认同形成的重要实践基础，网络政治参与的重要性，不仅在于将公众的需要和愿望自下而上地传达给政府，而且能有效参与政治活动本身就是提高公众满意度和政治认同度的重要源泉。[②]互联网具有诸多传统媒体所不具备的特质，为公民个体的自下而上"畅所欲言"搭建了一个基本的技术平台。网民尤其是中产阶层通过互联网掌握和控制大量信息，可以充分行使民主权利，积极地进行政治参与并主导政治的发展方向。网络社会奠定了网民参与的社会结构基础。网络社会所推进的网络化的社会组织结构、扁平化的组织管理，使得网络社会的行动主体可以摆脱集权式的社会组织结构的束缚，进而更具有主体的独立性与参与的主动性。再者，网络社会为网络民主提供多元的理性基础。网络社会新阶层（主要是社会中产阶层）的兴起，也将促使新的价值理性得以成长，而网络社会组织间联系的广泛性，也使得各种社会理性得以交汇。这些都将为自下而上民主的展开奠定多元的理性基础。[③]在网络社会里，数以千万计的网站、社区、论坛微博、微信等，每时每刻都在聚焦或大或小的公共事件，生成海量的自发性议论，这使得当今中国社会生活领域的各

---

① 代群等：《应对网上群体事件需处理好两个网络舆论场》，《当代社科视野》2009 年第 Z1 期。

② 陶蕴芳：《网络社会中群体政治认同机制的发生与引导》，《中州学刊》2012 年第 1 期。

③ 徐珣：《网络民主：公共协商与制度创新》，《浙江社会科学》2011 年第 4 期。

种问题都及时地反映在网络舆情之中。巨大的网络舆论压力，不仅促使侵害弱势群体权益的事件得到了公正解决，而且往往以社会压力"倒逼"的方式推动了不合理的制度安排的变革，在维护社会正义方面发挥了不可替代的重要作用。2003 年的"乙肝患者网络维权行动"促使 2004 年第十届人大常委会通过新修订的《传染病防治法》，将"任何单位和个人不得歧视传染病病人、病原携带者和疑似传染病病人"纳入法律条文；围绕孙志刚事件形成的网络舆论最终促成国务院废除实施了 21 年的《收容遣送制度》，代之以新的《流浪人员救助管理办法》。这些典型案例，都是成功的例证。①

公民个体通过网络自下而上地自由表达，标志着公民民主权利的落实，预示着公民能够以便捷的方式参与讨论与协商各种政治性和非政治性的社会问题，彰显出了用以扩大公民参与的形式，实现了从相对抽象的民主理念向具有可操作性的制度的转变。从这个意义上来说，互联网已成为政治社会化的重要媒介，通过有效引导，可起到传承政治文化、教育社会成员、塑造公民政治信仰和政治意识、巩固政治统治的作用。这有利于提高国民的政治知识与政治技能，形成较为成熟稳定的"政治人格"，相应降低有序政治参与的难度，推进我国政治发展进程。②从国家最高领导人积极"触网"，到各级政府官员积极听取网络民意，再到党的一系列重要全会明确提出要"注重分析网络舆情"，表明了"自上而下"与"自下而上"相结合的纵向民主是党在新时期发展社会主义民主政治的重要抓手和突破口。

二 网络民主：协商民主的实现路径

尽管纵向民主在我国现阶段具有一定的合理性，但民主的本质

---

① 何显明：《中国网络公共领域的成长：功能与前景》，《江苏行政学院学报》2012 年第 1 期。

② 熊光清：《网络政治的兴起对中国政治发展的促进作用》，《山东科技大学学报（社会科学版）》2008 年第 3 期。

毕竟是广大公民能够参与商议与决策公共事务问题。随着互联网技术的进一步发展及其引发的社会结构的多中心化与扁平化，建立在等级结构基础上的、富有精英民主色彩的纵向民主，终究也会随着社会结构的扁平化而趋向具有大众民主性质的协商民主。从长远来看，纵向民主的发展趋势应当是走向协商民主。

（一）协商民主的意蕴

所谓协商民主是指在一定的政治共同体中，特定主体通过对话、商谈、妥协和审议等协商性的方式及机制参与政治的一种民主形态。社会共同体中平等的、理性的、自由的成员或组织是协商民主的主体，其主要通过互动式的对话、商谈、辩论、谈判和审议等协商方式参与政治，相互妥协达成理性共识。通过协商形成的决定或意见最终应为参与各方认同和遵循，并参与各方愿承担相应的义务和责任，政府还必须就所形成的政策和决定对社会有所交代，以提高民众对协商结果的认可程度，提升公共政策的政治合法性。[①]

协商民主是 20 世纪后期在全球兴起的一种新的民主理论和实践形式，是对西方传统代议民主的一种超越，代表了民主发展的新趋向。协商民主在一定意义上是一种审议民主，公民以审议的方式参与公共事务的了解、协商与决策。因此，它是一种共同参与或半直接参与的民主制。从民主的"人民参与商议与决策公共事务的权利"内涵来说，它是一个巨大的历史进步。目前，中产阶层是协商民主的重要力量。同时，协商民主也能更好地实现中产阶层的利益和保障中产阶层的权利，是中产阶层成长的重要平台。[②]

从技术上说，协商民主是一种建立在网络技术上的参与式、审议式民主。由于网络技术的发展及各种网络平台的出现，公众尤其

---

① 李琳：《中产阶层与协商民主》，《湖南省社会主义学报》2007 年第 5 期。
② 李琳：《中产阶层与协商民主》，《湖南省社会主义学报》2007 年第 5 期。

是中产阶层可以利用网络平台参与对公共事务的审议，发表自己的看法。政府也可以利用网络平台及时向公众公布有关提案或方案、征求意见，把大众民主与精英民主有机结合起来，让公民以审议的方式参与公共事务的协商与决策。因此，这种以网络技术和网络平台为依托的协商民主即为网络民主。换言之，网络民主是协商民主的技术形态和实现路径。

（二）网络民主：协商民主的技术形态

互联网从技术乃至"方法论"的角度影响着民主，改善并促进着民主的发展，改变着民主的运作形式。在世界各国都推进政治民主化的今天，民主成为时代的强音，而互联网的崛起更为这个进程添加了新的音符。现今，民主政治参与在网络技术的支撑下变得如此便捷，以至于人们足不出户，在自己的家里仅仅靠一台连在网络上的电脑，点击鼠标和键盘，或者利用一部智能手机通过按键就能完成民主参与的全过程。网络技术将成为当代主要的民主参与手段和工具，从而把人类带入"网络民主"的新时代。①

网络民主作为一种新型的媒介民主形式，它是从传统媒介民主形式如广播民主、电视民主等远程民主形式发展而来的，是电子民主发展的高级阶段。②关于网络民主的界定，中外文献中较为典型的表述有：马克·波斯特认为，网络民主是公民借助网络技术，通过网络公共领域加强和巩固民主的过程③；莫里斯把网络民主定义为，公众与政府的沟通，可以直接透过计算机及网络的运用，创造

---

① 田科瑞：《网络时代的民主》，《北京工业大学学报（社会科学版）》2005 年第 1 期。

② 郭小安：《网络民主的可能及限度》，中国社会科学出版社，2011，第 123 页。

③ Mark Poster, "Cyber Democracy, The Internet and the Public Sphere.," in *David Holmes*. Virtual Politics：Identity &Community in Cyberspace . (*London：Sage Publication*, 1995), *p.* 212.

新的互动空间，以实施民主的理念[①]；马克·斯劳卡则把网络民主理解为，以网络为媒介的民主，或者是在网络中渗入民主的成分。[②]国内学者对网络民主概念的界定，比较典型的有：侯彬把网络民主看作，"电子人"以网络为载体和媒介形成"网络社区"，依托"网络社区"进行政治表达和政治参与的新兴民主形式[③]；宋迎法和刘新全将网络民主理解为网络时代新型的民主形式，它以发达的信息技术、互联网及其相关技术为平台，以直接民主为发展趋向，以公民的全体、主动、切实参与民主决策、民主选举等民主运作程序为典型特征的一种民主新形式[④]；毛寿龙则把网络民主界定为，"在 20 世纪的最后 10 年里，由于网络技术的飞速发展，分布在整个地球上的人，通过网络来讨论公共事务，并通过投票来决定公共事务，已经成为人类民主制度发展的重要进程。新的事物需要新的名字。对于这种新的民主制度，我们不妨暂且称之为网络民主"[⑤]。

上述界定从不同层面揭示了网络民主的基本内涵，但未能综合审视不同政治生态下网络民主不同的表现形式及其作用，笔者赞同郭小安对网络民主的诠释，所谓网络民主，是政治主体借助网络技术，以政治互动为主要形式，以网络空间为载体，培育、强化和完善民主的过程。它涵盖了三个层面：一是现有的民主的信息化，即利用网络信息技术巩固和加强民主，如电子选举、电子投票等；二是对现有民主的重塑和拓展，如加强了直接民主，重塑传统的代议民主形式；三是引发了新的民主形式，如网络公共空间的协商对

---

① 莫里斯：《网络民主》，张志伟译，商周出版社，2000，第 110 页。

② 马克·斯劳卡：《大冲击——赛博空间和高科技对现实的威胁》，汪明杰等译，江西教育出版社，1999，第 71 页。

③ 侯彬：《试析"网络民主"特征及其对民主政治发展的影响》，《中共云南省委党校学报》2005 年第 1 期。

④ 宋迎法、刘新全：《电子民主：网络时代的民主新形式》，《江海学刊》2006 年第 6 期。

⑤ 毛寿龙：《网络民主的局限》，http://blog.sina.com.cn/s/blog_4c15b962010007rc.html。

话、电子议政厅、电子广场以及在线民主等。①如此来看，网络民主是协商民主的一种技术形式，是网络时代借助网络技术与网络平台运作的更为高效便利的民主形态。

三 网络社会给我国民主政治带来的新变化

互联网已成为民众政治参与的一个重要手段，中产阶层可以通过网络进行政治活动，网络政治会直接影响实体政治。当下我国高层对网络舆论愈加重视，他们正在学习利用互联网改进民主，力图上情下晓，下情上传，与民意形成良性互动。这标志着中国式民主正进入一个新的阶段。可以说，网络社会改变了我国的政治生态，它给我国民主政治带来的重大变化，主要体现在网络监督机制的生成、公共决策模式的转型以及"新意见阶层"的崛起。

（一）网络监督机制的形成

党的十八大报告强调指出，要健全权力运行制约和监督体系，保障人民的知情权、参与权、表达权和监督权，加强民主监督、法律监督、舆论监督，让人民监督权力，让权力在阳光下运行。②网络政治的兴起为有效的民主监督提供了重要手段——网络监督正在悄然兴起。信息获取的便捷性、言论表达的自主性以及参与的广泛性，实际上使网络社会形成了一个无所不在的巨大的监督网。一则精心编造的谎言经过网民接力式的"人肉搜索"，瞬间就会被剥落得体无完肤。一则官场丑闻一经网络披露就可能在短短几天内迎来几十万的跟帖，形成全民讨伐之势。近几年一些官员腐化堕落的行为遭到网民"围观"和"搜索"，其腐败行为被曝光，继而纷纷落

---

① 郭小安：《网络民主的可能及限度》，中国社会科学出版社，2011，第130～131页。
② 胡锦涛：《坚定不移沿着中国特色社会主义道路前进 为全面建成小康社会而奋斗——在中国共产党第十八次全国代表大会上的报告》，人民出版社，2012，第28～29页。

马的事件层出不穷。从"天价烟局长"周久耕到云南"躲猫猫"事件，从"房叔"蔡彬、"表哥"杨达才，到不雅视频主角雷政富，网络反腐、网络问责已经实实在在进入我国公民的政治生活中。在"我爸是李刚"、药家鑫杀人案、郭美美炫富和"7·23"甬温线事故等公共事件中，以中产阶层为骨干的网民们充分发挥了信息权力的批评监督作用，积极伸张和维护了公平正义。同时，网络监督使可以成为中国民主监督机制的网络为政府政务公开提供了一个立体化、开放式的平台，政府的日常管理活动、决策的制定和实施都可以借助于网络平台展现在公众面前，为公众较为清楚地了解政府工作秩序，促进公共政策的制定并保障政策执行过程的透明，提供了一个良好的保障。总之，网络监督的发展为我国民主监督机制注入了新的活力，在未来的网络政治时代，网络监督必将成为我国民主监督机制的主力军。

（二）公共决策模式的转型：从"黑箱模式"到"新群众路线"

过去，公民对政治过程的认知是政府主导的自上而下的单向流动，公民仅仅是被动的接受者，对信息的获取和辨别能力非常有限。政治权力对社会的控制是建立在对信息的控制和专享之上的。国家通过控制信息，如对信息进行筛选过滤，防止危害政治系统安全的信息散布等，有意识地利用大众传媒来影响公众的政治认知和判断，对政治舆论进行引导和控制。公众获得的大都是已被筛选过的政治信息，个人的思想和主张的宣传往往由于势单力薄或成本过高而被迫放弃。[①]在这种政治生态下，我国的公共决策模式只能是相对封闭的"关门模式"，或称为"黑箱模式"，公共政策的制定往往取决于少数政治精英的协商博弈。

然而，随着网络社会的出现，我国公共决策的模式发生了重大

---

① 郭小安：《网络民主的可能及限度》，中国社会科学出版社，2011，第215页。

转变，逐渐朝开放、透明、动态、民主的方向发展。政治参与在网络社会中成为一种普遍现象，极大地激发了中产阶层的参与热情，使中产阶层更直接地参与那些密切影响人民生活和前途的公共决策。网络技术的普及应用，为中产阶层的意愿与价值偏好能够及时反映到公共决策的过程中，为政府对于重大事项的决策能够弥补"精英决策"、"会场决策"与"三拍决策"的弊端，为保障公共政策的科学化与民主化提供了良好的技术条件。尤其是改革开放以来，随着我国政治体制改革的不断深入，社会舆论环境的宽松，公民权利意识的增强，中产阶层通过网络来表达自己的利益诉求与价值偏好的强烈意愿，已达到了一个新的高度，客观上已成为转型时期我国言论自由表达的一枝独秀，这为公共政策的科学化与民主化奠定了坚实的民情与社会基础。[①]我国中产阶层真正能通过网络政治参与来传达自己的政治见解，表达政治上的利益诉求，并自觉把网络作为参与国际国内重大政治事件的重要途径。民意在网络这个自由开放的"场域"中，彻底颠覆了原本呆板、严肃甚至无法触及的政治生活。有学者形容民意在网络的现身"不是嘘的一声，而是轰的一声。不是意见领袖振臂高呼，而是陌生人成群结队"[②]。因此，网络社会的横空出世为政府了解民意、调控民意提供了一个良好的契机，为公共决策提供了宝贵的思想智慧资源。政府官员与网民之间频繁的政治互动，改变了我国的政治生态，增添了政治活力。公共决策中更多的民意融入，使得公共决策模式由过去封闭保守、暗箱操作到网络时代的"从群众中来，到群众中去"。这种开放互动的决策模式，学者们称之为"新群众路线"。[③]

---

① 史献芝等：《网络民意双重面相的政治学审视》，《行政论坛》2010 年第 6 期。

② 王怡：《网络民意与"程序正义"》，《新闻周刊》2004 年第 165 期。

③ 郭小安：《网络民主的可能及限度》，中国社会科学出版社，2011，第 219～220 页。

（三）"新意见阶层"的崛起

如前所述，在我国传统的政府管理过程中，政治决策是政府和权力精英主导下的自上而下的单向流动模式，大部分民众由于制度化参与渠道不畅，缺乏利益表达的机会而被排除在公共决策之外，成为"沉默的大多数"。[1]网络社会形成后，互联网便开创了我国政治参与的新局面。网络突破了传统传媒由于时空间隔造成的种种障碍，为民众表达利益，输出意愿，参与决策提供了通畅便捷的渠道和平台，使得国家管理模式越来越由精英推动的自上而下模式，向社会大众推动的自下而上模式转变，社会舆论界的"新意见阶层"破茧而出。所谓"新意见阶层"是指那些关注新闻时事、在网上直抒胸臆的网民。[2]进一步而言，"新意见阶层"是一个集合体，是一个在以中产阶层为主力军的亿万网民变成"电子人"后，在强烈的"知情权、表达权、参与权、监督权"的需求欲驱使下，以网络民主这种新渠道、新平台尽情地表达自己意见的群体。当一些重大的公共事件发生后，在网络空间里，曾被视为"被代表""被选举""被和谐"的中产阶层不再是"手无寸铁"的温顺"羔羊"，而是变得异常活跃，他们指点江山，畅所欲言。在这个意见的自由场域中，汹涌奔腾的民意随处可见，体现出来的能量和影响大有压倒传统媒介之势。从"孙志刚事件"导致收容遣送制度的废除，到"刘涌案""宝马撞人案"的重审，从厦门等PX项目改址，到"华南虎事件"和"躲猫猫事件"的真相大白，这些具有里程碑意义的事件彰显了"新意见阶层"的兴起。[3]"新意见阶层"作为一股新

---

① 郭小安：《网络民主的可能及限度》，中国社会科学出版社，2011，第209页。
② 祝华新、单学刚、胡江春：《2008年中国互联网舆情分析报告（社会蓝皮书）》，参见中国网 http://www.china.com.cn/aboutchina/zhuanti/09zgshxs/content_17100922.htm。
③ 郭小安：《网络民主的可能及限度》，中国社会科学出版社，2011，第210页。

兴的政治力量，越发渗透到政治生活之中，体现出强大的政治能量和巨大的舆论能量。正如有学者所指出的，"新意见阶层"的崛起，是新技术革命和改革开放的重大新成果，是我国舆论监督的重要新力量，是深化经济、政治、文化、社会"四位一体"改革、推动我国体制改革和社会进步的重大力量，①推动了整个社会民主的发展。

总之，迅速普及的互联网及其提供的表达、交流等技术形式的日新月异，激发了中产阶层对公共事件、公共事务表现出极大的参与热情。他们纷纷借助于各种网络空间、网络技术自主地表达意见、参与讨论，进而在广泛的沟通、传播过程中形成公共问题的聚焦机制，形成广泛的社会共识和社会影响力，直接对公共事件的发展、公共政策的制定产生实质性的影响。②这种巨大的网络舆论影响力，正深刻地改变着我国公权力运作的社会环境和民主政治生态。

第三节　网络社会的功能限度与发展理路

网络越来越成为公民政治参与的重要手段，并以其鲜明的特性深刻地影响着中产阶层的政治生活，使社会政治生活发生了巨大变化。它是"一块意见交流的乐土，一个舆论的良好孵化器"。③但是，网络社会是一把"双刃剑"，它自身存在难以克服的缺陷。网络民主在运行的过程中不可避免带来一些"负面外部效应"，它给社会政治稳定、主流政治文化的构建带来巨大挑战，甚至将网络政

---

① 周瑞金：《喜看"新意见阶层"的崛起》，《南方都市报》2009年1月3日，第A23版。

② 何显明：《中国网络公共领域的成长：功能与前景》，《江苏行政学院学报》2012年第1期。

③ 叶琼丰：《时空隧道——网络时代话传播》，复旦大学出版社，2001，第128页。

治参与引入困境。因此，政府在对网络社会的治理中，应该注重与那些"意见领袖"的沟通，尊重他们为民代言、批评现实、监督政府的权利，引导他们成为和谐网络环境中的建设性的力量而不是破坏性的力量。同时，要从宣传队伍中积极培养自己的"意见领袖"，正确引导网络舆论，在"中产阶层"中形成正面引导力量。

一　网络社会的功能限度

比尔·盖茨曾言：任何技术的诞生，总会激发人们过度的渲染和夸张的想象，网络社会也不例外。网络民主在从不同层面推动现实政治发展的同时，它所带来的诸多负面因素也不容小觑。

（一）网络舆论：自由之花上的苦涩果实

在网络社会中，人们一方面享受网络自由之花的芳香，但同时又不得不吞下其苦涩的果实。

1. 网民极易陷入"信息的泥潭"

在网络社会中，由于信息发布和信息流通过程缺少传统"把关人"角色，公众具有无限选择信息的权利，导致网络信息的传递呈现"去中心化"特征。这一方面带来了信息源头的丰富化，加大了信息的流通；另一方面，也使得人性压抑而丑恶的一面得到了释放。加之网络空间中法律道德的约束较弱，部分网民缺乏自律，就会导致一些随意性强、参差不齐的信息，甚至是虚假信息弥漫网络空间，比如那些热衷于揭人隐私、偏激与冲动、群体盲从的言论等，进而造成"信息污染"，很容易让人们陷入"信息的泥潭"。

2. 网络参与的"情绪化"

网络社会的开放性特征和高度的自由和随意，使得网络中很可能出现中产阶层非理性的"情绪性"民主左右政治。从现今网络心理的分析来看，非理性的情绪化因素深刻地影响着政府的许多决策过程。也正是由于中产阶层的"情绪化"倾向，在一些公共事件尚未水落石出的时候，"网络失范"现象就会出现。譬如，2011 年 8 月底，湖北省公安县一位纪检干部身中 11 刀非正常死亡，警方迅速将其定性为"自杀"，引起了网络微博的大讨论。绝大多数网民并不具备相应的法医知识，从感性上并不能在短时间内接受官方的解释，结果导致了民众一边倒地对"自杀说"的质疑，一度影响案件调查的顺利展开。可见，在网络表达中往往会出现所谓"愤怒的中产"。①

（二）公共理性缺失，民粹主义凸显

罗尔斯认为："公共理性是一个民主国家的基础。它是公民的理性，是那些共享平等公民身份的人的理性；他们的理性目标是公共善，此乃政治正义观念对社会基本制度结构的要求所在，也是这些制度服务的目标和目的所在。"②网络问政的目的是影响公共利益、公共事务或者公共意志的具体决策，实现现实政治生活中难以达到或者成本很高的参政议政。但实际上，"无政府主义""绝对自由主义"等口号充斥着网络社会，"个人自由性"成为网络政治的标签。在网络社会里，当网民面对海量信息的不断轰炸时，大部分人，即便是中产阶层也都缺乏驾驭这些信息的能力，表面上看起来可以拥有很多信息，实际上却失去了自己的真正思想，在盲从中失去理性。③

当前，互联网已成为中国民粹主义的发源地。互联网在为中产阶层就关涉自身利益的公共事务进行平等充分的讨论、直接参与现实政治生活突破了时间和空间限制的同时，也使民粹主义价值诉求

---

① 金卉、范晓光：《中产阶层的网络表达：以"微博"为例》，《中共杭州市委党校学报》2012 年第 2 期。
② 约翰·罗尔斯：《政治自由主义》，译林出版社，2000，第 225 页。
③ 杜治洲、张瑞：《中国网络政治的发展现状及战略构想》，《北京航空航天大学学报（社会科学版）》2012 年第 3 期。

的实现具备了技术上的可能性。民粹主义是一种极端平民化的思潮或运动，把社会下层大众作为合法性的最终来源，强调公众直接参与政治运行的过程，崇尚全民公投、全民公决等价值，具有反权威、反精英等特点。①随着改革开放的不断深入，我国已从社会分化程度较低，同质性较高的"总体性社会"，逐步演变为一个利益主体多元化，分化程度较高的"多样性社会"。②在社会生活领域，广大民众对新富群体抱持广泛敌意；在政治生活领域，官僚集团无处不在的腐败激发起大众的强烈不满，由此滋生出社会中下层对上层、民众对官僚的绝望心态和普遍愤怒。③加之贫富悬殊加剧、社会分配不公、群体利益冲突等相互纠缠的因素，致使网络民意凸显民粹主义情结。

民粹主义典型的倾向是反权威、反精英。现实社会中的"富豪""官员""学者"等常常条件反射式地诱发缺乏理性思考的网络民意对其的质疑与批判。在"重庆拆迁钉子户事件"中，住户拒绝法院让其搬离的判决。中国政法大学前校长江平认为，为保障法律的权威，住户就应该按照法院的判决搬离。此言一出，立即招来了汹涌澎湃的网络民意的质疑与批判，他们觉得江平是站在强势群体一边，是强势群体与社会精英阶层的"代言人"。④民粹主义网络民意对国家和社会具有一定的危害性。首先，它容易引发精英与平民之间的对立，这在客观上既不利于营造和谐的网络环境，更不利于社会稳定。"杭州飙车案"中，因虚假的"替身说"引发的暴风雨般的质疑杭州司法机关公正性与权威性的网络民意，便是其中的

①　史献芝等：《网络民意双重面相的政治学审视》，《行政论坛》2010 年第 6 期。
②　李培林等：《社会冲突与阶级意识——当代中国社会矛盾问题研究》，社会科学文献出版社，2005，第 228 页。
③　孙立平：《现代化与社会转型》，北京大学出版社，2005，第 230 页。
④　史献芝等：《网络民意双重面相的政治学审视》，《行政论坛》2010 年第 6 期。

典型。其次，有可能导致"多数暴政"。民粹主义由于"人多势众"，可能会操纵网络民意，使少数人的意见与权利面临被遮蔽或忽视的境况，最终沦为"电子民主"时代的"多数暴政"。最后，这将会影响司法独立和司法公正。基于道德激愤与审判的网络民意往往会偏离正义的航道，把追求残酷的平等当作对正义的追求，以牺牲程序正义为代价来换取所谓的实质正义，势必影响司法独立与公正。"黑社会老大刘涌重审案"就充分地体现出了网络民意的民粹主义面相与司法正义之间的内在张力。①

（三）双刃剑：有可能对政治稳定构成潜在威胁

网络的快速发展使政治民主的实现有了技术上的可能性，适度的政治参与有利于国家的政治发展和公民权利的维护，但是如果政治参与失去控制，则会导致政治动荡。互联网作为公共空间其使用带来了一种民间性的网络舆论场，但也存在这样一些情况：一方面，具有思想价值取向多元、多变特征的新兴社会阶层，会对意识形态政治思想和政府社会治理等措施进行挑战；另一方面，这种网络舆论场并不单纯，而是会受到一定恶势力和非法势力的操纵、利用和绑架，从而攻击党和政府，大肆传播反动言论，削弱广大网民对党和政府的信任和支持。②

1. 网络参与中的政治认同危机

政治认同是人们在社会政治生活中产生的一种情感和意识上的归属感，是把人们组织在一起的重要力量。人们生活在社会中，总要在一定的社会关系中确定自己的身份，譬如把自己看成某一国家的公民、某一政党的成员、某一政治过程的参与者或某一政治信念的追求者等，并自觉以其组织及其规则来规范自己的政治行为，这

---

① 史献芝等：《网络民意双重面相的政治学审视》，《行政论坛》2010 年第 6 期。

② 叶敏：《网络执政能力：面向网络社会的国家治理》，《中南大学学报（社会科学版）》2012 年第 5 期。

一现象即为政治认同。政治认同在社会政治生活中发挥着极为重要的作用。在体制方面的认同，有助于政治组织及其制度获得合法性，提高组织化程度，这是社会稳定的重要前提；在政策方面的认同，可以使政治过程获得更多人的参与和支持，使政治组织的政策、方针得到支持、贯彻和落实；对政治制度的认同，有助于社会的政治稳定和政治发展。网络社会的产生引发中产阶层思想观念和社会文化的整体变迁，容易瓦解已有的政治认同，造成政治认同危机。①

　　政治认同危机主要表现在对政治信仰的认同危机和对政府权威的认同危机两个方面。其一，政治信仰危机是人们对一定政治意识形态的认同危机。政治意识形态是系统、自觉、直接反映社会现象的思想体系。网络社会引发的巨大社会变迁基本解构了社会意义和人们之间的关系，造成传统纽带、社会责任和忠诚度的消退。受到打压的中产阶层的社会心理会发生较大变化，他们逐渐对现实政治意识形态产生怀疑、动摇甚至漠视。其二，社会秩序的维系依赖于人们对政府权威的高度认同。但在网络社会中，由于网络信息传播具有广泛性和高速性，中产阶层对政府行为的高度关注往往使政府的形象更加容易受到损害。一方面，个别政府不端行为一经网络曝光容易吸引较多网民，尤其是社会中下层群体的关注，产生所谓"网络奇观效应"，即经由网络报道、转载、评论、炒作而使事件不断放大形成光圈效应的现象。②从而网民将个别官员的腐败行为视为整个政府的腐败，政府的公信力受到质疑和损害。另一方面，国外反动势力和国内分裂势力也借助于网络平台损害我国政府的形象，如在"7·5乌鲁木齐事件"中，西方媒体试图通过网络把我

---

① 赵莉：《中国网络社群政治参与——政治传播学的视角》，中国广播电视出版社，2011，第233~234页。
② 盛芳：《突发事件中网络奇观的负面效应及其成因》，《中国广播电视学刊》，2009年第5期。

国政府妖魔化成一个种族歧视严重、不尊重人权的政府，这极大地损害了我国政府在网络社会和现实社会中的形象，政府的形象被大打折扣，①中产阶层对政府权威的认同也就荡然无存了。

2. 群体极化现象对社会稳定造成潜在威胁

美国芝加哥大学教授凯斯·桑斯坦这样界定"群体极化"，团体成员一开始即有某些偏向，在商议后，人们朝偏向的方向继续移动，最后形成极端的观点。也就是说，在网络和新的传播技术的领域里，志同道合的团体会彼此进行沟通讨论，到最后他们的想法和原先一样，只是形式上变得更极端了。②互联网虽然为"志同道合"的中产阶层的沟通提供了便利，但中产阶层群体内部的讨论并没有避免群体极化，而是强化了群体极化。中产阶层网络群体极化的表现形式通常有：第一，对外偏见。他们倾向认为，任何反对他们的人或群体都是难以沟通协调的，故不屑与之争论，认为自己群体既定的方案会获胜。第二，对异议者施压。他们不欣赏不同的意见和看法，对于怀疑他们立场和计划的人，他们总是立刻予以反击。但常常不以证据反驳，取而代之的是冷嘲热讽。第三，全体一致的错觉。群体的意见看起来是一致的，但由于缺乏不同的意见而造成群体统一的错觉。表面的一致性又会导致很多荒谬的群体行动实现合理化。网络政治参与中的群体极化现象的社会影响具有二重性，积极的网络政治群体的"群体极化"能使占主导地位的意识形态得到加强，让许多重要的价值诉求得以实现，如美国的公民权运动、反奴隶运动和两性平权运动等；而消极的网络政治群体的"群体极化"则会使情绪性民意激增，如果引导不力，可能会产生威胁社会

---

① 曾润喜、王国华、陈强：《国家与社会关系视角下的网络社会治理》，《北京理工大学学报（社会科学版）》2010 年第 5 期。

② 凯斯·桑斯坦：《网络共和国——网络社会中的民主问题》，黄维明译，上海人民出版社，2003，第 47 页。

稳定的行为。[①]

（四）对主流政治文化建设的挑战

马克思主义意识形态和价值取向是我们的主要精神支柱，社会主义政治文化是我们的主流政治文化。但是，网络社会的兴起，却使我国社会主义主流政治文化的建设面临严峻挑战。

1. 网络政治参与削弱了政府对媒体舆论的控制力

大众传媒是传播主流政治文化的重要手段，是人们获取政治信息的主要来源，是人们了解政治活动和国家政策的重要渠道。因此，大众传媒影响着人们的政治认知和政治态度，主导着一个社会的舆论趋向。在传统传媒条件下，政府以"把关人"和"守门人"的身份，对报纸、电视、杂志、广播的信息进行筛选和过滤，就可有预期地防止危害政治系统安全的信息散布，对舆论导向进行引导和监控，这种情况下个人向大众广泛传播自己的思想几乎不可能。但是，进入网络社会后，互联网的开放性和去中心化决定了信息传递和交流是完全自由的，在相当程度上不受政府的管理和控制。任何一个支点上的个体都可以在不同程度上突破国家的监控向国内外自由发布信息和传播思想，同时，也可以自由地选择和吸纳信息。[②]在网络面前，国家对舆论的控制力大打折扣。

2. 网络助长了消费文化、娱乐文化的流行，冲击了主流政治文化

互联网作为一种信息多媒体工具，具有强大的消费和娱乐功能，是消费文化的重要载体，极大地刺激了消费文化、娱乐文化的流行和发展。近年来，一些中产阶层越来越沉迷于网络的虚拟技术

---

① 赵莉：《中国网络社群政治参与——政治传播学的视角》，中国广播电视出版社，2011，第239页。

② 赵莉：《中国网络社群政治参与——政治传播学的视角》，中国广播电视出版社，2011，第254页。

和手段，体验着虚拟世界中财富、权力、爱情和暴力等私欲的满足。长此以往，网络文化的消费性、娱乐性和虚拟性将会导致中产阶层的文化品位多元分化，其过分注意时尚、流行、休闲和消遣的心态，淡化了中产阶层对整个社会和个体生命意义的关怀以及对社会和国家的责任。总的来说，网络从感性的层次上分解了中产阶层的政治信念和政治热情，使他们对政治生活和政治权利漠不关心，政治观念淡化，这无疑增加了主流政治文化建设的难度。①

二　网络社会的发展与治理

如前所述，网络社会是一把"双刃剑"，它在给我国政治文明发展提供广阔的信息化空间的同时，也给社会稳定带来了一定的挑战。要让网络社会真正发挥其公共协商的功能，政府必须加强对网络的治理，不断开拓网民尤其是中产阶层制度化的民意表达通道，防止中产阶层拥挤在不规范的网络表达的单行道上，酿成网络群体性事件，影响社会稳定。

（一）正确定位网络社会中政府的角色

随着网络社会的悄然兴起，中产阶层的思想空前活跃，表现出一种强烈的参与意识。要使我国的网络政治建设提升到一个新的高度，必须实现现代政府角色的合理回归。这需要进一步转变政府职能，推进政府转型，建设服务型政府。同时，需要政府关注网络舆论的影响力，完善政府的社会回应机制。

1. 进一步转变政府职能，建设服务型政府

构建服务型政府是我国政府转型的重要价值目标。所谓服务型政府是指在公民本位、社会本位理念指导下，在整个社会民主程序

---

① 赵莉：《中国网络社群政治参与——政治传播学的视角》，中国广播电视出版社，2011，第256页。

的框架下，通过法定程序，按照公民意志组建起来的以为公民服务作宗旨并承担服务责任的政府，它是一种以公民为中心，以服务公众日益多元化的公共需求为导向的新型政府治理模式。服务型政府是责任政府、法治政府和阳光政府，它在向社会提供公共服务的过程中，必须严格依照法律精神和法律程序去行动，强调实现政府决策等重要管理行为的公开透明，防止滥用权力，并勇于为自己未能履行好公共服务的行为后果承担相应的责任。

为此，要进一步转变政府职能，切实把政府工作的重点转到提供公共服务上来，保障公共领域和私人空间的平衡，做政府该做的事。在网络社会中，公务员的一言一行都暴露在"聚光灯"下，因此，广大党员干部应该树立正确的权力观，自觉维护党和政府在网络中的公共形象。各级政府应加快电子政务建设步伐，在做出重大决定、制定政策法规前，充分利用政府网站的平台，将相关内容在网上公布，进行民意测验，从网上获取有效信息，通过综合分析、全面论证实现官民自上而下与自下而上的互动，这将有利于决策科学化与民主化。

2. 完善政府社会回应机制

社会回应对于满足公众尤其中产阶层的需求，增强公众对政府的信任，实现政府与公众自上而下和自下而上的良性互动具有重要的意义。政府利用门户网站平台发布信息，进行社会回应，有助于拓宽包括中产阶层在内的社会公众表达利益诉求的渠道，降低其维权的社会成本。同时，政府关注网络舆论的影响力，倾听网络民意，及时了解民情，掌握中产阶层价值观念的动态，及时发现政府日常工作中存在的问题，及时答复中产阶层密切关注的问题，在最短的时间内公布对事件处理的结果，满足中产阶层的要求，有利于改善政府的形象，增强政府的公信力。因此，应建立和完善政府网络新闻发言人制度与网络舆情反应中心，制定紧急状态下政府回应的应急预案，提高对网络舆情信息的汇集、分析能力，尤其是要注重利用信息技术对网络舆情突发事件进行科学分析与预警等。

（二）培育网络公民意识

互联网的使用带来了一种民间性的网络舆论场，但是在某些情况下，这种网络舆论场并不单纯，而是会受到一定恶势力和非法势力的操纵、利用和绑架，从而攻击党和政府，削弱广大网民对党和政府的信任和支持。网络空间当中往往还会出现一些对党和国家非常不利的网络突发事件，比如耸人听闻的网络政治谣言、网民大规模围观的网络群体性事件，以及经由网络动员而在现实世界中爆发的对社会稳定构成实质影响的网络集体行动等。[①]因此，必须大力提高网民的基本政治素质，培育网络公民意识。这就要求网络政治活动的主体——广大网民尤其中产阶层，对于自己传播的信息有一个高度负责的态度，严守道德和法律界限，在进行网络政治评判、自主表达利益诉求时保持清醒，尤其是传播的信息有可能对他人和社会有害时，应理性甄别，逐步培养自己的网络公民意识。作为网络社会中的一员，中产阶层要懂得利用网络从事政治活动，有效地在网上进行政治交流，通过网络反映自己的意志和利益诉求，从而影响政府决策和政府官员的行为。中产阶层要积极树立网络社会责任感，在网上从事政治活动时，不但要行使自己的政治权利，也要承担相应的政治义务，规范自己的行为，使之符合宪法和法规的规定。[②]

（三）加快网络立法，规范网络行为

网络社会的迅速发展，使中产阶层能够借助网络这一平台参与政治活动，使现代社会的民主政治更具有活力。然而，失范失序的网络民主必定使社会稳定受到严重的威胁。在秉持权利至上理念与

---

① 叶敏：《网络执政能力：面向网络社会的国家治理》，《中南大学学报（社会科学版）》2012 年第 5 期。

② 杜治洲、张瑞：《中国网络政治的发展现状及战略构想》，《北京航空航天大学学报（社会科学版）》2012 年第 3 期。

切实维护民众自由表达权的前提下，加强网络立法，依法强化对互联网的疏导与监管不仅是国际通行的惯例，也是当前我国政府的必然选择。因此，我们必须加快网络立法的步伐，不断完善网络法规，尽快建立起具有中国特色的网络法治机制，以保障网络健康安全发展，进一步促进网络民主和网络政治的健康发展。政府职能部门和行业主管部门要建立健全一套网络社会监督和自治规则，加强对网络资源的监管，依法打击网络犯罪，维护正常的网络秩序，实现网络法制化、规范化。同时，政府也要积极引导中产阶层学习、熟悉和遵守网络社会的法律和规则，积极培育网络社会的自律精神。[①]

值得一提的是，近年来随着微博的兴起，政府还应加强对网络社会中"意见领袖"微博的治理。政府要加强技术监测，及早发现可能诱发社会不稳定的微博信息，尽快确定应对举措。"意见领袖"中有许多属于中产阶层，他们的社会触角比较敏感，其微博具有广泛的传播力与影响性。[②]党和政府如何与这些"意见领袖"沟通，准确把握、正确引导网络舆论，成为保持社会稳定、促进社会和谐的一项十分重要的工作。因此，政府有关部门要给予高度重视，对转发量较大的微博信息实行实时监测。当危机事件在微博上发生之后，政府要建立快速反应机制，以及时有效的手段阻止危机蔓延。唯其如此，才能为网络民主的发展铺平道路，实现社会的和谐稳定。

（四）完善平等的社会协商机制

网络社会所构成的公共领域，应该是一个包容、开放、自由交往的场域，应该是一个各种理性都能够自由交流、平等沟通，进而达成共识的场域。要达至此种理性的状态，必须建立和完善平等的

---

① 杜治洲、张瑞：《中国网络政治的发展现状及战略构想》，《北京航空航天大学学报（社会科学版）》2012 年第 3 期。

② 金卉、范晓兴：《中产阶层的网络表达：以"微博"为例》，《中共杭州市委党校学报》2012 年第 2 期。

社会协商机制。社会协商机制是社会民主的有机组成部分，是社会权力对国家权力的有效制约，它的基本含义强调公众参与，其表现形式包括宪法和法律所允许的一切沟通形式，如商谈、对话、讨论、谈判等，其基本旨意在于用公共舆论或者集体共识来影响或约束国家与政府，并达到保护自身的目的。[①]社会协商机制是一种理性决策机制，是社会利益平衡机制，是当前解决社会多元化主体间利益冲突最常见的方式，也是社会的安全阀。在这种机制下，包括中产阶层的参与者能够以令人信服的、承担责任的方式公开表述，以包容的、回应的方式倾听，以建构共识为目标参与交往、协商。通过这一机制能够建构起各种参与者——个人、组织、团体乃至公共权力系统，都能够平等参与其中的网络集体行动的空间，从而使网络行动者的多元理性能够自由交流、融合。

结　语

互联网是现代社会运动联结的一种新载体，它使信息化时代的社会运动具有了新的特质。它是一种信息传递通道，提供了信息传递、舆论生成和组织动员的平台，它能最大限度地将跨地域的人群联系起来，共同来进行某种行动，是将潜在的参与行动者组织动员起来的有效手段。网络社会的崛起促使一种以网络为载体的自由表达模式得以产生，对我国社会民主政治的良性发展产生了巨大作用。当下，互联网已经成为政府自上而下了解民生，体察民意的重要途径。同时，互联网开辟了以中产阶层为主体的社会公众言论自由的新空间，网络表达也成为自下而上民意表达的新通道。通过网络表达，社会公众，尤其是中产阶层群体实现着有效的政治参与，

---

①　王春娣：《论社会协商机制》，《法学家》2005 年第 4 期。

助推着中国的民主进程。因此，必须要利用好、保护好、完善好网络表达。政府应该为自下而上的网络表达提供制度性保障，加强网络法治建设以保障、引导和规范网络表达，保证网络表达的民主属性和法律维度，确保网络表达在民主法治轨道上运行。同时，开放的网络需要克制、理性的表达，广大网民，尤其是作为"意见领袖"的中产阶层应提高自律意识，在行使网络表达权利时，遵从法律与道德的约束，确保网络成为一个实质意义上的民主、文明、自由、和谐稳定的公共空间。

　　网络表达制度化的根本出路还在于法律和规范。通过法律和规范对互联网在社会生活中的地位予以规定，对互联网的范畴和限度进行制度性规范。目前，我们现有的对互联网的相关管理规范，多数是限定了网络社会中民众所应该承担的义务，而对其在网络空间内的权利没有做出更多的说明和阐释。西方国家对于虚拟空间的管理，更多参照的是现实中的法律框架，其制度设计经历了从加强规制到放松规制的转变，并且逐渐用法律确立网络表达的合法性。网络社会的健康发展还取决于政府对网络制度化的建设能力。中国还没有出现"橄榄型"社会阶层结构，中产阶层发育不足，第三方社会力量也比较弱小，网络表达同政府之间的关系在一定环境和条件下，依然表现为不对等的对话关系。从长远来看，政府是利用国家机器对网络表达采取压制的态度，还是利用制度安排将其纳入体制化的轨道，将直接影响网络社会发展的走势。因此，政府对网络社会的发展路径，应该更多地考虑如何将其规范化、制度化，这既有利于中产阶层的成长和公民社会的形成，也有利于政府治理能力的提升和政府合法性的建构。①

---

　　①　张加春：《网络运动：社会运动的网络转向》，《首都师范大学学报（社会科学版）》2012 年第 4 期。

第八章 中产阶层与社会运动

美国学者戴维·波普诺指出，"现代社会最为显著的特征之一是，为了促进社会和文化的变迁，今天的人们更愿意进行集体的、有目的的行动。伴随而来的最重要的方式之一就是社会运动"。[①] 20世纪70年代末开启的改革进程，给我国政治社会带来了巨大变迁。从宏观角度审视，这一政治社会变迁过程表现出利益关系的不断分化、社会结构的迅速重组以及思想观念的日趋复杂；从微观层面来看，这些变化则表现为不同个体间、群体间、个体与群体间在利益关系、思想观念和组织制约上产生了不同程度的矛盾与冲突。伴随这一复杂社会变迁进程的是，规模不等、形式不一的社会运动的出现。这些社会运动，是普通民众通过集体参与，以各种方式向政府主管部门和其他相关主体伸张其权益诉求的政治运动。[②]有学者曾言，"若说国际上任何社会运动，几乎都是中产阶级掀起的，应该符合事实"。[③]从我国社会运动视角考量以及从政治机会、运动动员、运动文化与话语权形成，以及运动与媒体网络的关系分析，我

---

① 戴维·波普诺：《社会学》，李强等译，中国人民大学出版社，1999，第610页。

② 李德满：《社会运动何以在中国产生——中国社会运动的海外研究及其进展》，《井冈山大学学报（社会科学版）》2011年第6期。

③ 张晓春：《中产阶级与社会运动》，萧新煌主编《变迁中台湾社会的中产阶级》，巨流图书公司，1989，第18页。

国社会运动还是呈现出一些类似西方社会运动框架理论和发展逻辑的痕迹。组织领导人在社会运动的动员过程中发挥了关键作用，这说明"只要有运动组织，它总是由社会精英所主导"。[①]社会发展是社会运动的必要条件，中产阶层的形成对我国社会运动起了巨大推动作用，中产阶层是我国社会运动的中坚力量。

社会运动在中国的兴起，无疑对中国模式和我国社会稳定产生一定不利影响，加剧了我国的"风险冲突"，助推我国步入社会问题叠加频发，社会矛盾衍生多发，社会不确定性敏感复杂的风险社会。积极培育中产阶层，妥善应对风险冲突事件，正确引导社会运动的良性发展，避免激进主义运动，"告别革命"，是我国社会运动的成长与风险社会的治理之路，是我国实现长治久安的必然选择。

第一节　社会运动的理论基础

自 20 世纪 60 年代起，西方国家爆发了规模不等、利益诉求不同、形式多样的社会运动，诸如民权运动、生态运动、反核运动、和平运动、新左派运动、宗教运动、同性恋运动、女权运动等。社会运动的大量涌现，极大地改变了西方国家的社会结构和政治生态，形成了一种新的国家与社会互动模式。[②]以至于一些学者提出了"社会运动社会"（Social Movement Society）理论来描绘这一社会发展态势。目前，社会运动已成为社会学、政治学学者感兴趣的话题和学科前沿问题，针对这一主题的研究也日益增多和不断深入，它已成为学术热点问题而备受瞩目。

---

① 何平立、沈瑞英：《资源、体制与行动：当前中国环境保护社会运动析论》，《上海大学学报（社会科学版）》2012 年第 1 期。
② 盛凌振：《社会运动的政治分析》，《玉溪师范学院学报》2005 年第 1 期。

一 社会运动内涵阐释

关于社会运动的概念，学术界没有统一权威的界定，学者们从不同角度做出了各种释义。我国学者于建嵘认为，社会运动指的是一种主要依赖于非制度化方式来产生社会变迁的集体努力。[①]美国学者威尔逊在《社会运动导论》中给出的界定是，"社会运动是有意识的、有组织的集体活动，旨在通过非制度化的方式引发或阻止社会秩序大规模变迁"。[②]芝加哥大学赵鼎新教授将其定义为，"所谓社会运动（Social Movement），就是有许多个体参加的、高度组织化的、寻求或反对特定社会变革的制度外政治行为"。[③]美国学者蒂利（Charles Tilly）则提出了辨别"社会运动"的三大特征：第一，它是一场"战役"（Campaign），即"不间断和有组织地向目标当局公开提出群体性的诉求伸张"；第二，它上演"社会运动的常备剧目"（The Social Movement Repertoire），即特定联盟、公开会议、依法游行、守夜活动、集会、示威、请愿、声明、小册子等方式的随机组合；第三，它具有鲜明的"WUNC展示"，即运动的参与者和支持者以多种方式，展示出"价值"（Worthiness）、"统一"（Unity）、"规模"（Numbers）以及"奉献"（Commitment）。[④] 由以上分析可以得知，社会运动是一群人共同参与并推动某一目标或想法的活动。这种活动是一种有组织的行为，而且企图改变现状，其后果可说是社会变迁。社会运动中，参与者通常采取抗议和游行等非制度化方式，来支持或反对社会变迁。社会运动的参与者必须是

---

① 于建嵘：《抗争性政治：中国政治社会学基本问题》，人民出版社，2010，第40页。

② Wilson, *Introduction to Social Movement* (New York: Basic Books, 1973), p. 5.

③ 赵鼎新：《社会与政治运动讲义》，社会科学文献出版社，2006，第2页。

④ 查尔斯·蒂利：《社会运动，1768~2004》，胡位钧译，上海世纪出版集团，2009，第4~7页。

件、2014 年广东茂名 PX 事件以及 2009 年以来在广州、北京以及其他大城市中发生的"公众抗议垃圾焚烧事件"等；而一些"社会泄愤性"群体性事件（无直接利益冲突），譬如 2008 年贵州瓮安事件、2009 年湖北石首事件等则因其缺乏明确的目的性和一定的组织性不能算是社会运动。

二　社会运动理论解读

没有革命的理论就没有革命的运动。社会运动在广泛传播的同时，社会运动理论也日渐丰富起来。西方社会运动理论流派有多种，现将主要流派介绍如下。①

（一）社会怨恨理论

1970 年，美国学者特德·罗伯特·格尔（Ted Robert Gurr）出版了颇具影响的力作《人为什么造反？》（Why Men Rebel），探讨了社会运动的心理根源。在他看来，社会变迁、政治危机、经济转轨等社会结构的变化，如果使社会的价值能力无法满足人们的价值期望，人们便产生相对剥夺感（Relative Deprivation），相对剥夺感越强，人们造反的可能性越大，越易引起社会运动。

（二）资源动员理论

20 世纪 70 年代，在反思社会怨恨理论的基础上，美国学者麦卡锡、扎尔德提出了著名的资源动员理论（Resource Mobilization）。他们认为，20 世纪 60 年代社会运动在美国增多，并不是因为人们的相对剥夺感增强了，而是由于社会上可供社会运动参与者利用的资源增加了。

（三）文化构造理论

20 世纪八九十年代一批西方文化学者，如威廉·A. 加姆森

---

① 谢岳：《社会抗争与民主转型——20 世纪 70 年代以来的威权主义政治》，上海人民出版社，2008，第 4~7 页。

（William A. Gamson）、戴维·A. 斯诺（David A. Snow）、罗伯特·D. 本福德（Robert D. Benford）、威廉·休厄尔（William Sewell）、道格·麦克亚当（Doug McAdam）、约翰·D. 麦卡锡（John D. McCarthy）等提出文化构造理论。他们强调情感、意识形态和文化在社会运动话语形成中的关键作用，其理论核心是只要建构出社会运动的意义，人们就能心甘情愿地参与运动，社会运动就会发生。

（四）政治过程理论

1978 年美国学者查尔斯·蒂利出版了《从资源动员到革命》一书，提出了著名的政治过程理论（Political Process Model）。他认为，集体行动与政治之间存在着不断相互塑造的关系。他的政体模型包括政体内成员和政体外成员两类人。政体内成员包括政府和一般成员。一般成员能通过常规的、低成本的渠道对政府施加影响，而政体外成员则没有这种能力。因此，政体外成员即挑战者要么设法进入政体，要么设法改变政体以便把自己包括进去，要么致力于打破这个政体，这就形成了社会运动。①

（五）新社会运动理论

20 世纪 60 年代，西方国家涌现了女权运动、环境运动、人权运动、和平运动、同性恋运动等一大批社会运动，这些社会运动具有异于传统社会运动的特点，因而被人们称为新社会运动。新社会运动理论的代表人物主要有图海纳、哈贝马斯、奥菲等。该理论认为，欧美 20 世纪 60 年代以来出现的新社会运动象征着传统认同基础日益弱化、中产阶层和新的认同感兴起，本质上是一场原有的现代化价值与正在兴起的后现代化价值之间的冲突，是现代化或资本

---

① 谢岳：《社会抗争与民主转型——20 世纪 70 年代以来的威权主义政治》，上海人民出版社，2008，第 7~8 页。

主义合法化危机的体现，是人们在新的社会条件下寻找自我认同的结果，是为控制和定义主流文化而进行的斗争。[1]

值得一提的是，上述西方社会运动理论主要是从西方社会历史发展中总结出来的，其概念、方法乃至研究范式只有相对的适用性和解释范围。中国学者只有立足"本土化"的国情，才能在解读和运用这些理论成果时，进行辩证地引鉴，批判地继承。

第二节　当代中国社会运动的现状与特征

改革开放以来，中国社会的迅速发展与变迁，促动了社会结构变化重组以及利益关系多样化、复杂化和价值取向多元化，导致了社会矛盾与冲突日趋尖锐，各种集体行动、群体性事件和维权抗争运动不断出现。而作为中国语境下的社会运动主要有四种：一是以农村为主要场域的农民维权抗争运动；二是以企业为主要场域的工人（包括农民工）的维权抗争运动；三是以城市社区为场域的业主维权运动；四是以生态环境保护为场域的，由中产人士和环保社会组织领导的社会运动。这四类社会运动中，后两种主要是由中产阶层人士参与的社会运动，其中尤以当前社会转型与发展过程中生态环境恶化为背景所兴起的环境保护社会运动为典型。[2]在现有的体制与制度背景下，环境保护组织的物质资源动员、政治过程博弈和社会行动的能力较弱，联盟松散，制度资源缺失，故其环境保护社会运动面临诸多困境，尚处于初级阶段。

---

① 于建嵘：《抗争性政治：中国政治社会学基本问题》，人民出版社，2010，第43页。

② 何平立、沈瑞英：《资源、体制与行动：当前中国环境保护社会运动析论》，《上海大学学报（社会科学版）》2012年第1期。

一 中国式环境保护运动兴起的背景

环境问题一直以来是世界各国普遍关注的焦点，全球变暖、能源匮乏、大气污染、人口膨胀和物种灭绝时时刻刻威胁着人类的生存环境。中国作为全球最大的发展中国家，环境污染问题同样不容小视。改革开放以后，随着工业化、城市化进程的加快，中国环境污染持续恶化。地下水污染形势极为严峻，全国 195 个城市监测结果表明，97% 的城市地下水受到不同程度污染，40% 的城市地下水污染趋势加重；北方 17 个省会城市中 16 个污染趋势加重，南方 14 个省会城市中 3 个污染趋势加重。①空气污染状况触目惊心。2013 年 1 月 9 日至 12 日，北京、山东、河南、湖北等多省（直辖市）遭受了一次史无前例的空气污染。全国 74 个重点监测城市中近半数严重污染。中国最大的 500 个城市中，只有 1% 达到了世界卫生组织推荐的卫生标准；世界上污染最严重的 10 个城市有 7 个在中国。个别地区出现了"癌症村"，据报道，在中国内地，"癌症村"可能已经超过 400 个，范围涵盖 27 个省。②全国每年因污染而导致的经济损失占 GDP 的 5% ~ 10%。日趋恶化的生态环境不仅严重制约着经济发展，而且危害公众健康，威胁社会稳定。近年来，中国因环境问题引发的社会群体事件以年均 29% 的速度递增，如 2005 年全国发生环境污染纠纷就已达 5.1 万起，频繁发生的环境污染突发事件已出现规模化、对抗性趋势，正在酿成严重的社会危机。③2005 年浙江省东阳市画水镇"4.10"事件、新昌县—嵊州

---

① 小白：《保护地下水质刻不容缓》，《社会科学报》2013 年 4 月 4 日，第 4 版。
② 汪仲启：《建设美丽中国：无人能置身事外》，《社会科学报》2013 年 4 月 11 日，第 1 版。
③ 何平立、沈瑞英：《资源、体制与行动：当前中国环境保护社会运动析论》，《上海大学学报（社会科学版）》2012 年第 1 期。

市交界地带的"7.15"事件、长兴煤山镇"8.20"事件，2007 年北京海淀区六里屯垃圾焚烧厂事件，2009 年浏阳镉中毒事件、凤翔儿童"血铅超标"事件，2011 年浙江海宁市"9·17"环境污染群体抗争事件等，往往都激起社会强烈反响或酿成数千人参与下的干群严重冲突的暴力化对抗性群体事件。如新昌一万多名农民强烈抗议药厂污染环境的宣言是"宁愿被打死，也不愿被熏死"；[①]2011年 5 月，呼和浩特市爆发 20 年来最大规模的民众上街进行维权抗争活动，他们高呼"还我草原"的口号，抗议煤矿开采污染环境；2012 年 12 月 9 日，北京朝阳区，300 多名京沈高铁建设沿线居民集会，抗议拟建高铁线路从密集居民区通过，并对相关环评的公正性提出质疑。正是在这种形势背景下，中国式的环境保护社会运动逐步兴起。

二　中国生态环保社会组织的发展

自 1978 年 5 月，由政府部门发起的中国第一个环保民间组织——中国环境科学会成立以来，全国已有三千多家环保民间组织（另有一万四千多家 NGO 也有环保任务）。著名的民间环保社会组织有"自然之友"（1994 年成立）、"绿家园"（1996 年成立）、"北京地球村"（1996 年成立）、阿拉善 SEE 生态协会（2004 年成立）以及"绿色流域""绿岛""绿色志愿者联合会"等。其中一些民间环保社会组织已经开始尝试以职业化、专业化、程序化、本土化为特征的参与式管理模式。目前，中国绿色环保社会组织大致可分为四种类型：一是有政府背景的，约占 49.9%；二是民间草根型，约占 7.2%；三是学生环保社团以及联合体，约占 40.3%；四

---

① 杨东平：《中国环境的危机与转机：2008 年》，社会科学文献出版社，2008，第 149～156 页。

是国际绿色 NGO 驻中国机构，约占 2.6%。此外，还有一些未经登记注册的民间环保社会组织。这几种绿色组织有从业或兼职人员 20 多万，大多属于中产阶层，他们具有以下三个特征：第一，年富力强。他们年龄多在 40 岁以下；第二，文化程度较高。他们当中 50% 以上拥有大学以上学历，13.7% 拥有海外留学经历，90.7% 的负责人拥有大学以上学历；第三，富有志愿精神。据调查，他们中有 90.7% 的人是志愿者，不计报酬。[①]这些绿色组织大多数实行的是会员管理制，有章程和议事规则，一半以上组织有自己的网站和内部刊物。他们怀有一个共同的信念，即生态环境的保护，不仅是国家的责任，而且是公民的权利。[②]

自 20 世纪 90 年代以来，以中产精英人士为核心的民间环保 NGO 的主要活动领域有：环境与动物保护、法律与政策倡导、公益慈善与社会服务、国家合作与交流、社区和农村发展、促进世界联合与组织发展以及教育研究等。其以公共价值和公益为导向，积极努力教育和影响公民的环保的态度、行为和生活方式。他们推动与开展了一系列具有社会影响的环境保护运动，如"自然之友"于 1995 年发起了保护因森林砍伐而濒临灭绝的"滇金丝猴行动"；1998 年又发起保护遭盗猎捕杀而濒危的"藏羚羊行动"。1999 年，"北京地球村"与北京市政府合作，发起绿色社区活动；次年又开展"绿天使工程"，成功动员了 83 万在校生和他们的家庭选择绿色环保生活方式，并将这种理念推向全国各地。2004 年 4 月，在湖北"绿色汉江"组织的不断努力下，汉江流域十多家污染严重的造纸厂被关闭；8 月，"自然之友""绿家园""地球村""野性中国"

① 高丙中，袁瑞军：《中国公民社会发展蓝皮书》，北京大学出版社，2008，第 214～215 页。

② 何平立、沈瑞英：《资源、体制与行动：当前中国环境保护社会运动析论》，《上海大学学报（社会科学版）》2012 年第 1 期。

和阿拉善 SEE 生态协会等 9 家环保民间组织联合建立了"中国河网",呼吁保护中国江河湖泊生态环境。2004 年夏季,"自然之友""绿家园"等 6 家民间组织开始发起"26 度空调节能行动"。2005年 5 月,"自然之友"等积极参与"圆明园防渗工程事件"的活动,对地方政府行为进行干预,倡导自然与生物多样性。2006 年,"自然之友"等组织的环保人士开始发布系列的中国环境保护与发展报告"绿皮书"。2007 年 7 月,50 多家民间环保组织在北京、香港、内蒙古、陕西、云南、福建等 16 个省区市发起"节能 20% 公民行动";11 月,绿色 NGO 在北京各高校发起绿色和平"拯救森林筷行动"。2008 年,绿色 NGO 又联合发起各种形式的支持"绿色奥运"活动。2009 年 4 月,"自然之友"等 NGO 共同发起"绿色世纪、绿色选择"行动倡议。①2009 年 2 月至 10 月,"自然之友""公众环境研究中心"等组织与社区居民携手,共同参与解决上海"国富皮革"污染事件等。

三　中国环保社会运动的典型案例

近年来,中国环境保护社会运动之所以能够如火如荼地开展,不仅是中国社会转型发展和环境污染恶化形势所逼,主要是得力于生态环境保护社会组织(环保 NGO)的主导作用、中产阶层人士的积极推动以及媒体的广泛宣传。在众多的环境保护社会运动中,社会动员与组织化水平高、具有广泛影响力和典型意义的运动主要有以下几项。

(一)"怒江反坝运动"

反大坝建设运动属于环境保护社会运动中的一种。在美国,反

---

① 何平立、沈瑞英:《资源、体制与行动:当前中国环境保护社会运动析论》,《上海大学学报(社会科学版)》2012 年第 1 期。

坝运动"基本上是伴随现代水坝工程的建设实践而同步书写的"。[①]
1962 年蕾切尔·卡逊女士的《寂静的春天》一书的出版，促使人
们重新思考人类与自然的关系，西方国家也开始对工业化与城市化
带来的环境问题进行深刻的反思，一系列的绿色立法得以通过。在
一些环保组织的推动之下，反坝运动在这个时期也日益涌现。在国
内，民间的反坝运动大体可以追溯到 20 世纪 80 年代反对三峡建
坝，而始于 2003 年的怒江反坝运动可以说是改革开放后，中产阶
层主导的民间反坝运动的第二波。[②]成立于 1997 年的国家电力公司，
在 2002 年被拆分为 11 家公司。随后，各个电力公司开始在各地
"圈水"，争夺水电资源。云南的水电资源十分丰富，约占全国水电
资源的 1/4，其中，怒江在云南省境内有 617 公里，天然落差达
1116 米，干流水力资源的理论蕴藏量达 1700 多万千瓦。于是，国
家计划在怒江流域兴建两库十三级大型水电站。2000 年 7 月，"三
江并流"被联合国教科文组织列为世界自然遗产，怒江正是"三江
并流"中的一条支流。怒江已查明的鱼类有 48 种，当地特有的
"土著"鱼类占比高达 70%。怒江下游有 30 公顷野生稻，是目前
全国保存最好的野生稻种群，是中国极其重要而珍贵的生物基因
库，中国杂交水稻的进一步研究与开发要以此为基础。[③]在怒江建
坝将对这里的自然生态环境产生严重破坏。

随着事态的不断扩大，民间环保人士逐渐成了反坝运动的领导
者。2003 年 10 月，"绿家园"在中国环境文化促进会第二届会员
代表大会上，组织发起包括郁钧剑、张抗抗等人在内的社会各界 62

---

① 林初学：《对美国反坝运动的及拆坝情况的观察与思考》，水信息网，http：//
www. hwcc. com. cn/newsdisplay/newsdisplay. asp？Id = 135325。

② 童志锋：《动员结构与自然保育运动的发展——以怒江反坝运动为例》，《开放
时代》2009 年第 1 期。

③ 童志锋：《动员结构与自然保育运动的发展——以怒江反坝运动为例》，《开放
时代》2009 年第 1 期。

位名人联合签名反对怒江大坝的活动。他们呼吁："请保留最后的生态河——怒江"。这份签名书被媒体广泛转载。11月，第三届中美环境论坛在北京举行，最后的议题在"绿家园"等组织的带动下，转向了如何保护中国最后的生态江河——怒江。2003年12月，"世界河流与人民反坝"会议在泰国举行，中国民间环保组织和参会的60多个国家的80个NGO组织以大会的名义联合为保护怒江签名。联合签名书被递交联合国教科文组织。联合国教科文组织回信，称其要"关注怒江"。随后，泰国的NGO就怒江问题联名写信，并递交中国驻泰国大使馆。泰国总理他信也进行了回复。①2004年3月，"北京地球村""自然之友""绿家园"的代表在韩国济州岛第五届联合国公民论坛发表"情系怒江"讲演，各国代表纷纷签名支持保留最后的生态江河——怒江；同月，由"绿家园""绿岛""野性中国"和云南"大众流域"等9个NGO共同发起创办了"情系怒江网"；10月27日，在联合国水电与可持续发展研讨会上，"大众流域"等民间环保组织联合倡议应暂时搁置西南地区水电项目；同年11月，国家发展与改革委员会、国家环保局在北京组织《怒江中下游水电规划环境影响报告书》审查会议，进一步得到各民间环保组织的强烈关注。2005年8月，各地62个民间环保组织联名建言中央部门，提请"依法公示怒江水电环评报告"，其建言书上有三百多名院士、博导等各界知名人士的签名。该活动间接促成了"中国水电开发与环境保护高层论坛"的召开。此后，民间环保组织实地调查研究，就生态、移民等问题在媒体上展开了一系列的大范围讨论，并在社会上进行各种形式的反坝运动。由于怒江是国家级自然保护区和世界自然遗产地，所以国内主流民间环

---

① 童志锋：《动员结构与自然保育运动的发展——以怒江反坝运动为例》，《开放时代》2009年第1期。

保组织如"自然之友""北京地球村""绿家园""大众流域"等悉数参与，并有上百家媒体对此运动进行广泛报道。该环保运动引起国家领导人关注，时任国务院总理的温家宝同志在国家发展与改革委员会拟定的《怒江中下游水电规划报告》上亲笔批示："对这类引起社会高度关注，且有环保方面不同意见的大型水电工程，应慎重研究，科学决策。"①从怒江反坝运动的效果来看，虽然以中产阶层为主体的环保 NGO 最终未能阻止怒江建坝，但还是迟滞了建坝的速度，使地方有关部门从保护生态环境的角度对方案重新进行规划，比如，为了保护下游的生态，一些大坝降低了高度等。

（二）上海"富国皮革"污染抗议行动②

富国皮革，全称上海富国皮革工业股份有限公司，是国内外知名的品牌企业。然而，"富国皮革"品牌形成的过程，也是这家企业不断违规排污的过程。在上海市、宝山区两级环保部门的相关档案中，富国皮革竟然留下了 2004～2009 年连续 6 年的污染纪录，还曾擅自闲置大气污染治理设施，并多次被列为环保违法企业。临近的上海大学新校区以及北章村、上大聚丰园、祁连新村等居民区居民长年为臭气所困，不少居民都因此患上了呼吸道疾病，如气管炎、支气管炎、慢性肺炎等，还有人因此罹患肺癌死亡。

数年来，该地区居民多次向相关部门和领导投诉，向法院起诉该企业的环境污染问题，但"富国味"却并未得到根本治理，仍在时时侵扰居民的正常生活。2009 年 6 月，上大聚丰园社区的居民联名写信给中共上海市委书记、上海市市长和国家环保部，反映困扰他们多年的"富国皮革"污染问题，一个矛盾焦点即将激化。上海

① 何平立、沈瑞英：《资源、体制与行动：当前中国环境保护社会运动析论》，《上海大学学报（社会科学版）》2012 年第 1 期。

② 杨东平：《中国环境发展报告（2011）绿皮书》，社会科学文献出版社，2011，第 141～149 页。

"富国皮革"污染事件引起了远在北京的公众环境研究中心（IPE）的关注。他们在制作中国空气污染地图过程中，发现了连续6年"上榜"的上海富国皮革后，深感惊讶。一家企业的污染问题竟然连续6年"上榜"而未能得到有效治理，在IPE的记录中也属罕见。因此，当"自然之友"上海小组向IPE提出希望提供上海相关污染企业信息时，他们立即将这一信息通报给了"自然之友"（FON）和"自然之友"上海小组，IPE和FON这两个环保组织开始携手行动。FON上海小组近年来比较活跃，其召集了一批热心于公益的律师、记者等中产阶层人士，他们常常发表意见，甚至参与活动，他们保障了环保行动始终在法治的轨道上进行，因此社会影响较大。

2009年6月中下旬，FON上海小组组长易晓武、工作委员会委员刘红明等先后两次到深受"富国皮革"污染侵害的社区进行实地调研，受到了社区居民的热烈欢迎，这次调研印证了富国皮革长期污染的事实，他们了解了社区居民坚持近10年的投诉抗争情况。此后，FON北京办公室和IPE于2009年6月22日举行了联席工作会议，制订针对富国皮革的下一步行动方案。6月26日，FON、IPE等具有一定社会影响力的18家环保NGO组织联合向富国皮革发出了《企业环境信息公开提示信》，依法要求富国皮革在2009年7月5日前，向社会公开主要污染物的排放数据。但令人遗憾的是，没有任何一家环保NGO组织收到过富国皮革就此事做出的回复。

在准备这封提示信的同时，IPE和FON已经开始寻找富国皮革的供应链合作商。Timberland是美国生产包括服装、鞋类、雨具、手表等户外休闲产品的顶级休闲品牌，富国皮革是其重要原料供应商之一。Timberland公司在其网站上郑重承诺对其合作制革厂的环境负责。于是，IPE和FON决定向Timberland公司通报"富国皮革"的严重污染情况，希望该公司能真正践行环境承诺，从自身的供应链环境管理入手，解决其产品生产过程给社区和环境带来的严重污染侵害。FON 上海小组依据调研情况起草了致 Timberland 的公开信，并发至 Timberland 美国总部及其首席执行官 Jeff Swartz，但并未收到其回函。FON 和 IPE 及时向相关媒体通报了富国皮革长期严重污染的情况和全国 18 家环保 NGO 组织予以质询却招致冷遇的情况。中国经济网于 2009 年 7 月 31 日和 8 月 6 日报道了上海"富国皮革"严重污染事件。香港英文报纸 East China Morning Post（《南华早报》）于 8 月 7 日发表了题为"Timberland Linked to Polluting Factories"（《Timberland 与污染工厂有染》）的文章，将上海富国皮革的严重污染问题以及诸多国际品牌仍与其维持业务关系的情况首次公之于全球英语读者之中，这终于引起了在全球拥有广阔市场的 Timberland 和富国皮革的强烈反应。8 月 8 日北京时间凌晨 3 点，也即《南华早报》文章发表尚不到一天，Timberland 美国总部官员 Arne May 致信 FON 和 IPE。Timberland 中国公司官员分别于 8 月 10 日和 12 日致电 IPE，询问"富国皮革"污染问题的详情，表示打算在两个月内终止对富国皮革的订单。8 月 19 日 Timberland 中国公司官员来到 IPE 办公室进行沟通，表示 Timberland 已准备退出与富国皮革的合作。面对种种压力，富国皮革总裁兼 CEO 鲍博华终于不再回避，开始正视现实。在与 FON 和 IPE 沟通后，他表示接受他们的建议，计划进行第三方审核，并拟于 2009 年 9 月 23 日在上海富国皮革公司举办一次"公众开放日"活动，邀请社区居民和其他相关各方参加。经过各方协商，社区居民方派出了 8 位代表。FON 上海小组成员顾训中、徐楠作为环保 NGO 代表参加。"公众开放日"活动能够在理性、平和、真诚和开放的氛围中顺利进行，为社区居民和环保 NGO 组织通过合作、协商方式解决富国皮革污染问题创造了条件。2010 年 2 月 1 日，富国皮革总裁兼 CEO 鲍博华第一次来到了北京 FON 办公室，与李波、马军就"富国皮革"污染问题进行商谈。在此次商谈中，FON 和 IPE 了解到，富国皮革已经在上海停掉了产生臭气最严重的毛皮鞣制生产工艺环节。

正是在环保 NGO 的介入和种种压力下，富国皮革不得不开始有所动作。而这些行动逐渐演化为社区居民、环保 NGO 与污染企业间的良性互动，促使事态向着有利于居民诉求得到正当伸张、企业开始整治、生态环境有所改善的善治方向发展。

此外，还有近年爆发的一系列 PX 事件，比如 2007 年的厦门 PX 事件、2011 年大连 PX 事件、2012 宁波 PX 事件、2013 昆明 PX 事件以及 2014 年广东茂名 PX 事件等，形成了中国式的"邻避运动"。

四　中国环保社会运动的特征

从上述环保运动和近几年环保组织发起的其他环保社会运动来看，我国环保社会运动呈现出以下四个基本特征。

（一）中产阶层人士：环保运动组织动员的主导力量

只要有运动组织，它总是由社会精英所主导。组织领导人在社会运动的动员过程中发挥了关键作用。中国环境保护运动是社会精英组织领导的社会运动。中国主流的民间环保组织的领导人、意见领袖、理事会成员、会员均为中产阶层人士，他们绝大部分是知名的专家、学者、媒体精英，他们拥有比一般人更多的社会资本，因此在社会动员中发挥了重要作用，成为推动环保运动发展的动力。如"自然之友"的梁从诫、杨东平，"地球村"的廖晓义，"绿家园"的汪永晨，"绿岛"的张可佳，"绿色之音"的张忠民，"绿满江淮"的任静文，"绿联会"的吴登明等。他们利用其社会资本、专业知识和国际联系，在组织参与、技术、资源等方面起着核心作用。正如学者洪大用所言，"新中间阶层的自身素质、生活水平和生活环境等因素，使其成为环保新'时尚'的追逐者和消费者，并因而成为中国民间环保团体的推动力量"。[1]在怒江反坝运动中，民间环保组织"绿家园"负责人汪永晨 2003 年 8 月得知怒江要修建十三级水坝的消息后，立即将云南河流保护专家何大明的联系方式告诉国家环保总局。在 9 月举行的专家座谈会上，何大明对怒江建坝表示了强烈抗议。同年 10 月，"绿家园"在中国环境文化促进会第二届会员代表大会上，组织发起了社会各界 62 位名人联合签名反对怒江大坝的活动。2004 年 2 月，北京、云南的几十位新闻媒体的记者和环保组织志愿者一起走进了怒江。2005 年"自然之友"总干事薛野参加了云南省政府发展中心主办的交流会，陈述了反对建坝的十条理由，并在会议上与主张建坝的反环保运动领导者展开了辩论。[2]正是在这些环保人士的奔走呼吁下，时任国务院总理的温家宝同志才做出"慎重研究，科学决策"的亲笔批示。

同样，在上海"富国皮革"污染抗议运动中，FON 上海小组组长易晓武、工作委员会委员刘红明多次深入富国皮革公司周围和深受富国皮革污染侵害的社区，进行实地调研，收集证据。后来 IPE 负责人马军、李波等亲自与富国皮革总裁兼 CEO 鲍博华进行谈判。据悉，FON 和 IPE 北京办公室与上海小组成员、社区居民代表以及热心参与此事的律师之间的电邮往返频繁，探讨热烈，甚至展开争论。据不完全统计，在短短不到一个月的时间里，各方交换的邮件多达 77 封，这还不包括数次通过 Skype 召集的"空中会议"。正是由于这些中产环保精英人士的不懈努力，才使富国皮革公司做出让步，"富味"污染问题走向协商解决之路。

（二）环保 NGO 联盟：环保社会运动发展的基本动力

凡组织重大环保活动，民间环保组织均采取联盟形式，以群体

---

① 洪大用：《中国民间环保力量的成长》，中国人民大学出版社，2007，第 87 页。
② 童志锋：《动员结构与自然保育运动的发展——以怒江反坝运动为例》，《开放时代》2009 年第 1 期。

积聚的行动力量创造更大的社会舆论效应。民间环保组织的联盟结构主要呈现为一种"网状结构"，即没有固定的焦点组织，各机构之间形成松散平等的合作关系，例如联合发出倡议、举办论坛、共同行动、召开交流会议等。在遇到某一可以表达的环境议题之后，由一个或多个 NGO 发起，在征得其他 NGO 机构授权同意的情况下，以多家 NGO 联名的形式向社会传递观点与态度，以扩大影响，引起关注。这样一种网状交流机制，使得单个组织孤立的行为变成群体的行动，其间力量的扩大并不是简单的算术相加，而是呈几何倍数的提升。比如，在怒江反坝运动中，2003 年 12 月，在泰国举行的"世界河流与人民反坝"会议上，中国民间环保组织和参会的 60 多个国家 80 个 NGO 组织以大会名义联合为保护怒江签名。2005 年 8 月，中国民间组织联名建言国家有关部门，提请"依法公示怒江水电环评报告"，62 个民间环保组织，300 余名院士、博导等科学家及知名人士和关注环境的各界人士签名。[①]在上海"富国皮革"污染抗议运动中，IPE 和 FON 这两个环保伙伴自始至终是携手行动的。2009 年 6 月，他们与中国具有一定影响力的 18 家环保 NGO 组织联合向富国皮革发出了《企业环境信息公开提示信》，依法要求富国皮革在 2009 年 7 月 5 日前，向社会公开主要污染物的排放数据。这样一种联合呼吁的方式在运动中得到了广泛的运用并吸引了新闻媒体的关注，最终使得更多的中产阶层人士参与到环保运动中来，对环境议题的解决产生了很大的影响。

（三）媒体资源动员：营造环保运动舆论环境的重要路径

中国环保 NGO 向来注重媒体资源和公共舆论，在环保运动中，媒体通常是运动积极分子的重要资源。一些环保 NGO 的发起人、

---

① 童志锋：《动员结构与自然保育运动的发展——以怒江反坝运动为例》，《开放时代》2009 年第 1 期。

负责人或核心参与者就是媒体工作者，如"绿家园"的汪永晨、"绿岛"的张可佳、公众与环境研究中心的马军等。另外，"绿色营"、"绿色高原"、天津"绿色之友"、盘锦黑嘴鸥保护协会等草根 NGO 也都是由媒体记者或者有过媒体工作经历的中产人士领导，并且环保 NGO 与媒体之间的关系密切，环保 NGO 中有大量的媒体人士会员。据统计，"绿家园"的约 300 名积极分子中，有 30% 是媒体人士；"自然之友"的约 2000 多名会员中，媒体人占 7%。[①]正是由于环保 NGO 与媒体形成了一种独特的网络关系，才使得很多媒体不断追踪环保 NGO 关注的环境议题，客观上推动了环保运动的发展。在怒江反坝运动中，环保 NGO"绿岛"负责人张可佳在《中国青年报》《21 世纪经济报道》等报纸上撰写了大量文章，支持环保 NGO 的立场，并经常与其他媒体人一道参与环保 NGO 主办的各类活动，这也是怒江运动取得阶段性成功的关键。在上海"富国皮革"污染抗议运动中，正是在中国经济网和香港英文报纸《南华早报》将上海富国皮革的严重污染问题以及诸多国际品牌仍与其维持业务关系的情况公之于全球英语读者以后，Timberland 和富国皮革慑于强大的舆论压力才做出了回应。

（四）温和理性，体制内运行：中国环保社会运动的基本态势

在世界范围内，国家制度之外的公众环保，一般由环保 NGO 领导并以社会运动的形式展开。如果说西方的环保 NGO 总是通过一些激进的形式，比如社会运动或者大规模的民众集会来表达自己的利益诉求，体现了公民社会所谓的国家与社会的分离。那么，中国的环保 NGO 在运行中所体现的并不是对抗，而是发挥着连接国家与社会的桥梁作用。中国环保 NGO 在对待政府、企业时，通常

---

① 何平立、沈瑞英：《资源、体制与行动：当前中国环境保护社会运动析论》，《上海大学学报（社会科学版）》2012 年第 1 期。

采取合作的态度和理性立场，中国民间 NGO 认同政府的环保目标，并借助于正规体制获取资源开展活动。①譬如，在怒江反坝运动中，环保 NGO 主要通过参加由政府部门召开的有关江河开发的研讨会，表达对怒江建坝的强烈抗议，或者联合其他 NGO 多次组织发起研讨会，推动公众对怒江事件的讨论；或者组织发起社会各界名人联合签名反对怒江大坝的活动，并组织十几位新闻媒体的记者和环保 NGO 的代表走进怒江。环保 NGO 还充分利用媒体资源表达自己的立场和扩大影响，直至引起总理的批示。在整个反坝运动中，环保 NGO 没有采取非常规的对抗方式和过激行为。在抗议上海富国皮革污染的运动中，FON 上海小组在获知富国皮革污染信息后，先是向宝山区人民政府、区环保局、区经济委员会等申请关于富国皮革大气污染、许可、受罚、整改情况的政府信息公开。随后他们组织人员深入污染区进行实地调研，继而联合 18 家环保 NGO 向富国皮革发出了《企业环境信息公开提示信》，依法要求富国皮革向社会公开主要污染物的排放数据。同时，他们与富国皮革的重要原料供应商 Timberland 公司进行交涉，最终迫使"富国皮革"做出让步，举办"公众开放日"活动与社区居民和其他相关各方进行协商。整个维权抗议活动实现了相关各方在理性、平和、开放氛围中的对话与互动，全然没有西方环保运动的新奇、非常规抗争方式。一些 PX 事件也是如此。在厦门 PX 事件和大连 PX 事件中，参与"集体散步"的市民都达到数万人，虽然人数众多，但参与者都保持克制，并没有发生过激行为，并且始终没有与执勤警察发生任何肢体冲突。他们的诉求很明确，就是让 PX 项目迁出当地。同时，在获悉官方做出迁出 PX 项目的承诺后，参与的市民很快解散，事件很

---

① 何金：《市民社会下的公众环保——两者关联及中国语境》，《西北民族大学学报（哲学社会科学版）》2008 年第 3 期。

快平息，从而使集体行动始终保持和平、理性和有秩序状态。①

第三节　中国环境保护社会运动的多维困境

当前，中国民间环保 NGO 开展的环境保护社会运动虽然颇具声势，表现出强烈的社会参与性、建设性和合作性，但仍缺少社会政治系统、经济系统和文化系统的支持力。同发达国家公民社会运动中物质资源动员能力、组织结构网络、专业技术、人力资源、制度化渠道、行动能力等比较，中国环境保护社会运动还面临诸多问题和困境。

一　环保 NGO 行动能力不强

西方环保运动的重要力量来自民间环保组织。这类民间机构历史悠久，数量众多，深深地嵌入整体社会结构中，不仅有制度性保障，而且具有强大舆论支持，能够调动各种社会资源进行环保的社会动员。而中国民间环保组织处于发展的初始阶段，社会认知度低，缺乏常规性的动员方式，除了少数具有全国知名度的环保机构，一般地方性的民间环保机构承担环保社会动员的能力相当有限，特别是当环保阻力来自地方政府本身、环保运动出现和地方政府冲突的情形时尤其如此。②据统计，中国 76% 以上的民间环保组织没有固定的经费来源，只能依赖体制外资源的投入（如会费、社会捐赠等）。因此，这些环保组织缺乏办公场所、办公设施等基本的物质条件和优质的人力资源、专业技术指导。尽管环保 NGO 中

---

① 刘岩、邱家林：《转型社会的环境风险群体性事件及风险冲突》，《社会科学战线》2013 年第 9 期。

② 孙玮：《转型中国环境报道的功能分析——"新社会运动"中的社会动员》，《国际新闻界》2009 年第 1 期。

有一些中产专业技术人员加盟，但总体上还是缺乏服务网络和应对能力，并且参与渠道也不够畅通，容易造成信息传送过程过于简约和信息拥挤带来的损失，以至其无法进入决策部门。这最终会导致环保 NGO 行动能力不足，在社会运动中处于被动境地。[①]

二　缺乏制度资源和法律支撑

我国现有的公众正常参与环保的渠道，难以满足环保组织活动的需要。政府的信息公开制度也不健全，政府执政透明度不高，还不能为公众政治参与提供充分的信息，这使环保 NGO 的参与条件大打折扣。同时，由于草根型民间环保组织因种种原因很少在民政部门实现登记并获得批准，其在法律上缺乏诉讼主体资格，以至各地环保法庭门可罗雀。在环境公益"零诉讼"的背后，是环保领域里司法维权的举步维艰。时至今日，我国一些有关生态环境保护的立法仍不健全，2011 年 3 月全国两会期间，最高人民法院副院长万鄂湘在接受记者专访时指出："环境公益诉讼的瓶颈就在于立法，立法不突破，下面很难推动。"[②]环保 NGO 社会组织缺少法律支撑，不仅使其组织权威性、社会信任度及行动能力大打折扣，而且也是导致当前各地不断爆发旨在保护环境的群体抗争维权运动的因素之一。经济增长与环境保护、资源开发与保护当地民众利益的矛盾严重激化，更表明环境公益诉讼亟待法制资源的保驾护航。[③]

三　环保社会运动的深度广度不足

在一些具有全国性影响的环保运动中，如 2007 年抵制厦门 PX

---

① 沈瑞英：《转型期中国中产阶层与社会秩序问题研究》，上海社会科学院出版社，2012，第 254~255 页。
② 叶铁桥：《万鄂湘力促环境公益诉讼》，《中国青年报》2011 年 3 月 8 日，第 12 版。
③ 沈瑞英：《转型期中国中产阶层与社会秩序问题研究》，上海社会科学院出版社，2012，第 255 页。

化工项目运动和沪杭磁悬浮交通建设项目运动中，环保 NGO 均因抗争目标有强势政府背景而不敢"出头露面"，被舆论批评为"集体失语"。在厦门 PX 事件中，当时该地的唯一经民政部门注册的环保组织厦门"绿拾字"的态度竟是"不支持、不反对、不组织"。在央企巨鳄中石油公司导致的重大环境污染事故中，如 2005年"11.13"松花江重大水污染事件、同件 2010 年"7.16"大连海域重大原油污染事件、"10.24"大连油库重大火灾事件等，环保NGO 也大多退避三舍，或集体失语、或集体缺位。①环保 NGO 在受到如此牵制的情况下，其参与抗争运动的深度广度就可想而知了。

四 一些地方政府对环保运动不认同

一些地方政府缺乏环境意识和正确的政绩观，错误地认为加大环保力度会影响经济发展。他们往往为了经济发展而限制和干扰环保部门的环境执法。拥有权力的环保部门在人事、财政等方面严重受到地方政府的制约，在环境执法中因受到地方政府的控制，而无法有力保护环境。2006 年 11 月，山西省环保局问卷调查显示，有93.31% 的群众认为环境保护应该与经济建设同步发展，但却有高达 91.95% 的市长、厅局长认为加大环保力度会影响经济发展。②近年来，一些地方政府官员在政绩工程和 GDP 崇拜症的支配下，极力扩大招商引资规模，抱着"宁要呛死，不要饿死"的观念，即便是引进高耗能、高污染项目也在所不惜。他们认为环保 NGO 的活动是和自己"对着干"，因此，根本就不理这"茬"。如 2003 年"自然之友"等一些专家提出对四川甘孜州康定县木格措湖上游进行水电开发将产生严重后果，并对此积极努力地开展了一系列活

---

① 何平立、沈瑞英：《资源、体制与行动：当前中国环境保护社会运动析论》，《上海大学学报（社会科学版）》2012 年第 1 期。

② 杨东平：《中国环境的转型与博弈 2006》，社会科学文献出版社，2006，第 11 页。

动，但政府对此并不回应，让环保组织吃了"闭门羹"。又如，2011 年 11 月 1 日，湖北长江大学师生代表在先后 8 次向国家及省市有关部门举报某钢厂严重污染问题却如泥牛入海后，数十名教授在荆州市政府门前下跪，此举激起舆论一片惊呼。此外，有些地方干部死守刚性稳定观，缺乏社会治理创新观念，不懂得"稳定并不是指社会中不存在政治冲突或社会运动，而是指国家将社会矛盾和冲突纳入制度轨道的能力不断得到提高"①的道理。他们对社会诉求缺乏适当应对能力（或态度傲慢，或有"恐惧症"），担心 NGO 的利益表达会对其领导权威和管理权力构成严峻挑战。对公民的参与和理性诉求，他们既缺乏认同，更无对策思路。如 2001 年，"绿家园"等在京组织关于北京昆玉河治理工程合理性的"听证会"时，一位到会的副市长会后将之定性为"无组织的有组织活动"，规定媒体不许报道，最终使得以"听证会"形式推动政府和公众对话的尝试夭折。②

五　环保运动受既得利益集团的极力阻挠

近年来，某些地方政府和企业通过"靠攫取资源赚钱，靠污染环境致富"结成的既得利益集团正成为环境持续恶化的罪魁祸首。2008 年全国人大常委会环评执法检查报告显示，许多企业置国家环保政策于不顾，普遍存在着"未批先建""批小建大""未评先批"等现象，一些地方政府甚至用"红头文件"为之保驾护航。时任中华环境文化促进会会长的潘岳坦言，规划环评所注重的长期利益和全局利益，往往与有些部门和地方政府所追求的短期利益、局部利益相冲突，致使他们对这项工作不那么支持，甚至以种种理

---

①　赵鼎新：《社会与政治运动讲义》，社会科学文献出版社，2006，第 6 页。
②　沈瑞英：《转型期中国中产阶层与社会秩序问题研究》，上海社会科学院出版社，2012，第 256 页。

由逃避开展规划环评的责任。[①]近年来，在西南水电工程"环评风暴"中，一批官员和利益集团代言人竟然纷纷公开与国家政策"唱对台戏"。如中国水力发电工程学会副秘书长张博庭宣称"环保风暴的本质，是国家发展与部门权力的博弈"，"叫停是没有道理的，责任在国家环保总局"。他认为三峡公司已给了环保总局面子，让其"下了台阶"，并强调要追查"伪环保人士"的犯罪行为。[②]国际大坝委员会主席、中国大坝协会副理事长贾金生也称"未批先建"是由于政府在建设与管理过程中"审批程序分级多而复杂"造成的，企业不应承担任何责任。[③]在西南水电工程被国家叫停后，一些企业集团照干不误，其高管、总经理仍纷纷公开宣称"补办的环评肯定能通过"，经验告诉他们"没有因为环评没有通过而下马的大坝"等。这个既得利益集团往往是高管推动，强权与金钱开路，台上有人唱戏，台下有人鼓掌，台后有人指挥操控。此外，一些央企"巨鳄""巨无霸"也是环境污染的"翘楚"。如中石油集团公司自 2003 年重庆开县井喷事故起，几乎每年都会制造一次甚至几次震惊全国乃至世界的污染环境事故，且态度傲慢，拒不承担事故赔偿责任与企业社会责任。而地方政府则唯唯诺诺，反成为其"传声筒"和"代理人"。[④]在政府与企业结成的利益共同体面前，中产阶层领导的环保运动显得苍白无力。

---

① 潘岳：《环评立法因部门利益冲突推迟》，《新京报》2007 年 11 月 4 日，第 5 版。

② 中国网：《"金沙江环评事件"是非难断，水电专家科普解读》，http://www.china com. cn/tech/txt/2009 - 07/28/content_18219687. htm（最后访问时间：2011 年 6 月 17 日）。

③ 孙滔、王莉萍：《水电博弈环保：金沙江环评叫停风暴》，《科学新闻》2010 年第 6 期。

④ 沈瑞英：《转型期中国中产阶层与社会秩序问题研究》，上海社会科学院出版社，2012，第 257 页。

六　公民社会发育不成熟，环保社会运动缺乏社会基础

中国公民社会尚未发育成熟是影响环保社会运动发展的关键因素。民间环保组织无疑是环境保护的一支重要力量及公众环保参与的一种有效组织形式。从西方发达国家的历史经验来看，生态环境保护运动是后工业社会、后现代社会的产物。中产阶层的发展壮大是环保 NGO 生存与发展的社会沃土。中产阶层中追求后现代主义、后物质主义价值观的精英群体的壮大是生态环保运动蓬勃兴起的重要社会动因。但是，目前中国公众还缺少公共性意识与社会生活的民主实践经验，志愿性的生活还远不是我们的一种生活方式。此外，当下中国中产阶层的发展仍处于一种"亚健康"状态，主要表现为：其一，后继乏力。由于社会流动机制局部僵化，许多底层社会的人士通过自己的努力进入中产阶层的阻力加大；其二，受到上层精英的排斥。他们遭遇了来自"上层精英联盟"的"权力排斥"，向上流动及发展的机会受阻；其三，面临两极分化。中产阶层内部形成以权力为核心评价的金字塔型不平等结构，很可能尚未发育完善即遭遇"两极分化"。因此，中产阶层在自身认同无法建构的同时与社会期望的品性又有落差。[①]对中产阶层的一项调查显示，在自己或家人曾遭受环境危害时，未进行任何抗争的"沉默"者高达 61.71%。[②]另据 2006 年怒江反坝运动的访谈调查显示，目标移民的参与和知情状况如下："几乎没有"占 31.8%，"较差"占 48.8%，"参与一般"占 13.7%，仅有 5.7% 的人表示"较好或

---

① 朱海龙：《我国转型期和谐阶层关系的建构：一个社会运动的分析视角》，《湖南师范大学社会科学学报》2009 年第 6 期。
② 洪大用：《中国环境社会学：一门建构中的学科》，社会科学文献出版社，2007，第 270 页。

很好"。①这不仅反映了怒江建坝地区公众知情权和参与权的弱势状况，也反映了地方政府和利益集团并没有提供相应的制度和渠道便于他们有效参与。因此，没有成熟的公民社会，没有公民权利意识、责任意识的觉醒，环境保护运动就没有社会根基和动力。②

第四节　中国社会运动的走势与风险治理

从增量民主的角度看，社会运动对民主成长具有积极的推进价值。社会运动既对社会发展具有积极的影响，它也会给社会带来秩序混乱和物质破坏，加剧风险冲突，助推我国步入风险社会。如何对社会运动加以引导和规制，使其既能发挥积极作用，又不伤害社会稳定和挑战中国模式，有效避免或缓解风险冲突，实现风险善治，这是研究领域内的核心问题。

一　风险社会理论与风险冲突阐释

风险社会理论是我们深入研究环境社会运动的理论背景。20 世纪 50 年代西方国家就将社会风险与环境保护运动联系起来进行研究。自那时起，大量的环境危险、灾难和威胁逐渐被当作风险来认识和讨论。西方学术界逐渐意识到，伴随工业化而来的不仅是现代化的繁荣景象，也有各种潜在的副作用和副产品，特别是环境恶化问题。

自 20 世纪 50 年代起，风险社会理论逐渐成为理论界研究社会风险问题的主导范式。德国社会学家乌尔里希·贝克在《风险社会》《世界风险社会》以及《风险社会理论修正》等一系列著作

---

① 童志锋：《动员结构与自然保育运动的发展——以怒江反坝运动为例》，《开放时代》2009 年第 1 期。

② 何平立、沈瑞英：《资源、体制与行动：当前中国环境保护社会运动析论》，《上海大学学报（社会科学版）》2012 年第 1 期。

中，明确提出了风险社会的概念，并对风险和风险社会的逻辑进行了开创性的论述。①在贝克看来，"风险的概念直接与反思性现代化的概念相关。风险可以界定为系统的处理现代化自身引致的危险和不安全感的方式。风险与早期的危险相对，是与现代化的威胁力量以及现代化引致的怀疑的全球化相关的一些后果。它们在政治上是反思性的"。②在风险社会中，不明的和无法预料的后果成为历史和社会的主宰力量，社会充满着不确定性。由于风险分配及其影响的普遍性、风险显现的时间滞后性、风险发作的突发性，使得现代社会的风险已经"成了政治动员的主要力量"。③如果说在前工业社会，"满足基本需求"是人们的追求，那么，在现代工业社会，"避免风险"则成了这个时代政治的中心议题。④

贝克从风险社会理论出发进一步提出了风险冲突的概念。他认为，风险冲突包括风险制造者与风险受害者之间的冲突、不同行为者对风险的评估认定间的冲突、在有争议的风险知识或证据面前不同选择间的冲突、风险受害补偿主体及原则确定与风险控制主体及原则确定间的冲突等。由此可见，风险冲突不仅表现为风险的客观呈现层面，而且体现在公众对风险及风险分配相关关系的主观建构层面。风险冲突的深层原因在于民众在面对不确定的风险的时候，将产生对风险的忧惧心理和防御反应，在"我害怕"这种心理驱动下形成强烈的风险团结倾向，"不论在这里或在那里，我们的处境相同且要联合起来"，从而极大地增加集体防御行动的可能性。⑤

---

① 刘岩、邱家林：《转型社会的环境风险群体性事件及风险冲突》，《社会科学战线》2013 年第 9 期。
② 乌尔里希·贝克：《风险社会》，何博闻译，译林出版社，2004，第 18 页。
③ 乌尔里希·贝克：《风险社会》，何博闻译，译林出版社，2004，第 56～57 页。
④ 乌尔里希·贝克：《风险社会》，何博闻译，译林出版社，2004，第 4 页。
⑤ 刘岩、邱家林：《转型社会的环境风险群体性事件及风险冲突》，《社会科学战线》2013 年第 9 期。

风险冲突概念预示着与风险相关联的集体行动的客观存在。环境风险是风险社会理论和风险冲突概念提出的重要现实依据。环境风险具有高度的不确定性，标准不易界定，影响难以评估，风险责任主体模糊。环境风险可能会引发相应的环境保护运动，甚至导致环境风险冲突。

二 中国社会运动的走势

当代中国正经历着空前广泛的社会变革。这种变革在给我国发展进步带来巨大活力的同时，也必然带来这样或那样的矛盾和问题。社会矛盾运动是推动社会发展的基本力量。中国社会运动本质上是中国经济社会发展的阶段性产物，是中国社会运行过程中系统性矛盾和问题的外显。伴随着改革开放深入推进和社会变迁节奏的加快，中国社会运动发展动向和社会影响更加值得人们关注。

（一）社会运动高发多发态势将更加明显

近年来，中国兴起的社会运动主要源于改革开放后的经济发展、阶层分化、利益冲突、价值观的转变以及民众政治参与意识的增强。城市化、现代化进程的不断推进是中国经济社会发展的总轨迹。随之而来的后果体现在：首先，随着国家经济总量的显著提高和社会普遍富裕程度的不断提升，人们对物质的需求和财富的渴望作为终极目标的地位相对下降，而对社会公共产品和公共服务的需求会持续攀升；其次，随着社会阶层的不断分化和重组，中产阶层在社会结构中的比重不断上升。中产阶层的主体意识和参与意识会在较大程度上得到增强，他们倾向于通过理性温和的途径表达诉求；最后，随着社会主义文化的发展繁荣，社会整体知识水平和文明程度明显提升，人们对环保、女权等非物质议题更加关注和珍视，引发的社会认同和社会呼应更具有全局性、普遍性。因此，作为经济社会发展的阶段性特征和系统性问题的外显，中国社会运动及其连带性影响难以回避。总之，中国社会运动逐渐兴起的社会土壤和时代条件正在不断形成和发展，在结构上和格局上主导着、左右着中国社会运动的发展方向和演进轨迹。[①]

（二）社会运动引发的社会影响将更加广泛

目前，中国社会运动的组织者和参与者大多集中在大中城市，短时间内尚难形成具有广泛社会共识和强大社会影响的运动浪潮。然而，从其长远发展趋势上来看，社会运动产生深远政治影响的前景较为明确。这是因为，一方面，我国民众的政治参与意识日渐觉醒，作为一种政治表达方式，社会运动被逐渐发展壮大的中产阶层广泛使用；另一方面，我国社会运动的非对抗性和理性化的运作方式，成为新形势下社会群体，尤其是社会中下层群体利益诉求表达的重要渠道。与此同时，在社会媒介的深度介入和"推波助澜"之下，社会运动的影响不仅局限于直接参与群体和相关社会群体，往往会产生"外溢"效应，可能发展成为具有重大政治影响的社会事件，形成风险冲突，最终甚至会冲击、影响政治稳定。但从总体来讲，我国社会运动大多主张理性表达和合法操作，在制度化的范围内解决矛盾和问题，不支持采用暴力手段实现价值目标。这样，通过社会运动的政治动员，法制意识和规则意识或将成为影响中国社会文化和社会心理的重要政治产品。由此可见，我国社会运动或将逐渐在社会政治舞台上扮演重要角色，其发展趋势将产生深刻影响。[②]

三 中国社会运动的成长与风险治理

社会运动的过程是公民自我教育、自我成长的过程。从政府治

---

① 阚道远：《中国"新社会运动"的发展趋势与政治影响》，《哈尔滨市委党校学报》2012 年第 4 期。

② 阚道远：《中国"新社会运动"的发展趋势与政治影响》，《哈尔滨市委党校学报》2012 年第 4 期。

理的角度讲，民间组织的活跃总体上有利于社会稳定。如今，环保运动已成为中国中产阶层权利自觉的标志，倘若政府能够以之为镜鉴，将其纳入制度化的应对框架，或许是一个与公民社会共同成长的机会。①因此，激发公众参与意识，健全公众参与制度；营造良好政策环境，推动民间环保组织发展；积极培育中产阶层，构建"橄榄型"社会阶层结构；加快转变政府执政理念和方式，以上这些举措是引导社会运动良性发展的必经之道，是中国社会运动的成长与风险治理之路，也是中国实现社会长治久安的必由之路。

（一）激发公众参与意识，健全公众参与制度

西方国家环保运动的最初推动力来自社会大众，群众尤其是中产阶层的影响才会促使政府和企业的跟进。没有中产阶层参与，就没有环境保护运动；没有中产阶层参与，就没有环境保护事业。社会公众尤其中产阶层参与环保事务的程度，直接体现了一个国家环境意识的高低以及这个国家的民主进程和政治文明程度。西方国家的经验也表明，中产阶层的积极参与不仅是环境质量得以长久维持的内在因素，也是监督政府、企业等履行环境管理责任和保护义务的有效社会力量。但是，我国长期以来依赖政府自上而下推动环境保护，实际上忽视了公众参与，导致了公众对政府的依赖性，也导致了公众环境意识的薄弱。②扩大公众参与的范围，提高公众参与的水平，使环境信息透明化，环境决策民主化，保障公众的环境权益是建设社会主义政治文明的必然要求。因此，政府必须通过加强教育与宣传，重点培养和激发中产阶层的责任感和参与意识。同时，还应加强中产阶层参与制度建设，为其参与环保提供制度支持。社会运动的兴起不仅需要动力，还需要制度条件。科学合理的

---

① 长平：《公民社会在环保运动中成长》，《社会观察》2009 年第 12 期。
② 周娟：《环保运动参与：资源动员论与后物质主义价值观》，《中国人口·资源与环境》2010 年第 10 期。

制度安排会让中产阶层意识到，通过参与社会运动可以改变现状，社会运动的兴起就具备了制度上的生存空间。[1]正如有学者所指出的，政府对目前正在兴起的集体行动的制度能力，才是决定中国发展的关键。[2]然而，中国的社会参与缺乏足够的政治和社会空间，急需制度安排和设计来予以鼓励和推动。所谓公众参与制度是指保障全社会人员及其公共组织参与环境保护的权利和义务。在西方发达国家，这个制度是被写到章程和法律中的。它要求政府和环保主管部门充分听取公众的意见，依靠公众的智慧和力量，鼓励和支持公众参与生态环境的保护和治理，进一步发挥民间组织的作用，制止不法企业的污染行为，为环境的进一步净化做出努力。西方环保事业的成功，就是因为有着制度上的保障，使得自下而上的环保运动风起云涌，促使政府不得不放弃牺牲环境的错误做法，而采取适应潮流、顺应民心的环保措施。[3]因此，我们必须继续完善《环境影响评价公众参与暂行办法》，进一步在法律制度上明确中产阶层参与是环境决策的必经程序，对涉及群众环境利益的重大决策和开发建设的决定，实行环境保护问卷调查、群众信访、公示和听证会等制度。以此来切实保障公众对环境工作的知情权、参与权和监督权，使公众拥有合法、有效、便捷的渠道来表达利益，参与决策与管理。政府必须加强对环境信息的公开，使公众了解环境的真实现状，培养全社会对环境保护的认同感。[4]

（二）营造良好政策环境，推动民间环保组织发展

以中产阶层为主力军的民间环保组织具有贴近百姓生活的草根

---

① 李德满：《社会运动何以在中国产生——中国社会运动的海外研究及其进展》，《井冈山大学学报（社会科学版）》2011年第6期。

② 赵鼎新：《社会与政治运动》，社会科学文献出版社，2006，第301页。

③ 宋坚、潘丽君：《国际民间组织参与生态环境保护的动态研究》，《学术论坛》2012年第9期。

④ 饶传坤：《英国国民信托在环境保护中的作用及其对我国的借鉴意义》，《浙江大学学报（人文社会科学版）》2006年第6期。

性，参与手段多样的灵活性，充分张扬个性的创新性，是公众自发参与环境保护的重要力量。但目前，中国的中产阶层民间环保组织普遍规模小，绝大多数在千人以下，并且绝大部分为地方性组织，即以本地区的环境保护或地区的历史风貌等的保护为主要任务。跨地域、全国性的民间环保组织尚不多见。这在很大程度上削弱了这些环保组织行动的力量。因此，政府必须采取得力措施推动、培育民间环保组织的成长。

1. 转变观念，提高认识，为中产阶层民间环保组织的健康发展提供有利的法律和政策环境。各级政府及其有关职能部门应确定促进我国环保民间组织健康发展的总体思路，按照《国务院关于落实科学发展观加强环境保护的决定》中关于"健全社会监督机制，为公众参与创造条件，发挥社会团体的作用"的要求，坚持"积极引导、大力扶持、加强管理、健康发展"的方针，改革和完善现行民间组织登记注册和管理制度，研究制定出有利于公众参与、公益捐助等的鼓励性政策措施，为我国环保民间组织的健康发展提供有利的法律和政策环境。

2. 优化配置环境公共资源，为环保民间组织创造有利的物质条件和发展空间。环境公共资源包括国家有关环境的法规、政策、标准和服务设施，政府和全社会对环境事业有形和无形的各类投入，社会各界（尤其是企业）在生产、生活和消费领域对环境所承担的社会责任等。政府应积极转变职能，将部分环境公共服务职能交由环保民间组织实施，大力支持和鼓励环保民间组织获取并有效使用环境公共资源，充分发挥环保民间组织提供环境公益服务的社会功能，从而为我国环保民间组织的健康发展提供坚实的物质基础。

3. 坚持监督管理与引导服务并举方针，促进我国环保民间组织的全面健康发展。各级环保部门加强对环保社会组织的规范引导，促进环保社会组织的自律。政府要加强环保社会组织的思想政治建设，建立各项管理制度和工作机制，指导其树立诚信意识，养成良好的职业道德。这将有利于促进环保社会组织规范运作，在推进环境保护事业发展进程中发挥积极作用。

4. 加强能力建设，造就一支政治意识过硬、业务能力强、管理水平和专业化水平高的环保社会组织人才队伍。各级环保部门要把对环保社会组织人才业务培训列入人才培养教育发展规划；通过环保宣教中心或委托大专院校、培训中介机构对环保社会组织的负责人或骨干进行相关法律法规、环保专业技能、组织与项目管理等方面的知识培训；定期组织环保社会组织到企业、社区进行学习考察；并为环保社会组织自身的学习培训活动提供宣传资料、活动场所或其他形式的帮助，以这些措施提高环保社会组织的政策、业务水平和参与环境保护事业的能力。[①]

（三）积极培育中产阶层，构建橄榄型社会阶层结构

要使社会运动成为良性的社会发展的动力，而不是具有破坏性的社会革命，由体制外走向体制内，就要建立合理的社会阶层结构，实现阶层结构由"金字塔型"向"橄榄型"转变。在一个"橄榄型"的社会中，中产阶层占主体。中产阶层本身的政治、社会、文化品性，使其可能成为追求社会稳定的积极因素，同时也是社会活力与发展的主导力量。然而，在目前中国"金字塔型"的社会结构中，中产阶层远未成为社会的主体，面临诸多问题，处于"亚健康"状态。中国的中产阶层有向下偏移的现象，在其自身认同无法建构的同时，他们与社会期望的品性又有落差，从而导致这一阶层的客观归属和主观认同的不一致。因此，目前中国亟须大力培育中产阶层。譬如，想方设法增加中产阶层的收入。经济发展并不会自动

---

① 环境保护部：《关于培育引导环保社会组织有序发展的指导意见》，环发〔2010〕141 号。

造成中等阶层的成熟壮大，政府应通过各种途径，增加中产阶层的收入，确保其能过上体面的生活。再如，健全各种有效机制，维护中产阶层的权利，保障其不至于沦落。同时又要开通各种渠道，使众多的底层社会的人士能通过自己的努力进入社会的中上阶层。

（四）加快转变政府执政理念和方式

社会运动作为一种群众组织方式，要被中国社会和各级党委政府了解、熟悉、认可和接纳尚需一个过程。目前，各级政府对社会运动的兴起比较敏感和警惕，认为它是对政府权威的挑战；在处理方式上主要以被动反应、应急处理以及"刚性维稳"为主，强调事后补救和单纯维稳，倾向于从组织动员上把这种运动消除在萌芽状态。事实证明，以传统和被动的方式回应社会运动，效果不甚明显，甚至会适得其反，导致政府与民间组织的对立，削弱政府的公信力，刺激社会神经，致使事态进一步扩大化。因此，如何有效地引导和规范社会运动，将成为各级政府在治理理念、治理方式和治理效果评估方面的新课题。各级政府须加快转变执政理念和方式，充分认识中国社会运动出现的经济社会条件，树立科学的动态稳定观，重视社会运动的政治沟通功能和诉求表达作用，积极促进社会矛盾的化解，最大限度地激发社会活力，最大限度地增加和谐因素并减少不和谐因素，避免风险冲突，逐步建立起中国特色社会主义社会管理体系，全面提高社会管理科学化水平。[①]

结　语

社会阶层的分化与重组以及生态环境的破坏与恶化是中国社会

---

① 阚道远：《中国"新社会运动"的发展趋势与政治影响》，《哈尔滨市委党校学报》2012年第4期。

运动出现的主要原因。改革开放 30 多年来，中国社会中各种相对独立的阶层力量已逐步形成，各利益群体的自主性日益凸显，其中知识分子和白领逐渐成为稳定的中间阶层。这一阶层成员普遍政治素质较高、受过良好教育、价值取向多样化，因而他们的社会话语权和影响力日益增大，政治参与活动日趋广泛化。他们需要通过合法合理的社会运动方式表达本阶层的利益诉求，以直接或间接的方式影响政治生活进而为本阶层谋利。

近年来的几次环保社会运动表明，中国的中间阶层正在成长为一股社会中坚力量，其政治参与意识日渐增强，是不同利益群体与政府博弈的领导者。他们以协商而非暴力对抗的方式实现利益需求，致使社会运动成为一种重要的信息传输机制。在以理性和自由为思想主导又渴望政治参与的推动下，社会中间阶层倾向于通过社会运动来表达群体利益，与当地政府进行力量博弈。这作为一种社会矛盾释放的途径，可以用组织化和非暴力的形式降低矛盾释放的剧烈程度，增强后果的可预见性，推动政府决策的科学化和民主化，强化政治监督，这符合新兴阶层的心理特点和政治需求，总体上是一种积极的政治因素。①然而，在目前的体制与制度背景下，中国社会组织的力量还不可能取得与强势政府对话协商的"平等"地位。其在物质资源动员、政治过程博弈和社会行动能力上均处于劣势，联盟也较显松散。他们的行动由于缺少制度资源而停留在要求知情和参与的层面，并且还缺乏进一步深入的制度化渠道，运动还处于一种浅层次状态。其根本原因在于作为社会基础的中产阶层还没有实现政治意义上的真正崛起。这不仅阻碍了社会组织社会参与水平的提高，而且决定了社会组织还不能代表公民社会与政府进

---

① 刘娟：《"新社会运动"挑战下的地方政府治理模式转型》，《河北北方学院学报（社会科学版）》2011 年第 5 期。

行公平与平等的对话、协商或谈判，"共同治理""多元治理"尚是一种有待实现的理想价值目标。同时，中国民间精英人士"柔软性"目标诉求与温和的行动策略也缺乏挑战性，其"理性"有余而"刚性"不足的运动效应基本取决于政府对权力或利益的选择。因此，在中产阶层与公民社会尚未充分发展成熟、社会监督与制约权力的机制还未健全之时，社会组织的社会运动仍然难以脱离"草根"标签。这一中国式的社会运动依然任重道远。[①]因此，政府必须在制度体系内为社会提供公共产品和进行社会资源（包括政治资源）的公平与合理配置，以制度的力量推动市场经济和民主政治充分发展以及利用制度安排来培育中产阶层，用制度文化来引导中产阶层的价值理性以达到理性自觉。[②]通过制度的完善和强化，中产阶层主导的社会运动得以沿着良性轨道健康发展，避免激进主义运动和风险冲突，以达成"告别革命"。这将是我国社会运动健康成长与社会风险的治理之路，是我国实现长治久安、和谐稳定的必由之路，是实现中华民族伟大复兴"中国梦"的圆梦之路。

---

① 何平立、沈瑞英：《资源、体制与行动：当前中国环境保护社会运动析论》，《上海大学学报（社会科学版）》2012 年第 1 期。

② 沈瑞英：《矛盾与变量：西方中产阶级与社会稳定研究》，经济管理出版社，2009，第 244 页。

第九章　观念与制度：发展中产阶层思考

2011 年底，福布斯中文网发表《当代最大的历史性事件：中国中产的崛起》一文，指出中国中产阶层的规模已超过了美国总人口规模，并认为我们这个时代最重要的历史性事件并不是"占领华尔街"，也不是意大利面临的债务违约危机，而是中产阶层的崛起对全球未来具有的深远影响。美中关系全国委员会主任李成（Cheng Li）认为："在影响中国发展的多股力量中，有理由认为，从长远来讲，没有一股力量会比中国中产阶级的迅速崛起和急速增长更有意义的了。"而美国奥巴马总统中国顾问团顾问李侃如（Kenneth G. Lieberthal）则指出："中国中产阶级的成长对于中国的内部前景，对于世界经济，甚至对于世界遏制气候变化的能力，都具有潜在的巨大影响。"①故从社会发展考量，中产阶层不仅具有市场能力和知识技能，也是推动经济文化发展的社会主体力量，而且其形成及成长是影响社会分层形态演变趋势和社会政治转型发展走向的关键因素。

当前中国转型社会一个最重要特征就是中产阶层的兴起和公民权利的觉醒。据一些学者统计，当前中国的中产阶层已近总人口数

---

① 李成：《"中产"中国》，上海译文出版社，2013，第 1～2 页。

的 30%，北京、上海等一线大城市约占 50% 左右。他们掌握或管理着十几万亿元的资本，使用着全国半数以上的技术专利，并直接或间接贡献着全国一半的税收和 40% 以上的进出口贸易总额，GDP比重已约占全国的 60%，在全国的固定资产投资也已达 60%，每年吸纳着全国半数以上新增就业人员。改革开放以来，约有 70% 的技术创新、65% 的国内发明专利和 80% 以上的新产品来自中小企业，其中 95% 是非公有制企业。由此可见，中国中产阶层的兴起已经成为国家社会经济发展的主力军。

然而当前，在社会矛盾与冲突凸显之时，在个体权利意识觉醒与正统理想信念"祛魅"之间，在市场经济逻辑演绎与意识形态主张不平衡之间，在中产社会张力与传统政治生态之间，中产阶层不仅是社会冲突舞台上的主角，也是一种变量与变数，而且其利益主体多元化、利益诉求多样化导致的多元价值所形成的社会思想意识，应该引起有关层面必要的警觉、审思和严肃关注。知识分子群体处于中产阶层的中上层，具有一定话语权。他们的价值判断和思想视野、社会心理和行动能力多折射出社会精英群体的意识特征。从知识分子群体而论，其人格、理性和思想认识水平往往被视为一个社会思维高度与深度的标杆，是社会的良知，肩负着"用思想来守护民族"的使命。然而，当前中产阶层处于"亚健康"和"亚稳定"的发育、发展的社会环境中，[①]知识分子群体思想所呈现的多元、多样、多变的特点，不仅表现出对制度和体制忧虑、不满与期待并存，质疑、否定与反思俱有，而且在价值取向上出现扭曲、错位和异化共生的现象。这导致在某些社会问题上，知识分子群体对党和政府的支持和信任受到严重影响，这与意识形态思想宗旨相

---

① 沈瑞英：《转型期中国中产阶层与社会秩序问题研究》，上海社会科学院出版社，2012，第 185～223 页。

去甚远，也使执政的合法性资源被削弱，甚至流失。

近年来一项对知识分子群体社会思想多元、多样、多变状况的重要调研的分析数据显示：针对"您了解或熟悉的国外思潮与党中央的宣传相矛盾，怎么办"问题，认为"国外的思潮正确"的是22.3%，"自己独立分析评价"的为42.3%，"哪个对自己更有利就接受哪个"的是5.4%；针对"您认为中国的人民代表大会制度和西方议会制度，哪个更优越"问题，认同西方制度的占16.9%，认为各有利弊的为33.1%，说不清楚的为6.9%；针对"您坚信党能够根治腐败，实现党风的根本好转吗"问题，认为信心不足的占51.5%，没有信心的占15.4%；针对"假如现在通过全民选举来决定谁来执政，您认为共产党还能成为执政党吗"问题，认为不一定的占25.4%，说不清的为26.1%，"必被其他党派所取代"的占5.4%；针对"您认为社会主义核心价值观与资本主义核心价值观的关系"问题，认为没有什么本质的区别的为9.2%，认为完全对立的为23.8%，认为可以相互借鉴的为40.8%，认为既有区别、又有共同重叠的占26.2%；针对"您认为对于思想问题，党和政府应当抓吗"的问题，认为思想应该自由，不应当抓的占34.6%，认为原则问题应当抓、非原则问题应该放开的占40%，而认为应当抓的仅25.4%；针对"您认为当今马克思主义和其他思想观念的关系是怎样的"的问题，认为对其他思想观念的存在和发展起到了限制作用的占29.2%，认为既不能引导，也不能消除其他思想观念对现实生活的影响的占14.6%，认为相互背离，导致人们的思想混乱的占10%。此外，在关于当前医疗、教育和住房等方面改革的调查数据显示，这一群体的多数人认为"没有代表大多数中下层民众的利益""加剧了贫富分化""代表了部分集团的利益"。[①]作为中

---

① 樊浩等：《中国大众意识形态报告》，中国社会科学出版社，2012，第584～597页。

产阶层主要群体的知识分子的思想意识形态和价值取向，是由他们所处的现实的社会关系所决定，也是社会关系深刻变革的产物。实际上，知识分子的思想认知，也反映了中产阶层在利益诉求多维化、价值取向多元化和思想多样多变方面的关系，这也正是执政党和政府必须严肃关注和有效化解的问题。

第一节　引导、整合社会利益与价值关系

亨廷顿认为，"经济增长不仅会用某一速度改善着人们的物质福利，同时还会以更高的速度增加着人们的社会挫折感"。[①]当前中国发展改革已进入攻坚期和深水区，经济体制深刻变革、社会结构深刻变动、价值观念深刻变化已使中国社会面临的挑战与风险有增无减。一方面是近两年全国每年突发的有关利益诉求的群体性事件已上升至约 15 万起；另一方面则是全国用以维稳的公共安全支出已达 7200 多亿元（2012 年），竟比国防开支还多出 500 多亿元。尤其是当前社会利益主体多元化、利益诉求多样化和利益关系复杂化等新特征，凸显了社会高风险中的最大问题，即利益差距日趋扩大和利益格局不断扭曲。因此从根本而论，这种利益分配失衡不仅导致了收入分配制度不合理、机会不平等、公共服务非均衡、资源配置失当、社会贫富分化等社会问题，而且引起社会价值裂变与危机，对意识形态起了颠覆作用，使得政府失去公信力并严重解构党的执政合法性。故如何协调利益关系，如何在利益共建共享这一价值共识下，让民众真正享受到改革开放成果，这已是构建和谐社会与"中国梦"所必须面对的重大课题。同时，这也是积极构建中产阶层健康发展的制度生态环境的关键所在。

---

① 塞缪尔·亨廷顿：《变革社会中的政治秩序》，华夏出版社，1988，第 51 页。

一　西方思想界和马克思主义利益观

中国传统社会的"义利之辨"，"利"多是同私利、欲念等概念相联系的，故儒家"重义轻利""先义后利""存义去利"的义利观以及"克己复礼"则是正人君子的道德价值标准。如《论语》中孔子曰："君子喻于义，小人喻于利。"这往往使一个人正常物质需求与感性欲望受到压抑。个体利益往往埋没在家族、宗教以及传统社会"差序格局"的伦理关系和封建国家的利益统摄中。新中国成立后，长期以来"利益"这个概念也常常作为一个贬义词，同人权、自由等被视为资产阶级的标志、口号。由于利益被政治化、意识形态化，其内涵、价值也遭到扭曲和犬儒化、庸俗化，尤其是个体利益成为一个隐晦、忌讳的概念。在社会生活政治化和计划经济、"大锅饭式"分配体制条件下，指令性方式分配资源是经济生产与社会生活的主要方式，公有制和单位制基本上是唯一的利益源泉，个人利益主体地位被完全否定，从而规定了人们对单位和政府的依赖并约束了人们追求利益的目标和方式。改革开放以后，随着社会主义市场经济体系的逐渐建立、价值观念的开放以及社会各利益群体矛盾与冲突的加剧和扩大，利益不仅在现实生活中，而且在思想市场中才寻找到合理地位。国外思想界的利益理论以及马克思主义利益观也重新受到学者们的关注。

利益是一个历史的、动态的概念。利益"这个十分简单的范畴，在历史上只有在最发达的社会状态下才表现出它的充分的力量"。①近代以来，随着欧洲商品经济发展、市场和市民社会的兴起，以及文艺复兴运动和启蒙思想运动，人的思想观念逐渐觉醒。个人开始从一个伦理社会所界定的人逐渐演变成了经济人，逐渐地

---

① 马克思、恩格斯：《马克思恩格斯选集》第 2 卷，人民出版社，1995，第 21 页。

从传统习俗与自然经济关系中脱胎而成为独立的经济主体，与之相适应的则是利益观念在伦理道德、文化思想上也发生了变化。这不仅是重商主义肯定人的自利行为，而且也是个体作为利益主体追求利益的权利逐渐地获得社会肯定的过程。社会思想家们从历史发展过程中，深刻地认识到了利益制约着人们社会生活的规律性现象。如17世纪英国唯物论者托马斯·霍布斯在其著作《利维坦》中说道："对于每一个人，其目的都是为着他自己的利益的。"[①]18世纪英国政治经济学家亚当·斯密在《国富论》中指出，"经济人"是为了自己的以财产所有权为核心和保证的利益而自由竞争的，这个过程充分体现着利己价值观。18世纪以来，法国思想家霍尔巴赫认为，"利益或对于幸福的欲求就是人的一切行动的唯一动力"。[②]另一位唯物主义代表人物爱尔维修也指出："人类的一切活动都是建立在个人利益的基础上的"，并强调"利益支配着我们的一切判断"。[③]孟德斯鸠则认为，个人利益不仅是整个社会的道德基础，而且也是社会制度的基础。

从这些社会思想家对利益关系的论述中我们可以看到，其不仅从自然权利、天赋权利的视角对独立于总体社会的个人自主性和个人利益做出充分肯定，而且从经济理论上对独立于道德伦理动机的谋利行为给予合理肯定。从实际而论，这种在市场社会基础上构建的利益关系，是对一种与之相适应、相匹配的新的社会制度文化建设和发展的合法肯定与有力推动。

在近代思想发展影响下，利益理论不仅属于历史唯物主义的基础性范畴，而且也是以政治经济学研究为核心的马克思主义的基础

---

① 霍布斯：《利维坦》，商务印书馆，1985，第98页。
② 霍尔巴赫：《自然的体系》上卷，商务印书馆，1999，第260页。
③ 北京大学哲学系外国哲学史教研室：《十八世纪法国哲学》，商务印书馆，1963，第457页。

理论。马克思主义关于利益关系的理论的精华，即是对近代思想家们有关理论的继承、扬弃和发展。1842 年 4 月，马克思在《莱茵报》上发表的文章《第六届莱茵省议会的辩论》中指出："人们奋斗所争取的一切，都同他们的利益有关。"①马克思在研究社会发展过程中发现理解历史之锁钥并非国家和政治社会，而是市民社会。市民社会是利益关系为纽带的社会。故市民社会的科学应是政治经济学。为此，马克思在《黑格尔法哲学批判》著作中，开始将市民社会作为研究与阐释利益内涵与特征的主要对象，并指出："'市民'，即具有私人利益的人，被看作普遍物的对立面，市民社会的成员被看作'完备的个人'。"②

综观马克思主义的利益理论，主要包括这样几个层面的重要观念。

一是"每一既定社会的经济关系首先表现为利益"。③利益是关系范畴，本质上反映的是人的社会关系。马克思在研究市民社会利益的文章《论犹太人问题》中指出："把人和社会连接起来的唯一纽带是天然必然性，是需要和私人利益，是对他们财产和利己主义个人的保护。"④马克思在《德意志意识形态》《1844 年经济学哲学手稿》等一系列论著中，都系统阐释了利益是人的欲望和需求在社会关系上的表现，并进一步揭示出资本主义社会中私人利益关系就是社会经济关系的表现。其后，列宁继承了马克思主义的利益观思想，并明确阐释了利益是"社会现象的根源"。⑤

二是"'思想'一旦离开'利益'，就一定会使自己出丑"。⑥

---

① 马克思、恩格斯：《马克思恩格斯全集》第 1 卷，人民出版社，1956，第 82 页。
② 马克思、恩格斯：《马克思恩格斯全集》第 1 卷，人民出版社，1956，第 296 页。
③ 马克思、恩格斯：《马克思恩格斯选集》第 3 卷，人民出版社，1995，第 209 页。
④ 马克思、恩格斯：《马克思恩格斯全集》第 2 卷，人民出版社，1995，第 145 页。
⑤ 列宁：《列宁全集》第 1 卷，人民出版社，1964，第 464 页。
⑥ 马克思、恩格斯：《马克思恩格斯全集》第 2 卷，人民出版社，1957，第 103 页。

法国的爱尔维修曾明确提出："如果说自然界是服从运动规律的，那么精神界就是不折不扣地服从利益规律的。"①利益不仅是经济性、物质性的，也包括权利以及名誉、自尊、友情等心理的、精神的需求。利益是社会发展的驱动力，故利益也必然是人们的思想原则和价值取向的基础；利益决定思想和价值观，是意识形态发展的逻辑起点。故马克思指出："人们的观念、观点和概念，简单些说，人们的意识是随着人们的生活条件——人们的社会关系和人们的社会存在的改变而改变的，这一点难道需要有什么特别的深奥思想才能了解吗？"②

三是"政治权力不过是用来实现经济利益的手段"。③马克思主义的政治经济学认为政治是经济的集中表现，是以经济为基础的上层建筑；利益不仅是人们构建政治关系的出发点，决定、支配着政治利益和政治活动，而且也是阶级斗争产生的物质根源。如马克思主义认为，阶级斗争是"基于物质利益的"根本冲突，④阶级斗争"和它们的利益冲突是现代历史的动力"。⑤同时，马克思主义也深刻地认识到利益冲突是人类社会冲突的根源，利益矛盾构成社会活动的基本矛盾。

综观马克思主义的利益理论，马克思主义注重利益关系的社会属性的本质研究和利益关系的辩证分析，揭示了利益矛盾运动基本规律就是社会基本矛盾运动的规律。我们可以认识到利益范畴是一个比阶级范畴更要宽泛的理论范畴，物质利益关系不仅是人与人之间最基本的关系、生产关系的实质内涵，而且利益关系理论也是考

---

① 马克思、恩格斯：《马克思恩格斯全集》第2卷，人民出版社，1957，第460页。
② 马克思、恩格斯：《马克思恩格斯全集》第4卷，人民出版社，1957，第506页。
③ 马克思、恩格斯：《马克思恩格斯选集》第4卷，人民出版社，1995，第250页。
④ 马克思、恩格斯：《马克思恩格斯选集》第3卷，人民出版社，1995，第365页。
⑤ 马克思、恩格斯：《马克思恩格斯选集》第4卷，人民出版社，1995，第250页。

察和分析阶级社会各种社会现象的根本方法。因此，马克思主义利益理论，不仅是我们构建和谐社会利益关系和"中国梦"的理论基石，而且也是对如何在当前社会深化改革中进行利益格局的调整以及如何正确处理社会主义利益关系，具有深远的理论指导意义。

二　当前利益冲突导致的价值失范是社会最大风险

列宁曾指出，物质利益是"人民生活中最敏感的神经"。[①]从当前社会转型发展而论，改革实质上就是一种社会利益的调整和利益格局的重构。中产阶层正是从改革对社会利益调整和利益格局重构中兴起的；而从人的价值的本质而论，其不仅是人与人的社会关系的表现，而且利益关系是其深刻根源。因为人的价值蕴涵来源于人的需求，而人的需求则是价值的尺度。故价值观受到社会存在制约，是人们利益需求的反映；利益和价值存在着内在有机统一的关系。故人们的价值取向不是社会运动动员、道德说教、思想控制和意识形态高压就能轻易持久左右的。当前转型社会是风险社会，贝克在《风险社会》中指出：价值冲突是风险社会的最大风险。由于社会利益主体多元化和利益诉求多样化导致价值的多元、矛盾与冲突带来价值的不确定以及自我价值与社会价值的割裂风险，是当前转型社会风险危机最重要的特征。

（一）　对社会个体化趋势和价值多元化缺乏思想和制度准备

经典马克思主义认为，未来社会的人是"有个性的人"，未来社会就是要实现人的自由个性。现代社会发展已促使人们成为积极、自主的个体，个体化趋势已是一种无法避免的现象。而现代社会作为风险社会，其"结构不是由阶级、阶层等要素组成的，而是

---

① 列宁：《列宁全集》第 13 卷，人民出版社，1987，第 113 页。

由个人作为主体组成"。①"个体化"（Individualization）作为现代性的基本特征，其"所承载的是个体的解放，即从归属于自己、通过遗传获得、与生俱来的社会属性等的确定性中解放出来。这种变化被正确地看作现代的境况中最明显和最有潜势的特征"。②实际上，个体化理论与马克思主义的"自由个性"理念也有着历史联系。个体不仅是马克思个性观的逻辑起点，也是人的个性载体。在《马克思恩格斯全集》中，仅"个性"一词就出现了 200 多次，而"自由个性"一词也至少出现了 6 次。马克思学说中的"自由个性"，不仅是人的一种生存状态，而且也是人的一种价值诉求和"永恒不变"的价值目标，是个人不断实现的"个性解放"与社会进步的相互促进和内在统一，其最终达到每个人都能全面而自由发展，并成为一切人自由发展的条件。当前中国社会转型正从社会关系以国家或集体为主导和政治原则为导向的"总体性社会"（Totalitarian Society）向个体"做为以市场为中介的生计以及生涯规划和组织的行动者"、"成为再生产单位"③的"个体性社会"（Individualized Society）变迁时期，转型的重要特征就是新兴社会阶层的崛起以及公民个人主体意识和权利观念觉醒。而这一个体化发展倾向的最重要特征表现在三个层面：一是以个体自我发展观念来设计构建和选择社会行动方式凸显了价值观多维化；二是社会与经济改革开放突破了计划经济时代国家或"公家"是唯一利益主体的格局，市场体制下的利益追求不断促使个体成为利益主体。这不仅是利益主体多元化必然导致利益诉求多元化和价值取向多元化，而且这种多元化、多元性（抑或碎片化）以及人的社会存在方式的转变也成为价值矛盾与冲突的深刻基础。三是近年来互联网技术发展使中国出现

---

① 杨雪冬：《风险社会与秩序重建》，社科文献出版社，2006，第 39 页。
② 齐格蒙特·鲍曼：《个体化社会》，上海三联书店，2000，第 181~182 页。
③ 乌德里希·贝克：《风险社会》，译林出版社，2004，第 159 页.

了6亿网民，中产阶层是主力军，这不仅加快了个体化趋势，而且"电子民主"与呈个性化的自媒体具有很强颠覆性，动摇了意识形态思想控制的壁垒，为自由开放的思想市场构建了一个难以封闭的公共空间。与此同时，具有个性化特征的网络社会思想市场的形成不仅正改变着传统的国家、市场、社会和公民行动的关系，而且对执政党的社会治理方式与能力提出挑战。

价值观念支配着人们的思想情感、社会行为和思想目标，是社会发展的精神支柱。当前中国社会的个体化趋势促动价值观发生了深刻变化，人们更关注的是去政治化的"小时代"生活而不是国家、社会等宏大的叙事主题。这主要表现为从一元向多元、从整体向个体、从理想向世俗、从精神向物质的价值观转变。传统整体利益的一致性已无法覆盖个体利益的日益彰显；意识形态中的社会道德伦理在市场经济利益追逐下不断消解。而通过价值话语遮蔽个体利益诉求却只会积聚更深刻的矛盾。一项测量人们对国家、集体和个人关系认识的重要调查显示：对"为集体、他人、生活牺牲个人或一小部分人的利益"的问题，60.1%的人认为"要看具体情况"，只有39.9%的人认为"应该"。在对"生活富裕、事业发达靠什么"问题上，52.7%的人认为靠的是政策，47.3%的人认为靠的是"个人奋斗"。对"生活、事业遇到困难无力解决指望谁帮助"问题，56%的人选择"亲友"，44%的人选择"政府"。从这些调查数据表明在当前个体意识、自我意识不断张扬，权利观念不断增强的态势下，社会大众在对待国家、集体与个人关系上，存在着明显分歧。人们在做出牺牲个人利益的选择时，不是无条件的、盲目的，而是要经过理性的思考，分清情况、权衡利弊。①又如于市场经济发展中兴起的社会新兴群体在价值取向上，尤其强调个体

---

① 宣兆凯：《中国社会价值观现状及演变趋势》，人民出版社，2011，第36页。

利益。一项重要民调显示，在对雷锋精神的看法问题上，只有22%的人认为雷锋精神具有永恒的价值；27%的人认为雷锋精神违背人性，将被抛弃；33%的人认为雷锋精神已经不适合社会主义市场经济的发展要求；18%的人认为雷锋精神尽管应该发扬，"但当今如果让我去做，有点吃亏"。在实现人生价值的标志问题上（多选题），29%的人选择了升官；71%的人选发财；38%的人选成名成家；61%的人选子女有出息。在影响人们思想的因素问题上，23%的人认为是教育；20%的人认为是社会现实；31%的人认为是自己的需要和利益；26%的人认为是多种因素的综合作用。[①]这说明新兴社会阶层人士在价值取向上是以个体为中心的。

查尔斯·泰勒在《现代性之隐忧》中，提出现代性的第一个隐忧就是"个人主义"。当前中国社会关系问题的本质即是个体化发展中的内在深刻矛盾，其关键就是个体需求和社会关系的问题。在个体化社会发展趋势下，人们应该认识到社会道德的价值取向应是强调个体利益与他人和社会利益的一致，而不是为他人和社会的利益而放弃自己的利益。只有构建一个个体利益与他人和社会利益兼容协调的社会经济制度，"使之需要、承受、容纳和规范'利己'的行为方式，'利己'的道德才能成为保障社会长期稳定的重要力量"。[②]然而当前中国社会建设滞后于经济发展，面对多元挑战与价值困境，我们在思想和制度上却准备不足。一些政府官员的政治水平仍停留在"总体性社会"和集体意识的传播话语之中，甚至都不知何谓个体化社会，还在用"运动治国""权力管控""刚性维稳"等传统政治观念和计划经济要求个体利益服从整体利益、眼前利益服从长远利益的思想，借口公共利益打压、侵犯个体利益，人格尊

① 樊浩等：《中国大众意识形态报告》，中国社会科学出版社，2012，第595～596页。
② 宋增伟：《制度公正与人性完善》，中国社会科学出版社，2010，第196页。

严被蔑视，导致个体扭曲发展与社会冲突。故如何寻求对个体化社会思想精神维度的型构，如何在中国社会转型这一更为深广语境和问题视野下，进行以正当利益为基石的主流价值重塑与再造，仍是中国社会面临的重大课题。

（二）对转型社会的改革还存在意识形态和观念障碍

自 20 世纪 80 年代以来，改革开放使中国走向经济市场化的道路，计划经济体制渐趋式微。然而由于始终坚持"摸着石头过河"的策略，计划经济与市场经济之争仍旧延续不断。故今天的中国经济体制与发达的现代市场经济体制仍有很大差距，某些方面重大改革还远未到位。时至今日，有关市场作用和政府作用、政府与市场边界等问题仍然是思想理论界激烈争论的问题。如 2013 年周其仁教授指出："计划体制形成于 1958 年，而改革已有 30 多年时间了，然对这个体制还改不动。原因何在？有许多大词把这个体制包裹起来，使得核心部分改不动。这个核心部分就是既得利益集团的利益，维持利益的是权力。"2014 年 7 月经济学家林毅夫和张维迎在纪念经济学家杨小凯逝世十周年研讨会上发生激辩。林毅夫主张有为的政府，赞同能真正促进经济发展的政府干预；而张维迎主张政府不要干预市场、不要搞产业政策，只需要创造"自由的环境、法治、产权制度保证"等。又如当前对于"资本"的认识，无论从意识形态还是思想理论上都是模糊的，甚至是扭曲的，这包括以政府官员到国民的心态，对于资本是什么，应当怎样正确地驾驭，都不明确。①此外诸如国企与民企的关系，资本与劳动的关系以及个体利益与集体利益的关系，公民社会、社会组织、公民权利和公共知识分子等思想认识也存在着矛盾与冲突。对于究竟什么是共建共享、共同富裕，究竟什么是"社会主义市场经济"等重大的意识形

---

① 夏禹龙等：《上海六老谈改革》，《上海思想界》，2013 年第 27 期。

态问题也没讲清讲透。而这些主题，恰恰是国家、社会和公民如何正确理解与认识利益与价值关系的重要基础。此外，许多领导干部也没有认识到发展观念的反思与转变也是利益有效整合的前提。如"效率优先，兼顾公平"在改革初期作为一种分配理念提出，对市场经济的起步起了推动作用。然而随着在经济至上和增长主义驱动的发展战略下，这种观念被扭曲与异化，强调效率而忽视公平导致了社会矛盾与冲突。尽管中央层面此后注重坚持以人为本的科学发展观，但是在政绩、GDP 至上等观念与体制背景下，一些地方干部仍然不能与时俱进地反思与转变旧观念。

在社会转型与变迁的新时代来临形势下，在全球化和西方思想、思潮抢滩中国的背景下，当下在思想观念障碍上不仅有既得利益集团为了利益不受触动、固守现状而阻挠、反对深化改革，不仅有些政府部门官员存在传统思维模式，有"左"的倾向，而更重要的是一些所谓精英成了他人的"思想跑马场"，对马克思主义思想理论缺乏与时俱进的发展、创新。这导致在意识形态上缺乏现代新思维和思想力，社会治理体系中缺少新的生长点；只强调思想意识形态领域控制权、领导权与话语权，而不注重提炼、升华领导的能力和水平，不注重引领话语的能力和水平，将导致缺乏有中国社会主义特色的思想理论体系对新兴社会阶层价值取向的主导力和辐射力。

（三）缺乏机会平等和程序公正原则是社会价值危机的根源

古罗马法学家认为："所谓正义，主要不是关于实际规则的对或错。人类的正义是要求同样的事情，按同样的规则来处理，而且，这种规则应能适用于一切人，适合于一切人与生俱来的本性。"[①]罗尔斯曾在《正义论》中指出：正义是社会制度的首要价

---

① 余定宇：《寻找法律的踪迹》，法律出版社，2006，第 55 页。

值，正像真理是思想体系的首要价值一样。故社会正义或社会公正是协调利益关系的价值取向，而利益均衡是社会稳定的基础。2013年英国莱斯特大学等机构进行的"全球幸福感指数"调研显示，北欧国家幸福感指数皆名列前茅。其中名列第一的丹麦，人们相互信任指数高达89%，诚信度世界第一，全球清廉指数最高、腐败指数最低，公民信任政府。这不仅是因为幸福源于信任，而且是公正的法治体系、平等的教育机会、良好的社会福利保障和均衡的公共服务托起了社会诚信和政府公信力。这其中关键就是机会平等与程序公正是和谐社会的最大公约数。机会平等是社会公正的标志，是结构性平等，指的是公众获取财富、权利的根源应是相同的，每个人都平等地享有社会提供的种种机会。程序公正是指权益分配须有公众认同的正当性过程，即此过程符合法律规则，遵循了公平、合理、正义程序。

当前社会抗争和矛盾激化的主要原因是造成利益分配失衡的机会不平等和程序不公正。尽管人们强调和追求分配的正义性激起了社会张力和社会紧张，但从社会分配调查研究显示，人们仍普遍支持市场公正原则，赞同与包容基于能力和贡献大小导致的分配收入差距。虽然有利益和价值的分歧，但是并非缺乏共识标准：即对通过公开竞争、同一规则、公正程序获得的利益和财富差异能被接受，而难以接受与容忍因制度差异和先赋性因素导致的分配差别。这正如布坎南所言："注意力的焦点应该放在权利和要求的分配先于市场过程本身，而不应该放在社会产品的最终分配。"[1]也正如罗尔斯的正义论强调"公平的机会优于差别原则"，同样"旨在建立一种公平的程序，以使任何被一致同意的原则都将是正义的"。[2]故机会平等和程序公正是关系到社会结构和制度正义的核心问题，也

---

[1]　布坎南：《自由、市场与国家——20世纪80年代的政治经济学》，北京经济学院出版社，1988，第124页。

[2]　约翰·罗尔斯：《正义论》，中国社会科学出版社，1988，第131页。

是当前社会价值判断与价值风险的重要变量。因为社会结构主要是指社会成员获得社会资源的机会状况；社会结构落后，社会资源配置就会失去公平、合理，社会就会有断裂的危险。因此，当前中国社会政治稳定的主要威胁不是收入分配的差异等，关键是社会能否遵循机会平等和程序公正原则。当下中国的基尼系数已大大超出了国际公认的警戒线（0.4），①社会的不公平感、②弱势群体的社会挫折感、被剥夺感已十分强烈。如果说利益严重失衡是当前社会不稳定的结构性原因，那么价值的迷失与错位、价值的扭曲与异化已成为威胁社会稳定的普遍性影响因素。

如当前市场体制下的国企工人在权利与利益被削弱或剥夺的过程中产生的阶级意识、冲突意识，对现有社会秩序稳定是变量因素。③而在城市化过程中，城乡二元制下的农民工利益受损，宪法所赋予的公民权利在城市受到制度障碍，不公平的社会福利保障更加剧了农民工的身份焦虑与认同困境。2013 年北京大学《中国健康与养老追踪调查》报告显示，当前我国不同人群的养老保险待遇差距非常大，政府机关事业单位退休人员养老金中位数是新型农村

---

① 在过去 10 年当中，中国的财产不断积累，而且急剧增加，同时财产差距也在急剧扩大。2002～2010 年我国基尼系数的扩大程度非常明显，农村的基尼系数从 0.45 扩大到 0.71，城市的基尼系数从 0.45 扩大到 0.66，全国的基尼系数从 0.54 扩大到 0.73。2002 年的时候，收入最低的 10% 的人占有的财产不到 1%，到了 2010 年这个比例已经降为负值，因为有很多的低收入人群是负债的。收入最高的人群的财产份额在 2002 年的时候占 40% 左右，到了 2010 年占 64%，上升了 24 个百分点。参见李实《收入分配的差距在不断扩大》，《社会科学报》2014 年 11 月 2 日，第 2 版。

② 2012 年一项对大学青年教师的调查显示，在"如何评价我国当前社会公平的整体情况"问题上，除极个别认为很公平，仅有 4.4% 的人认为比较公平，41.6% 的人认为处于一般水平，但却有 34.5% 的人认为不公平，19.5% 的人认为很不公平。绝大多数人认为当前社会贫富差距过大，不利于社会公平正义。参见王梦婕等《中国高校青年教师调查报告引热议，超半数高校"工蜂"感到不公》，《中国青年报》2011 年 9 月 18 日，第 7 版。

③ 李怀：《市场转型与工人阶级意识变迁：一个制度逻辑的解释》，《兰州大学学报》2013 年第 4 期。

社会养老保险的养老金中位数的 33 倍。而农村地区仅有 25.6% 的老人享有新型农村社会养老保险，年收入中位数仅为 720 元。很显然这种不公平的养老双轨制不仅拉大了城乡社会保障水平的制度差距，更加固化了二元经济结构的城乡壁垒，而且其不公平正成为中国社会稳定和谐的隐患。据 2009 年世界卫生组织 WHO 的报告指出，世界各地每年约有 100 万人自杀，其中 1/3 发生在中国，中国自杀死亡者 80% 来自农村，自杀率高于城市的 3 倍。而据武汉大学一项国家社科基金项目（"农村老年人自杀的社会学研究"）的研究人员，经过对 11 个省份、长达 6 年的调研显示，中国"农村老人自杀的最主要的原因是生存困难"，还发现，农村老人自杀现象"已经严重到触目惊心的地步"，调研期间得到当地人最多的回答是"我们这里就没有老年人正常死亡的！"①

又如当前社会各界多认为深化改革的首要障碍是既得利益集团。国企与民企发展在资源配置、政策支撑方面严重失衡。2008 年全球性金融危机之后，政府 4 万亿经济救助计划大多流向国企。2008 年国企垄断行业占全国就业人群的 8%，却拿走了全国工资福利的一半，形成巨大不公。又据 2013 年财政部统计数据显示，央企产出所占的 GDP 是 20%，但所占的投资是 60%；央企资本收入总量为 1130.38 亿元，然而其中调入公共财政预算用于社会保障等民生支出的仅仅为 65 亿元。而 2013 年国企高管因腐败犯罪的就达 133 人，国企负债总额为 67.1 万亿元。2014 年公布的全国 500 强企业中有 43 家亏损企业，其招股 42 家是国企。很显然，这是收入分配和社会机会高度不均的突出表现。相比有全能政府支撑的国企，民企的发展却很困难，不仅易受经济危机与垄断的影响，而且

---

① 潘圳：《"老无所依"折射伦理与制度的双重困境》，《社会科学报》2014 年 9 月 4 日，第 2 版。

存在行政审批卡压、融资难、利润空间狭窄等问题。第六次全国私营企业抽样调查显示，私营企业主每年应付摊派支出和公关招待费相当于纳税额的9.2%和18.2%。①2014年7月17日《21世纪经济报道》披露湖南衡阳民营企业兆基铜业有限公司"自曝"近五年为贷款向银行送礼的清单，共计972万元。据披露除经济垄断外，特殊利益集团中还有行政垄断这棵"摇钱树"。有学者估算，1998～2008年中国烟草产业行政垄断所造成的社会总成本在1.5万亿元至2.7万亿元之间，这对市场的破坏性显而易见。②2014年4月国务院推行国企改革，出台了80个向社会资本开放的示范项目，而调研显示民企投入巨额资金，却只能当配角，没有决策权，甚至担心钱会让国企拿去还债，同大型国企合作很有可能是"冤大头"。在当下中国"政治资源优位型"与法治不完善的环境中，一方面民营企业社会责任难以发展；另一方面民营企业对政府政策信心不足。在当下权力经济背景下，他们难以理直气壮地捍卫个体利益。据统计近年来民营企业主有几千亿资金用于移民与海外投资，这不仅是不满现状则"用脚投票"，而且财富外流加剧对中国经济"抽血"的风险。据美国《世界邮报》2014年8月22日报道，数百名中国企业主为获得绿卡，按照美国EB-5（第五类优先投资移民）规定耗资数亿美元在美国最富裕的旧金山找一个贫困社区建设造船厂，为当地创造就业机会。这种"海外扶贫"让中国上千个开发区、科技园想尽办法的引资者们情何以堪?! 让翘首企盼"先富"带动社会"共富"的底层人们情何以堪?!

再如，当前市场社会中政府已是最大的利益主体，土地财政一向是地方政府的主要利益。据统计2010年底地方政府负有偿还责

---

① 程莉莉：《私营企业公关支出十分惊人》，《新民晚报》2005年2月25日，第1版。
② 刘武：《如何看待中国反垄断风暴》，《瞭望东方周刊》2014第32期。

任的债务中 81.2% 是以土地收入作为偿债来源，达 25 万亿元；根据官方数据统计 2012 年政府和银行从房地产获得收入 47917 亿元，占全年房地产销售额 6.4 万亿元的 75%，其中土地出让金占房屋销售额的 40%。2014 年报道披露一些地方城市（如常州）土地出让金收入占财政收入的比重最高超过 97%，①一些省份则超过税收收入。地方政府在房地产开发中所获利益如此巨大，无怪乎十年来中国房地产市场行政调控的金牌有 48 道之多，总理屡次向人民表态要降低房价，房价还是滚雪球般地涨了 10 倍左右。这种以房地产为支撑的经济发展模式，其不协调、不健康、不可持续的问题越来越突出。然而有的地方政府仍准备进行"一房四吃"：一吃土地出让金；二吃转让住房所得 20% 的个税；三吃房产税；四吃遗产税。②这不仅增加了银行金融风险，而且也扩大了社会风险。如一代"房奴"们成为"愤青"，被扭曲的价值观不以主导文化的意志为转移等。此外，这里有四个统计数据更暴露一些问题：一是 2004 年以来落马的省部级官员，一半以上与房地产开发有关；二是企业房地产开发总成本的 10% 以上用于公关费用；三是 2013 年群体性上访事件 60% 与土地有关，土地纠纷上访占社会上访总量的 40%，其中征地补偿纠纷占土地纠纷的 84.7%，每年因征地拆迁引发的纠纷达 400 万件；四是据统计，至 2013 年全国土地出让金总额累计近 20 万亿元。2014 年中央巡视组通报：在前三轮被巡视的 21 个省份中，竟有 20 个省份发现了房地产行业腐败，占比达 95%。③土地出让金作为地方财政的"半壁江山"，又可"封闭运行"，已成为地方政府眼中的"唐僧肉"，导致腐败滋生。

---

① 《财政收入最高超九成靠卖地》，《报刊文摘》2014 年 7 月 23 日，第 1 版。

② 《"一房四吃"与房价调控》，《报刊文摘》2013 年 11 月 18 日，第 2 版。

③ 《20 万亿元土地出让金去哪儿了》，《新民晚报》2014 年 8 月 28 日，第 A11 版；《十五万亿土地出让金审计启动》，《报刊文摘》2014 年 8 月 27 日，第 1 版。

很显然，当前深化改革的一大障碍在于政府的"全能"角色与职能。吴敬琏教授指出："经验告诉我们，不改变体制，不管党政领导怎么号召经济模式的转型，实际上是转不过来的……依靠改革建立一个包容性的经济体制和政治体制，这才能够从根本上解决我们的问题。"①而丁学良教授者更深入地指出："在改革开放的近30年进程中，中国的政治和行政系统里面，已逐步形成了一些相对稳固的特殊利益集团。这些特殊利益集团一开始时，力量还不够大，对整个的改革开放大局还看得不很清楚。如今他们已经能非常清楚地知道什么时候，在哪个部位上做什么和怎么做、讲什么和如何讲，才能使自己集团的特殊利益相对最大化。"当前社会转型期改革中出现的权力寻租导致的官员腐败，权力市场经济以及市场经济负面效应膨胀与扩大，既得利益集团等是社会溃败、戾气横行以及社会价值观念扭曲、畸形与异变的主要污染源。其不仅颠覆了正统意识形态的基石，即政治路线确定后，干部是决定一切的；而且这些原本为社会的"道德标杆""行为模范""先进性代表"的腐败官员使公众政治信任消解、对改革的认同和支持减弱，并将阻碍改革与发展的尖锐矛头直指传统的制度与体制，导致了社会强烈的焦虑怨恨情绪的形成和社会心态的失衡。尤其是当前社会机会不平等，既促使代际传递的先赋性因素凸显，又日渐消解个人努力奋斗等后致性规则。②当社会权力与金钱关系网中潜规则泛滥，逆向

---

① 吴敬琏：《科尔奈对话吴敬琏：中国的市场之路》，《思想理论动态参阅》2014年第10期。

② 据《上海观察》2014年8月18日报道，复旦大学经济学院院长袁志刚教授透露，近年复旦发放贫困生补助金已有难度，因为真的贫困学生已进不了复旦了。数据显示20世纪80年代毕业的大学生社会流动性最好；50~60年代人的收入和子代收入没有任何关系，但今天80后、90后的年轻人在职业上的收入和父代的收入是高度相关的。

"标签化"的"富二代""官二代""星二代"和"政治家族"①形成了"拼爹时代"，这必然导致阶层固化、群体断裂、社会向上流动僵滞，"知识改变命运"成为空话。如果"无机会群体"的出现、"马太效应"的产生依然难以避免，那么在社会结构紧张与价值伦理的生存比较中"愤怒一代"势必孕育成长，促使舍勒怨恨理论的"怨恨批判"盛行，自觉与不自觉的集体行动指向体制与制度，致使党和政府执政合法性资源严重流失。这正如王长江教授指出："官二代接班严重解构党的执政合法性。"②

（四）新兴社会群体呈"亚健康"状况，价值倾向严重失衡

全球中产阶层的兴起已经成为后现代语境中的一个世界性话题。而社会阶层分化是现代化进程的必然产物，其实质是社会变迁中各阶层利益重新分配的过程。社会阶层分化，一方面对原有的政治参与、资源配置、社会秩序和价值观念等进行挑战；另一方面也会成为促进政治体制改革和政府职能以及社会建设的推动力。当前中国转型社会一个最重要特征就是中产阶层的兴起，从社会发展考察，作为社会新兴群体的中产阶层不仅具有市场能力和知识技能，是推动经济文化发展的社会主体力量，而且其成长壮大的"橄榄型"社会正是小康社会的标志与和谐社会的基础。

改革开放以来，中产阶层这一群体拥护主流价值观，因为他们是改革开放红利的直接受惠者。故其多元、多样、多变的活跃思想具有独立性、开放性、理性务实等特点。然而当前"倒丁字型"社

---

① 2011年10月26日《中国青年报》刊载北大博士冯军旗在中部某农业县基层挂职经历，揭露在这个副科级及以上干部仅有1000多人的农业县里，竟然存在着21个政治"大家族"和140个政治"小家族"。令人震惊地描绘出一张由血缘与姻缘构筑的政治家族网。林衍：《一个县的官场生态》，《中国青年报》2011年10月26日，第1版。

② 王长江：《官二代接班严重解构党的执政合法性》，《党员经典导读》2013年第6期。

会、阶层固化、贫富分化、权力腐败泛滥、社会结构紧张以及市场诚信缺失①和法治不彰②等问题，不仅使这一新兴社会群体缺少安全稳定感、成长发育"亚健康"以及思想特征呈现复杂性，而且由于他们对政府缺乏政治信任使其面临着社会价值取向严重倒退与价值危机。如一项针对企业家群体社会思想多元、多样、多变状况的重要调研数据分析显示：针对"您了解或熟悉的国外思潮与党中央的宣传相矛盾，怎么办"的问题，"国外的思潮正确"的是 64%，"自己独立分析评价"的为 0.9%，"哪个对自己更有利就接受哪个"的是 8.7%；针对"您认为中国的人民代表大会制度和西方议会制度，哪个更优越"的问题，认同西方制度的占 19%，认为各有利弊的为 58%，说不清楚的为 5%；针对"您坚信党能够根治腐败，实现党风的根本好转吗"的问题，认为信心不足的占 47.7%，没有信心的占 19.8%；针对"假如现在通过全民选举来决定谁来执政，您认为共产党还能成为执政党吗"的问题，认为不一定的占28.9%，说不清的为 16.7%，必被其他党派所取代的占 7%；针对"您认为社会主义核心价值观与资本主义核心价值观的关系"的问题，认为没有什么本质区别的为 2.6%，认为完全对立的为 7.9%，认为可以相互借鉴的为 58.8%，认为既有区别，又有共同重叠的东西的占 30.7%；针对"您认为现在的领导干部当官的主要目的是什么"的问题，认为要成就个人功名的占 40.7%，为了以权谋私的占 26.5%；针对"您对现在干部选拔方面的总体评价是什么"

---

① 2011 年报端披露，我国每年签订约 40 万亿元合同，履约率只有 50%，33.3%的企业预计这种情况将"永不会改善"；我国企业每年信用缺失导致损失达6000 亿元。张莫、孙韶华：《每年损失 6000 亿，信用缺失代价惊人》，《经济参考报》2011 年 5 月 4 日，第 5 版。

② 2011 年中国法学网对业内人士进行网上调查显示，认为我国法律实施状况很差的占 60%、较差的占 20%。李林：《完善中国特色社会主义法律体系任重道远》，《中国社会科学报》2011 年 3 月 29 日，第 2 版。

的问题（多选题），认为跑官要官现象严重的占 63.2%，认为任人唯亲现象严重的占 57.9%，认为买官卖官现象严重的占 43%；针对"党章规定，党员要发挥先锋模范作用，全心全意为人民服务，您认为大部分党员做到了吗"的问题（多选题），40.7% 的人认为"绝大部分没做到"，20.4% 的人认为"一半对一半"，10.6% 的人认为"不知道"，仅 0.9% 的人认为"都做到了"；针对"您认为哪种所有制效率比较高"的问题（多选题），认为私有制效率高的占 59.6%，认为混合所有制效率高的占 28.1%，仅 6.2% 的人认为公有制效率高；针对"在中国当代思想界，您认为对人们思想影响最大的是什么"的问题（多选题），64.9% 的人认为是功利主义思想，33.3% 的人认为是传统的儒家思想，9.6% 的人认为是佛教、基督教等思想，只有 24.6% 的人认为是马克思主义；针对"您认为当前阻碍人们确立社会主义信念的最主要因素是什么"的问题（多选题），认为党内腐败现象严重的占 71.9%，认为现实生活中两极分化的占 70.2%，认为世界社会主义低潮和西方资本主义经济强势的占 38.6%，认为在理论上对什么是社会主义认识不清楚的占 28.9%。在关于当前医疗、教育和住房等方面改革的调查数据显示，这一群体的多数人认为这些方面的改革"没有代表大多数中下层民众的利益""加剧了贫富分化""代表了部分集团的利益"。[1]

作为新兴社会群体的企业家群体，从民营企业家而论，他们"是处于当代中国经济体制深刻变革带来的社会结构深刻变动、利益格局深刻调整、思想观念深刻变化中最前端的结构性部分"。[2]他们不仅是市场社会的主体力量，而且是社会秩序和民主政治发展的一种内生变量。他们的思想倾向、心理态度、行为规范在新兴社会

---

① 樊浩：《中国大众意识形态报告》，中国社会科学出版社，2012，第 600~617 页。
② 赵德江：《当代中国意识形态转型研究》，经济科学出版社，2009。

群体中都具有代表性。他们的价值取向对市场经济的发展具有重要意义。故这一群体是否健康、成熟地发展关系到中国社会的改革成败。然一些学者认为"一旦他们的行为稍微滑出合理边界，其影响就不只是几个'民工化''过劳死'现象那么简单"。[①]在政府主导资源配置权的背景下，"被代表、被选举、被和谐"的他们比任何阶层更直接感受政治对利益的影响力。在关系主导型的社会结构下，他们与政治的过度关联，不仅会在复杂的社会语境中被复杂解读，而且会构成对社会秩序的挑战。如2013年1月湖南省衡阳市贿选省人大代表案，在总共527名人大代表中涉及518人，涉案金额1.1亿元。其中民营企业主是主要涉案人员。该案性质严重，影响恶劣，是对作为我国根本制度的人大代表制度和社会主义民主制度的严重挑战。

三 以利益导向促价值共识：社会转型新思维

恩格斯指出："人们自觉地或不自觉地，归根到底总是——从他们进行生产和交换的经济关系中获得自己的伦理观念。"[②]在社会现实中，无论个体还是群体，他们的动机、行为和思想皆可从对利益追求中找到合理解释和深层蕴涵。那么，社会如何从利益认同达到价值共识并走向共同富裕、社会和谐的目标，我们认为关键必须注重以下几个层面。

（一）超越单一价值导向模式，树立利益导向重要地位

马克思指出："正确理解的利益是整个道德的基础。"[③]而哈贝马斯在《合法性危机》一书中认为：市场经济社会"用利益导向

---

① 沈瑞英：《西方中产阶级与社会稳定研究》，经济管理出版社，2009。
② 马克思、恩格斯：《马克思恩格斯选集》第3卷，人民出版社，1995，第434页。
③ 马克思、恩格斯：《马克思恩格斯全集》第2卷，人民出版社，1957，第167页。

行为取代了价值导向行为"，①追求与实现利益是得到社会价值认可的。在社会生活领域，利益总是战胜原则的。改革要动员大众积极参与，首先就必须使人们有看得见、摸得着、享受得到的利益；有了利益预期，改革就有了人们努力奋斗的方向与目标。党的十八届三中全会关于市场决定性作用的新提法，就是以利益驱动作为社会发展的主要杠杆，以利益为逻辑起点，以正确的利益导向（或称权益导向）来确立社会新思维，对维护和保持社会稳定具有关键作用，也是"刚性稳定"转向"韧性稳定"的枢纽。换言之，于正确、合理的利益导向中凝练成的价值观，方是社会共识的基石。为此，基于当前中国改革进程中遇到的困境和难题，我们应从以下角度考量。

首先，必须正确理解利益，关注与重视个体的正当利益。罗尔斯在《正义论》中指出："公正的主要问题是社会的基本结构；更确切地说，是社会主要制度分配基本权利和义务、决定由社会合作所产生的利益划分方式。"②同时，我们应该认识到，个体与集体是辩证统一关系：从一方面而论，个体对集体、社会的依赖性是客观必然的，个体利益必须是在特定的社会条件下并通过社会来获得实现。市场经济的主体都有谋求自身利益最大化的权利，但必须尊重他人同样的权利，将利己与利他有机结合起来，塑造出合理追求个人利益又具有利他人格的人，这才是市场经济的人性基础和应塑造的现实人格；从另一方面而言，没有脱离个体的集体，也没有脱离个体利益的集体利益，社会利益对个体利益也有依赖性；占领道德制高点的集体利益更应该注重个体利益的实现，并以此为基石。而马克思主义的社会主义集体主义并非将实现集体主义作为终极目

---

① 哈贝马斯：《合法性危机》，上海人民出版社，2000，第29页。

② 约翰·罗尔斯：《正义论》，何怀宏等译，中国社会科学出版社，2001。

标，而是把公共利益、整体利益作为实现个体正当利益的桥梁。因此在强调整体利益的同时，应该尽量关注和满足个体的正当利益诉求，个体的自由全面发展才是社会发展的目标。

其次，改革须从功利主义转向权利优先。中国改革开放以来，对于市场的功能认识、问题思考和政策制定，往往都带有功利主义倾向。如一些地方政府，在改革实践中多谋求更符合政绩考核、任期目标或本部门、本地利益的改革措施；又如对所有制问题的争论中，往往只从有利于经济发展的角度去探讨。如果以这种标准去理解民营企业发展，那其随时可能被否定，甚至收归国有。我们应该认识到，市场不仅是 GDP 的增长工具，它还是人们自我价值实现的一种途径。市场中的契约、民主和法治精神以及主体独立、权利平等、自由公平等原则要素，既是孕育、养成现代公民意识这一价值共同体的摇篮与土壤，也是公民成为权利与责任结合体、统一体的"民主操练场"。否则，公民的基本权益得不到应有尊重，再多的改革措施都不可能真正建立社会主义市场经济制度。因此当前的深化改革，必须以优先从制度机制上支撑与保障市场主体的权利作为出发点。这也是当下社会新兴群体最强烈的呼声。

再次，培养新利益突破旧利益格局。改革就是释放新活力，就是培养新利益生长点。30 多年来中国推进改革的主要策略是"先易后难、有序推进"。当前改革的首要阻力是既得利益集团，正如李克强总理指出：触动利益比触及灵魂还要难。然而改革就是对利益格局的深刻调整，任何改革没有明确、合理的利益导向，都是难以成功的。因此，为了减少改革的成本与代价，避免改革停滞不前、难以为继的风险，我们对利益格局的调整应该寻找突破口，即进行增量改革，以培养新的利益生长点，进而克服固有利益弊端。如以创新的制度措施大力扶持民营企业发展，从而倒逼国有企业的改革；又如当前体制改革困难重重，但上海自贸区的构建，就是突破旧体制规范的束缚，走向体制创新的道路；再如当前党中央决定市场决定资源配置，这不仅有利于市场化改革，有利于社会新兴群体的利益发展，而且是对政府职能转变、权利与权力关系调整提出的新要求。

最后，改革要解决新事物的合法化问题。改革过程中出现的对推动社会和市场经济发展的新事物、新利益趋向，应在法制上使其合法化，以增强各方的预期，使合法的利益趋势不会任意逆转。

（二）必须注重改革开放的价值排序

当前中国转型社会出现的所谓共识危机，不仅是价值失序导致社会思想的混乱，而且是国家、社会与个人、集体利益如何实现价值认同的问题。社会学家帕森斯在《社会行动的结构》中将价值观划分为个人取向价值观、集体取向价值观和社会取向价值观，借此对个人在群体、社会中活动的特点进行分析。因此，价值观从不同的社会角度可划分各种类型，而且其具有时代性、民族性和具体性，即每一个社会的一定发展阶段，都会有不同的价值理念成为人们对事物及行为的意义、效用的评价标准。然而在当前社会变迁中，市场和社会的利益主体多元化导致价值多元化的情境中，如何均衡与化解价值间的矛盾与冲突，这就需要我们根据社会发展和改革实践，做出排序、甄别和取舍，以确立哪些价值作为"优先性的选择"。因为对于价值原则主次先后排序，将会直接作用和影响人们对社会政治、经济和文化发展的观念和态度。今天我们强调改革的民主发展序列和价值排序就是为了防止发展的本末倒置。与此同时，我们在价值排序中必须深刻把握两个重要维度。

一是必须注重适应社会现阶段发展的元价值创构。元价值是建立在基于对世界、人生和社会的终极解释基础上而形成的一套信念、观念和行为准则。①元价值是进行社会整合、维系社会秩序的必要条件。缺少元价值，社会成员就会没有方向感。元价值又分为理想性元价值和协调性元价值（对指导实践具有共通目的、共享进步的合理价值）。前者如"各尽所能、按需分配"原则，后者则如公平、正义、民主、法制等。然而理想性元价值无法长期化解利益关系的不平等和现实的利益矛盾，过度强调反会衬托意识形态的虚伪的一面。因此，在当前改革开放与社会转型的阶段，着眼社会现实和调节个人利益与整体利益之间、社会各群体之间关系的协调性元价值，如"共建共享""共同富裕"的价值理念，对社会整合与改革发展更具效力。协调性元价值的创造与构建，应该是通过社会各利益群体充分的表达、讨论、协商以及互动互构所形成的。当前，由于社会建设滞后于经济发展，出现对社会组织的价值迷思以及各阶层群体利益失衡，这不仅使"共建共享""共同富裕"价值理念缺乏制度资源的支撑与有效践行，而且在资本逻辑、剩余价值、剥削等思想价值以及一些理想性元价值的作用下，协调性元价值被弱化而造成改革困境。

　　二是必须正确把握主导价值观与多元价值观的辩证统一关系。当代伦理学家罗尔斯曾指出，个体价值观念的"重叠共识"思想为多元价值社会的统一性提出了合理的解决图式。这一方面是个体价值观念的"重叠共识"构成主导价值观的主要内容，特别是作为价值观产生根基的社会存在的统一性及社会生活的整体关联性，决定了与之相适应的主导价值观的存在；②另一方面是现代多元社会的利益诉求决定了多元价值观的合理性存在，而多元成分之间更多地包含着互补的关系，而非排斥和冲突。因此，主导价值观与多元价

---

① 王宁：《社会元价值的危机与超越》，《学术前沿》2013 年第 7 期。

② 宣兆凯：《中国社会价值观现状及演变趋势》，人民出版社，2011，第 10 页。

值观，从辩证统一关系而论是多元一体，是一种"应然"与"实然"的关系。两者并非一种替代和被替代的关系，而是一种引导与被引导的关系。这种可称"一元主导、多元共生"的价值体系构建，应使"一元主导"引领社会思想价值指向，从而形成同社会多元价值观的兼容共生、和而不同。这也是推动价值自发走向价值自觉的过程中，积极引导与整合社会价值追求中的个人与群体、现实与理想、传统与现代、物质与精神、功利与非功利等矛盾关系，从而使社会达成一种广泛的价值共识。

（三）以制度引导、整合社会利益诉求和价值取向

一个国家的文明，取决于制度的文明；一个社会的进步，取决于制度的进步。故制度是一个国家和社会发展的核心竞争力。张振学在其著作《制度高于一切》中指出：从历史上看，制度从来没有像今天这样与每个人的利益得失密不可分，从来没有像今天这样与每一个企业的成败兴衰息息相关。好的制度犹如好的道路，它可以让人们来去自由，行走便捷，并很容易抵达人生理想的目标。人们之于社会的理想，主要指向理想的制度，人们之于企业的理想，也主要指向理想的制度。

社会历史发展的实践表明，从根本上而论，制度起源于社会利益的矛盾、分化与冲突。任何一个现代社会，都存在着利益诉求多样化激起的价值矛盾与冲突，如何协调与整合这种矛盾与冲突，关键是政府是否有将其纳入制度化轨道的能力。政治学家马克·沃伦在《民主与信任》中指出："制度'代表'和体现着某种价值观，而且为这些价值观的忠诚和向这些价值观的靠拢提供了激励和合理性证明。"[①]经济学家诺斯在《经济史中的结构与变迁》中认为："制度是一系列被制定出来的规则、守法程序和行为的道德伦理规

---

① 马克·沃伦：《民主与信任》，华夏出版社，2004，第66页。

范，它旨在约束追求主体福利或效用最大化的个人利益行为。"[①]当前深化改革，社会公正是协调利益关系的价值取向，而利益均衡是社会和谐、稳定的基础。构建公平正义的社会利益协调制度机制，维护与创造公共价值，已是当务之急。

当前社会转型已从利益分化进入"利益博弈"的年代。然而关于公平、公正的利益博弈，面对权力市场化与市场权力化的局面，我们的改革却步履维艰。这里有三个特征：一是在行政权力配置社会资源的状况下，政府成为利益主体；二是各利益主体争取利益能力有强弱、不平衡；三是政策诉求与部分利益主体诉求不一致引发的冲突。这不仅导致利益博弈畸形，而且也引起社会分化扩大和社会风险增长。因此，在深化改革中，我们必须针对当前社会利益矛盾凸显的体制和制度等原因，实行利益有效整合与利益结构合理化；以关注民生、以人为本的基本原则，构建公平、公正的利益协调机制（包括完善的利益分配、表达、保障、冲突调节等各种机制），健全维护与保障社会权利和公民权利的制度机制。

当前以社会主义核心价值观推动社会和谐，达到价值共识，关键是实现利益认同。而要实现利益认同，就必须切实有效地体现公共政策和制度正义，以有效的制度供给与创新去构建与和谐社会相适应的利益关系格局，去促进公民意识的自觉，去指导人们的价值选择、创造与实现。戴维·伊斯顿曾指出：公共政策是对全社会的价值做权威性的分配。[②]因而价值共识不是空中楼阁、镜花水月。为了维护与保持社会稳定，就必须真正理解和践行利益与价值的规律和辩证关系。执政党与政府要维护和创造公共价值，首先，必须从积极推行的公共政策和制度中体现公平正义，并必须不断地通过

---

① 道格拉斯·诺斯：《经济史中的结构与变迁》，上海人民出版社，1994，第195页。
② 戴维·伊斯顿：《政治体系：政治学状况研究》，商务印书馆，1993，第53页。

政府的行为和公共产品以及与公众的互动过程具体展现。这其中关键是必须有效体现机会平等、程序公正原则。唯此方能弥补起点不公导致的结果不公，个体努力才有所依附，人们只有在制度预期中才有可能平复社会怨恨和弥合阶层断裂，不同的社会群体才能找到共识。其次，政府要想获得社会信任，就必须适应公共治理环境的发展变化，对政府职能、公共服务理念和能力不断进行改革创新，不断创造公共价值。再次，加快市场化改革，以健康的制度生态支撑与促进中产阶层不断壮大。最后，政府只有以治理能力现代化、提高制度绩效和提供有效的公共产品，去积极主动地引导、形塑并践行建立在社会利益和谐基础上的公共价值，才会达成社会的价值认同和共识。

第二节　必须培育公民意识，积极建设公民社会

社会现代化的核心与本质是人的现代化，而衡量人的现代化的根本标志是现代公民意识和素质。正如威尔·金里卡在《当代政治哲学》中认为："现代民主制的健康和稳定不仅依赖基本制度的正义，而且依赖于民主制度下公民的素质和态度。"[1]从现代社会发展来审视与考察，公民意识尤其是其中的权利意识，是中产阶层实现经济利益、政治地位和价值追求的主要动力与路径；是市场、社会与国家良性互动的必要前提与重要基础。健康成熟的公民社会，是维护中产阶层根本利益的可靠保障。

一　公民观念发展历程

近代英国社会思想家斯宾塞认为："良好的社会最终还是要靠

---

[1]　威尔·金里卡：《当代政治哲学（下）》，上海三联书店，2004，第512页。

它的公民的品质。"现代美国思想家加尔布雷斯在《好社会》中则指出："一个国家的前途并不取决于它的国库之殷实，不取决于它的城堡之坚固，也不取决于公共设施之华丽，而在于公民本身。"只有中产阶层具备了公民意识，有了公民权利与义务责任感，公民社会方能健康发展。公民作为国家与社会发展进步的主角，其称谓及所蕴涵的价值思想观念已经历了两千多年的演进历程，是西方社会政治思想家们普遍关注的对象和命题。公民（Citizen）概念起源于古希腊城邦社会的民主政治生活，苏格拉底、柏拉图和亚里士多德等人皆有论述，如亚里士多德在其名著《政治学》中指出："全称的公民是凡得参加司法事务和治权机构的人们。""城邦本来是一种社会组织，若干公民集合在一个政治团体以内，就成为一个城邦。"在该著作中，亚里士多德还认为城邦的正义在于维护大多数公民的利益。他还认为"最好的政治社会是由中等阶级的公民组成"。从古希腊城邦历史考察，公民身份与民主性和公共生活密切相关联。雅典人关注的是"保证每一个公民在管理一切公务中的发言权"。①由此可知，公民的概念从开始就同权利和义务观念具有紧密的内在联系。其范畴中的一些概念，诸如理性、公平、正义、平等、自由、民主等也在这段历史时期相继形成。而享有权利、尊严和荣誉的优秀公民的卓越品质，也是人们的理想人格。罗马帝国首位皇帝屋大维（公元前61~14年）就自冠以"第一公民"之美誉。

　　近代以来，西方的启蒙思想家以理性思想审视自然和人类社会，如霍布斯、格劳秀斯、斯宾诺莎、洛克等以社会契约论来分析论证公民与国家、公民权利与政府权力之间的内在联系，强调公民自由平等的社会价值，以追求和保障资产阶级的利益；孟德斯鸠、

① 爱德华·麦尔诺尔·伯恩斯等：《世界文明史》第 1 卷，罗经国等译，商务印书馆，1987，第 226 页。

卢梭、托马斯·潘恩、托马斯·杰斐逊等以宪政主义思想提出了保障公民权利的制度设计，对公共权力配置进行了理论阐释，从而以天赋人权、人民主权、代议制民主、权力制衡论等进一步丰富和发展了公民观的理论内涵。法国启蒙思想家孟德斯鸠认为："法是人类的理性，……各国的政治法和公民法不过是人类理性在各种具体场合的实际应用而已。"他在《论法的精神》中指出，公民的"自由就是做法律所许可的一切事情的权利"，并认为分权制衡是公民社会、公民政治自由的制度保证，国家应以法治与自由作为立宪之根本。卢梭曾以"日内瓦公民"自居，认为社会契约是政治共同体产生的途径，国家的权力是公民权利的让渡，国家的主权必须体现人民的"公意"。如他在其著《社会契约论》中指出，"作为主权权威的参与者，就叫作公民，作为国家法律的服从者，就叫作臣民"。他以"公民"和"共和国"为核心主题的政治理论中诠释了一种公民共和主义的解释方式，强调公民美德的重要性以及公民参与公共事务和关注公共利益的重要社会意义。而美国思想家托马斯·潘恩认为："每一种公民权利都来自一种天赋权利"。他在《人权论》中指出："在权利方面，人生来是而且始终是自由平等的。因此，公民的荣誉只能建立在公共事业的基础上。""一切政治结合的目的都在于保护人的天赋的和不可侵犯的那些权利：自由、财产、安全以及反抗压迫。"①美国开国时期的著名政治家、思想家托马斯·杰斐逊则提出了以自然权利为基础的公民权利观和人生而平等的公民思想，主张公民应享有平等的教育权利和机会。他明确指出："组成一个社会或国家的人民是那个国家的全部权力的来源。"②从而将"主权在民"的思想奠定为民主政治的重要原则。总之，公

---

① 托马斯·潘恩：《潘恩选集》，马清槐译，商务印书馆，1981，第 143、214 页。
② 托马斯·杰斐逊：《杰斐逊选集》，朱曾汶译，商务印书馆，1999，第 301 页。

民观思想的发展，反映了人类社会精神文明、政治文明的发展进步。

二 从公民意识到公众参与

"巨大的变革不是由观念单独引起的，但是没有观念就不会发生变革"，①上述公民观念及其思想理论发展、演变，反映了公民的权利是社会正义、制度正义的体现。其本质是关注人、塑造人的人学研究。其不仅是社会文明历史进程的内驱动力，是民主政治思想发展的必要支撑，而且也是培育、提炼与形成现代公民意识——公民对于自身在国家中的主人地位应有的权利和责任的自觉意识的思想文化基石。现代公民意识主要应由四个要素构成：主体意识、权利意识、责任意识和参与意识。这其中参与意识是一个关键性的结构要素。在现代政治范畴中，所谓公民应是有能力参与公共事务的人。如阿尔蒙德曾在《公民文化》一书中强调："公民——一个能够在其政治系统的运行过程中扮演某种角色的人。"故公众参与（Citizen Participation 或 Public Participation）特别是政治参与，是现代社会最根本的基石。德国哲学家康德曾明确认为，"公民"有着三种不可分离的属性：宪法规定的自由、公民的平等和政治上的独立自由。他进一步指出，作为公民至关重要的一点是"具有选举权的投票能力，构成一个国家成员的公民政治资格"。德国共和主义公民思想家汉娜·阿伦特则认为，公民的权利只有在公共领域中才得以实现。因此，一个现代社会需要参与性公民，需要男男女女作为比民族网络和本地区更大的社会的成员积极参与公共事务，行使其权利义务。可以说，没有公众参与，便没有真正意义上的公民。故公众参与是考量公民素质、觉悟以及是否是现代开放社会最重要的标准之一。同时公众参与的主体意识是公民践行权利、履行义务

---

① 霍布豪斯：《自由主义》，商务印书馆，1996，第 24 页。

的政治表现。公民只有在公众参与的具体实践环节中，才能实践法律规定的权利和义务，才能将自身的权利义务有切身体会和逐渐形成理性自觉认识，才能养成建设民主政治的能力，才能学会成为一个合格的公民——权利与责任的统一体和整合体。这正如马克思所指出："意识在任何时候都只能是被意识到了的存在。"

当前中国的公众参与面临着困境和挑战，主要有以下几方面问题：一是欠缺制度渠道；二是缺少法律保障；三是政府信息公开程度不高；四是公民社会组织不发达。正由于公众参与不足，当前公民意识总体上还不成熟，与现代民主发展之间存在差距。例如 2010 年 11 月《人民论坛》的调研显示，70% 以上的受访者表示"既不懂（中国）政治优势，也不关注政治优势"。又如 2011 年中国社科院《中国政治参与报告》调查数据显示，中国公民整体政治参与意愿低，权威依附意识较高，对参政权的重要性认识不足，政治效能感偏低；其中对于"民主是什么"的问题，受访者中 42.8% 表示不知道，17.8% 没有回答；在中产阶级群体中，有 33.3% 人认为政治参与"不起作用"。再如 2012 年中国社科院"公民政治素质调查与研究"的调查结果显示，中国人想要的民主具有几个特点：德治优先于法治、重视实质和内容优先于重视形式和程序、协商优先于表决、解决反腐败和群众监督政府问题优先于保障公民权利和自由等。对此，许多政治学研究者认为，中国人的民主观念，甚至还落后于决策层的思想，落后于我们国家在建设民主方面已经实际发生的制度化进程。此外，近年一些民调还显示在大学生群体中也存在"公民"角色不清、公民意识薄弱的现象，如问及中国的国体、政体是什么时，分别有 36% 和 23% 的人表示不知道；当问及公民享有哪些权利和基本义务时，67% 的人不能正确回答。

从对社会发展与进步的世界历史进程审视与考察，公民意识和公民社会存在的前提是民主政治。故健康成熟的民主实质上也意味着公众参与的理性自觉的境界。因此，当前如何实质性提高中国公众参与程度与质量，这是同经济效率、政治现代化、民主质量以及扩大中产阶层息息相关的。那么如何培育公民意识呢？从现代社会发展进步考量，这不仅需要一个健康成熟发展的市场经济作为经济基础，需要一个健康、成熟的公民社会作为政治文化生态环境，更需要通过法治国家与公民社会良性互动、互构得以形塑。当代著名社会学家拉尔夫·达伦道夫认为现代社会冲突是一种应得权利与供给、政治和经济、公民权利和经济增长的对抗。因此，他指出公民社会（Civil Society）最为主要特征，即公民意识、自治社会组织和要素的多样性。这必须从以下几方面着手。

一是积极推动政治体制改革，以制度保障公众参与。社会学新制度主义代表人物道格拉斯指出，制度决定并影响人们思维方式的重要机制是：（1）制度赋予人们"身份"（Identity），人们的认知不能在社会制度之外产生；（2）制度塑造了社会群体的记忆和遗忘功能，制度影响人们行为的一个重要原因是制度中储存着信息和规则；（3）制度左右人们对事物加以分类，在任何社会中，人们思维的前提存在着共同的分类范畴。[①]制度现代化与制度文明是国家和社会可持续发展的根本保障与关键基石。公民意识、公众参与必须在政治文明、健康的制度生态环境和法治秩序中才能发育。因此，当前的改革要有价值高度，必须对公民权利有效践行提供制度创新和供给的空间、资源（如对网络民主所激发的公众参与热情给予制度性容纳）；要发挥制度功效以引导公民文化，积极推动与扩大公众参与。

二是加快推进社会体制改革，大力培育自治性、公益性社会组织。公民意识不仅同推动社会意识形态和政治文化进步具有内在深刻的逻辑关联，是走向法治社会的关键性结构要素，同时也是一种

---

① 周雪光：《制度是如何思维的》，《读书》2001 年第 4 期。

与现代市场经济发展相适应的重要理念。现代社会的公民意识构建，不仅需要公民在长期的市场利益博弈和公共参与过程中逐步形成利益共享、理性协商理念以及权利责任、公平正义、民主和法治精神，而且在于社会制度文化调整利益关系成为引导、塑造人们公共意识和行为倾向的重要途径。当前积极培育公民意识，除利益共享是达成共识的物质基础，关键还在于转变社会治理模式，大力发展民间社会组织。现代公民社会建设，不仅需要权利的法制保障和市场经济形态支持，而且需要一定的社会与政治前提条件。正如爱德华兹所言："问题在于这些基本前提——平等、多样、独立以及一个支持公民行动的环境，并不能只是通过公民社会来获得。相反，它们必须以一个指向更好社会的基本设置为基础，其中结社只是因变量，而政府与市场才是决定因素。"①

　　当前民间社会组织不发达是公民社会懦弱、社会冲突与风险的结构性来源。社会组织不仅是现代社会结构性的关键要素，而且是公民性和公民社会的测量指标，是培育和实现公共利益和公共精神不可或缺的基本力量。一个公民主体性发达、社会组织活跃的社会形态，是国家与社会良性互动必要前提；公众参与、社会组织与社会资本②的健康发展不仅是中产阶层发展扩大的要素和"发酵剂"，而且也是国家治理体系和治理能力现代化、制度创新和安排的基本变量。科恩在《论民主》中指出："使民主政治成为可能的文明品质只有在公民社会的团体（Association）网络中才能习得。"多维化的社会组织网络能提供一个使容忍、参与以及公民道德等个体价值得到滋养的公共生活环境，从而能缓解或抵御个体化、社会原子

---

① Edwards, Michael, *Civil Society* (Cambridge, UK: Polity Press, 2004), p. 10.
② 帕特南认为："社会资本指的是普通公民的民间参与网络，以及体现在这种约定中的互惠和信任的规范。"罗伯特·D. 帕特南：《使民主运转起来》，江西人民出版社，2001。

化、碎片化带来的负面效应，有利于促进社会合作、信任与培育公共性。正如托克维尔指出："人只有在相互作用之下，才能使自己的情感和思想焕然一新，才能开阔自己的胸怀，才能发挥自己的才智。"①"人类要坚持与发展文明，那就要使结社的艺术随着身份平等的扩大而正比地发展和完善。"②自愿性的社会组织不仅是培育公共参与水平、技巧的必要渠道，公众在其中能够获得大量实践参与行为的机会，能够培养形成理性互信、沟通协商、互利合作以及政治参与的能力和技巧，而且组织化的公众参与有利于避免非理性的社会抗争，是提高公众有序参与政治过程的能力、有效表达利益、享有权利和自由的健康民主过程。同时，这有利于公共服务由"政府单一供给"向"多元主体合作供给"转变，有利于社会公共精神的培育。因此，成熟、健康发展的社会组织，也是培育公民意识的摇篮。正如马克思和恩格斯在《德意志意识形态》中指出："只有在集体中，个人才能获得全面发展其才能的手段，也就是说，只有在集体中才可能有个人自由。……在真实的集体的条件下，各个个人在自己的联合中并通过这种联合获得自由"。③

三是大力加强公民意识教育。现代公民意识教育的基础内容是民主法治、自由平等、公平正义等理念，其核心任务应该是培养公民权利和责任辩证统一的自觉意识和价值观。落实到社会各方面、各种形式的教育中，既要坚持明确公民应拥有和践行宪法和法律赋予的各种权利，又必须强调公民对国家与社会的责任主体意识。同时，法治国家不仅应以权利和责任双向机制来调整和规范社会生活和公民行为，而且要给公民意识教育以有效的制度安排，为树立公民的权利和责任理性自觉意识提供法律支持和道德支撑。

---

① 托克维尔：《论美国的民主》下卷，商务印书馆，1996，第 638 页。
② 托克维尔：《论美国的民主》下卷，商务印书馆，1996，第 640 页。
③ 马克思、恩格斯：《马克思恩格斯全集》第 3 卷，人民出版社，1960，第 84 页。

从公众参与以及公民意识培育、形成、提高的过程考量，上述几个方面应该是交互作用、相辅相成的。这正如威尔·金里卡在《当代政治哲学》中指出："似乎没有任何一个制度可以单独地充当'公民品德的苗床'，而公民们必须通过一系列交叉的制度去学习一系列交叉的品德。"只有人们能广泛地自觉地融合到社会组织的公共生活中，方有可能培育他们自主参与公共事务的公民意识和公共精神，而只有公民有了权利和责任意识的价值自觉，中国当下反腐败才会从以"权力制约权力"、以"制度制约权力"走向更高阶段——以"社会权利制约权力"。

第三节 走向法治社会的路径选择

德国哲国学家康德曾指出："大自然迫使人类去加以解决的最大问题，就是建立起一个普遍法治的公民社会。"[①]现代法治不仅是制度构架，而且也是一种价值选择、一种公民社会的现实状态、一种公民文化的形塑。因此，后发型国家如何走向法治社会的路径选择，是国家和社会健康、良性发展的关键。同时，任何一个国家，只有法治正义得以伸张，政府权力才有清晰边界，政府、市场和社会才能井然有序，社会发展目标才会有具体依托。

在当前世界全球化背景下，我们必须吸取"第三波民主化浪潮"中许多国家陷入的"制度瓶颈"以及近年来的"颜色革命"的经验教训。无程序设计、无法律规范与保障就扩大民主，势必走向无序民主的泥沼。为此"后发"转型国家的稳定之道，应是建设法治政府来履行国家职能，为改革变迁和经济发展提供制度动力，提供社会公共产品，建立国防、法治秩序以及构建公平的利益分配

---

① 康德：《历史理性批判文集》，商务印书馆，1990，第 8 页。

体制和以法律保障政治体制改革进程和政治文明成果。中国法治社会的建立，不可能重复西方国家几百年"内源性"的自发社会发展道路。故一方面有赖于通过法治来推动制度变迁、供给和创新，另一方面不仅有赖于政府制度力量的推导，有赖于国家目标与社会民众利益的结合，而且有赖于以法治党，把法治引入对执政党自身的治理，有赖于政治体制改革的深化。

首先，在风险社会和全球化背景下，以政府主导推动的法制现代化，是传统法治资源贫乏的后发型国家现实可行的法治发展模式。然而理论预设下政府主导的理性构建行为和国家权力理性外化促成的法治状态却存在悖论：从一方面而论，法治的关键是对公共权力的约束和公民权利的保障，政府推进的法治模式能否带来对自身权力的限制结果；从另一方面而论，不是所有形态的政府都具有法治的功能，只有特定结构形态的政府才具有推进和实现法治的作用。这种结构关系主要有三个层面：一是合理的权力结构。这包括国家与社会关系，党政关系，中央与地方关系，立法、行政和司法之间的基本权力关系等；二是严格的权力规范。这涉及国家权力配置、权力内容的法律规范以及权力运行的制度程序等；三是有效的监督体系。这涉及权力监督的原则、主体和机制等。所以，政府本身必须具有法治的结构关系不仅是影响法治的一个基本变量，而且这种关系的调整是"政府推进型"法治模式中最现实和有效的切入点。如果法治不能在政治领域获得进展，那么社会其他领域的法治必然是不健全、不完善的。①

其次，由政府推导国家与社会的共同发育、良性互动和关系形塑，从而达到制度均衡的法治秩序，是构建中国法治社会的基本路

① 程竹汝：《法治发展与政府结构关系》，中国社会科学出版社，2010，第78~150页。

径。中国社会主义特色的主要本质特征是执政党在国家与社会中的核心领导地位，这就不仅决定了中国社会主义法治理念特色，而且要求我们在对西方公民社会法治价值追求时，应超越国家与社会二元结构式或三分法的框架和思路，依照中国国情与本土法治资源做出中国式的价值诠解。有学者指出："全球化时代国家与社会的相互依赖和渗透，决定了权力与权利互动平衡的法治走向"。①这也决定了国家与社会关系应是相互融契、相辅相成的。尤其政府主导的后发型现代化对传统社会结构产生了解构和建构的二元作用，政府一方面主导传统社会向现代社会的过渡进程，一方面在资源配置、利益均衡等方面要对市场经济调控，要创新制度推动政治民主和各种有序参与机制渠道的建立，要推出社会福利保障制度等以承担国家责任和履行公共服务功能。这种情境状态下，看似国家主导社会发育，实际从深层次关系考察分析则是国家与社会共同发育，促进了国家权力与多元社会权利的适度平衡与良性互动、互构。良性互动既是国家与社会两者之间一种双向的适度的制衡关系，又是一种良好的民主合作意向；通过互动，促使双方能较好地抑制各自的内在弊病，促进对国家所维护的普遍利益与公民社会所捍卫的特殊利益的整合，以适应社会总体的均衡性发展趋势。国家与社会是依靠制度而有机联结的，制度是两者之间的一种枢纽。从国家与社会关系而论，国家和政府是制度的主要制定和维护者，社会政治认同的关键是制度认同，一种适应社会均衡发展的制度，可使政府拥有权威和公信力。对此，亨廷顿认为："政治稳定依赖制度化和参与之间的比率。如果要想保持政治稳定，当政治参与提高时，社会政治制度的复杂性、自治性、适应性和内聚力也必须随之提高。"②因

---

① 马长山：《法治的平衡取向与渐进主义法治道路》，《法学研究》2008 年第 4 期。
② 亨廷顿：《变动社会中的政治秩序》，华夏出版社，1989，第 73 页。

此，国家与社会的均衡又属于制度间的均衡，而制度均衡（Institutional Equilibrium）则体现国家与社会所代表的不同社会力量达到相互制约的结果，在这种状态时各方均不具备改变现有制度安排的动机和能力。①因此现代国家一方面必须用宪政和制度来保障与均衡国家与社会关系，以使两者所代表的不同的社会力量达到相互制约的结果，并在各自领域发挥作用，彼此尊重对方存在的价值；另一方面国家要在制度体系内为社会提供公共产品和进行社会资源的合理配置，要以制度的力量推动市场经济和社会有序、民主、充分的发展，以及利用制度安排来培育中产阶级，而不仅是依靠预设其工具理性自觉和道德自律以及所谓的"中庸"。②

最后，以制度引导与促进公民文化，夯实法治社会基础。公民文化首先是一种法治和权利文化。制度引导文化就是"以制度的更新带动文化价值观念的更新，发挥着制度选择文化的功效。然后以这种被选择出来的文化维护着那种选择它的制度在现实中的存在并促进着制度不断完善"。③英格尔哈特曾认为：文化塑造民主远胜于民主塑造文化。由于中国社会的现代化是外源性的，改革开放势必具有特殊性，要寻求社会秩序和谐稳定就必须依赖制度创新与公民法治文化建设。既然制度是通过提供社会中人与人之间关系的行为规范，也即为人们心理观念、价值判断和文化创造提供了基础，为发挥制度选择文化的功效提供了条件。同时，从理论而言，现代法治核心应是对权力制衡和公民权利的保障。法治不仅是一种制度形态，而且是一种生活方式和文化模式。换言之，这也是现代社会中

---

① 曾俊：《公共秩序的制度安排》，学林出版社，2005，第 127～133 页。
② 沈瑞英：《矛盾与变量：西方中产阶级与社会稳定研究》，经济管理出版社，2009，第 244 页。
③ 许和隆：《冲突与互动：转型社会政治发展中的制度与文化》，中山大学出版社，2007，第 167 页。

产阶层的一种生活方式和文化模式。因此，法治需要以公正、平等、自由、民主、权利、秩序为价值取向，才能形成公民社会法治的生态环境和中产阶层的理性诉求与价值自觉，才能内化为公民文化的精神意蕴和法律信仰。正如马克斯·韦伯指出：在缺乏一种理性精神和动力力量的情况下，即使最有希望的制度性条件也不能被有效地适用于理性的经济目的，这就是文化特有的功能。因此，以制度引导与促进公民法治文化，除必须积极健全与完善法律制度体系，改变法律滞后、缺乏等困扰社会的局面，还必须有以下几方面实质性的行之有效的改革。

第一，从制度层面和思想观念层面突破与创新，积极推进政府体制改革。诺思有句名言："国家的存在是经济增长的关键，然而国家又是人为经济衰退的根源。"①因为国家的公共权力是保护市场经济与个人权利的最有效工具，但是公共权力不仅具有扩张的性质，而且其扩张又总是依靠侵蚀个人权利实现的。因此当前推进政府体制改革一是要转变政府职能，从全能政府向有限政府、责任政府和法治政府的转变，这是法治政府建设的根本；二是要转变思想观念，对权力运作应有法治思维，并从管制、管理转向治理和服务，要明确政府的主要职能在于提供公共服务；三是要以制度规范权力，建构行之有效的对权力规范、监督与约束的机制，防止权力滥用和权力自肥；四是要推行政务信息公开，让权力在阳光下运行，提高执法公信力。

第二，政府必须引导、扶持与培育中产阶层的发育、发展。这不仅是要完善市场经济体制与在经济发展中"扩大中等收入群体"，以及重视知识分子从自利性走向公共性的培养，而且政府必须加强宪政民主的制度生态环境，为中产阶层开拓各种利益诉求机制和参与立法的民主政治制度化渠道，引导中产阶层以法制与理性博弈的

---

① 诺思：《经济史中的结构与变迁》，上海三联书店，1994，第20页。

方式参与社会公共事务；积极深入推进社会治理体制创新，扶持与培育社会组织与团体，发掘与培养其对社会发展的积极作用与功能。各种反映多元利益和社会价值的社团与政府、市场、社区治理基本主体的多元合作，既是政府获得民众认同、信任与支持的支撑力量，也是社会发育、社会资本创造和公民文化价值内涵的提炼，有利于公民参与立法能力的培养与组织化程度的提升，是构建中国式公民社会、法治社会的必由之路。

第三，构建"一元主导，多元共生"的社会价值观体系。现代多元社会的利益诉求决定了多元价值观的合理性存在。但是制度正义和法律正义始终应是社会秩序稳定的核心价值。因此，政治权力对社会的整合不能再用单一化的行政控制手段。政府一方面要制定政策与措施包容、推进文化多元发展；另一方面要以制度安排和思想意识形态建设作为调适与整合机制，缓解和化解冲突；还要以构建社会主义核心价值观为导向，引导、培育与塑造公民的文化精神和法治价值观，推动主流文化、精英文化与大众文化的互补、互构与互动。这不仅要促成文化秩序的和谐，而且要使中产阶层健康发展成为建设和谐社会与法治社会的积极的中坚力量。

第四，实现法治现代化必须树立法律信仰。伯尔曼在其著作《法律和宗教》中指出："法律必须被信仰，否则它将形同虚设。""法律只有受到信任并且因而并不要求强制力的时候，才是有效的。真正能阻止犯罪的乃是守法的传统。这种传统又根植于一种深切而热烈的信念之中。"庞德在《普通法的精神》的序言中指出："一个时代的法律精神是这一个时代一切社会制度的价值基础。任何法律制度一旦权威性地形成之后，人们必须以宗教式的虔诚去捍卫它。"

法律信仰是一个牵涉法学、社会学、心理学以及伦理学的概念，也是法治的精神支柱和必要条件。其核心是揭示法律的价值属性和价值功能，体现法律正义。法律只有被信仰，成为人们的信念、意识，才能"内化"为组织和个人的行为准则，正如罗伯斯比尔在《革命法制和审判》中指出："法律的效力是以它所引起的爱戴和尊重为转移的。"因此，公众只有在观念形态上确立了法律的至上性和权威性，才能更好地自觉地遵守法律；只有以法律信仰推动的法治社会建设，才是长久的、可持续的。那么如何实现法律的效力、权威和信仰？这就涉及法律的执行。洛克在《政府论》中指出："如果法律不能被执行，那就等于没有法律。"这就如同制度正义的关键还在于有效落实。当前中国社会正处于改革发展的转型时期，由于体制性问题、制度性问题以及结构性问题等，有法不依、执法不严、司法不公的问题并不少见。早在 2001 年，最高人民法院副院长沈德咏就曾指出："我国现阶段的司法权威，从历史上看，已降到了最低点，到了非常危险的地步。"①2009 年全国人大、政协"两会"上，著名法学家、全国人大法律委员会委员、中国社科院学部委员梁慧星奋起疾呼道："司法腐败已经到了令人不能容忍的地步。我都感到受到了侮辱，是我的耻辱，也是中国司法界、法学界、法学教育界的耻辱！"全国政协委员、国家司法部原副部长段正坤则公开表示："云南发生的'躲猫猫'事件只是冰山的一角！这次是暴露出来了，没有暴露出来的，不知还有多少！"②2010 年民意中国网和新浪网的联合调查显示，民众最关注的社会问题首先是"司法公正"（67.1%），其次才是"提高普通民众工资水平，缩小贫富差距"（65.3%）和"健全社会保障体系"（63.0%）。同年中国法学网对法律业内人士进行网上调查显示，认为我国法律实施状况很差的占60%、较差的占20%、一般的占13%、较好的占4%、很好的仅占3%。法律是秩序与正义的化身，司法是维护社会公正

---

① 沈德咏：《最高人民法院沈德咏副院长谈审判监管工作和审判监督改革》，沈德咏主编《审判监督指导与研究》第 2 卷，人民法院出版社，2001，第 7 页。
② 李梁：《2009 年"两会"十大言者》，《党政论坛干部文摘》2009 年第 5 期。

的底线，如果多数人认为其实施状况很差，社会秩序势必失稳、失范。这也正是"信访不信法""信网不信法""信权不信法""大闹大解决、小闹小解决"等不健康社会生态现象形成的重要原因。

据统计，在有关党员干部的廉政规定方面，我国先后颁布过100多个法规、2000多个条款。但至今"四风"腐败问题仍如此严重。又据统计，截至2013年底，全国人大及其常委会制定了243部现行有效法律；国务院制定了680多件现行有效的行政法规；地方省级人大及其常委会制定、批准了9000多件现行有效的地方法规。然而，北京市的抽样调查显示，在我国现行的240多部法律中，司法机关经常据以办案的法律仅有30多部，一些较发达城市也不超过50部，绝大部分法律不具备诉讼活力，难以进入诉讼实践。倘若扩大至包括法规、法章等在内的整个法制体系，未能有效"唤醒"的法律"睡美人"更是难以计数。①因此，如何让法律在实践中，从守望正义的规则切实变成慰藉人心的真实力量，也是中国模式所面临的挑战。当前中国现代化建设中依法治国基本路径选择和法律实施的困境，促使人们更进一步思考法律的价值导向问题。人们在社会实践中深切体会，法律建设并不只是一个实在法或成文法的制定完善问题，而是一个制度化了的规范力量如何在公民社会生活实践中成为导向的问题，从更深层次而论，应是一个价值引导与制度安排下的利益诱导的平衡一致性问题。同时，对法律的信仰并非某些个体的心灵活动，而应是整个社会所表现出的对法律的崇尚和尊重，"法治中国"应像"市场经济"一样成为社会共识。

综上所论，现代法治必须是转型社会的制度关键要素和充分条件。在全球化与后发型现代化背景下，中国走具有社会主义特色的自主型法治道路，不仅依赖社会各阶层的自为、自觉，而且考验执

---

① 《法律"睡美人"期待被唤醒》，《报刊文摘》2014年10月24日，第2版。

政党和政府的执政能力，考验其政治智慧和制度想象力。

第四节　技术型农民工：中产阶层的后备军

从中共中央、国务院印发的《国家新型城镇化规划（2014～2020年)》来审时度势，新型城镇已是中国经济社会发展的大战略。据公布数据，2013年中国城市化率为53.73%，然而人口城市化率仅为35%，低于2011年世界50%的城市化平均水平。从现代社会城市化发展考量，人口城市化和人的城市化才是关键，才是中国社会转型与改革牵动全局的变量因素。这不仅可以有效带动资源、资本、机会和信息的流动，增强市场活力以及拉动内需，扩大消费的主体力量，而且这一过程实质上是基本公共服务均等化的过程，是政府、市场和社会协同发展的模式，有利于经济社会公平可持续发展。当前，中国人口城市化的关键是打破城乡二元制度结构，实现农民工市民化。

2009年12月6日美国《时代》周刊公布的年度人物是中国"农民工"，赞扬其为中国在世界主要经济中保持最快的发展速度以及带领世界走向经济复苏做出重要贡献。然而据统计，2013年全国农民工总量为2.69亿人，其中外出农民工1.66亿人，大多数是新生代农民工，月均收入2609元，他们融入城市的愿望强烈。

当前，在城市农民工群体中拥有技能的技术型工人、有工作经验的基层管理者已成为社会的佼佼者，近年来媒体报刊不断持续报道蓝领工资薪酬超过白领。如《广州日报》2012年12月17日报道称搬砖工月薪为7000元，瓦工、抹灰工为6600元，工人中的"管理者"即队长、班长月薪为9000元；《扬州晚报》2013年3月4日报道，邗江一家机械企业在人才市场和人才资源市场上招聘时开出的条件分别为："办公室文员，月薪2000元以上""钳工，每月收入 3000 元以上"。这家企业负责招聘的胡女士透露，月薪也是市场供需变化的一个指标，该企业一线员工的平均收入基本超过办公室普通员工的收入；《北京青年报》2014 年 6 月 20 日报道，招聘拉面工月薪 12000 元、公交司机 8000 元、搬运工 8000 元、拌凉菜师傅 6000 元，每月还休息 4 天；《齐鲁晚报》2014 年 7 月 2 日报道，快递员月入上万元，送水工每月也挣上七八千元，装修工人每天的工资也涨到了两百多元，记者调查发现不少蓝领工作者的收入确实超过普通白领的工资。此外城市中的月嫂、住家保姆等，高位月薪已超过万元，一些大城市中的高楼外墙清洁工的时薪已有上千元。但他们同时也面临缺乏上升空间、劳动强度大、收入得不到保障等问题。

从全球化背景下世界中产阶层发展考量，中产扩大的重要基础源于庞大的社会底层向上的社会流动，有技能的蓝领成为中产就是例子（欧美等国的水电工薪酬远胜于一般白领）。因为在市场经济体制中，劳动力是作为与资本、信息和服务等相同的生产要素。其中技术劳动力作为一种资本构成较高的生产要素，流动率高、空间范围大，创造的利润与价值在生产要素中处于高位，其作为一种人才资源，最有实力上升为中产阶层。然而当前中国城乡二元结构的制度惯性和体制传统，使城市农民工群体遭到经济排斥、社会排斥和政治排斥。[①]他们的身份变迁落后于职业变迁，社会地位变迁落后经济地位变迁。他们不仅不能平等地享受城市政府提供的公共服务、社会福利以及教育医疗等社会资源，而且甚至宪法规定的一些公民权利都难以落实。

陆学艺等学者指出：农民工是当代绝大多数中国农村人口在不均衡发展中寻找突破的不二选择。然而当前制度性安排与代际传承等先赋性因素交织地影响、阻碍着农民工社会流动的上升机会。在中华

① 陆学艺：《当代中国社会结构》，社会科学文献出版社，2010，第 158~162 页。

人民共和国宪法总纲第一条即开宗明义规定，我国是"以工农联盟为基础的人民民主专政的社会主义国家"，以及当自由、民主、公正、平等、和谐与权利等价值观普遍性已深入人心的社会背景中，农民工群体却不能从制度性供给中获得利益预期，而且由于受到不公平的社会排斥、社会剥夺，导致对社会怨恨[①]的负面情绪能量积聚。显而易见，这必将成为社会失稳、失序、失范的巨大风险。

一项对农民群体社会思想多元、多样、多变状况的重要调研数据分析显示：针对"党中央提出构建社会主义和谐社会，您认为当前社会思想方面和谐吗"的问题，认为不和谐的占28.6%，说不清楚的占34.7%，仅13.2%的人认为和谐；针对"如果您了解或熟悉的国外思潮与党中央的宣传相矛盾，怎么办"的问题，认为国外思潮正确的占44.3%，哪个对自己更有利就接受哪个的占23.7%；针对"您认为当今马克思主义与其他思想观念的关系是怎样的"的问题，认为既不能引导，也不能消除其他思想观念对现实社会的影响的占25.3%，认为相互背离、导致人们思想混乱的占16.8%，认为对其他思想观念的存在和发展起到了限制作用的占7.4%；针对"您对自己的生活满意吗"的问题，认为不满意的28.9%，不太满意的20.6%，无所谓满意不满意的占17.5%，说不清的7.2%；针对"您认为中国的人民代表大会制度和西方议会制度，哪个更优越"的问题，认为各有利弊的占40.8%，认同西方制度的占14.4%，说不清楚的占12.2%，认为其他的占2%；针对"您坚信党能够根治腐败、实现党风的根本好转吗"的问题，认为信心不足的占42.1%，没有信心的占26.3%；针对"您认为现在的领导干部当官的主要目的是什么"的问题，认为以权谋私、为

---

① 从社会学意义而论，"怨恨"是无力对他者施及的伤害即刻还手却又饱含着复仇意识的情绪体验，在交互性生活场景中，一般是"弱者"一方的态度。见张凤阳《转型背景下的社会怨恨》，《学海》2014第2期。

自己捞好处的占 45.4%，为成就个人功名的占 20.6%，认为其他的占 10.3%；针对"假如现在通过全民选举来决定谁来执政，您认为共产党还能够成为执政党吗"的问题，认为不一定的占 26.6%，必被其他党派所取代的占 10.6%，说不清的占 23.4%；针对"党章规定，党员要发挥先锋模范作用，全心全意为人民服务，您认为大部分党员们做到了吗"的问题，认为绝大部分没有做到的占 39.2%，认为"一半对一半"的占 14.4%，认为都没做到的占 5.2%，不知道的占 6.2%，仅 4.1% 的人认为都做到了；针对"您认为信仰宗教的人数上升的原因是什么"的问题（多选题），56.1% 的人认为寻找精神寄托，54.1% 的人认为是对现实不满，29.6% 的人认为是主流思想教育不够，31.6% 的人认为是受周围人影响；针对"您认为共产党代表了哪些人的利益"的问题（多选题），43.9% 的人认为代表特权阶层，32.7% 的人认为代表富人集团，5.1% 的人认为谁都代表不了；针对"您对当前改革开放的主要忧虑是什么"的问题（多选题），62.2% 的人忧虑腐败不能根治，51% 的人忧虑生态被破坏，使经济不能实现可持续发展，37.8% 的人忧虑导致两极分化，15.3% 的人忧虑走向资本主义道路。此外，在关于当前医疗、教育和住房等方面改革的调查数据中可以发现，大多数农民群体认为"没有代表大多数中下层民众的利益""加剧了贫富分化""代表了部分集团的利益"。[1]这些调研分析显示，当前农民工群体思想意识与政治心态在社会变迁中已发生很大变化，主流意识形态对其影响力随着利益关系松散而日趋式微；社会资源配置不公平、社会机会不平等、规则程序的不公正、制度政策的滞后，已造成他们对执政党和政府的信任度日渐削弱，这不仅促使农民工群体的思想凝聚力涣散，价值取向扭曲、迷失、逆

---

[1] 樊浩：《中国大众意识形态报告》，中国社会科学出版社，2012，第 537～549 页。

反，社会行为失序，而且也导致党和政府的执政合法性资源流失。

综上所述，当前的制度设计安排，如果不能使更多的农民工技能化、知识化和市场化以及使更多的农民工进入第二和第三产业中更快地富裕起来，中产阶层就难以壮大。因此，为了促使 2 亿多农民工成为扩大中产阶层的后备军、生力军，当务之急就是必须在当前社会深化改革和新型城镇化作为经济社会发展的大战略中，构建城乡一体化体制机制、建立城乡统一的基本公共服务体系、推进公共资源配置均等化，从制度创新与供给中满足和引导农民的利益诉求，充分释放国内巨大的需求潜力，形成中国转型发展的突出优势和主要动力。

结　语

邓小平指出："制度问题更带有根本性、全局性、稳定性和长期性。[①]……我们所有的改革最终能不能成功，还是决定于政治制度的改革。"[②]改革开放 30 多年来，中国社会转型已进入以经济体制深刻变革、利益格局深刻调整、社会结构深刻变动和价值观念深刻变化为特征的时期。这其中权力寻租和腐败所暴露的制度性、体制性和结构性问题也日益严重，大案、窝案、串案层出不穷。2014年 8 月公布的广东茂名领导干部违法腐败窝案中有贿买官位者达 159 人，公共媒体严肃揭示了这种劣币驱逐良币的干部现状以及"逆淘汰环境下几乎无官幸免"的问题。[③]2014 年中央巡视组第二轮巡视 13 个省区和中央所属单位后揭示出当前五大突出问题：一是

① 邓小平：《邓小平文选》第 2 卷，人民出版社，1995，第 533 页。
② 邓小平：《邓小平文选》第 3 卷，人民出版社，1993，第 164 页。
③ 《茂名窝案警示："逆淘汰"环境下几乎无官幸免》，《报刊文摘》，2014 年 8 月 25 日，第 2 版。

普遍存在"官商勾结"；二是一把手"能人腐败"数量多，危害大；三是"小官巨贪"蚕食执政根基；四是"山头主义"造成窝案、串案的"塌方式系统性腐败"；五是买官卖官问题突出。①樊浩等学者所撰写的《中国大众意识形态报告》中对公务员（主要是文化层次较高、处级以上的公务员）的调研显示：针对"您对社会主义制度看法"，虽 58% 的人认为社会主义比资本主义好，但有 24% 的人认为"只要能过上好日子，哪种制度都可以"，15% 的认为"从现实制度实践来看，资本主义制度比社会主义制度优越"，3% 的人认为"两者差不多"；针对"当前的主流意识形态，您认为正确的做法"，71% 的人认为应该"进行调整，做出新的解释"；针对"您坚信党能够根治腐败、实现党风的根本好转吗"，52% 的人"信心不足"，3% 的人"没有信心"。在多选题方面，针对"您对现在干部选拔方面的总体评价"，有 61.2% 的人认为"跑官要官现象严重"，48% 的人认为"任人唯亲现象严重"，27.6% 的人认为"买官卖官现象严重"；针对"您认为实现人生价值的标志是什么"，分别有 57.8%、16.9%、18.1% 的人认为是"成名成家""发财""升官"；针对"您认为共产党代表了哪些人的利益"，分别有 36.8%、21.1% 的人认为代表"特权阶层""富人集团"；针对"您认为医疗、教育、住房方面的改革"，分别有 66%、40.2%、25.8% 的人认为"没有代表大多数中下层民众的利益""加剧了贫富分化""走向资本主义道路"。②在国家和社会中具有承上启下作用的处级干部公务员群体（也是中产阶层群体的一个部分）、作为执政党的中坚力量以及政府政策和制度的制定者和执行者，其思想意识不仅是社会思想意识的集中反映，而且也是组织体制

① 《13个巡视点普遍存在"官商勾结"》，《新民晚报》2014年11月5日，第 A12 版。
② 樊浩：《中国大众意识形态报告》，中国社会科学出版社，2012，第 477～501 页。

内思想状况的一种表现。他们对意识形态、执政基础、党所代表的阶级利益以及制度中的干部任用问题和腐败问题的认识困惑和信任、信心变化，将是执政党必须面对的严重考验。很显然，一个被腐败侵蚀的政治结构不仅无法培育、发展健康成熟的中产阶层，而且也严重扭曲了现存的道德和制度秩序，无法实现中华民族伟大复兴。

　　哈贝马斯曾指出："任何一种政治制度，如果它不抓住合法性，那么就不可能永久地保持住公众忠诚心，这也就是说，就无法永久地保持住它的成员紧紧地跟随它前进。"①这句话值得我们深思，因为公众忠诚心和公民意识在程度和功能上是相互成正比的。执政党合法性是执政党和政府维护执政基础的前提条件，其本质特征和深层蕴涵，不仅是合乎程序的制度和权力行使的绩效，更重要的是权力的政治道德生态，是公民对执政党和政府的支持和拥护、对执政理念与制度的利益认同和价值共识。法国学者拉贝莱（Rabelais）曾有一句名言："学术无良知即是灵魂的毁灭，政治无道德即是社会的毁灭。"而李普塞特则指出："合法性是指政治系统使人们产生和坚持现成政治制度是社会的最适宜制度之信仰的能力。"②也正如让－马克·夸克所强调的："社会所具备的协调与领导的政治功能，只有在它反映了社会同一性之时，它才是合法的。"③故执政合法性依据，不是意识形态构筑的思想壁垒，不是政治运动和社会动员的治理方式，也不是不顾民生、生态环境的政绩面子工程与 GDP 数字，也"不是执政党通过国家强力手段取得权力。即使通过强力手段取得权力，也无法持久"。④现代民主政治国家与社会发展，不是

①　哈贝马斯：《重建历史唯物主义》，社会科学文献出版社，2000，第 264 页。
②　西摩·马丁·李普塞特：《政治人——政治是社会的基础》，上海人民出版社，1997，第 55 页。
③　让－马克·夸克：《合法性与政治》，中央编译局，2008，第 14 页。
④　郭红梅：《新兴社会阶层与党的执政基础建设研究》，中国社会科学出版社，2011，第 103 页。

追求绝对权力，而是执政者能否公正地代表社会公共利益，以及这种公共利益满足公民权利诉求的程度，是积极寻求公民的利益认同、价值共识和公共精神，唯有此方才是自身权力合法性的资源与基石。为此，我们的执政党和政府对执政的合法性必须有清醒的认识，这正如马克思所强调指出："发展着自己的物质生产和物质交往的人们，在改变自己的这个现实的同时也改变着自己的思维和思维的产物。不是意识决定生活，而是生活决定意识。"①

从现代社会和后工业社会发展考量，发展壮大的中产阶层、中等收入群体占大多数的社会是历史发展的必然趋势。因此，中国中产阶层的发展壮大，不仅体现了人们向上流动的社会趋势，体现社会阶层结构的合理分布和社会利益结构的均衡性，而且也是社会先进生产力和先进文化的重要基础，是执政党和政府的重要合法性资源。从辩证统一关系而论，当前社会转型，只有政治体制深化改革，只有制度公正才能维护与保障中产阶层利益，才能培育、发展中产阶层；而培育积极健康发展的中产阶层，也是促成良好、健康的政治道德生态的必要条件，也是以制度创新推进国家治理体系和治理现代化、实现"中国梦"的必要前提和重要基石。

---

① 马克思、恩格斯：《马克思恩格斯选集》第 1 卷，人民出版社，1995，第 73 页。

后　记

　　当前，中国社会转型已进入以经济体制深刻改革、利益格局深刻调整、社会结构深刻变动和价值观念深刻变化为特征的时期。在这么多"深刻"、深层次的社会问题面前，如何透过林林总总、变化纷呈的表象去揭示和把握中国社会转型、中国模式或中国道路的内在特质、变迁规律和发展趋势，以及如何超越而不是纠缠于中国模式与普世价值的二元对立和左右之争，我们认为对中国的中产阶层的发展研究应是一个较佳的视角、一个很有价值的切入点。

　　中产阶层是一个现代社会的基本象征，基于民主政治、市场经济、文化生活等方面的社会功能与作用，中外社会各界都是有共同认识的，这毋庸赘言。笔者偶尔阅读到一段有关中产阶层的网络文字："对个体而言，中产阶层则绝不意味着享受与奢华，而是意味着责任与付出……中产阶层之所以是一个有着强烈的社会责任感的阶层，正是因为该阶层有了基本生活条件的保障"，这段话颇意味深长。这让我们联系到之前对北欧国家的几次社会考察，以及中国中产阶层发展的现状，都感悟到健康、成熟发展的中产阶层离不开良好、健康的政治生态环境，积极维护与保障公民权利的、依法治国的制度体系。否则，敏感、务实的中产阶层发展就会出现"南橘北枳""南辕北辙"的社会现象。这也成了我们要完成本研究课题的一个基本认识。

　　这本书是教育部人文社会科学研究项目（10YJA810011）资助课题成果，同时也是我们四个人共同研究的结晶，并要感谢沈瑞英教授参与了第九章的撰写。此外，也要感谢上海政法学院科研基金资助本书出版。本书在撰写过程中，参考了数百种论著资料，在此无法详细列入，谨此对相关研究者们致以敬意。

何平立

于上海政法学院

2014 年 11 月

图书在版编目（CIP）数据

中产阶层与社会发展：中国模式下的问题与挑战/何平立
等著. —北京：社会科学文献出版社，2015.4
　ISBN 978 - 7 - 5097 - 7210 - 2

　Ⅰ.①中…　Ⅱ.①何…　Ⅲ.①中等资产阶级 - 研究 - 中国
Ⅳ.①D663

　中国版本图书馆 CIP 数据核字（2015）第 048057 号

中产阶层与社会发展：中国模式下的问题与挑战

著　　者／何平立　孔凡河　陈道银　杨小辉

出 版 人／谢寿光
项目统筹／孙　瑜
责任编辑／孙　瑜　刘德顺

出　　版／社会科学文献出版社·社会政法分社（010）59367156
　　　　　地址：北京市北三环中路甲 29 号院华龙大厦　邮编：100029
　　　　　网址：www. ssap. com. cn
发　　行／市场营销中心（010）59367081　59367090
　　　　　读者服务中心（010）59367028
印　　装／三河市尚艺印装有限公司

规　　格／开本：787mm × 1092mm　1/16
　　　　　印张：24　字数：311 千字
版　　次／2015 年 4 月第 1 版　2015 年 4 月第 1 次印刷
书　　号／ISBN 978 - 7 - 5097 - 7210 - 2
定　　价／89.00 元